"十二五"普通高等教育规划教材·经管系列

主　编／袁　竹　王菁华
副主编／范恩辉　张国良　赵浩宇

现代企业管理

（第2版）

清华大学出版社
北京

内　容　简　介

现代企业管理理论不仅是促进我国经济发展与企业发展的必要工具，也是高等学校学生素质教育的重要组成部分。本书分为综合管理篇、资源管理篇、生产管理篇、营销管理篇，共十二章内容，主要包括企业管理概述、企业文化、人力资源管理、财力资源管理、物力资源管理、信息资源管理、生产管理、质量管理、物流管理、技术管理、品牌管理和客户关系管理等，基本涵盖了企业经营管理的全过程。

本书不仅可作为应用型高等院校相关专业学生的教材，也适合各类企业的经营管理者学习和培训使用。

本书封面贴有清华大学出版社防伪标签，无标签者不得销售。
版权所有，侵权必究。举报：010-62782989，beiqinquan@tup.tsinghua.edu.cn。

图书在版编目（CIP）数据

现代企业管理/袁竹，王菁华主编．—2版．—北京：清华大学出版社，2015（2023.8重印）
"十二五"普通高等教育规划教材·经管系列
ISBN 978-7-302-39249-1

Ⅰ.①现…　Ⅱ.①袁…②王…　Ⅲ.①企业管理-高等学校-教材　Ⅳ.①F270

中国版本图书馆 CIP 数据核字（2015）第 024251 号

责任编辑：杜春杰
封面设计：康飞龙
版式设计：牛瑞瑞
责任校对：马子杰
责任印制：曹婉颖

出版发行：清华大学出版社
网　　址：http://www.tup.com.cn，http://www.wqbook.com
地　　址：北京清华大学学研大厦 A 座　　邮　编：100084
社 总 机：010-83470000　　邮　购：010-62786544
投稿与读者服务：010-62776969，c-service@tup.tsinghua.edu.cn
质 量 反 馈：010-62772015，zhiliang@tup.tsinghua.edu.cn
课 件 下 载：http://www.tup.com.cn，010-62788951-223

印 装 者：天津鑫丰华印务有限公司
经　　销：全国新华书店
开　　本：185mm×230mm　　印　张：20.75　　字　数：449 千字
版　　次：2009 年 3 月第 1 版　　2015 年 5 月第 2 版　　印　次：2023 年 8 月第 8 次印刷
定　　价：59.80 元

产品编号：060081-03

第 2 版前言

2009 年 3 月,为适应普通高等院校工商管理专业的教学需求,在清华大学出版社的支持下,我们主编并出版了《现代企业管理》一书,该书出版后深受广大师生和业界读者的欢迎和认可。本书出版五年以来,我国企业所面临的环境发生了较大的变化,国内外经济形势更加复杂,环境中的不确定性、不稳定性因素不断增加,企业产能过剩与国内有效需求不足、国外需求持续萎缩的矛盾相互叠加,这些变化要求企业经营管理者必须苦练内功,从加强科学管理入手,夯实基础,不断提高经营管理水平和决策水平,增强市场预见性,才能增强企业实力和抗击市场风险的能力。在此背景下,我们编写了《现代企业管理(第 2 版)》,希望通过此次修订进一步完善教材内容,使教材具有更强的时代性和实践作用,提高教材的实用性,使学生了解现代企业管理的基本理论和基本方法,为以后走向工作岗位,从事企业管理工作打下良好的基础。

本书第 2 版章节结构与第 1 版相同,分为综合管理篇、资源管理篇、生产管理篇、营销管理篇四个部分,共十二章,在保留第 1 版章节内容结构的基础上我们在每章开始增加了学习目标,使学生在学习前对各章所要学习的内容有一个初步了解,便于学生自学时能对各章需要掌握的知识有一个明确的认知。在每章结束增加了本章小结,便于学生总结、复习、巩固所学知识。同时,在每章的最后还增加了与该章内容相对应的企业管理案例及分析题,供学生进行思考和分析,以培养学生分析问题、解决问题的实际应用能力。

参加本书编写的人员如下:第一章王淑珍;第二章袁竹;第三章刘圣英;第四章范恩辉;第五章袁竹;第六章赵浩宇;第七章赵浩宇;第八章范恩辉;第九章袁竹;第十章王菁华;第十一章张国良;第十二章袁竹。本书由袁竹副教授和王菁华教授担任主编,刘艳文负责校对。

在编写过程中,我们参考和借鉴了兄弟院校编写出版的企业管理学教材,在此向他们表示诚挚的谢意!

由于学术水平有限,本书还存在一些缺点或不足,敬请读者批评和指正,在此表示最诚恳的感谢!

编　者

2014 年 7 月

第1版前言

企业是现代社会生产力的基本组织形式,是国民经济的"细胞",是市场经济体制下从事生产、流通、服务等经济活动的主体。企业要面向市场,了解和掌握市场需求,按照市场需要组织产品研发、设计、加工、制造、装配、进货、销售等经营活动。企业只有积极主动地适应市场需求,满足用户的要求,让用户放心满意,才能赢得用户的青睐,获得用户的好评,从而提高市场竞争力,提高市场占有率,才能获得生存和发展的机会,把企业做强做大。

企业管理的目的是使企业人力、物力、财力资源得到优化配置,能够以最小的投入获得最大的产出,即在生产经营活动中,通过科学管理,实现成本低、费用省、效率高、效益好的最佳效果。企业管理的对象就是企业各项资源以及生产经营活动的全过程。在企业管理活动中,必须牢牢把握科学发展观。在企业管理中贯彻科学发展观,就是要按照客观经济规律办事,要实事求是,认真研究市场需求变化,掌握变化趋势,掌握经济活动的主动权,从而抓住市场机遇,有效地降低和化解市场风险。

2008年由美国次贷危机引发的金融风暴席卷全球,这次危机超过了历史上任何一次经济危机,不仅美国、欧盟、日本、韩国、加拿大、冰岛等发达国家遭受了重创,中国、印度、巴西等新兴经济国家也面临着空前的压力。从10月份开始,中国的GDP增长速度开始下滑,许多中小企业,特别是产品向欧美国家出口的企业,其出口订单大量减少,开工严重不足,经济效益大幅度下降,甚至严重亏损,企业裁员数量和劳动者失业率增加。世界各国政府和领导人纷纷采取救市措施,如降低存贷款利率、银行准备金利率、税率等,通过货币手段和增加政府财政投入等办法,来挽救经济颓势。

面临困境,一些企业并没有消极被动地等待,而是加强管理,加大科技开发的力度,不断提高产品的科技含量,提高产品质量,开发国内市场和俄罗斯、非洲、拉丁美洲、东南亚、东盟等国家和地区的新市场。这些企业不仅没有遭受损害,反而抓住了机遇,取得了成功,增加了销售量、销售收入和利润,比以往有了更大的发展空间。这说明,金融危机是坏事,但在一定条件下也能变为好事。它可以淘汰素质低下的企业,也为经济结构调整,保留优势企业提供了机遇。企业经营管理者必须苦练内功,从加强科学管理入手,夯实基础,不断提高经营管理水平,提高决策水平,增强市场预见性,才能增强企业实力和抗击市场风险的能力。

本书分为综合管理篇、资源管理篇、生产管理篇、营销管理篇四个部分,共十二章内容,基本涵盖了企业经营管理的全过程。本书适合应用型高等院校经济管理类专业的教师教学参考和学生学习使用,也适合各类企业的经营管理者学习和培训使用。

参加本书编写的人员如下：第一章第一节赵春蕾，第二、三节王淑珍；第二章袁竹；第三章第一、二节刘圣英，第三节赵春蕾；第四章范恩辉；第五章王卓；第六章赵浩宇；第七章第一节赵浩宇，第二、三、四节范恩辉；第八章范恩辉；第九章袁竹；第十章第一、二节王菁华，第三、四、五节赵春蕾；第十一章第一、二节赵春蕾，第三、四节张国良；第十二章张国良。本书由袁竹副教授和王菁华教授担任主编，王卓教授担任主审和总纂，刘艳文负责校对。

在编写过程中，我们参考和借鉴了兄弟院校编写出版的企业管理学教材，在此向他们表示诚挚的谢意！

由于学术水平有限，本书还存在一些缺点或不足，敬请读者批评和斧正，在此表示最诚恳的感谢！

编 者

2009 年元旦

目　录

综合管理篇

第一章　企业管理概述 2
　　学习目标 2
　　第一节　企业与企业类型 2
　　第二节　现代企业制度 8
　　第三节　经营管理与经营机制 13
　　本章小结 18
　　思考题 19
　　案例分析 19

第二章　企业文化 20
　　学习目标 20
　　第一节　企业文化概述 20
　　第二节　企业文化建设 27
　　第三节　企业形象 32
　　本章小结 42
　　思考题 42
　　案例分析 42

资源管理篇

第三章　人力资源管理 46
　　学习目标 46
　　第一节　企业家的培育 46
　　第二节　员工队伍建设 52
　　第三节　企业工资管理 59
　　本章小结 70
　　思考题 71
　　案例分析 71

第四章 财力资源管理 ... 74
学习目标 ... 74
第一节 资金管理 ... 74
第二节 成本费用管理 ... 85
第三节 利润管理 ... 92
本章小结 ... 94
思考题 ... 95
案例分析 ... 95

第五章 物力资源管理 ... 100
学习目标 ... 100
第一节 物资管理 ... 100
第二节 设备管理 ... 111
第三节 企业用地与建筑物管理 ... 119
本章小结 ... 125
思考题 ... 125
案例分析 ... 126

第六章 信息资源管理 ... 127
学习目标 ... 127
第一节 信息资源概述 ... 127
第二节 企业管理信息系统 ... 132
第三节 信息化绩效评价 ... 142
本章小结 ... 148
思考题 ... 149
案例分析 ... 149

生产管理篇

第七章 生产管理 ... 152
学习目标 ... 152
第一节 生产过程 ... 152
第二节 生产布置 ... 156
第三节 生产能力与生产计划 ... 161
第四节 现代生产方式 ... 166

本章小结 171
　　思考题 172
　　案例分析 172

第八章　质量管理 174
　　学习目标 174
　　第一节　质量与质量标准 174
　　第二节　质量管理与质量认证 176
　　第三节　全面质量管理 182
　　本章小结 190
　　思考题 191
　　案例分析 191

第九章　物流管理 193
　　学习目标 193
　　第一节　物流概述 193
　　第二节　物流的功能 201
　　第三节　物流管理的内容 213
　　本章小结 219
　　思考题 220
　　案例分析 220

第十章　技术管理 221
　　学习目标 221
　　第一节　技术与技术管理 221
　　第二节　技术开发与转让 225
　　第三节　技术创新及引进 229
　　第四节　技术咨询与技术服务 238
　　第五节　知识产权的保护 241
　　本章小结 249
　　思考题 250
　　案例分析 250

营销管理篇

第十一章　品牌管理 254
　　学习目标 254

第一节　品牌的意义 …………………………………………………………………… 254
　第二节　品牌资产的构成 ……………………………………………………………… 258
　第三节　品牌经营的策略选择 ………………………………………………………… 265
　第四节　品牌管理方法与技术 ………………………………………………………… 270
　本章小结 ………………………………………………………………………………… 277
　思考题 …………………………………………………………………………………… 277
　案例分析 ………………………………………………………………………………… 277

第十二章　客户关系管理 ………………………………………………………………… 279
　学习目标 ………………………………………………………………………………… 279
　第一节　客户关系管理的核心思想 …………………………………………………… 279
　第二节　客户关系管理的功能与内容 ………………………………………………… 287
　第三节　客户关系管理系统的运营 …………………………………………………… 291
　第四节　客户关系管理系统的技术组成 ……………………………………………… 303
　第五节　客户关系管理的实施 ………………………………………………………… 312
　本章小结 ………………………………………………………………………………… 315
　思考题 …………………………………………………………………………………… 315
　案例分析 ………………………………………………………………………………… 316

参考文献 …………………………………………………………………………………… 318

综合管理篇

Enterprise Management

- ➢ 第一章　企业管理概述
- ➢ 第二章　企业文化

第一章 企业管理概述

 学习目标

学习本章后，你应该能够：
1. 了解企业的类型；现代企业制度的概念、构成和基本特征；企业经营和企业管理的概念。
2. 理解企业的产生和发展；企业经营和企业管理的关系；怎样转换企业经营机制。
3. 掌握企业、股份有限公司、有限责任公司、现代企业制度的概念；股份公司和有限公司的特征；现代企业制度的特征。

企业是社会经济系统的基本单位。从社会发展的历史进程来看，企业的产生晚于管理。随着人类社会的不断进步，管理在企业经营中的作用越来越重要，并在丰富的管理实践基础上形成了现代企业制度。而良好的企业经营机制结合现代企业制度运用到企业管理中，进一步优化了企业的资源配置，提高了企业的整体绩效。

第一节 企业与企业类型

一、企业的概念

通常所说的企业，是指从事生产、流通、服务等经济活动，依法成立，自主经营，独立享受权利和承担义务的法人型或非法人型经济组织。

作为一个企业，必须具备以下一些基本的要素。
（1）拥有一定数量、一定技术水平的生产设备和资金。
（2）具有开展一定生产规模和经营活动的场所。
（3）具有一定技能、一定数量的生产者和经营管理者。
（4）从事社会商品的生产、流通、服务等经济活动。
（5）独立核算，自主经营，自负盈亏，自我约束，自我发展。
（6）生产经营活动的目的是获取利润。

二、企业的产生和发展

企业是社会生产力发展到一定阶段的产物，是商品生产与商品交换的结果。企业随着

人类社会的进步、生产力的发展、科学技术水平的提高而不断地发展进步。纵观企业的发展历史，大致经历了以下几个时期。

（一）手工业生产时期

这段时期主要是指从封建社会的家庭手工业到资本主义初期的工场手工业阶段。此时生产者大多是具有一定技能的专业劳动者。16世纪到17世纪，西方老牌资本主义国家由封建社会制度向资本主义制度转变，主要表现在大量的资本原始积累，海外殖民扩张，大规模地剥夺农民土地，迫使家庭手工业迅速瓦解并且向资本主义工场手工业过渡。

（二）工厂生产时期

这段时期主要指资本主义由初期的工场手工业阶段进入工厂生产时期。随着资本主义制度的发展，西方各国相继进入工业革命时期，工场手工业逐步发展直至建立工厂制度，作为真正意义上的企业到这时才诞生。例如，英国到18世纪60年代，资产阶级政权确立，圈地运动实现了对农民土地的剥夺，进一步加强了殖民扩张，积累了大量的原始资本，这一切都为工业革命奠定了基础。在工业革命过程中，一系列新技术的出现，大机器的普遍采用，特别是动力机的使用，为工厂制度的建立奠定了基础。1717年，英国阿克莱特在克隆福特创立了第一家棉纱工厂，从此集中生产的工厂迅速增加。到19世纪30年代，机器棉纺织代替手工棉纺织的过程基本完成，工厂制度在英国普遍建立。大量建立的工厂，是工场手工业发展质的飞跃的结果，它标志着企业的真正形成。

（三）企业生产时期

从工厂生产过渡到企业生产的时期，正是作为社会经济基本细胞的企业最后确立和形成的时期。工厂制度的建立符合当时生产力发展的要求，因而得到了迅猛发展。特别是19世纪末至20世纪初，随着自由资本主义向垄断资本主义过渡，工厂制度从管理制度到生产规模都发生了一系列变化，这一系列变化是工厂生产过渡到企业生产的主要特征，其表现如下。

（1）不断采用新技术、新设备，不断地进行技术革新，使生产技术迅速发展。

（2）建立了一系列科学管理制度，并产生一系列科学管理理论。1911年美国工程师泰勒的代表作《科学管理原理》一书的出版，标志着企业从传统经验型管理进入科学管理阶段。

（3）企业从经营权与所有权相统一的家族式管理方式向管理权与所有权相分离的现代管理方式的转变。

（4）生产规模空前扩大，产生了垄断企业组织，如托拉斯、辛迪加、康采恩等。1904年，美国在工业部门中就有318个托拉斯，各个重要工业部门一般都被一个或几个大托拉斯所垄断。

目前，随着世界性的新技术革命的发展，科学技术一系列巨大成果迅速而有成效地应用到社会和经济发展的各个方面，产生出一系列全新的市场需求，开拓出一系列全新的经济领域,导致一大批现代新兴企业蓬勃崛起,它们代表着现代企业发展的方向,显示出无穷的生机和活力。

三、企业的类型

在市场经济条件下,企业作为微观经济的基本单位,有一定法律形式下自主经营和发展所必需的各种权利和义务。因此,无论是新建企业,还是老企业改制,都会面临企业的法律形式选择问题。企业的法律形式有多种,具体归纳为以下几种。

（一）按照企业财产组织形式分类

1. 独资企业

目前,我国独资企业有以下两种形式。

（1）非法人型独资企业。这是最早、最基本的企业形式。这种企业是指由一个自然人出资兴办,企业财产所有权与经营权相统一,经营所得归企业主个人所有,并对社会债务承担无限连带责任的企业形式。这种企业不具有法人资格,在法律上为自然人企业。我国有很多私营企业采用独资企业的形式。非法人型独资企业的优点是规模较小,经营方式比较灵活,决策迅速及时,制约因素较少,业主能够独享利润,企业保密性强。缺点是自然人对企业的影响大,企业没有独立的生命,如果业主死亡或由于某种原因放弃经营,企业就随之消亡;由于个人资本有限,业主经营才能有限,信用不足,取得贷款的能力较差,企业发展制约因素较多,规模有限;当经营失败、企业的资产不足以清偿企业的债务时,业主对企业承担无限责任。

（2）法人型独资企业。在我国,有三种独资企业具有法人地位：① 国有独资公司。它是指国家单独出资、由国务院或者地方人民政府授权本级人民政府国有资产监督管理机构履行出资人职责的有限责任公司。② 外商独资企业。根据我国《外资企业法》规定,允许外国的公司、个人在我国开办外商独资企业设立一人外资有限责任公司。即外商独资企业既可以由自然人设立也可以由法人设立。③ 一人有限责任公司。它是指只有一个自然人股东或者一个法人股东的有限责任公司。法人型独资企业除了拥有非法人型独资企业的优点外,摒弃了许多非法人型独资企业的缺点,如责任的有限性赋予企业仅以其法人财产对其债务承担责任,企业拥有独立的生命,即因法人的存续而存续。一些法人型独资企业（如国有独资公司）拥有规模很大、经营能力强、对外信用基础好等特点,在我国市场经济体系中是充满活力、不可或缺的组成部分。

在世界范围内,独资企业大量存在,在数量上占大多数。例如在美国,独资企业约占企业总数的 75%。

2. 合伙企业

合伙企业是由两个或两个以上的出资者共同出资兴办,实行联合经营和控制的企业。我国现行法律规定了合伙企业有普通合伙企业和有限合伙企业两种形式。普通合伙企业由普通合伙人组成，合伙人对合伙企业债务承担无限连带责任。有限合伙企业由普通合伙人和有限合伙人组成，普通合伙人对合伙企业债务承担无限连带责任，有限合伙人以其认缴的出资额为限对合伙企业债务承担责任。合伙企业的出资创办人（即合伙人）为两人以上，基于合伙合同建立。成立合伙企业时必须有书面协议，以合伙合同形式规定该合伙经济组织的合伙人的范围、组织管理、出资数额、盈余分配、债务承担及入伙、退伙、终止等基本事项。合伙企业的财产归合伙人共同所有，由合伙人统一管理和使用，合伙人都有表决权，不以出资额为限，合伙人经营积累的财产，归合伙人共同所有。普通合伙企业每个合伙人对企业债务负连带无限清偿责任，即使其中某合伙人不能全部负起他应负的责任，则其他合伙人也要对他负不起责任的部分负责到底。合伙人内部之间按合同协议规定承担责任，协议未规定的按照出资比例承担责任。有限合伙企业中普通合伙人与普通合伙企业合伙人责任形式相同，而有限合伙人则仅以其出资为限对合伙企业承担责任。

与独资企业相比，合伙企业有很多优点，主要是资本来源范围扩大和对外信用增强，决策能力提高，企业发展的空间增大。但合伙企业同时也存在许多与独资企业相同的缺点，有些方面不及独资企业。例如，契约的遵守是合伙企业存续的必要条件，一旦违背契约则中止合伙企业；由于所有的合伙人都有权代表企业从事经济活动，重大决策都需要得到所有合伙人的同意，因而容易造成决策上的延误；合伙人有一人退出或加入都会引起企业的解散或重组，企业存续相对不稳定；此外，企业规模仍存在局限性。因此，在现代经济生活中，合伙企业所占比重较小，不如独资企业那样普遍。例如在美国，合伙企业只占全部企业的7%左右。

3. 公司制企业

公司制企业是最典型的现代企业形式。公司是依法成立的，以盈利为目的的企业法人。具体来讲，公司有以下特征。

（1）公司具有独立的法人主体资格，具有法人的行为能力和权利。

（2）公司实现了股东最终财产所有权与法人财产权的分离，即不再由所有者亲自经营自己的财产，而将其委托给具有管理专业才能的经营者代为经营，也就是实现了企业内部管理权利的分工，提高了管理效率。

（3）公司法人财产与其成员财产相分离。公司股东投到企业的股份不能随意抽回，保证了公司独立地享有法人财产的支配权，保证了公司的正常经营及对外信用。公司的股份可以转让，但公司的财产不因股份的转让而发生变化，可以连续使用，从而保持了一定的连续性。只要公司存在，公司的法人就不会丧失财产权，公司的信誉因此大为提高。

（4）公司实行有限责任制度。对股东而言，他们以其出资额为限对公司的债务承担有限责任。对公司法人而言，公司以其全部自有资产为限对公司的债务承担责任，有限责任一般只是到公司破产时才表现出来。公司制企业有以下两种主要形式。

① 股份有限公司。股份有限公司是指注册资本由等额股份构成，通过发行股票筹集资本，股东以其所认购的股份为限对公司承担责任，公司以其全部资产对公司债务承担有

限责任的企业法人。股份公司的优点很多,包括:法律规定其股东人数为两人以上,但不规定最高限,因而股份有限公司集资能力极强,以其雄厚的资金构成对外信用基础;股份公司的资产,其最终所有权与法人财产权能够很好地分离;股份公司股权的分散程度高,保证了企业能够有效实现内部的监督及管理层能很好地实现企业自主经营。为了保护股东权益,各国法律一般要求股份有限公司公开其账目,具体包括经营报告书、资产负债表、损益表、盈余分配表、财产目录等,这有利于投资者了解企业的经营状况,确保社会资源流入生产经营状况好的企业,优化微观资源配置。股份公司投资主体分散化、多元化和社会化,是社会化程度最高的企业。股份公司同样具有缺点,例如,股东众多造成保密性差;股份转让的自由性则增添了公司的风险等。

② 有限责任公司。我国法律规定,有限责任公司是指由 1 人以上 50 人以下股东共同出资,每个股东以其所认缴的出资额对公司承担有限责任,公司以其全部资产对其债务承担责任的企业法人。有限责任公司也是一种法人企业制度,其特点主要表现在:各国法律对有限责任公司股东人数有严格的规定,如英国、法国、日本等国的标准为 2~50 人,如有特殊情况超过 50 人时,必须向法院申请特许;由于股东人数较少,利益目标明确,因而有限责任公司能够较好地监督企业经理,防止其损害股东的权益;有限责任公司不公开发行股票,有限责任公司的股份由全体股东协商入股,一般不分等额股份,股东交付股金后,由公司发给出资证明书,股东凭出资证明书代表的股权享受权益;股东可以用货币出资,也可以用实物、知识产权、土地使用权等能够用货币估价并能够依法转让的非货币财产作价出资,出资证明书不能像股票那样自由流通买卖;有限责任公司严格限制股权的转让;有限责任公司的注册资本额起点低,在我国,有限责任公司注册资本的最低限额为 3 万元;企业成立的法律程序较为简单;有限责任公司筹资渠道较为狭窄,无法像股份有限公司那样大规模地集中资本;有限责任公司的股东相对比较稳定,股权流动性差,社会化水平比股份有限公司低。

公司制企业是商品经济发展和现代化大生产的产物,是适合于现代企业经营的一种企业组织形式,为现代市场经济国家的企业普遍采用。

此外,在公司形式发展的过程中,曾出现过公司的其他特殊形式:无限公司、两合公司、股份两合公司。目前,这些公司形式在一些国家和地区仍然存在。

4. 合作制企业

在经济生活中,还有一种既不同于合伙制企业,又不同于股份公司的企业形式,即合作制企业。它是以本企业或合作经济实体内的劳动者平等持股、合作经营、股本和劳动共同分红为特征的企业制度。合作制企业是员工股东共同劳动、民主管理、利益共享、风险共担,依法设立的法人经济组织。

实行合作制的企业,外部人员不能入股,这是合作制与股份制的区别。我国城乡许多小型工商企业(如农村供销合作社或城市的信用、供销合作组织等)实行股份合作制。它们在理顺产权关系和推动生产发展方面发挥了积极作用。合作制企业的产权分属于企业职工或合作社社员所有。合作制企业实现了两个结合：一是按劳分配与按股本金分配相结合；二是劳动者与所有者相结合。

合作制适用于我国城乡的小型工商企业及各种服务性企业。这些企业一般都以劳动出资型为主，本小利微，工资收入比较低。如果实行股份合作制，企业职工在工资收入以外还能按股本金获得红利。实践证明，合作制有利于调动企业职工的积极性，有利于增强企业活力，降低成本，提高经济效益。

（二）按照生产资料所有制的性质分类

可将企业划分为国有企业、集体企业、私营企业、中外合资企业、中外合作企业、外商独资企业、股份制企业等。其中，国有企业规模较大，技术设备较先进，技术力量强，是我国国民经济的支柱。

（三）按照企业所属产业行业分类

可将企业划分为农业企业、工业企业、商业企业、建筑安装企业、交通运输企业、金融保险企业、旅游企业、服务企业等。工业企业还可以划分为冶金、机电、化工、汽车、纺织企业；商业企业还可以划分为批发、零售企业。按照产业行业划分企业类型，有利于明确企业的经营范围，使企业按照自己的目标市场选择正确的经营策略，实施具有特色的经营管理战略。

（四）按照企业使用的主要资源分类

可将企业划分为劳动密集型企业、资金密集型企业、技术密集型或知识密集型企业。中国是发展中国家，许多企业还以劳动密集型为主，但是事实证明只有大力发展技术密集型或知识密集型企业，才能适应信息化、网络化、全球化的经济发展要求。

（五）按照企业规模分类

可将企业划分为大型企业、中型企业和小型企业。这主要是根据企业的资产规模、生产能力、销售收入、盈利水平等条件划分的。企业规模大有利于实现规模效益，但是管理复杂，对管理者的素质要求高。

（六）按照企业生产力组织形式分类

可将企业划分为单一企业、多元企业、经济联合体和企业集团。单一企业是指一个厂或一个店就是一个企业。多元企业是指两个或两个以上的工厂和商店组成的企业。经济联合体是一种松散的经济联合组织，参加联合的各方，不改变各自的领导体制与隶属关系，本着自愿、互利、效益的原则，在生产、科研、技术、销售等方面彼此联合。企业集团是以资产为纽带联结起来的若干个独立企业法人所组成的集合体，是独立核算企业的复合组织。企业集团的核心一般是实力很强的大型企业或金融投资公司，从而有能力把资金投入其他成员企业，进行参股、控股，成为企业集团的核心。由于以控股、参股为主要资产联结形式，并在经营上共担风险，在利益上共负盈亏，因此企业集团是企业联合经济组织中最成熟、最紧密和最稳定的运行模式。

（七）按照企业面向市场范围分类

可将企业划分为内向型企业、外向型企业和跨国公司。内向型企业一般是指经营活动主要立足于国内市场。外向型企业一般是指生产过程基本立足于国内，商品销售主要面向国外市场。跨国公司是指通过对外直接投资的方式，在国外设立分公司或控制东道国当地企业，使之成为其子公司，并从事生产、销售和其他经营活动的国际化企业。当前，我国要大力发展外向型企业和跨国公司，积极开拓国际市场，积极参与和利用国际分工，以加快我国的经济发展。

第二节　现代企业制度

一、企业制度

（一）企业制度的概念

企业制度是指以产权为核心的企业组织与管理制度。产权，即财产权。通常产权包括财产的所有权，财产的占有、使用、收益和处置的权利。也可以说，产权是指建立在一定生产资料所有制基础上的财产的归属权利和经营权利。

产权的结构关系和内涵，经历了一个发展和变化的过程。小商品生产者，既是所有者又是经营者，还是劳动者，所有权与经营权合一。随着社会化大生产的发展、市场体系和功能的完善，产权当中的所有权与经营权产生了分离。即资产所有者以一定的形式将资产委托他人经营，从而使资产归属权和经营权都实现了独立。现代企业制度的一切变化都根源于这种产权关系的变化。

企业制度实质上是企业的特定属性与功能的内在机制。这种机制构建了企业相关权益主体或要素之间的关系及作用的性质与形式，从而形成相应的经营管理机制。

我国确立了市场经济体制，企业制度也随之发生了变化，产权演变成两种存在形态：资产归属权和资产经营权。其中，资产归属权最终归属于出资人，即资产所有者。我国国有企业实行股份制改造之后，根据投资主体的不同，股权设置有四种形式，即国家股、法人股、个人股和外资股。

（1）国家股为有权代表国家投资的部门或机构以国有资产向公司投资形成的股份，归属权为国家。

（2）法人股为企业法人以其依法可支配的资产向公司投资形成的股份，或具有法人资格的事业单位和社会团体以国家允许用于经营的资产向公司投资形成的股份，归属权为投资的法人。

（3）个人股是以个人的合法财产向公司投资形成的股份，归属权为投资者个人。

（4）外资股是经批准，由外国和我国香港、澳门、台湾地区投资者向公司投资形成的股份，归属权为投资的外商。

资产经营权就是人们通常所说的企业产权或法人产权，即企业对一定属性资产所具有的资产占有、使用、收益和处分的权利。企业产权是经法律规定、社会认可的权利，不能由人们随意规定或改变。这种以法律界定和规范企业经营一定属性资产的责任、权利和义务的制度，就是企业产权制度。投资人的不同，资产的属性就不同。企业产权制度的确立，使得不同属性的资产一经进入企业，就成为企业的法人财产，企业便从事实上获得了实际营运这些资产的权利。企业作为资产营运组织，无论采取何种产权组织形式，界定或规范的都是经营法人资产的责、权、利，而不是要改变资产的最终归属权。

（二）企业制度的构成

企业制度包括企业形态和企业管理制度两个方面内容。

（1）企业形态。企业形态是指企业产权关系和反映这种经济内容的法律表现。产权关系是企业制度的核心内容，它规定了投资人的出资方式、对资产的占有状况、权益实现的规则、企业资产的支配权如何行使以及企业资产的支配权同出资者的关系。法律表现是指依法确立的企业形态，它确定了企业市场主体资格，这是企业制度的基础。一般包括独资企业、合伙企业和法人制公司企业三种基本法律形式。

（2）企业管理制度。企业管理制度是指企业领导体制、组织结构以及各项经营管理制度。它是保证企业正常经营的基础。企业领导体制是关于企业领导层的构成、职责分工、权力划分以及相互关系的规定。企业组织结构是关于企业内部各部门、各单位以及工作岗位的设置和人员配备的规定。经营管理制度是关于企业生产经营活动的具体规定。

二、现代企业制度

（一）现代企业制度的概念

现代企业制度是相对于传统企业制度而言的，并从传统企业制度发展而来，是商品经济或市场经济及社会化大生产发展到一定阶段的产物。从企业组织发展的历史来看，企业组织形式经历了从独资企业到合伙企业再到公司企业的过程，公司制企业是现代企业制度的典型企业组织形式，除此之外，能够适应现代市场经济体制要求的其他企业组织形式也是现代企业制度中的重要组成部分。

简单地说，现代企业制度是指以完善的法人财产权为基础，以有限责任为基本特征，以专家为中心的法人治理结构为保证，以公司企业为主要形态的企业制度。

建立现代企业制度是国有企业改革的方向。国有企业建立现代企业制度，就是要理顺企业模糊的产权关系，建立健全企业法人制度，按照市场经济的要求，解决和规范企业与投资者、企业与政府、企业与市场、企业与社会、企业与企业、企业与职工等一系列基本关系。做到产权清晰、权责明确、政企分开、管理科学，使国有企业真正成为独立的市场主体,增强企业活力和实力,从而提高企业市场竞争力。

(二)现代企业制度的基本特征

(1)产权清晰。产权清晰是指企业资产的归属权和营运权清楚明确,谁是投资者谁就是企业资产的最终所有者,资产的营运权则由企业法人行使。对产权主体的权利、义务和责任都做出明确规定,保证企业各方面关系的制度化、规范化,保证了企业各项活动的公平、公正和公开,同时也保证了企业能够按照市场需要组织生产经营活动的自主权。产权不明晰往往造成企业产权在变动过程中无人对其真正负责的情况,国有产权的合法权益得不到有效保障,资产经营效率低下,国有资产从各种途径流失严重,企业的相关各方权责不明确,对企业资产产权归属发生纠纷。

(2)权责明确。现代企业制度形成了相互制衡的法人治理结构,这就是用法律来界定投资者、经营者、生产者的相互关系,明确各自的责、权、利,做到利益分配合理,各方权力相互制衡。投资者按照出资比例依法享受股东权益,并以出资额为限承担责任。企业拥有全部法人财产权,独立经营、自负盈亏,并以全部法人财产权为限承担企业债务责任。公司制度、法人制度与有限责任制度是现代企业制度在组织方面的三个典型特征,也是权责明确的基础。

(3)政企分开。政企分开是指在理顺企业国有资产产权关系、产权明晰的基础上,实行企业与政府的职能分离,建立新型的政府与企业的关系。在市场经济条件下,政府的主要职责是对国民经济进行宏观调控,通过经济手段、法律手段对企业的经济活动进行引导和有效监督。政府制定法律法规和宏观规划,并当好"裁判员"。企业则完全按照市场规则、市场信号自主经营、自负盈亏、自我约束和自我发展。企业与政府之间的关系不再是纵向的行政隶属关系,而应当是横向的经济关系。

(4)管理科学。管理科学是建立现代企业制度的保证,是指要把改革与企业管理有机地结合起来,在产权明晰、政企分开、责权明确的基础上,加强企业内部管理,形成企业内部的一系列科学管理制度,尤其要形成企业内部涉及生产关系方面的科学的管理制度。

企业的生产经营活动必须严格按照客观经济规律办事,体现社会化大生产和市场经济的客观要求,形成一套严格、科学、系统的经营管理制度,运用科学的管理方法进行管理。一是要保证权力相互制衡,有效防止权力腐败;二是保证各项工作的标准化、规范化、制度化、民主化;三是理顺投资者、经营者、生产者的关系,做到投资者放心、经营者精心、生产者用心。

(三)现代企业制度的主要形式

公司制度是一种现代的企业组织形式,它仅仅是现代企业制度的一项组成内容,而不是现代企业制度的唯一内容。这是指:首先,不能认为,建立了公司制就建成了现代企业制度,因为它还有其他丰富的内容;其次,股份有限公司和有限责任公司只是现代企业制度的典型形式,即并非其他符合现代企业制度内容的形式不算现代企业制度。强调这一点是重要的，因为我们要在绝大多数国有企业建立现代企业制度，但并不是把它都改成股份有限公司或有限责任公司，还可以探索其他有效形式。如我国 2006 年 8 月重新修订的《合伙企业法》中，把一方面集资功能强而另一方面又能激发创业热情的有限合伙企业（即两合公司）加入到合伙企业形式当中，就是丰富现代企业制度的有益尝试。

（四）公司制企业的法人治理结构

（1）股东会。《中华人民共和国公司法》（以下简称《公司法》）规定，股份有限公司由股东组成股东大会。股东大会是公司的最高权力机构，依法行使职权。这些职权包括：① 重要的人事决定权。选举和更换非由职工代表担任的董事、监事，决定有关董事、监事的报酬事项。② 重大事项决定权。包括修改公司章程，审议批准董事会和监事会的报告，决定公司的经营方针和投资计划，审议批准公司年度财务预算、决算方案等。③ 利润分配权。讨论批准利润分配方案和亏损弥补方案。④ 公司资本重大变动的处置权。如公司增加或减少注册资本，发行公司债券的决议，公司的合并、分立、解散或破产清算等涉及股东财产重大变动的事项等，必须经股东会讨论决定。

（2）董事会。我国《公司法》规定，股份有限公司设董事会，董事会由股东大会选举产生，并对股东大会负责。董事会要代表全体股东利益，执行股东会的决议。在公司经营管理方面，董事会是公司的决策机构，对外代表公司。公司法定代表人依照公司章程的规定，由董事长、执行董事或者经理担任。董事会的职权包括：① 决定公司的经营计划和投资方案，决定公司内部管理机构的设置，制定公司的基本管理制度。② 制定公司财务预算和决算方案，制定公司利润分配方案和弥补亏损方案，拟定公司增加或减少注册资本的方案以及发行公司债券的方案，拟定公司合并、分立、解散的方案等。③ 决定聘任或者解聘公司经理及其报酬事项，并根据经理的提名决定聘任或者解聘公司副经理、财务负责人及其报酬事项。

（3）以总经理为首的执行机构。总经理主持公司的生产经营管理工作，组织实施董事会决议，对董事会负责。主要职权包括：① 组织实施董事会决议。② 组织实施公司年度经营计划和投资方案。③ 拟定公司内部管理机构设置方案和基本管理制度，制定公司的具体规章。④ 提请聘任或者解聘公司副经理、财务负责人；决定聘任或者解聘除应由董事会决定聘任或者解聘以外的负责管理人员。有限责任公司可以设经理，由董事会决定聘任或者解聘。

一些大公司的总经理改称为首席执行官（Chief Executive Officer，CEO）。CEO 的盛行始于 20 世纪 80 年代的美国，其主要职能是监督落实董事会通过的各项经营决策。世界 500 强企业中，绝大多数企业都设有这一职位。在 CEO 之下，还有 COO（首席运营官）、CTO（首席技术官）、CFO（首席财务官）等。这些称谓逐渐成为国际上惯用的对企业高层管理人员的称谓。

（4）监事会。监事会是公司的监督机构，负责监督董事会和以总经理为首的执行机构。它与董事会并立，直接向股东会报告，对股东会负责。为了保证监督的独立性和公正性，公司的董事、高级管理人员不得兼任监事。为保护企业职工权利，监事会成员中职工代表的比例不得低于三分之一。监事会的主要职权包括：① 提议召开临时股东会会议，向股东会会议提出提案；当董事、高级管理人员的行为损害公司的利益时，要求董事、高级管理人员予以纠正。② 检查公司财务，对董事、高级管理人员执行公司职务的行为进行监督，对违反法律、行政法规、公司章程或者股东会决议的董事、高级管理人员提出罢免的建议。③ 对董事、高级管理人员执行公司职务时违反法律、行政法规或者公司章程的规定，给公司造成损失的提起诉讼。

由于一些股份公司股本结构集中度偏高，"一股独大"的局面司空见惯，在这种股本结构下，许多股份公司的监事会形同虚设，董事会几乎无人监督，"内部人控制"问题严重，中小股东利益被侵犯的事件频繁发生，上市公司由"绩优"到"绩差"的速度越来越快。为了完善股份公司的法人治理结构，加强股份公司内部监管力度，在股份公司中推行累积投票制，在上市公司中推行独立董事制度。所谓累积投票制，是指股东大会选举董事或者监事时，每一股份拥有与应选董事或者监事人数相同的表决权，股东拥有的表决权可以集中使用。独立董事的职能主要有两项：一是检查和监督公司的长期投资战略；二是减轻和缓和股东与最高管理层之间的冲突。独立董事有义务对可能发生的利益冲突的事件做出独立判断，对董事会和经理层的业绩作出客观公正的评价。

为了保证独立董事充分发挥监督作用，对独立董事的人选有严格的标准，即与公司或经营管理者没有任何重要的业务关系才可以被认为是独立的。美国通用汽车公司独立董事的标准是：① 本人在选举董事会成员的年会召开之前 5 年内未被公司或其分支机构聘为公司高级行政人员。② 本人非公司或公司分支机构的重要顾问人员，亦非公司或公司分支机构重要顾问的关联人员。③ 本人非公司或公司分支机构的重要客户或供应厂商的关联人员。④ 与公司或公司分支机构无重大个人服务合同。⑤ 本人非由公司或公司分支机构提供主要赞助的免税团体的关联人员。⑥ 不是上述各项中人员的配偶、父母、兄弟姐妹或子女。

独立董事的报酬一般由津贴和车费构成，与公司业绩无关。为了使独立董事的利益与股东的利益保持一致，国外主要是向独立董事提供股票期权，从而为独立董事的报酬总额引入极大的变量，使独立董事参与监督和制约的积极性大大增加。

由于各国的国情不同，公司具体条件不同，有关公司法人治理结构各组成部分的规定也不尽一致。但是，实行市场经济的国家都有关于公司的一系列法律，公司法人治理结构在基本方面都是规范化的。我国已经加入了世界贸易组织，必须遵守世界贸易组织的原则和有关规定。因此，在建立现代企业制度的过程中，应当与国际接轨，按照国际通行的运作规则办事。这样，既有利于完善法人治理结构，保证企业正常运行；同时又有利于企业走向国际市场，提高国际市场的竞争能力。

第三节　经营管理与经营机制

一、企业经营

（一）企业经营的概念

企业经营，是指企业以市场为依托，以企业所提供的产品、服务和资产交换为内容，以提高经济效益为目的，以求得企业生存和发展为目标，使企业的生产经营活动与企业外部环境保持动态平衡的一系列有组织的活动。"经营"一词在我国春秋战国时代的书籍中就已经出现，本谓经度营造，即筹划营谋之意。春秋末年著名的政治家、大商人范蠡，有一整套经营思想，他提出的《经商十八则》对现代经营活动仍有重要的指导意义。企业的经营活动首先从掌握市场信息开始，通过市场调查研究，对市场需求做出准确的预测，然后对生产经营做出决策，对企业的人力、物力、财力资源做出合理配置，组织产品开发、设计、生产、销售和售后服务活动来满足市场需求，从而实现企业的经营目的。企业经营的实质是解决企业外部环境、企业经营目标和企业内部条件三者之间的动态平衡问题。

（二）企业经营的特点

（1）外向性。企业经营活动是通过市场来完成的，生产经营过程中所需要的原材料、动力、燃料、机器设备、工具以及员工、资金、技术等，都需要通过市场来取得。企业的产品和服务也要通过市场交换才能实现其使用价值和价值。企业外部的政治、法律、经济、社会、技术环境与企业的经营状况紧密联系在一起。企业要想取得良好的经营业绩，不断地求得生存和发展，就必须了解外部环境的变化，按照市场需求调整自己的生产经营活动，使之适应外部环境的变化和需要。

（2）风险性。企业经营是与风险联系在一起的。只要搞经营，就会有风险。因为企业外部环境是复杂多变的，由于各种不确定因素的存在，如市场需求的变化、市场竞争形势的变化、政治或社会动乱、自然灾害等，都有可能给企业带来损失。这就要求企业经营者善于抓住机遇，有效地防范和规避风险，才能取得经营的成功。

（3）应变性。企业外部环境的变化，对于企业来说是不可控因素。企业不可能要求外部环境适应自己，只有自己去适应外部环境的变化。这就要求企业以变应变，变中求稳，稳中有变，在与外部环境的动态平衡中求得生存和发展。

（4）主体性。企业享有经营自主权，可以根据市场需要决定自己的经营内容、经营规模、经营方式以及人力、物力、财力资源的分配、使用和处置。当然，作为市场主体，企业必须对自己的经营行为和经营损失负责。政府可以通过相应的法律法规来规范企业经营行为，通过经济手段来引导企业，但是，政府不能直接干预企业的经营自主权。

（5）市场导向性。企业经营离不开市场，企业经营能否取得最佳效果是通过市场来评估和检验的，企业要通过市场竞争实现优胜劣汰。所以，企业经营活动必须紧紧围绕着市场转，市场需要什么，企业就提供什么。当然，企业经营还要有一定的前瞻性，能预测到市场的变化，提前开发新产品，来引导市场和用户。

二、企业管理

（一）企业管理的概念

企业管理，是指企业管理者遵循客观经济规律，按照科学管理原理，对企业生产经营活动过程以及各种经营要素进行的计划、组织和控制，以实现企业经营目标的实践活动。这一概念包含以下要点。

（1）管理主体。企业是由管理者来管理的。管理者是管理的主体，他们包括企业高层管理者、中层管理者和基层管理者所有参与管理的人。从人与人之间的关系来说，上级是管理者，下级是被管理者；从人与物或与资金的关系来说，人是管理者，物或资金是被管理者。管理主体只能是人。

（2）管理客体。管理客体是管理对象，它包括企业的生产经营活动的全过程以及生产经营活动的全部要素。

（3）管理职能。管理活动是管理者通过计划、组织、指挥、协调、激励、控制等一系列的管理职能进行的，管理者必须正确地运用这些管理职能，才能高效率、高效益地完成管理任务，实现管理目标。

（4）管理目的。管理只是达到经营目标的手段和方法。管理目的就是使企业资源得到优化配置和合理利用，与社会需要和市场需求紧密结合起来，实现最佳的社会效益和经济效益。

（5）管理依据。管理依据是客观经济规律和科学管理原理。管理活动是管理者的主观行为，要使主观行为符合客观实际，防止主观主义、官僚主义和瞎指挥，就必须遵循客观经济规律，按照科学管理原理的要求去做。

（二）企业管理的任务

（1）努力提高企业经济效益，实现盈利的最大化。企业是经济组织，它开展经营活动的目的就是实现价值增值，实现更多的利润。企业的劳动成果能否得到社会的承认，个别劳动能否转化为社会劳动，关键是劳动成本或劳动耗费低于或相当于社会平均水平。企业所生产的产品或提供的服务能够满足社会需要，得到广大消费者的青睐。只有这样，企业的产品才能顺利地销售出去，才能扩大再生产，从而实现良好的经济效益，取得更多的利润，实现良性循环。

（2）充分调动员工的积极性，发挥人的聪明和才智。企业管理要以人为本，要重视人的因素，充分调动员工的积极性，不断提高员工素质，为员工创造良好的工作环境和生活环境，让员工的聪明才智得到最大限度的发挥。因为人是一切社会活动和经济活动的活力源泉，有了高素质的员工队伍，有了强大的凝聚力和向心力，企业才能战胜一切困难，并取得成功。

（3）塑造良好的企业形象，为国家和社会承担责任。企业是社会的一个组成部分，它的经营行为必然会对社会产生影响。企业在经营活动中必须把经济效益与社会效益统一起来，多做有益于社会的事，如向社会提供优质产品、照章纳税、履行合同、防治污染、保护环境等。企业绝不能做损害国家利益、社会公众利益和消费者利益的事情，如偷税漏税、欺行霸市、走私诈骗、生产销售假冒伪劣商品、污染环境等。只有树立良好的企业形象，才能得到政府、社会公众和广大消费者的支持和信赖，企业才能顺利发展。

（三）企业管理的基本要求

（1）管理组织高效化。就是按照精简高效的原则，根据管理任务科学合理地设置管理机构和人员，简化办事手续，加强信息沟通，克服官僚主义和形式主义，及时发现问题和解决问题，建立健全各项管理制度和岗位责任制，努力提高管理效率和生产效率。

（2）管理方法科学化。就是各项管理工作做到规范化、标准化，做到有章可循，照章办事，严格遵守操作规程和质量标准。每一项决策都要通过可行性分析，经过筛选比较，选择最优方案。每一项工作都符合客观经济规律，符合实际，并最终取得好的效果。

（3）管理手段信息化。21世纪是知识经济时代，世界经济发展的趋势是信息化、网络化和全球化。企业要想在市场竞争中立于不败之地，就必须跟上e时代的浪潮，运用现代化的管理手段——电子计算机和互联网。有了现代化的管理手段，才能保证对信息收集、整理、分析、储存、传递、反馈和使用的时效性、准确性和全面性。

（4）管理人员专业化。现代企业必须由各方面的专家来管理企业。在一个企业中，从产品设计、制造、工艺、设备、质量检验、市场营销、投资理财、经济核算等每一方面都需要有专门的技术和方法，没有经过专业培训，不懂得专业知识，就不可能胜任工作要求。所以，管理工作的专业化，必须要求管理人员的专业化。管理人员要经过专业学习和培训，经考核达到了规定的学历要求，并取得了职业资格证书，方能上岗担任管理职务。

三、企业经营与管理的关系

经营与管理既有一定的区别，又是紧密联系的。经营一般限于某一个具体的经营实体，通常是指某一个经济实体的经营思想、经营方针、经营策略、经营范围和经营方式等。它是商品生产和商品交换的产物，具有开放性、外向性特点，主要是解决企业与外部环境的动态平衡问题。学会经营，善于经营，并从经营中获得最大的社会效益和经济效益。而管理是人类组织社会活动的一种最基本的手段，简言之，管理就是管辖和治理。管辖指权限，治理是在权限范围内的职能作用。管理是人类共同劳动的产物，无论任何社会活动都离不开管理。管理就是管理者为了达到一定目的，在管辖范围内对管理对象所实施的一系列职能活动。管理主要是研究和解决企业日常生产经营活动的计划、组织和控制问题，它具有封闭性、内向性的特点。经营与管理共存于企业之中,经营活动中有管理活动,管理又脱离不了经营。经营活动构成管理活动的对象,管理活动又是为经营活动服务的。没有明确的经营目标,企业的管理活动就会失去方向和依据;同样,没有有效的管理,企业经营目标也难以实现。因此,经营与管理是一个相辅相成统一的不可分割的整体。

四、企业经营机制

(一)企业经营机制的概念

"机制"一词的原意是指机器的构造和动作原理。把"机制"引申到企业经营领域,企业经营机制,是指企业在一定外部环境下,能引导、激励、推动和约束企业行为,使其适应环境变化,趋向企业目标的内在机理和运作方式。企业机制是保证企业生产经营活动步入良性循环的基本功能。

我国建立了市场经济体制,企业必须面向市场,在市场竞争中求生存、求发展。因此,企业要转换经营机制,适应市场经济的要求,适应中国加入世界贸易组织的要求,适应知识经济时代的要求,真正成为市场竞争的主体,成为市场竞争的强手。

(二)企业经营机制的内容

(1)按照企业系统组成划分,可以分为投入机制、转换机制、产出机制和反馈机制。现代社会的发展和物质财富的创造,主要取决于所有企业有效地实现社会资源的转换过程。这一过程包含了投入各种资源(人力、物力、财力、信息),然后通过生产加工转换为适合社会需要、市场需要的有用产品和服务,来满足用户和消费者的需要。

(2)按照企业组织职能划分,可以分为权力机制、责任机制和利益机制。权力是保证履行职责的前提条件,没有必要的权力,也就无法有效地开展工作,有效地履行职责。责任是管理工作的核心内容,只有认真负起责任,履行义务,完成工作任务,实现工作目标,才能保证企业经营管理目标的顺利实现,也才能有效地防止滥用权力。利益则是完成工作任务的动力,没有相应的利益,人们就会失去工作积极性。

(3)按照企业运转功能划分,可以分为动力机制、激励机制、竞争机制、约束机制、决策机制、应变机制、创新机制、协调机制等。动力机制是为企业正常运行提供能量的机制,对企业行为的发生和企业活力的增强起"兴奋剂"的作用。激励机制能够激发投资者、经营者和生产者的积极性和主动性,使其能量和潜力得到最大限度的发挥。竞争机制有利于鼓励先进,鞭策后进,使强者更强,落后者奋起直追。约束机制能够有效地约束企业和员工的行为,增强自律意识和法制观念,严格按照规程办事。决策机制能够保证决策人深入调查研究,发扬民主,多听取群众的意见和建议,严格按照客观经济规律办事,最大限度地减少决策的失误。应变机制有利于企业及时分析外部环境的变化,提高经营活动的前瞻性和预见性,始终与外部环境保持动态平衡。创新机制有利于激发员工的创新精神和创造能力,不断地开发新产品,应用新技术,保证企业在市场竞争中占据主动地位。协调机制有利于企业协调企业内部与外部的关系,协调企业内部不同管理层次、不同环节、不同岗位以及员工之间的关系,形成良好和睦的企业氛围和公共关系,不断地促进企业向前发展。

(三)转换企业经营机制

1. 转换企业经营机制的目标

长期以来,由于经济管理体制、传统文化、思想观念等多种因素的影响,我国企业普遍存在着产权模糊、权责不明、政企不分、管理混乱、效益低下、包袱沉重、活力不足等问题。这些问题如果得不到有效解决,面对新的形势,企业就难以生存和发展,在激烈的市场竞争当中,就会被淘汰。因此,企业必须加大改革力度,加快改革步伐,练好内功,再造新的企业经营机制。

企业经营机制的转换目标是:企业要适应市场经济的要求,适应世界贸易组织的规则,适应信息化、网络化、全球化经济发展的新形势,成为自主经营、自负盈亏、自我发展、自我约束、自我完善,具有较强的应变能力、竞争能力、创新能力、盈利能力、发展能力的市场经营主体和竞争主体。

2. 转换企业经营机制的条件

(1)政府转变职能,为所有的企业平等竞争创造一个良好的市场环境。转换企业经营机制与转变政府职能密不可分。如果政府职能不转变,仍然直接管理和干预企业的生产经营活动,企业就难以进入市场,真正做到自主经营、自负盈亏。因此,要转换企业经营机制,最重要的是政府要按照世界贸易组织的规则,按照市场经济的规律,做到政企分开、简政放权。一是政府要按照国民待遇原则、无歧视贸易原则对所有的企业一视同仁,给予同样的政策,让它们公平竞争。二是政府要加大市场秩序的治理和整顿,严厉打击制售假冒伪劣商品、偷税漏税、骗取出口退税、走私、盗版、欺行霸市、价格欺诈、诈骗等不法行为。三是政府要简化办事手续,提高办事效率,实行"一站式"服务,做到方便、快捷、公开、公平、公正。四是政府要加强宏观调控,做好统筹规划、信息引导和组织协调。

(2)培育和完善市场体系,充分发挥市场的调节作用。企业必须要树立大市场、大流通、大贸易的观念。企业面对的市场包括国内市场和国际市场。企业的生产经营活动离不开市场。要充分发挥市场的导向作用和调节作用,必须进一步培育和完善市场体系。一是要加快商品市场和要素市场建设,形成布局合理、功能齐全、辐射面广、协调有序的市场格局。二是建立市场准入制度和价格预报制度,保证市场主体的合法性,减少商品生产和流通的盲目性。三是打破市场割据、封锁,严厉惩治地方保护主义,真正做到货畅其流、流向合理、井然有序。四是国内市场与国际市场接轨,按照世界贸易组织的规则和我国的承诺,降低关税,减少非关税贸易壁垒,我国的企业要积极开拓国外市场。

(3)建立和完善社会保障制度,解决劳动者的后顾之忧。转换企业经营机制必然涉及企业劳动、工资、人事制度的改革。企业要精简机构和人员,以提高劳动效率和经济效益,多余的职工就要下岗,有些人就要失业,一部分家庭就会带来生活困难,就需要解决再就业的问题。人才流动就会涉及档案、工龄计算、劳保费的缴纳、福利待遇等一系列问题。这些问题如果得不到有效解决，企业经营机制的转换也就难以顺利进行下去。因此，必须建立和完善社会保障制度，真正解决劳动者的后顾之忧。一是养老保险要覆盖全社会，无论哪一种类型的企业、社会组织和个体户，都必须参加社会保险，都必须按照国家有关规定按期及时足额缴纳保费。二是各地区都要建立最低生活保障制度，对生活费用低于最低保障线的人员，应给予补助。三是加强职工再就业的工作力度，积极开展下岗培训，广泛开辟新的就业门路，积极鼓励下岗职工或失业人员自谋职业。四是加快医疗保险制度的改革，做到合理负担、看病方便、节省费用。

（4）实现社会化服务，解决企业"大而全""小而全"的问题。长期以来，我国的企业既要从事生产经营活动，又要办学校、食堂、托儿所，衣、食、住、行、计划生育、公共设施等，几乎样样都要管。这种状态既分散了企业经营管理者的精力，又使企业有限的资金难以维持各方面的开支。这种"大而全""小而全"的局面几乎拖垮了企业。因此，必须痛下决心彻底解决这一问题。一是企业必须转变经营观念，树立社会化大生产、社会化服务、协作配套的思想。不仅企业的后勤服务功能要交给社会上专门的服务机构来完成，而且企业生产经营中的零部件、配件等中间产品都可以采取公开招标、择优选择合作伙伴的方式解决，企业的原材料、产品的运输和储存，也都可以交给"第三方物流"企业来完成。二是加大软环境的治理，严格制止各种乱收费、乱罚款、乱摊派的现象，凡是向企业伸手搞"三乱"的，不管涉及哪个单位、部门和个人，一律都要追究领导人和当事人的责任。

 本章小结

1. 企业是指从事生产、流通、服务等经济活动，依法成立，自主经营，独立享受权利和承担义务的法人型或非法人型经济组织。按照企业财产组织形式，企业可以分为独资企业、合伙企业、公司制企业；按照生产资料所有制性质、行业、企业所使用资源、企业规模、生产力组织形式及面向市场的范围等划分方式，企业也有不同的类型。

2. 企业经营是指企业以市场为依托，以企业所提供的产品、服务和资产交换为内容，以提高经济效益为目的，以求得企业生存和发展为目标，使企业的生产经营活动与企业外部环境保持动态平衡的一系列有组织的活动。企业管理是指企业管理者遵循客观经济规律，按照科学管理原理，对企业生产经营活动过程以及各种经营要素进行的计划、组织和控制，以实现企业经营目标的实践活动。企业管理的任务是努力提高企业经济效益，实现盈利的最大化；充分调动员工的积极性，发挥人的聪明和才智；塑造良好的企业形象，为国家和社会承担责任。企业管理的基本要求是管理组织高效化；管理方法科学化；管理手段信息化；管理人员专业化。企业经营机制是指企业在一定外部环境下，能引导、激励、推动和约束企业行为，使其适应环境变化，趋向企业目标的内在机理和运作方式。企业经营机制的转换目标是：企业要适应市场经济的要求，适应世界贸易组织的规则，适应信息化、网络化、全球化经济发展的新形势，成为自主经营、自负盈亏、自我发展、自我约束、自我完善，具有较强的应变能力、竞争能力、创新能力、盈利能力、发展能力的市场经营主体和竞争主体。

 **思考题**

1. 怎样理解企业的含义？企业类型如何划分？
2. 什么是现代企业制度？现代企业制度有哪些基本特征？
3. 什么是企业经营？企业经营的特点是什么？
4. 什么是企业管理？企业管理的任务、要求是什么？
5. 什么是企业经营机制？如何转变企业经营机制？

 案例分析

谷丰股份有限公司是我国较早的上市公司之一，从事建材生产、经营。在2000年之前，该公司业绩良好，股票价格一直稳中有升，股东对其运作表现较满意，2000年年报，还保有配股资格。

2000年之后，谷丰股份公司进行了大量的投资，其中，投资在外省办25个建材联营厂损失5.87亿元；投资办4个星级酒店损失1.7亿元；投资18个项目损失1.31亿元。在2003年至2004年期间，该公司炒股的直接亏损达3.671亿元，用于炒股向各证券公司透支达1.4亿元，两者合计达5亿多元。

为了满足资金需求，谷丰有限公司利用自己是谷丰股份有限公司大股东的地位，要么直接从股份公司拿钱，要么以股份公司名义贷款，或者以股份公司名义提供担保贷款，从股份公司调走了大量资金。截至进入破产程序日，谷丰有限公司累计欠谷丰股份有限公司债务12亿元。

自2000年开始，谷丰股份公司的董事长、总经理，甚至党委书记都是由同一个人担任，集团和公司的人财物都是搅在一起的，这样使该公司的上述行为轻而易举地实现。

2012年年底，龙腾资产管理公司（拥有谷丰股份有限公司15亿元债权）为尽量减少自身的损失，要求谷丰股份有限公司破产还债。2013年1月，谷丰股份有限公司所在市的中级人民法院宣布谷丰股份有限公司进入破产程序，谷丰股份有限公司前途生死难卜。

问题：

1. 分析说明谷丰股份有限公司破产的直接原因。
2. 指出谷丰股份公司与谷丰有限公司治理结构存在的主要缺陷。
3. 通过谷丰股份公司事件你得到怎样的启示？

第二章 企业文化

 学习目标

学习本章后，你应该能够：
1. 了解企业文化的特征；企业文化建设的目标、内容、步骤；企业形象的特征。
2. 理解企业文化的功能、特征；企业文化建设的指导原则；企业树立良好形象的作用；企业形象设计的指导原则。
3. 掌握企业文化的概念和构成；企业形象的概念和构成；企业形象的评价指标。

任何企业从它诞生后，就存在文化的因素，每个企业在经营过程中都遵循着各自的价值观念、思想道德、传统作风、行为规范。企业文化是以企业整体价值观为核心的行为规范的总和，它渗透在企业的一切活动之中，潜移默化地对企业时时、事事都产生重要影响，良好、健康的企业文化能够增强企业的竞争力和生命力。

第一节 企业文化概述

一、企业文化的概念

企业文化是20世纪80年代初美国管理学者在比较美国和日本两国企业管理的根本性差异中提出来的一个新的概念。他们在比较中发现，美国企业管理比较注重技术、设备、规章制度、组织机构、财务分析等因素；而日本企业管理则更多地强调人、目标、信念、宗旨和价值观等因素。日本企业界普遍认为，管理的关键在于企业通过对职工的教育和领导者的身体力行，树立起大家共同遵循的信念、目标、价值观，培植出全体员工同心协力共同实现企业目标的"企业精神"。这种"企业精神"与社会文化有着密切的联系，但又不是整个社会文化，仅仅是反映一个企业的风貌的微观文化，因此被称作企业文化。

企业文化有广义和狭义之分。狭义的企业文化是指企业在长期的经营管理活动中，逐步形成并为全体职工共同遵守的，带有本企业特色的价值取向、行为方式、经营作风、企业精神、道德规范、发展目标以及思想意识等因素的总和。狭义的企业文化是意识范畴，仅仅包括企业的思想、意识、习惯、感情领域。

广义的企业文化是指企业在创业和发展的过程中所形成的物质文明和精神文明的总和。不仅包括非物质文化，还包括物质文化，如企业人员的构成状况、企业的物质生产过程和物质成果特色、工厂的厂容厂貌等。

企业文化是一种亚文化，一种特殊的组织文化，是企业适应外部环境和社会存在的一种形式，是整个社会文化体系中的一个有机组成部分。企业生存于环境之中，必须适应环境的要求，随着现代工业文明的发展，企业组织在一定的民族文化传统中逐步形成了具有本企业特征的基本信念、价值观念、道德规范、规章制度、行为准则、文化环境、产品品牌和经营战略等，以及与此相适应的思维方式和行为方式的总和。企业文化弥漫于企业组织各个方面，它不仅在企业组织的运转中是一种必不可少的润滑剂，而且能够创造良好的组织气氛和组织环境，调动员工的积极性，培育员工的忠诚度，是其他管理手段无法取代的。

二、企业文化的内容

企业文化的内容按结构可以分为四个层次：一是深层的企业精神文化；二是中层的企业制度文化；三是浅层的企业行为文化；四是表层的企业物质文化。

（一）企业精神文化

企业精神文化是指企业成员共同信守的基本信念、价值标准、职业道德及精神风貌。它是企业文化的主体内容，是企业在长期生产经营过程中逐步形成的具有企业特征的意识形态和文化观念，是现代企业文化的核心层。

1. 企业经营哲学

企业经营哲学是企业在生产经营管理过程中的全部行为的根本指导思想，是企业领导者对企业发展战略和经营策略的哲学思考。企业经营哲学回答的是企业一些最重要、最基本的问题，它包括经营者对企业生存价值与目的的理解、对生存空间的把握以及企业的社会责任和市场导向等内容。概括地说，是指现代企业家的价值取向。

企业的成败在很大程度上取决于企业经营者所信奉的经营哲学。国内外卓有成效的企业家都有自己遵循的一套完整的经营哲学和理念，并贯彻在企业的一切经营管理活动之中。松下幸之助在松下公司的生产经营中提出了"自来水"哲学，也就是企业生产出来的产品要像自来水一样丰富，像自来水一样便宜，才能满足更多人的需求，才能有更多的人买得起、用得起。

2. 企业价值观

企业价值观是企业全体成员所拥有的信念和判断是非的标准，以及调节行为与人际关系的导向系统，是企业文化的核心。在一个企业内部，同时并存着两套价值观体系：一套是员工个人所信奉的价值观，因为一个人在加入企业之前，他早已对"什么是该做的""什么是不该做的"有了自己的判断，当他进入一个企业后，会用他的价值观来看待企业的一切，他的价值观会影响到他的态度和行为；一个企业又是由许多人组成的，每个人所信奉的价值观是千差万别的，企业应有意识地建立一套共同的价值观，从而统一企业员工的思想，使人们按同一方向努力，推动企业前进，这种共同的价值观就是企业价值观。

3. 企业精神

企业精神是企业为谋求生存和发展,为实现自己的价值体系和社会责任而从事经营管理过程中所形成的一种人格化的群体心理状态的外化,是一个企业所具有的时代精神、基本信念、共同理想、奋斗目标、竞争意识、价值观念、道德规范和行为准则的综合反映。企业员工在长期的生产经营管理活动中,在企业经营哲学、价值观和道德规范的影响下形成各具特色的企业精神,如主人翁精神、集体精神、创业精神、敬业精神、创新精神、竞争精神等。企业精神通常以高度概括的几个字或几句话或以口号、标语等形式表达出来。一方面,它使员工更加明确企业的追求,建立起与企业一致的目标;另一方面,它又成为员工的精神支柱,激发和鼓舞员工的工作热情。

4. 企业伦理

企业伦理是指企业全体职工认同并在实际处理各种关系中体现出来的善恶标准、道德准则和行为规范。企业伦理既是一种善恶评价,可以通过舆论和教育的方式,影响员工的心理和意识,形成员工的善恶观念和生活观念,同时,它又是一种行为标准,可以通过舆论、习惯、规章制度等成文或不成文的形式,来调节企业及员工的行为。企业伦理的优劣对企业发展有着长期而深远的影响,任何一个企业文化,如果离开风尚、习惯、道德规范,就是不成熟的、不系统的,不可能是一种成功的企业文化。

(二)企业制度文化

企业制度文化是企业的各种规章制度、道德规范和职工行为准则的总称。企业制度文化规范约束着企业组织和企业员工的行为,集中体现了企业文化的物质层和精神层对员工和企业组织行为的要求,是一种强制性文化。在企业文化中,企业制度文化是人与物、人与企业运营制度的结合部分,它既是人的意识与观念形成的反映,又是由一定物的形式构成的。企业制度文化一般包括企业法规、企业经营制度和企业管理制度等。

1. 企业法规

企业法规是调整国家与企业,以及企业在生产经营与服务性活动中所发生的经济关系的法律规范的总称。企业法规作为企业制度文化的法律形态,为企业确定了明确的行为规范,是依法管理企业的重要依据和保障。

2. 企业经营制度

企业经营制度是指通过划分生产权和经营权,在不改变所有权的情况下,强化企业的经营责任,促进竞争,提高企业经济效益的一种经营责任制度。

3. 企业管理制度

企业管理制度是企业组织为了维护其生产、经营秩序而制订的规划、程序及规定的总和。没有规矩,不成方圆。企业管理制度约束企业组织和企业员工,保证整个企业能够分工协作,井然有序、高效地运转。常见的管理制度有财务管理制度、劳资人事管理制度、生产管理制度、服务管理制度和设备管理制度等。

（三）企业行为文化

企业行为文化是指企业员工在生产经营、学习娱乐中产生的活动文化，是以人的行为为形态的企业文化形式。它是企业经营作风、精神风貌、人际关系的动态体现，也折射出企业精神和企业价值观。根据不同的行为主体划分，企业行为包括企业家行为、企业模范人物行为和企业员工行为。

1．企业家行为

企业家是企业经营的主角，是企业文化的倡导者、变革者、管理者，企业的经营决策方式和决策行为主要来自企业家。企业家行为决定了企业文化的健康和优化程度，决定了员工对企业的信任程度，也决定了企业在未来竞争中的胜负。有什么样的企业家就有什么样的企业和什么样的企业文化。企业家行为主要体现在专业素养、思想道德、人格风范、创新精神、理想追求等方面。优秀的企业家通过追求成功实现自己人生的崇高理想和信念，通过将自己的价值观在企业经营管理中身体力行、推而广之，形成企业共有的文化理念、企业传统、风貌、士气与氛围，从而形成独具个性的企业形象。

2．企业模范人物行为

如果说企业价值观是企业文化的核心内容，那么，企业的模范人物就是企业总体价值观的化身、组织力量的缩影，是企业文化的代表人物。这里所说的模范人物，是指我们通常所说的先进典型、开拓型人才、革新迷等。企业模范人物的言行举止体现着企业的价值观，在他们身上所体现出的是企业追求的真谛，处在企业文化的中心位置，因而对企业文化的塑造和进一步完善起着决定性作用。在企业中，企业模范人物的作用着重体现在：（1）对外界作为企业的形象象征，加深社会对企业的印象；（2）提供典型人物，树立绩效标准，激励企业全体员工奋发向上；（3）使企业保持与众不同的特色，形成企业独特的个性；（4）使成功变成可以达到的而且富有人情味，满足企业员工追求成功的需要；（5）在企业中起一种持久的影响作用，强化企业的基本价值观。

3．企业员工行为

企业普通员工是企业的主体，员工的群体行为决定企业整体的精神风貌和企业文化的现实状况。重塑企业文化从根本上讲就是要重塑员工的行为。

（四）企业物质文化

企业物质文化是指员工创造的产品和各种物质设施所构成的器物文化。它是企业文化的躯壳，是有形的、直观的，通过这些物质文化形式，人们可以进一步了解和认识企业的形象、精神等深层次的文化内容。企业物质文化主要包括企业的产品和服务、企业的名称和标识、企业生产设施及环境、企业广告及文化传播网络。

1．企业的产品和服务

企业生产的产品和提供的服务是企业生产的经营成果，是企业物质文化的首要内容。有形的产品包括产品的品质、特色、式样、外观和包装等；无形的服务包括可以给买主带来附加利益和心理上的满足感及信任感的售后服务、质量保证、产品形象等。

2．企业的名称和标识

企业的名称和标识是企业物质文化最集中的外在体现，包括企业的名称、标志、标准字、标准色、厂服、厂徽、厂旗、标语、商标等。这些标识能形象地概括企业的特色，有助于企业形象的塑造，有助于激发员工的自觉性和责任感，使全体员工自觉地维护本企业的形象。

3．企业生产设施及环境

企业生产设施包括机器工具、设备设施等，是企业进行生产经营活动的基础。企业生产机器、设备设施的摆设往往折射出管理理念和企业的价值观。科学的摆设能保证生产有条不紊地进行，促进生产现场管理科学化、规范化。

企业环境包括办公楼、厂房、仓库、食堂、俱乐部，以及其他生活设施和环境绿化等。企业物质文化环境是员工赖以工作和生活的场所，良好的企业环境能增强员工文明生产的意识，有效培育员工对企业的认同感和归属感，从而提高工作效率和产品质量。

4．企业广告及文化传播网络

企业广告及文化传播网络包括企业自办的报纸、刊物、有线广播、闭路电视、计算机网络、宣传栏、广告牌、招贴画等。企业文化网络是非正式的信息沟通方式，是企业价值观的传递渠道。这种非正式的信息沟通方式在形成企业文化的过程中所起的作用，并非正式组织所能替代的，尤其在传播价值观和宣传介绍模范人物形象方面，要比组织渠道的正面灌输更容易被人接受。

企业文化的这四个层次是紧密联系的。精神文化是形成物质文化、行为文化及制度文化的思想基础，也是企业文化的核心和灵魂；制度文化是物质文化、精神文化及行为文化建设的保证，没有严格的规章制度，企业文化建设就无从谈起；行为文化是企业文化的外在表现，是审视精神文化、物质文化、制度文化合理性的尺度；物质文化是制度文化、行为文化和精神文化的物质基础，是企业文化的外在表现和载体。

三、企业文化的特征

企业文化是在企业长期发展过程中逐步形成和完善的。由于各个企业的历史传统和社会背景不同、所处行业不同、技术设备和生产经营状况不同以及员工素质不同，所以各个企业所形成的企业文化模式也各不相同。企业文化的本质特征可以归纳为以下几点。

（一）时代性

任何企业的运作都是在一定的时空条件下进行的，它脱离不了特定的时代、特定的地域空间的政治、经济和社会环境的制约。企业文化必须遵循时代的变化而变化，反映所处时代的精神，例如，20世纪50年代我国企业倡导"鞍钢文化"、60年代反映"大庆文化"的风貌。随着现代市场经济的发展，开放、改革、开拓、进取、竞争等精神逐渐成为现代企业文化的主旋律。

（二）系统性

企业文化是一个由企业内互相联系、互相依赖、互相作用的不同层次、不同部分内容结合而成的有机整体，是由诸多要素构成的系统。每个要素又是一个子系统，如企业精神就是包括企业理想、信念、传统、习惯的系统。企业文化的各种构成要素以一定的结构形式进行排列组合，它们各有其相对的独立性，同时又以一个严密有序的结合体出现。

（三）稳定性

企业文化具有相对稳定性的特点。企业文化的形成总是与企业的发展相联系的，是一个长期渐进的过程。企业一旦形成具有自身特点的企业文化之后，就会在职工中产生"心理定式"，成为企业所有成员共同遵循的准则，长期对企业的运转和员工行为产生影响，不会因企业领导人的更换或组织制度、经营策略和产品的改变而发生大的变化。

（四）独特性

由于企业的性质、条件以及所处环境的不同，因此，在企业经营管理发展过程中，必然会形成具有本企业特色的价值观、经营准则、经营作风、道德规范等。每个企业都会具有鲜明的个体性和独特性，即使有些企业对其文化的描述相似或相同，这些企业进行自己的活动时，往往也呈现出极大的差别。

（五）民族性

民族文化是企业文化的根基，企业文化的形成离不开民族文化，任何企业文化都是某一民族文化的微观形式或亚文化形式。企业文化是企业全体员工经过长期的劳动交往而逐渐形成的被全体成员认可的文化，这些成员的心理、感情、行为不可避免地受到民族文化的熏陶，因而在他们身上必然表现出共同的民族心理和精神气质。企业文化虽然有其民族性的一面，但它不应当是一种封闭的文化体系，仅仅成为民族文化的缩影。

四、企业文化的功能

企业文化作为社会文化的亚文化，作为企业的精神支柱和经营管理之魂，具有以下特有的功能。

（一）导向功能

企业文化的导向功能是指对企业的发展方向、价值观念和行为取向的引导作用。这种作用主要表现在两个方面：一方面，对企业个体成员的心理、性格、行为有其导向作用，即对个体的价值取向和行为取向起导向作用。企业文化集中反映了员工共同的价值观、理念和共同利益，因而它对任何一个成员都具有一种无形的强大感召力，可以把员工引导到企业既定的目标方向上来。另一方面，企业文化对企业整体的价值取向和行为取向也有导向作用。

(二) 凝聚功能

企业文化的凝聚功能是指企业文化像一根纽带一样把全体员工紧密地联系在一起，是一种让员工同心协力，为实现企业的目标和理想而奋力拼搏、开拓进取的观念、行为和文化氛围。这种功能主要体现在以下两个方面：一是目标凝聚，即通过企业目标，以突出、集中、明确和具体的形式向员工和社会公众表明企业群体行为的意义，使之成为企业全体员工努力奋斗的方向，从而形成强大的凝聚力和向心力；二是价值凝聚，即通过共同的价值观，使企业内部存在共同的目的和利益，并使之成为员工的精神支柱，从而把员工牢牢地联结起来，为实现共同的理想而聚合在一起。

(三) 激励功能

企业文化的激励功能，是指企业文化所形成的企业内部的文化氛围和价值导向能够起到精神激励的作用，将员工的积极性、主动性和创造性调动和激发出来，最大限度地开发人的潜能。优秀的企业文化会产生一种重视人、尊重人、关心人、培养人的良好氛围，形成一种精神振奋、朝气蓬勃、开拓进取的良好风气，承认每个人的贡献，激发每个人的工作热情，从而形成一种激励环境和激励机制，这种环境和机制胜过任何行政指挥和命令。企业文化的激励功能具体体现在以下方面。

(1) 信任鼓励。只有使员工感到上级对他们的信任，才能最大限度地发挥他们的聪明才智。

(2) 关心鼓励。企业各级主管应了解其下属的家庭和思想情况，帮助并解决他们在工作和生活上的困难，使员工对企业产生依赖感，充分感受到企业的温暖，从而为企业尽力尽责。

(3) 宣泄激励。企业内部上下级之间不可避免地要时常产生矛盾和不满，管理者要善于采取合适的方式，让员工消气泄愤，满足其宣泄的愿望，使他们能心平气和地为企业工作。

(四) 约束功能

企业文化的约束功能，是指通过道德规范、制度文化等"软""硬"性约束，规范企业员工的行为，形成员工自我约束的机制。"硬性"约束直接要求员工该做什么和不该做什么，形成批评、罚款、降职、解雇等制度，规范员工的行为；"软性"约束通过企业道德、职业道德、舆论等对员工的行为进行规范，形成一种无形的、理性的、韧性的约束。企业要用共同的价值观来同化员工个人的价值观，在企业内造成这样一种氛围：一旦某人违反了企业的规范，就会感到内疚、不安、自责，进而自动去修正自己的行为，把企业的要求转化为个人的自觉行为。

(五) 辐射功能

企业文化的辐射功能，是指企业文化一旦形成固定的模式，就不仅会在企业内部发挥作用，对本企业员工产生影响，而且也会通过各种渠道辐射到社会的每一个角落，对社会产生外部影响。企业文化的辐射功能主要是通过或借助以下途径实现的。

（1）"软件"辐射。即通过企业精神、价值观、伦理道德向社会扩散，与社会产生某种共识，并为其他企业或组织所借鉴、学习和采纳。

（2）产品辐射。即通过产品这种物质载体向社会辐射。

（3）人员辐射。即通过员工的思想行为所体现的企业精神和价值观，向社会传播和扩散企业文化。

（4）宣扬辐射。即"为了辐射而辐射"。它具有针对性，通过具体的宣传媒介和工具使企业文化向外传播扩散。

第二节 企业文化建设

一、企业文化建设的指导原则

企业文化的建设或多或少会改变员工既有的世界观和行为模式，以符合企业的生产经营要求，这是一项非常艰巨的工作，需要一个较长的过程。要顺利完成这项工作，在建设企业文化时，必须坚持继承与发展相结合、借鉴与创新相结合、全员参与与领导者身体力行相结合的原则。

（一）继承与发展相结合的原则

继承与发展是企业文化建设中紧密联系又相互促进的两个方面。继承是发展的基础，没有继承的发展就像无源之水；而发展又是继承的继续，离开了发展的继承就意味着停滞不前。继承包括两个方面：一是继承民族文化的精华；二是继承本企业的优良传统。继承传统保证了企业文化在精神上的一脉相承，在继承的同时，又必须解放思想，更新观念，体现时代精神，使企业文化的内容不断丰富、充实和发展。只有这样，企业文化才能体现自身的特色，避免因千篇一律而流于形式；才能便于企业内多数人理解与执行，形成共识。

（二）借鉴与创新相结合的原则

在确定企业文化的内容时，必须重视外部环境因素，善于学习国内外企业好的经验和值得借鉴的理论。每个企业的文化都有长有短，有利有弊。长处可以学习，弊端可以作为前车之鉴。任何优秀的企业文化都是各国企业在长期实践中，经过去粗取精，互相学习，互相借鉴发展起来的。企业在借鉴其他优秀企业文化的同时必须认识到借鉴的目的是为了创新，没有创新的企业文化，就不会体现出企业文化的时代性和独特性，最终会被时代所淘汰。

（三）全员参与与领导者身体力行相结合的原则

企业文化说到底是企业内部群体的文化，企业领导、管理人员和广大员工是企业文化形成和发展的主体。企业员工个人价值观与企业价值观是相互容纳的，还是相互排斥的，或者是相互补充的，都会影响企业文化的形成，影响企业价值标准是否能被每个成员所接受。因此，在建设企业文化时，要发动企业全体员工参与讨论，同时，对企业人员结构进行分析，包括其素质构成、价值取向构成等，并从中发现主流，找出重点，分析趋势，提炼出一种能被大多数员工所认可的企业文化模式。企业文化是企业领导者长期有意识地加以培育和建设的结果，成功的领导者善于推行其倡导的企业文化。他们的身体力行会对企业文化的建设起到有力的推动作用。在企业领导的模范带头下，员工更能信服，更能自觉地以共同的价值观来指导自身的行为。

二、企业文化建设的目标

企业文化建设的目标是通过企业文化的培育和弘扬，为企业的长久发展奠定基础。因此，企业文化建设应瞄准以下几个方向。

（一）以人为本，树立精干高效的队伍形象，打造精神文化

企业文化实质是"人的文化"，人是生产力中最活跃的因素，是企业的立足之本。企业员工是企业的主体，建设企业文化就必须以提高人的素质为根本，把着眼点放在人上，培养和巩固坚定的企业信念、企业理想、企业精神，使这种专属于企业本身的价值观念和企业精神得到全体员工的认同，使这种共享的价值观和企业精神转化为全体员工的自觉行动，从而达到凝聚人心、树立共同理想、规范行动、形成良好行为习惯、塑造形象、扩大社会知名度的目的。

（二）内外并举，塑造品质超群的产品形象，打造物质文化

企业在进行"软"文化建设的同时，必须加强"硬"文化的建设，要不断进行技术创新，提高产品质量和服务，使企业具备独特的技术特色和产品特色；要不断改善工作环境，认真分析企业文化发展的环境因素，采取强化措施，做到绿化、净化、美化并举，划分区域，明确责任，创造整洁有序的厂容厂貌；要提供良好的福利设施和待遇，提高企业的经济效益，为企业可持续发展奠定坚实的物质基础。

（三）目标激励，塑造严明和谐的管理形象，打造制度文化

强化管理，要坚持把人放在企业中心地位，在管理中尊重人、理解人、关心人、爱护人，确立职工主人翁地位，使之积极参与企业管理，尽其责任和义务。同时，要围绕实现企业目标，创新管理理念和管理方法，建立健全各种规章制度，形成科学的规范，使员工的各种行为活动、相互关系的确立和调整以及行为效果的评价等都有法可依、有章可循。

（四）寓教于乐，塑造先进典型的模范形象，打造行为文化

构建企业文化时，要注重培养能反映本企业优良传统和文化特点的行为习惯，强化英雄人物的示范榜样作用。要使企业文化通过多样化、趣味化、娱乐化的表现形式，成为企业员工喜闻乐见、乐于参与的群众性活动，使企业的价值观念、精神追求、道德准则和行为规范进一步习俗化，成为每个员工的自我要求和自觉行动。要把礼仪建设贯穿和渗透于

企业经营管理的全过程,在工作程序、办事风格、待人接物、信息沟通等各种活动中体现企业特有的习俗礼仪。

三、企业文化建设的内容

企业文化建设是一项长期的系统工程,优秀的企业文化源于长期精心的建设和培育,企业文化是由精神文化、制度文化、行为文化和物质文化四部分组成的,所以,企业文化的建设也应围绕以下四部分展开。

(一)精神文化建设

精神文化的建设主要是培育企业的价值观念和企业精神,建立适合企业的价值观念体系,创建具有本企业特色的企业精神文化。企业在精神文化建设时,要注意以下几点。

(1) 应深入研究和挖掘民族文化的优良传统,积极吸取现代文化和外民族文化的优秀成果,处理好传统文化与现代文化、民族文化与外来文化的关系。

(2) 企业价值目标要与整个社会的正确价值导向相符合。

(3) 在社会的正确价值观念的指导下,根据企业的性质、规模、类型、职工素质、经营特点、历史变革等因素,选择适当明确的价值目标及内容,并随着客观环境和企业内在因素的变化,不断注入新内容。

(4) 企业在确立自身价值目标、标准及实质内容的过程中,要同时树立起既反映时代精神又表现本企业特色,既体现企业领导人的精神风貌又集中反映广大职工群体意识的企业精神。

(5) 企业价值观念和企业精神必须具体化为一系列原则,使企业领导者和职工都可以具体操作,并体现在企业行为中。

(二)制度文化建设

制度文化把企业职工的价值共识,以及在分工协作、协调相互关系、保持行为一致性方面的共同要求以条文的形式确定下来,从而对员工行为形成有形或无形的约束。在制度规范的约束下,每名组织成员能够准确地掌握行为评判的准则,并以此自动约束、修正自身行为,遵守共同的行为规范。在企业制度文化建设中,应当高度重视建立在企业共有的价值观念体系和企业精神基础上的制度文化建设,围绕实现企业目标建立健全各种规章制度,形成严谨、规范的制度文化体系,使职工中的各种行为活动、相互关系的确立和调整以及行为效果的评价等均有规可依、有章可循。

企业制度文化建设可以从产权制度、领导制度和内部管理制度三个层面入手。从产权制度来看,要建设一种产权明晰、有利于协调国家、企业及其经济主体之间的利益,有利于调动各方面积极性的产权制度;从领导制度来看,要把职工代表大会制度与法人治理结构结合起来,建设既能明确权责、高效运转,又能充分实施民主管理的企业领导制度;从内部管理制度来看,要使企业的生产制度、人事制度和奖惩制度形成体系,制度的内容必须具有合法性、统一性和准确性,同时还要强调制度的可操作性,以此规范员工的行为。

（三）行为文化建设

企业行为文化包括企业经营、教育宣传、人际关系的活动、文娱体育活动中产生的各种文化现象。企业在行为文化建设时首先是注意人力资本的培育和积累，增加投资，加大人才的培养和引进力度，加强员工教育和培训；其次要注意对员工工作作风和精神风貌的活力的培养；再次是建立良好的人际关系环境，为员工提供更多的参与管理、参与文化建设的机会，及时奖励员工，注意发挥非正式组织的作用；最后是要搞好员工的文化娱乐体育活动，引导员工发展自己的个人兴趣，提高员工的综合素质。

企业行为文化建设过程中要注意发挥企业模范人物的示范榜样作用。模范人物是企业中具有超出一般职工的思想境界和行为表现，能够成为榜样和表率的先进个人或群体，他们通常以自己的思想和行为鲜明地体现企业的价值观和精神风貌，构成了企业行为文化的组成要素。通过对模范人物的仿效和追随，广大员工可以形象、具体地接受企业的价值观体系，领悟企业精神的精髓，进而积极遵从本企业文化的各种准则和规范，使职工群体的文化素养得到普遍提高。

企业行为文化建设还要注重习俗仪式的建设。习俗仪式包括企业内带有普遍性和程序化的各种风俗、习惯、传统、典礼、仪式、集体活动、娱乐方式等。习俗仪式是企业在发展过程中长期积累、反复实践和总结而形成的，实质是企业的价值观念、精神境界与存在方式的积淀和体现。具有鲜明文化特色的企业，大多形成了一系列独特的习俗活动或仪式用以不断强化全体职工对本企业文化的认同感，从而推动企业形成良好的自然风气和全员的自我管理意识。

（四）物质文化建设

企业物质文化是企业文化的物质表现，是企业员工赖以生存和发展的环境和条件。对内，可以促使职工为追求理想目标和自身价值的实现而更好地工作、学习，求得自身的全面发展；对外，可以充分展示企业的突出形象，积累和扩张企业的无形资产。企业在进行物质文化建设时要注意以下几点。

（1）注重产品和服务质量的改进和提高，加强产品的设计和促销活动，注重产品的商标和包装设计，使顾客得到满意的产品和服务，从而提高产品和企业的竞争能力。

（2）要加强企业的基础设施建设，美化厂容、厂貌，合理布局企业的空间结构，使工作环境与员工的劳动心理相适应，从而促进员工形成归属感和自豪感，有效地提高工作效率。

（3）要注重智力投资和对企业物质基础的改造，使企业的技术水平得到不断提高。

四、企业文化建设的步骤

（一）分析内外因素，设计出有企业特色的文化

企业文化建设，首先要大量、全面地收集与企业过去和现在有关的资料，并对现存的

企业文化进行自我诊断和分析。诊断现有企业文化是否被员工接受和认同，是否在对员工发挥作用。企业文化诊断主要是发现和研究原有文化的性质、特征、作用和状态，为创新文化奠定基础。在进行企业文化诊断的同时，要分析企业外部环境，包括政治、经济、法律、民族文化以及外来文化等，这些因素都会影响企业员工的思想意识行为。

在系统分析各种相关因素的基础上，要进一步归纳总结，确定既体现企业特征，又被企业全体员工和社会所接受的价值观。同时，还要以现有企业文化为基础、企业特色为目标，发动全体员工参与讨论及方案的设计。通过对各种设计方案的归纳、比较、融合、提炼，集企业的经营信条、意识和行为准则于一身，融共同理想、企业目标、社会责任和职业道德为一体，设计出具有企业特色的新文化。

（二）倡导实践，让员工认同新的企业文化

选择和确立企业价值观和企业文化模式之后，要通过各种途径宣传和强化员工的企业文化意识，力求使新文化、新观念深入人心，化为行动。

（1）要充分利用一切宣传工具和手段，如通过广播、电视、网络、标语、板报等大力宣传企业文化的内容和要求，创造浓厚的环境氛围，使员工通过耳濡目染来达到潜移默化的效果。

（2）树立模范人物。典型榜样和模范人物是企业精神和企业文化的人格化身与形象缩影，能够以其特有的感染力、影响力和号召力为企业员工提供可以效仿的具体榜样，而企业成员也正是从典型榜样和模范人物的精神风貌、价值追求、工作态度和言行表现之中深刻理解企业文化的实质和含义的。

（3）教育培训。有目的地培训与教育，能够使企业员工系统地接受和强化认同企业所倡导的企业精神和企业文化。培训教育的形式可以多种多样，如在健康有益的娱乐活动中恰如其分地揉进企业文化的基本内容和价值准则。

（三）制度强化，巩固企业文化

价值观的形成是一种个性心理的累积过程，这不仅需要很长时间，而且要不断强化。人们的合理行为只有经过强化加以肯定，这种行为才能再现，进而形成习惯稳定下来，从而使指导这种行为的价值观念转化为行为主体的价值观念。企业要巩固无形的企业价值观念，不能单纯地停留在口号或舆论宣传上，要把它渗透到企业的每一项规章制度、政策及工作规范、标准和要求当中，在企业经营管理制度中融进企业文化的内涵与标准，使员工从事每一项经营管理活动都能感受到企业文化在其中的引导和控制作用。同时，要用制度的方式鼓励符合企业价值标准的行为，树立榜样，让员工明白企业在鼓励什么，反对什么，使符合企业价值标准的行为得到不断强化而稳定下来，形成优良的企业文化。

（四）完善提高，充实发展企业文化

企业文化体系形成后，有其相对的独立性和稳定性，特别是其中的核心内容都不会轻易改变。但是，企业文化是企业经营管理实践的产物，随着企业面临的内外部环境的不断变化，企业会不断面对新的问题和挑战，企业文化也必然要随之发生相应变化。不断充实、完善和提高，是企业文化健康发展的客观规律，否则，企业文化就会脱离或落后于实践，从而失去对实践的指导意义。

企业文化的完善提高，既是塑造企业文化一个过程的结束，又是下一个过程的开始。企业文化完善提高的质量直接影响到企业文化的科学性程度和对实践的指导作用。在完善提高过程中，企业领导者必须依靠实践，依靠全体员工，不断把感性的东西上升到理性的认识，把实践的东西化为理论的概括，把少数人的先进思想变成全体成员的共识，并及时吸收民族文化和外来文化的精华，剔除本企业文化中的消极成分，使企业文化在实践中不断升华和提高，从而重新构建和创造新型的企业文化，以更好地适应企业变革和发展的需要。

第三节 企 业 形 象

一、企业形象的概念及构成

（一）企业形象的概念

企业形象是社会公众及企业员工对企业的一切活动及其表现的总体印象和整体评价。它包含两方面的内容：第一，企业形象的主体是企业，是企业有意或无意地展现在社会公众面前的内部生产经营管理和外部营销服务及社会活动在内的所有活动及其表现。第二，企业形象的接受者是社会公众，它是社会公众对企业的总体印象和评价。社会公众是指影响着企业经营目标实现能力的一般公众和机构公众。其中，一般公众包括企业内部员工、企业所在地居民、企业产品（服务）消费者及潜在消费者、企业相关媒体接受者等；机构公众包括与企业活动相关的政府机构、融资机构、媒体机构、社会团体及与企业营销活动紧密联系的其他企业组织，如销售商、供应商等。

社会公众对企业的印象不仅来自看得见、摸得着的事物，如企业的建筑物、设备、产品等，也来自于无形的但能被别人所感知和记忆的企业行为和所表现出的企业精神风貌。任何企业都有一个属于自己的独特的形象，或卓越优异，或平凡普通；或真善美，或假恶丑；或美名远扬，或默默无闻……良好的企业形象设计可以使企业在市场竞争中处于有利地位，受益无穷；而平庸乃至恶劣的企业形象无疑会使企业的生产经营举步维艰，贻害无穷。

（二）企业形象的构成

企业形象由企业的无形要素和有形要素两大类构成。

1. 企业形象的无形要素

企业形象的无形要素包括企业理念、企业制度、企业信誉以及员工素质等方面，是企业文化的重要组成部分，更多地表现为企业内部的、深层的形象。它构成企业形象的灵魂和支柱,对企业的影响是长期的、深刻的。

(1) 企业理念

企业理念是指企业的指导思想或经营哲学,是企业倡导并形成的特有的经营宗旨、经营方针、企业价值观和企业精神的总称,是企业形象的核心内容。它规范制约着企业及其员工的日常行为,对企业的生产经营发展起着导向和指导作用。良好的企业理念可以在潜移默化中引导员工的观念和行为,激发员工士气,凝聚员工精神,推动企业发展。企业理念作为企业的灵魂和核心影响着企业的一切存在,支配着企业的一切行为。它虽然是无形的,但却无处不在。

(2) 企业制度

企业制度是建立在企业理念基础上的、企业的管理者和一般员工都应遵守的各项规定、准则及行为规范,是企业理念得以贯彻的必要手段,是所有员工的行为规范化、制度化和系统化的保证,也是企业得以顺利而有效运营的基础。像一个国家没有法律是不可想象的一样,若一个企业没有制度作保障,更是难以想象,管理者和一般员工将无章可循,企业将成为一盘散沙,因而也将无竞争力可言。

(3) 企业信誉

企业信誉是企业的"金字招牌",是企业无形形象的主要内容,是企业的宝贵财富。企业信誉是因为企业在日常经营活动过程中善于实现对消费者、所有与之打交道的客户以及社会公众所作的所有承诺,由此在他们中间所树立起的相应形象。

(4) 员工素质

企业理念要靠企业员工贯彻实施,企业员工的素质好坏对于企业理念的实施程度具有直接的影响。企业员工具有的文化素质、敬业精神、技术水准、价值观念以及企业管理者(企业家)的管理能力、战略眼光及个人魅力等,虽然也是无形的,但却直接影响着企业的行为和表现,影响着社会公众对企业的印象和评价。

2. 企业形象的有形要素

企业形象的有形要素包括产品形象、环境形象、业绩形象、社会形象、员工形象等。

(1) 产品形象

产品形象是企业形象的代表,是企业形象的物质基础,是企业最主要的有形形象。企业形象主要是通过产品形象表现出来的。产品形象包括产品质量、性能、造型、价格、品种、规格、款式、花色、档次、包装设计以及服务水平、产品创新能力等。其主要表现为企业的品牌形象。产品形象的好坏直接影响着企业形象的好坏,企业只有通过向社会提供质量上乘、性能优良、造型美观的产品和优质的服务来塑造良好的产品形象,才能得到社会的认可,在竞争中立于不败之地。

(2) 环境形象

环境形象主要是指企业的生产环境、销售环境、办公环境和企业的各种附属设施。企业厂区环境的整洁和绿化程度、生产和经营场所的规模和装饰、生产经营设备的技术水准等，无不反映企业的经济实力、管理水平和精神风貌，是企业向社会公众展示自己的重要窗口。特别是销售环境的设计、造型、布局、色彩及各种装饰等，更能展示企业文化和企业形象的个性，对于强化企业的知名度和信赖度、提高营销效率有更直接的影响。

（3）业绩形象

业绩形象是指企业的经营规模和盈利水平，主要由产品销售额（业务额）、资金利润率及资产收益率等组成。它反映了企业经营能力的强弱和盈利水平的高低，是企业生产经营状况的直接表现，也是企业追求良好企业形象的根本所在。一般而言，良好的企业形象，特别是良好的产品形象，总会为企业带来良好的业绩形象。而良好的业绩形象总会增强投资者和消费者对企业及其产品的信心。

（4）社会形象

社会形象是指企业通过非营利的以及带有公共关系性质的社会行为塑造良好的企业形象，以博取社会的认同和好感。包括：奉公守法，诚实经营，维护消费者合法权益；保护环境，促进生态平衡；关心所在社区的繁荣与发展，做出自己的贡献；关注社会公益事业，促进社会精神文明建设等。

（5）员工形象

企业员工是企业生产经营管理活动的主体，是企业形象的直接塑造者。员工形象是指企业员工的整体形象，它包括管理者形象和一般员工形象。管理者形象是指企业管理者集体，尤其是企业管理者的知识、能力、魄力、品质、风格及经营业绩给本企业职工、企业同行和社会公众留下的印象。企业管理者是企业的代表，其形象的好坏直接影响到企业的形象。一般员工形象是指企业全体职工的服务态度、职业道德、行为规范、精神风貌、文化水准、作业技能、内在素养和装束仪表等给外界的整体形象。企业是员工的集合体，因此，员工的言行必将影响到企业的形象。管理者形象好，可以增强企业的向心力和社会公众对企业的信任度；一般员工形象好，可以增强企业的凝聚力和竞争力，为企业的长期稳定发展打下牢固的基础。

企业形象是企业有形形象和企业无形形象的综合，它们从不同侧面来塑造一个具体、生动、综合的形象。其中，企业无形形象是企业形象的内在的、深层次的表现，是企业形象的灵魂和支柱；企业有形形象是企业形象外在的、表层的表现，是企业形象的重要组成部分。

二、企业形象的特征

（一）客观性和主观性

一方面，企业形象是企业实态的表现，是企业一切活动在社会面前的展示，是客观真实的，具有客观性的特征。良好的企业形象不能由企业经营者主观设定，自我感觉良好并不能表明企业形象果真良好。良好的企业形象是有客观标准的，它由企业良好的经营管理状态、良好的企业精神、良好的员工素质、良好的企业领导作风、良好的企业制度、良好的企业产品以及整洁的生产经营环境等客观要素所构成。这些构成要素都是客观实在,是人们能够直接感知的,不以人们的主观意志为转移的。

另一方面,企业形象是社会公众对企业的印象和评价,所以又具有主观性特征。作为社会公众对企业的印象和评价,企业形象并不是不以人的意志为转移的企业客观存在的实态本身,而是与人们的主观意志、情感、价值观念等主观因素密切相关。在企业形象形成过程中,企业形象是社会公众以其特有的思维方式、价值取向、消费观念、需要模式以及情感等主观意识,对企业的各种信息进行接收、选择和分析,进而形成的特定的印象和评价,其结果是主观的。

(二)整体性和层次性

一方面,企业形象是由企业内部诸多因素构成的统一体和集中表现,是一个完整的有机整体,具有整体性的特征。各要素形象,如企业员工的形象、产品或服务的形象之间具有内在的必然联系。构成企业形象的每一个要素的表现好坏,必然会影响到整体的企业形象。

另一方面,由于整体的企业形象是由不同层次的企业形象综合而成的,企业形象也就具有了十分鲜明的层次性特征。企业形象的层次性表现在:(1)内容的多层次性。企业形象的内容可分为物质的、社会的和精神的三个方面。物质方面的企业形象主要包括企业的办公大楼、生产车间、设备设施、产品质量、绿化园林、点缀装饰、团体徽记、地理位置、资金实力等;社会方面的企业形象包括企业的人才阵容、技术力量、经济效益、工作效率、福利待遇、公众关系、管理水平、方针政策等;精神方面的企业形象包括企业的信念、精神、经营理念及企业文化等。(2)心理感受的多面性。企业形象是企业在人们心目中的一种心理反映。由于每个人的观察角度不同,和企业的关系不同,构成了观察角度各异的局面,这就决定了人们对企业形象的心理感受呈现出多面性。例如企业在其成员心目中的形象和企业在外部公众心目中的形象是不完全一致的。外部公众一般都是从评价企业产品的角度来认识企业形象的;而企业的员工则往往是从企业的工作环境、管理水平、福利待遇等方面来认识企业形象的。

(三)稳定性与动态性

一方面,企业形象一旦形成,一般不会轻易改变,具有相对稳定性。这是因为社会公众经过反复获取企业信息和过滤分析,由表象的感性认识上升为理性认识,对企业必然产生比较固定的看法,从而使企业形象具有相对稳定性。这种稳定性产生于企业形象所具有的客观物质基础,如企业的建筑物、机器设备、职工队伍等,这些要素在短期内不会有很大的改变,而企业形象的树立在很大程度上依赖于企业的物质基础。其次,企业形象是企业行为的结果,而企业行为又可能发生这样或者那样的变化。但是这种变化不会马上改变人们心目中已存在的形象,因为公众所具有的相同的思维定势,使他们总是倾向于原有的企业形象,而不会因为企业行为的改变而马上改变对企业的看法。

另一方面,企业形象又具有动态性或可变性的特征。企业形象树立起来以后,有其宏观的时空上的稳定性。但是，企业形象并不是固定不变的，除了具有相对稳定的一面，还具有波动可变的一面。随着时间的推移，空间的变化，企业行为的改变，以及政治、经济环境变迁，它不可能一成不变，而是始终处在动态的变化过程之中。

（四）对象性和传播性

企业形象的形成过程，实质上是企业实态借助一定的传播手段，为社会公众认识、感知并得出印象和评价的过程。企业形象的形成过程使其具有明确的对象性和传播性。企业形象的对象性，是指企业作为形象的主体，其形象塑造要针对明确的对象。企业作为社会的营利组织，其形象塑造是为了实现企业经营目标，是为其营销服务的。不同的企业提供不同的产品和服务，面对不同的消费者和用户，其社会公众的构成也有不同。这就决定了企业必须根据公众特有的需求模式、思维方式、价值观念、习惯爱好以及情感特点等因素，适应公众的意愿，确定自己特有的企业形象。

企业形象的建立必须经过一定的传播手段和传播渠道。没有传播手段和传播渠道，企业实态就不可能为外界感知、认识，企业形象也就无从谈起。企业形象的形成过程实质上就是企业信息的传播过程。传播作为传递、分享及沟通信息的手段，是人们感知、认识企业的唯一途径。企业通过传播将有关信息传递给公众，同时又把公众的反映反馈到企业中来，使企业和公众之间达到沟通和理解，从而实现了塑造企业形象的目的。

（五）独特性与创新性

独特性又称企业形象的差异性。社会竞争的加剧、竞争对手的增多以及商品世界的繁华，迫使每个企业必须做到其形象的鲜明性和独特性，以显示其与众不同之处，给公众与众不同的新鲜刺激，便于公众认知、识别，吸引其注意，从而在公众头脑里留下难以忘怀的美好印象。企业形象仅仅具有独特性远远不够，必须在保持鲜明的独特性的同时，不断调整、创新、提升自己的形象，这样才能适应市场需求、公众价值观、竞争状况、社会舆论、政府政策及各种环境因素的变化。

三、企业树立良好形象的作用

良好的企业形象是企业宝贵的无形资产，它对企业内部管理和对外经营方面的影响和作用巨大而深远。

（一）在内部管理方面的作用

企业形象在企业内部经营管理方面的作用，主要表现在有利于企业文化的建设，有利于增强企业实力，以及有利于企业多角化、集团化、国际化经营等方面。

1. 有利于企业文化的建设

企业文化是企业员工追求的价值观念、思维方式、行为方式和信念的综合，它的最大作用便是强调企业目标与企业员工工作目标的一致性，强调群体成员的信念、价值观念的共同性，强调企业的吸引力和对企业的向心力。因此它对企业员工有着巨大的内聚作用，使企业成员团结在组织内形成一致对外的强大力量。而良好企业形象的树立有利于企业文化的形成,使企业员工身在企业工作有一种自豪感、归属感,在企业中形成一种凝聚力、向心力,实现价值观念的统一、员工行为的规范化,在企业中形成一种团结、和谐、积极、向上的氛围,从而保证了企业管理的有效性和竞争力的提高。

2. 有利于增强企业实力

企业实力是指企业的生产经营能力,主要由产品的生产能力和销售能力组成。但是随着现代社会由工业化向信息化的转变,以及企业无形资产价值的增大,企业形象越来越成为一种重要的独立力量,成为企业实力的有机组成部分。良好的企业形象所形成的形象力,与企业生产力、销售力一起形成综合的企业实力。例如,在树立良好企业形象的过程中所出现的名牌产品,对企业实力的提高具有非常重要的作用。我国民族企业中的"红塔山""海尔"等,美国企业中的"可口可乐""麦当劳"等,都被估作高价,视为企业的无形资产和宝贵财富,从而增强了企业的经营实力。

3. 有利于企业多角化、集团化、国际化经营

在企业多角化、集团化、国际化的经营中,最关键的是要取得集团各关系企业的协作。因为这种经营战略的核心便是如何共同利用经营资源,也就是如何追求协同效应,在新、旧经营项目,以及集团内各成员企业之间寻求多处资源共享的环节,使得一种资源产生多种效用,从而把各经营项目联结起来,相互助长。企业拥有并运用统一的良好的企业形象,既有利于企业在开始拓展经营领域、兼并或购买企业,或投资新建企业时非常容易地迈出多角化、集团化、国际化经营的步伐,也可以有效地使集团各关系企业相互沟通与认同,相互协作与支持,使协同效应得到最大程度的发挥。

(二)在外部经营方面的作用

企业形象在企业对外经营方面的作用,主要表现在有利于企业生产经营资源的增长,有利于获得消费者的认同,扩大产品的销售力,以及有利于企业公共关系的处理等方面,为企业创造出一个良好的经营环境,使企业与政府、供应商、经销商、股东、金融机构、大众传播媒体、地方社区、消费者等与企业相关的组织或个人都保持良好的关系。

1. 有利于企业生产经营资源的增长

企业的生产经营资源主要由人、财、物三个方面构成。首先,良好的企业形象,不仅能够稳定现有员工队伍,而且能够吸引社会优秀人才,使企业在人才竞争中处于优势。其次,良好的企业形象有利于企业的融资,扩大资金的来源,增强股东的投资信心。再次,良好的企业形象,有利于增强投资者的安全感和信任感,获得银行的支持以及股东的信赖,提高企业的融资能力。最后,良好的企业形象有利于吸引更多的供应商和经销商,扩大企业的流通渠道。

2. 有利于获得消费者的认同,扩大产品的销售力

企业的任务是向社会提供产品和服务。企业形象的建立就是为了更好地向社会提供产品和服务。良好的企业形象的主要表现,是有一个良好的产品和服务形象、良好的品牌形

象，即名牌产品。没有名牌产品的企业，不可能建立起一个良好的企业形象。而名牌产品是消费者自己用货币"投票"选出的，是消费者自己认可的，是市场竞争的结果。当一种产品成为名牌产品之后，其自身的名牌效应和消费者追求名牌的消费心理，都会使企业在扩大产品销售方面获益无穷。

3. 有利于企业公共关系的处理

企业的公共关系是指企业与社会公众的各种关系。企业通过信息的传递，协调好与各种社会公众的关系，便会在他们中间产生沟通和理解，从而企业会获得公众的认可，为其生产经营活动创造良好的环境。良好的企业形象本来就是社会公众认可的，是社会公众对企业实态及其特征的良好印象及其评价。这种良好印象的形成及优秀评价的产生，是建立在公众对企业传递的信息进行充分了解的基础之上的。公众由此对企业产生的信赖和好感，使企业与社会公众之间的理解和沟通变得特别容易，其公共关系工作的开展也会顺利进行。同时，企业公共关系的顺利开展也是企业进一步维持和发展良好形象的主要途径和手段。随时处理好企业与各种社会公众的关系，维持和发展良好的企业形象，正是企业公共关系的目的和任务所在。

四、企业形象的评价指标

企业的知名度与美誉度是评价企业形象的两个常见的，也是最为基本的客观指标，是两个既有联系又有区别的概念。

知名度是评价企业形象的量的指标，它是一个企业被公众知晓和了解的范围和程度，从中可发现企业社会影响的广度和深度，它是评价企业名声大小的客观尺度，不涉及公众对企业舆论评价的质的判断。企业知名度高，表示企业外界名声大；企业知名度低，表示企业外界名声小。

美誉度是评价企业形象的质的指标，它是一个企业被公众信任、赞许和肯定的程度，是评价企业社会影响和社会舆论好坏程度的客观指标。美誉度高，表明企业在外界形象好；美誉度低，表明企业在外界形象差。

由于知名度与美誉度是分别从量的方面和质的方面评判企业形象的客观指标，因此，企业知名度高，不一定美誉度也高；企业的知名度低，不一定美誉度也低。任何企业要想树立良好的形象，就必须同时把扩大知名度和提高美誉度作为追求的目标。

五、企业形象设计

企业形象设计的总体目标把企业自我认同的独特的经营理念和经营行为，以信息化的方式传达给社会公众，从而使企业内外了解本企业区别于其他企业的鲜明个性。它的最终目的是希望能建立良好的企业形象，博取消费者的好感，使企业的产品或服务更容易被消费者认同和接受。

（一）企业形象识别系统

企业形象识别系统（Corporate Identity System，CIS），是指将企业的经营理念与精神文化，运用整体传播系统（特别是视觉传达设计），传达给与企业相关的社会公众，并促使其对企业产生一致的认同感和价值感。

企业形象识别系统由企业理念识别（Mind Identity，MI）、企业行为识别（Behavior Identity，BI）和企业视觉识别（Visual Identity，VI）三部分构成。

1. 企业理念识别

企业理念识别包括企业的价值观、经营理念、经营哲学、企业使命等，是企业形象的灵魂和核心。只有在正确的企业理念指导下，企业才能顺利实现经营目标，才能将员工凝聚成一个整体，才能树立良好的企业形象，使员工自觉地维护企业形象。

2. 企业行为识别

企业行为识别是指企业的行为规范和活动的准则，是 CIS 的动态识别形式，是理念识别系统的外化和表现。它通过各种行为和活动将企业理念观测、执行、实施。企业行为识别包括对外和对内两部分，对内就是建立完善的组织、管理、教育、培训、福利制度、行为规范、工作环境、开发研究等，使员工对企业理念达到共识，从而增强企业内部的凝聚力和向心力；外部活动识别就是对外通过市场调查、新产品开发、促销、广告、公共关系、公益性、文化性等活动向公众表达企业理念，从而取得公众和消费者的识别、认同，树立良好的企业形象。

3. 企业视觉识别

企业视觉识别是企业形象识别系统的静态识别形式，是由体现企业理念和业务性质、行为特点的各种视觉设计符号及其各种应用要素构成。它包括基本要素和应用要素两大类。基本要素通常指标志、标准字、标准色以及它们的写法（或画法）和所代表的意义；应用要素则是指事物用品、广告媒体、交通运输、建筑设计、包装设计、制服设计等。企业视觉识别是企业理念识别和行为识别在视觉上的具体化、形象化。企业通过形象系统的视觉识别符号将企业经营信息传达给社会公众，从而树立良好的企业形象。

（二）企业形象识别系统的策划

1. 企业形象识别系统的导入

企业在导入 CIS 之前，首先要明确自己的导入动机是什么，是为了自觉完善企业内部管理，还是应付各种外来挑战。明确导入动机后，要寻找导入 CIS 的良好时机，企业导入 CIS 的具体时机有以下几种：（1）新公司成立或合并为企业集团；（2）企业创业周年纪念；（3）企业扩大经营范围，实行多元化经营；（4）企业实行国际化经营战略；（5）新产品开发和上市；（6）消除负面影响，扭转危机局面；（7）公司上市。

2. 企业形象识别系统的设计原则

（1）战略性原则。CIS 的导入和实施是一个长期的过程，所以在设计 CIS 时不应只把它当作简单的视觉设计问题或行为规范制定的问题。CIS 设计一旦完成，就成为企业运作的依据，对企业未来的经营起方向性的指导作用，因而 CIS 设计应立足于长远的规划，从战略性角度来把握。

（2）民族化原则。从 CIS 战略的发展可以看出，各国在进行 CIS 设计时，都具有自己的民族特色。企业形象民族化，能使企业在国际化经营中树立自己的民族特色。

（3）个性化原则。企业识别系统的特征就是个性化，不论企业理念、企业标识都要具有自己的鲜明个性。只有个性化，才能使企业容易被公众识别，形成牢固的记忆，才能把自己从其同类企业中区分出来。

（4）社会化原则。企业作为社会系统中的一员，其根本利益与公众应是一致的，因而企业形象策划应遵循社会化原则，使企业形象能得到社会的认同，把企业利益和社会利益结合起来，从而得到公众的支持，使企业取得更大的发展。

（5）系统性原则。CIS 是一个系统的工程，CIS 必须从企业的经营理念、宗旨、行为规范和视觉识别等方面进行全方位的系统设计，疏忽任何一方面都将损害 CIS 设计的整体效果。

（6）同一性原则。CIS 战略的一个显著特征就是同一性，也就是企业向外界传达的任何信息都必须突出同一形象。同一性首先表现为企业名称、商标、品牌名称的同一性，其次表现为企业理念识别、视觉识别和行为识别三个系统的同一性。只有同一性才能更加突出企业的个性，强化企业在公众中的形象。

（7）规范性原则。CIS 的设计必须规范，不论理念设计、行为设计和视觉识别系统的设计，都必须规范化，在确定之后不能随意更改。

（8）操作性原则。CIS 的设计只有具有可操作性，才能在实际中得以应用。如果 CIS 设计手册的内容多是华丽的词句，而没有实际操作价值，那么 CIS 的导入就无法取得应有的效果。

（三）企业形象识别系统的实施

企业形象识别系统的实施分为企业形象识别系统的传播和控制两部分。

1. 企业形象识别系统的传播

在企业 CIS 计划制订之后，企业需要精心策划 CIS 对内和对外的传播，拟定详尽的传播计划，开展象征企业新生的各项活动，使 CIS 尽快导入企业并得到公众的认可。

（1）CIS 的对内传播

CIS 的对内传播一般应早于对外传播，主要是因为在 CIS 的导入时，要充分调动企业员工的积极性，得到员工对 CIS 的理解和支持，同时也是由于员工是传播企业形象的载体和影响企业形象的人，其言行和对企业的态度直接关系到企业的形象。

内部传播的媒介形式有广告说明书、企业内部公关或 CIS 刊物、视听教育用具、宣传海报和例行会议、讲座及仪式等。

内部传播的内容一般包括以下几项。

① CIS 导入的意义和原因。通过介绍 CIS 的基本理论、历史发展和企业导入的成功案例，说明 CIS 导入的重要意义，并对企业自身状况进行分析，说明导入 CIS 的原因。

② 本企业的 CIS 计划。向全体员工说明导入 CIS 的目的、基本程序、设计开发状况和实施管理计划，动员全体员工成为 CIS 运动的积极参与者，使其意识到其一言一行都在塑造着企业形象。

③ 宣传新理念。详细介绍企业的新理念体系和建立企业新理念的重要性。

④ 企业标志说明。对企业标志、标准色和标准字的象征意义进行说明，使员工产生认同感。

⑤ 设计的应用说明。对企业产品的商标设计意义及相应品牌战略做充分解释，详细介绍各个应用设计项目的意义、使用方式和推广方式。

⑥ 行为识别准则。宣传企业职工对内对外活动和市场行为准则，将企业理念在言行中予以贯彻。对于行为识别系统的行为准则都应介绍，使员工在行动中遵守。

⑦ 统一对外的 CIS 说法。为员工制定一套介绍企业导入 CIS 情况的说明方式，如有人询问有关情况，企业员工的说法应一致。

（2）CIS 的对外传播

CIS 对外传播的对象主要有消费者、政府、金融机构、大众传播界、同行业人士、有业务往来的企业、股东等。

CIS 对外传播可通过广告、新闻及公关活动等各种形式来进行，具体的媒体形式有：电视广告、广播广告、互联网广告、报刊广告、户外广告、广告宣传册；电视新闻、广播新闻、互联网新闻、报刊新闻；发布会或记者招待会、企业公关赞助活动、社会义务活动等。

CIS 对外传播的内容可分为总体方面的内容和具体方面的内容两大部分。总体方面的内容包括企业导入 CIS 的动机与目标、企业导入 CIS 的基本计划、企业导入 CIS 的阶段性成绩等。具体方面的内容包括企业新理念的阐释、企业员工的新风貌、企业开发设计的基本精神、企业新名称、标志的内容及象征意义、品牌系统设计要素的意义、企业新的市场营销战略、企业配合 CIS 导入开展的质量管理活动的状况与成绩、企业社会公益活动等。

2. 企业形象识别系统实施的控制

在 CIS 的导入过程中，企业需设立专门的 CIS 管理机构对 CIS 的实施进行监控和管理，编列专门预算支持 CIS 的实施，同时，经营者必须按照 CIS 计划严格执行，保证 CIS 实施的一贯性。在实施中不断进行评估，根据企业自身各个时期的不同情况加以修正、补充与创新。

（1）实施督导一般有三个环节，即对实施情况进行检查、对实施效果进行评价、对实施中的不足予以改进。

（2）效果评估是 CIS 推行中极其重要的一环。CIS 导入的效果评估可从企业内部、外部环境、根据企业营运资料进行的 CIS 效果评估、目标检讨四个方面进行。

（3）通过对 CIS 的实施督导和及时地进行效果评估，CIS 导入执行机构应对实施中发现的问题进行分析，改进推行实施方案，修正作业计划，完善 CIS 的制度化惯例。若需调整改进推行方案，应写出书面报告，提交 CIS 委员会讨论，根据此报告修改和进一步完善推行方案，由企业主管审批后执行，从而使 CIS 的导入取得更佳效果。

本章小结

1．企业文化有广义和狭义之分。狭义的企业文化是指企业在长期的经营管理活动中，逐步形成并为全体职工共同遵守的，带有本企业特色的价值取向、行为方式、经营作风、企业精神、道德规范、发展目标以及思想意识等因素的总和。广义的企业文化是指企业在创业和发展的过程中所形成的物质文明和精神文明的总和。

2．企业文化的内容按结构可以分为四个层次：一是深层的企业精神文化；二是中层的企业制度文化；三是浅层的企业行为文化；四是表层的企业物质文化。

3．企业文化是由精神文化、制度文化、行为文化和物质文化四部分组成的，所以，企业文化的建设也应围绕这四部分展开。

4．企业形象是社会公众及企业员工对企业的一切活动及其表现的总体印象和整体评价。企业形象在企业内部经营管理方面的作用，主要表现在有利于企业文化的建设，有利于增强企业实力，以及有利于企业多角化、集团化、国际化经营等方面。企业形象在企业对外经营方面的作用，主要表现在有利于企业生产经营资源的增长，有利于获得消费者的认同，扩大产品的销售力，以及有利于企业公共关系的处理等方面。

思考题

1．如何理解企业文化的概念和特征？
2．企业文化结构包括哪几个层次？
3．企业文化建设的目标是什么？
4．如何理解企业形象的概念？树立企业良好形象有什么作用？
5．企业形象识别系统包括哪几个部分？设计原则是什么？

案例分析

以下三个企业在企业文化建设过程中采用了不同的建设方法，取得了不同的效果。

甲公司

甲公司准备开展企业文化建设，公司高层决定由外部专家来为企业制定企业文化理念体系，并通过竞标的方式来选择咨询公司。在多家咨询公司参与了竞标后，甲公司聘请了一家老板知名度较高的咨询公司，该公司派出了由老板、一名专家、一名具有十年咨询经验并拥有知名学府的MBA（以下称为M君）和四名年轻助手组成的项目组进驻甲公司帮助该公司进行企业文化建设。项目组进驻当天对甲公司董事长、总经理分别进行了各90分钟的访谈，第二天，甲公司召开了"企业文化项目启动誓师大会"，由专家进行了两个小时的专题报告，咨询公司老板进行了"企业文化建设"的讲座，报告内容与他们以前在不同场合的报告没有区别，该咨询公司的专家和老板做完报告后就离开了甲公司，留下M君和四名年轻助手继续访谈。在接下来的访谈过程中，甲公司了解到留下的五人中M君是32岁，大学本科毕业，设计参与了一个小公司的人力资源管理软件实施，工作五年后考取MBA，毕业后进入咨询行业，主要从事人力资源咨询，所谓十年咨询经验是从毕业设计开始计算的；四名年轻助手中两人是新的MBA毕业生，一人是专家的研究生，另一人是新闻专业本科毕业生。甲公司希望咨询公司老板调整咨询人员，该咨询公司老板的答复是留在甲公司的五个人只是在收集资料的基础上进行初步分析，结论还是专家和咨询公司老板把关，让甲公司配合好项目组工作。

一个月后，咨询公司项目组针对甲公司的诊断报告出来了，对甲公司的问题点说得很清楚，得到甲公司董事长的肯定。第二个月后，项目组提交了一份文字华丽、引论古今中外的企业文化体系报告，甲公司感觉怎么也和自己的企业联系不上，要求项目组修改该报告，报告在讨论、修改、提交、再讨论、再修改、再提交中反复了多次，甲公司感觉项目组的每一次修改都只是在修改文字，对于一个新的价值观能够在甲企业中带来什么反应，和甲企业的生产实际是否联系得上似乎没有考虑。甲公司开始催问项目组咨询公司的老板和专家什么时间能再来甲公司，M君一再表示，每一次的修改稿都是经过老板和专家肯定的，并开始暗指甲公司不懂企业文化。甲公司和咨询公司老板通了电话，在电话交谈中，咨询公司老板表示虽然最近公司业务很忙，自己对甲公司项目的关心不够，但专家一直在关心，希望甲公司能够相信专家的意见。甲公司又和专家沟通，专家让甲公司将意见通过学生转达。此时，甲公司才明白，每次报告的修改咨询公司的老板和专家都没有参与。

三个月后，企业文化理念体系还没有确定，甲公司董事长在和M君进行了一次交流后决定终止项目。

乙公司

乙公司在决定开展企业文化建设后，成立了由公司党群工作部、宣传部、市场部组成的企业文化建设小组，开始独立自主的企业文化建设。企业文化建设小组首先在全公司开展了大规模的企业文化问卷调查，并派出了多批人员参加各类企业文化培训和论坛。在经过了半年的工作后，小组向公司高层提交了企业文化体系草案，公司高层都很认真地研究了草案，书记、总经理等八位公司班子成员提出了非常具体的修改建议。拿到这些建议，党群部部长开始头痛了，意见都提得很具体，特别是书记和总经理在一些关键理念上理解还不一致，很难统一，第一次修改历经了三个月，修改稿提交后，有五位班子成员向党群部要自己上次的修改意见来对照，总经理还专门找党群部部长谈了一次，最后汇集的意见不但没有减少，反而矛盾更加尖锐，部长向书记建议，是否班子开会时研究一下，书记当即表示："意见没有统一，怎么研究"。时间一天天过去，第三稿还是没有出来，企业文化小组已经不再开会了。

丙公司

丙公司是一个长期注重企业精神文明建设的企业，公司发展的历史中留下了很厚重的精神文化积淀，公司改制后，董事会决定进行系统的企业新文化建设，成立了由公司多个部门和基层单位，老、中、青三代中层、基层干部参加的企业文化建设小组，董事长（书记）任组长，总经理任副组长，一个副总经理负责具体工作，企业聘请了一位对行业比较了解的企业文化业内专家担任小组顾问。首先顾问对企业进行了全面调研,和主要领导、主要部门单独进行了交流访谈,协助小组制订了企业文化建设工作计划。企业文化建设小组实行分散工作、集中封闭讨论的工作方式,由顾问主持先后两次集中,制订完成了企业文化体系初稿,小组成员根据初稿在公司各二级单位分别召开座谈会,征询意见,顾问主持了公司高层的座谈会,三稿便确定了有广泛群众基础的企业文化理念体系。小组成员作为企业文化宣讲员,对所有二级单位进行了企业文化培训,新文化得到了员工的一致认同。

案例来源:http://www.28.com/cydz/fz/n-21674.html

问题:
1．三个公司的企业文化建设过程有什么不同?为什么会取得不同的效果?
2．根据本章所学知识,你认为甲公司和乙公司应如何进行企业文化建设?

资源管理篇

Enterprise Management

- ➢ 第三章　人力资源管理
- ➢ 第四章　财力资源管理
- ➢ 第五章　物力资源管理
- ➢ 第六章　信息资源管理

第三章 人力资源管理

学习目标

学习本章后,你应该能够:
1. 了解企业家的特征及素质;企业工资的特征和制度。
2. 理解员工队伍建设的意义、内容;工资的含义;影响工资水平的因素。
3. 掌握企业家的概念和培育;如何培育企业中层管理人员队伍、企业专业技术人才队伍、企业技术工人队伍;工资管理的原则。

随着中国社会主义市场经济体制的逐步建立和完善,中国的经济迅速发展,整体经济实力迅速增强。中国加入WTO后,中国的企业面临着前所未有的机遇和挑战,市场竞争更加激烈。而在知识经济时代的今天,企业竞争的关键是人,所以现代企业资源管理中,应把人力资源管理作为中心,使其成为企业生产力、竞争力和企业活力的源泉。

第一节 企业家的培育

一、企业家的概念和特征

(一) 企业家的概念

企业是市场经济的主体。企业家则是企业的决策者,是企业法人代表,是企业之魂,是企业之帅。他的行为决定着一个企业及其员工的命运,企业家是企业兴衰成败的关键,已经越来越被广大有识之士所认同;而企业家群体的行为决定着一个地区、一个行业的经济命运。在现代社会发展过程中,企业家占有突出的地位,企业家的素质决定着经济运行的质量。有人把现在的经济称为"企业家经济",这是值得人们深省的。

在现代社会,企业家是一个人们经常使用的词,那么谁是企业家?国外对企业家研究已经有二百多年的历史了,对企业家的定义却是流派纷呈。有的人认为企业家是创业者,是新兴公司的发起人;有的人认为企业家是大企业的总经理,是企业的管理者;有的人认为投资人是企业家。我们知道发起人、经理人、投资人是三个完全不同的角色,但也可以由一个人来承担。那么,到底承担哪种角色的人才可称为企业家呢?"企业家"最早是在16世纪早期法语中出现的,是指用于领导军事远征军,也就是领导武装探险队和开拓殖民地冒险的人,后来泛指从事冒险活动的人。后来国际上很多经济学家和学者从不同的角度

对企业家作了定义。法国的经济学家理查德·坎特龙将企业家定义为承担风险、从事经济活动的人。也就是说,企业家是经营者,只有具有经营才能的人才能被称为企业家。法国经济学家萨伊将企业家定义为把生产资料集中起来进行生产,并能将经济资源从生产力和产出较低的领域转移到较高领域的人。美国经济学家熊彼特认为企业家是首先引进新的组合方式的创新者们。当代著名管理学家彼得·德鲁克认为企业家是为谋取利润,并为此承担风险的人;他们是能开拓新市场、引导新需求、创造新顾客的人;是别出心裁、独具匠心、与众不同的人。我国的李永安认为企业家是以自己的人力资源为资本获取收益,以经营管理企业为职业,以使企业获得巨大的经济效益和社会效益为目标,并已取得一定业绩的人。我国的张维迎认为企业家是企业的所有者和创业者,他把企业家分为所有者企业家和职业企业家。

我们认为:不论是否是企业的所有者和创业者,只要是以盈利为目的,在从事经济活动中敢于创新、敢于承担风险的成功的企业经营者,就是企业家。

(二)企业家的特征

虽然企业家是企业的主要领导者,但并不是每一个企业领导者都能称得上企业家。目前,中国的厂长、经理、总经理、董事长很多,但是其中能称得上企业家的人并不多。企业家与一般的管理者是不同的,企业家在思维习惯、行为方式、领导风格等方面都有自己的基本特征。那么,企业家该具有怎样的特征呢?

(1)企业家不是一个急功近利的目光短浅者,而是一个具有高瞻远瞩、审时度势、善于谋略的战略家。他能从繁忙的日常工作中超脱出来,进行一种眼前看不到的具有未来色彩的战略构思。他能够从纷繁复杂的经济现象中总结出事物的本质,把握住经济活动的规律,形成自身的管理哲学和领导风格。

(2)企业家能在复杂的经济环境中求得生存和发展,在于他具有哲学家的思维,即他能对周围一切正在发展变化着的工作,以哲理性的思维方式做出新的概括、归纳、判断和推理,从而获得一种新的观念。因此说,企业家的哲学是实践的产物,是企业家在亲身的体验中悟出来的深刻道理,是企业家经历了多次危机和失败的考验之后才逐渐形成的。可见,企业家的哲学不是一般的哲学,它不只是停留在思想中,还是可操作的方法。

(3)成功的企业家富有冒险精神,不怕失败,在经营中先行一步,占尽先机。企业家在创业过程中及经营过程中的决策往往都是在不确定的条件下做出的,充满风险和不可预测性,但风险中又蕴含着机会与利润,而且往往风险越大,所获得的利润越大。如果事事求稳,不敢冒风险,那也就意味着失掉创业与发展的机遇。企业家不拘泥于过去和现状,敢于开拓创新,不断寻找新的信息和经验,努力探求先进的科学技术和管理方法,为未来的发展开辟新路。

(4)企业家面对错综复杂的现实,能谙熟各种领导方法、原则和规律,具有非规范化的经验和创造性的领导艺术。企业家所扮演的角色并不单纯是一个科学家、一个会计师、一个工程师,而是一个集各种才能于一身的艺术家。有时企业家所采取的管理方法看起来并不是很规范,但他能够得心应手,并且非常有效,别人是无法模仿的。

(5)企业家能把企业各要素科学地结合起来,使各要素发挥较高的效用。按一定的标准有序地做好以下三个方面的组织工作:善于设置合理的组织机构和配备合理的管理人才;善于建立一套健全的、精干高效的组织体系;善于按组织体系所要求的科学程序和轨道有效地开展工作。

(6)企业家具有伯乐识马的眼力,能够冲破世俗偏见和陈腐观念,善于选拔人才。企业家能大胆使用人才,能把有专长的人才安排到用武之地,发挥其才干。企业家能舍得花本钱进行智力投资,积极培养人才。

(7)企业家能灵活地协调各种工作关系。不仅能协调企业内部各部门上下级之间的关系和同级之间的关系,而且企业家能灵活运用公关、人际交往、礼仪等方面的技巧和方法来协调公司与政府、新闻单位、传媒机构、业务单位、社区等方面的关系,以塑造良好的企业形象。

二、企业家的素质

很多人都希望自己可以成为优秀的企业家,但并不是所有的职业经理人或企业主管都能成为优秀的企业家。通过对许多成功企业家研究发现,每个企业家都有着不同的成功理由,但有一点是相同的,就是这些成功的企业家都是以良好的自身素质为前提的,这就是企业家素质。企业家的素质是指一个企业家必须具备的各种条件和资质。这些素质有些是天生的,有些是后天培养的。它包括很多方面,如思想、知识、智慧、技能、品行、气质、人格、心态等。每个企业家的素质并不完全相同,这些素质是没有固定的排列和组合的,因此每个企业家都有其独特的素质,但是人们还是要努力寻找出一些他们共同具有的素质。

(一)国外研究成果

美国企业家管理协会花了5年的时间,对1812名最成功的企业家进行了分析研究,发现一个成功的企业家需要具备以下能力:工作效率高;有主动进取心;逻辑思维能力强;富有创造性;有判断力;能辅导他人;为人榜样;善于使用个人的权力;善于动员群众的力量;利用交谈做工作;建立亲密的人际关系;乐观的心态;善于到职工中去领导;有自制力;主动果断;客观而善于听取各种意见;能正确地自我评价;勤俭艰苦和具有灵活性;较强的自信心。

苏姗博士认为,优秀的企业家应具备以下素质:企业家必须有影响他人的能力;必须有激励他人的能力;必须有清晰的使命感和远景目标;必须有非凡的决策能力;必须有整治资源的能力;必须有应付挑战和变革的能力;必须有无与伦比的商业和个人信誉;必须有脚踏实地的工作作风;必须有非常强的沟通能力;必须有双赢的经营理念;必须有对不同文化的敏感性;必须有开放的心胸;必须有一定的专业知识;必须有一颗同情和关爱的心;有自信心;有紧迫感和时间观念;有好奇心;有危机意识和挑战自我的性格。

日本的相关研究人员认为，优秀的企业家应具备的素质包括"十项品德"和"十项能力"。"十项品德"是指使命感、信赖感、诚实、忍耐、热情、责任感、积极性、进取性、公平、勇气；而"十项能力"是指思维决策能力、规划能力、判断能力、创造能力、洞察能力、劝说能力、对人的理解能力、解决问题的能力、培养下级的能力、调动积极性的能力。

（二）我国的企业家应具备以下素质

结合我国国情，我国的企业家应具备以下两方面的素质：一是心理素质；二是能力素质。

1. 心理素质

（1）政治思想素质。在社会主义市场经济条件下，政治思想素质是企业家的灵魂。表现为政治上要坚定，要爱国，要有振奋的民族精神，要认真贯彻执行党的路线、方针和政策，维护国家的利益，要有坚定的社会主义信念。

（2）个性和气质修养。具有强烈的进取精神，渴望获得事业成功，远大的志向，坚定的信念，强烈的事业心和责任感，果断的作风，诚实、公正、以身作则的品格等。

（3）有思想。认识规律，把握趋势，对问题有独到的见解，不做违背客观规律的事，对事物发展大势能够把握。

（4）善于在特定领域将深厚的专业知识与科学的管理知识结合起来。企业家应具备较高的现代化的经济、技术知识，眼界开阔，思路敏捷，敢于吸收国内外先进技术和成功的管理经验。企业家的知识素质包括许多方面，最基本的有科学文化知识、专业技术知识、现代经营管理知识和领导科学知识等。

（5）充满自信。确信自己的经验和能力，相信自己的所作所为能改变一切，确信自己能掌握命运，他们相信自己能克服外界的阻力去追求并获得事业的成功。

2. 能力素质

（1）竞争能力。企业家的竞争能力是企业家的创造性思维和创新能力的体现。

（2）管理企业的能力。如决策能力、思维能力、组织指挥能力、协调能力、沟通能力、用人能力及自制能力等。

（3）充沛的精力。企业家要具有健康的体魄和较强的耐力，良好的身体素质是企业家成长和发展的物质基础，是企业家做好工作的最基本的条件。

（4）善于利用外脑和重用专家的能力。咨询顾问机构的不断出现，是当代发达国家的显著特点之一。在西方国家，国家和企业的决策者越来越倚重于智囊机构，业已成为现代西方社会运转不可缺少的一个重要环节。各个企业都把发挥智囊组织的作用视为提高企业声誉和竞争力的重要手段。

三、企业家的培育

企业家是企业兴衰成败的关键，是企业之帅。我们要发展社会主义市场经济，需要一大批有胆有识、有社会主义事业心的企业家。在过去高度集中的计划经济体制下，我国的工厂只是按照上级政府下达的指令性计划进行生产，不需要面对市场，只要保质保量地完成任务就万事大吉，因此那时的工厂并不是真正的企业，在这种体制下的传统厂长并不能称其为企业家。在20世纪70年代末，我国实行了改革开放政策，在改革开放的大潮中应运而生了一批企业的改革者和风云人物，他们有素质、有勇气，但毕竟是从旧体制中走出来的，不可避免地带有旧体制的烙印，因此严格地说，他们只能算是半官半商的"半企业家"。到了20世纪90年代，我国经过了十几年的改革开放，积累和总结了一定的实践经验，我国企业家的数量和质量有了进一步的增加和提高，初步形成了一支企业家队伍。但是由于原本根深蒂固的旧体制刚刚被打破，仍处于新旧交替的历史时期，可以肯定企业家的成长不会是一帆风顺的，一大批传统厂长还没有转变为真正的企业家。"千军易得，一帅难求"。大批企业家的涌现是需要条件的，要培育一支优秀的企业家队伍，必须进行制度上的创新。我们认为，企业家的培育主要涉及以下制度安排：一是企业家产权制度改革；二是优化市场评价机制，建立和完善企业家市场并充分发挥市场机制的作用；三是完善激励机制；四是企业家的岗位职业化；五是坚持政企分开；六是建立多层次的企业家社团。

（一）企业家产权制度改革

所谓进行企业家产权制度安排，就是界定企业家的人力资本归谁所有的问题，这也是完善激励制度的前提。过去企业由谁投资，归谁所有，这似乎是一个不变的原则，但现在这个原则发生了变化，这说明了人力资本对企业所有权发起了挑战。在人力资本理论出现之前，古典和新古典经济学家就已注意到企业家能力这一问题，他们将其视为人与生俱来的天赋素质，无法后天培养。人力资本理论出现后，将企业家的能力也视为投资的产物，是人们进行健康、教育、培训、迁移和实践投资的产物，即人力资本不仅是超前的资本投资，而且还需要"后续投资"，并认为它是与物质资本并列的资本形态，要求与物质资本享有同等权利。物质资本和人力资本相比较，企业家人力资本产权具有非常重要的产权特征。物质资本可以有不同的所有者，可以是私人资本、集体资本和国有资本等，但企业家人力资本产权是一种独特的所有权，其特点表现为它天然地属于它的载体——企业家，即企业家的人力资本的所有权仅限于体现它的人，不可分割让渡。但是由于我国现有的企业家制度，国家、政府并不认为企业家人力资本所有权归企业家本人所有，认为国家投资对企业家进行了培养，国家通过行政手段选拔了国有企业的企业家，将其委派、任命到企业家相应的岗位，这一过程完全是国家起了主导作用，而且这些人作为党的干部，其人力资本所有权完全是属于国家的。也有部分国有企业家认为，这种能力是天生具备的，并且在自己不断的努力与实践中得以累加，所以人力资本所有权应该属于自己。国家和国有企业家在这一问题上产生了分歧，而目前为止，国家还没有明确的制度，对企业家的人力资本进行明确的制度安排。要解决这一问题就要意识到人力资本与其所有者的不可分离性，人力资本是利润的主要创造者，承认企业家对人力资本具有所有权。

（二）优化市场评价机制，建立和完善企业家市场并充分发挥市场机制的作用

企业家制度问题则是一个比产权制度更深层、更具体、更复杂、更敏感的问题，涉及多方利益。我国大中型企业都是国有的，国家和政府在选配中起了决定性的作用。企业家人才又总是优点特别突出，缺点也特别突出，如个性强、好提意见等，往往容易得罪领导，或没人缘，在选拔中往往受阻最大，因此过去的企业家选择机制不合理。为了避免这种不合理现象，企业家不应该是政府哪个部门委派的官员，而是应面向市场，建立企业家市场，使企业家资源自由流动。这就要求：首先，应建立全国范围内的企业家人才市场，使国有企业的企业家参与市场竞争，为企业所有者提供一个有效的筛选企业家能力和品质的选聘机制。企业家通过竞争，产生一种生存的危机感，这会使其最大限度地展示其能力和素质，从而自觉地约束自己的行为。其次，对企业家的学历、资历、经历、信用度、忠诚度、经营绩效等进行规范的认证和评价，通过公开招聘来选择企业家。不能要求企业家是全才，不能只注重学历，企业家的人力资本价值通过企业家市场来评价。最后，要以企业家拥有的业绩作为检验和评价企业家的标准，出资人有权依据经营者的市场业绩辞退经营者。

（三）完善激励机制

在我国过去的国有企业改革理论中，对国有企业领导者的人性假定与实际情况之间存在很大的偏差。国有企业领导者被假定为能够完全或基本完全不考虑和追求个人利益，把自己的个人利益与国家企业和职工的整体利益结合在一起，当他们的个人利益与国家企业和职工的整体利益发生矛盾时，能够自觉地处理这种矛盾，是一种理想中的完人。实际上，国有企业领导者也是有着各种需求的人。国家必须在认识到国有企业企业家各种需求的基础上，提供有效的激励。可以说市场竞争是最好的激励机制，它可以激发企业家的创新精神，促使企业家行为的长期化，是有效的长期激励手段。对企业家进行合理而行之有效的报酬激励，将企业家的收益与其经营企业的经济效益挂钩的原则下，确认企业家要素股权和相应的企业家要素股权收益，在工资奖金津贴的基础上实行年薪制，提倡对企业家实行股票期权激励。同时要建立强有力的约束机制，从责任、预算、法律、道德四个方面对国有企业企业家的违规行为进行制约、限制、制裁、惩罚。

（四）企业家的岗位职业化

在发达市场经济国家，企业家本来就是一种以经营管理为职业的专业人员，而在我国，国有企业管理者既是政府官员，又是企业法人代表，身份复杂，企业家没有真正专门成为一项职业。政府要做的就是区分政府公务员与企业家的不同身份，制定不同的管理方法，使企业家真正成为一种社会职业，企业家以企业经营管理的成功作为实现自己个人满足、个人发展和实现个人社会价值的目标。把经营企业作为自己一生追求的事业，靠经营企业的业绩寻求生存和发展。

(五) 坚持政企分开

在计划经济体制下，政企一体。一方面，企业没有自主经营权，不利于企业家的形成；另一方面，企业家干出成绩就晋升为政府官员，这导致了优秀企业家的不断流失，而且促使一些企业家把办好企业作为仕途的"敲门砖"，这样就不能保证企业家队伍的稳定。因此，要加大政企分开的力度。政企分开能使企业干部和政府干部分开，使企业家不受来自政府命令的制约，能独立决定自己在市场中的位置和在企业间的去留，对自己的职业行为单独负责，同时相应提高他们的各种待遇，在工资、福利待遇上高于同级政府干部待遇。政企分开能使企业独立于政府之外，使国有企业明晰的产权不再屈服于行政权力。这样的市场制度安排才可以保证企业家通过竞争进入企业并且成为经营者，或者经营者在竞争中成为企业家。

(六) 建立多层次的企业家社团

应按地区、行业建立不同层次的企业家协会，一方面可以增强企业家的团体力量，来保护企业家的合法权益，反映企业家的正当要求，对政府经济政策的制定施加影响；另一方面可以横向交流信息，同时可以帮助企业家合理流动，逐步形成企业家市场，推动企业家队伍更好地成长、壮大。

第二节 员工队伍建设

一、员工队伍建设的意义

企业的稳健发展是多重有利因素综合作用发挥其效用的必然趋势和结果。在这诸多的因素中，企业员工素质的高低以及潜能被挖掘的程度和发挥的效率如何，都将影响到企业发展的质量。因为人是生产力中最活跃的因素，是企业振兴发展的源泉和根本动力，因此，只有企业员工把聪明才智充分发挥出来，并应用到企业管理与生产经营中去，企业才能发展；同样，只有企业为员工提供宽松的环境和施展才华的舞台，员工的聪明才智才能够得到充分的发挥。因此，我们要依靠员工促进企业发展，要千方百计培育和打造优秀的、高素质的员工队伍，引导员工把诚信、敬业、创新、责任和情感倾注到工作中，同心同德，扎扎实实地为企业的长远持续发展共同努力奋斗。

二、员工队伍建设的内容

(一) 思想建设是加强员工队伍建设的根本

企业通过加强思想建设，使员工认同企业的价值观，从而把个人的目标融入到企业的目标中去，以实现企业的使命为己任。员工要树立企业利益高于一切、只有企业获得利益才能满足个人的利益的观念。在这种观念的引导下，员工思想才能保持高度一致，才能有高度的责任心，才能忠于职守，爱厂如家。

（二）作风建设是加强员工队伍建设的前提

企业要加强员工勤勉、求真、务实的工作作风的建设，使员工养成勤勤恳恳、吃苦耐劳、实事求是的工作态度，遵循事物发展的客观规律和实际情况办事，脚踏实地、一步一个脚印，扎实推进各项工作。懒散、浮夸、弄虚作假是企业发展的大忌，一旦形成这样的风气将很难改正。在作风建设中，企业的领导者要起到带头作用。

（三）能力建设是员工队伍建设的关键

十六届四中全会上，党提出了全面加强党的执政能力建设，国家如此，政党如此，同样一个企业要发展也必须充分重视能力建设。没有可靠的工作能力，而仅仅有好的思想认识、工作态度是不够的。企业应为员工提供各种学习的机会，同时员工自己也应以"积跬步以至千里，聚细流乃成江河"的毅力和耐心从点点滴滴学习，不断提升自己的工作能力。

（四）创新能力建设是员工队伍建设的精髓

有的企业能够长盛不衰，有的企业却在短短的几年里就销声匿迹。决策的失误、政策的变动、市场的冲击，这些都可能是企业失败的原因，但很大程度上是因为创新能力的缺乏。企业创新能力的提升是企业竞争力提高的标志。创新能力的高低，直接关系到一个企业竞争力的强弱。创新能力强的企业，其竞争力也强，反之亦然。企业应充分开发和利用员工的创造力，激发员工对环境中新事物、新技术产生浓厚的兴趣，鼓励员工要思想开放，不断地吸收新知识、新技术，鼓励员工建言献策，重视员工的建议。

（五）创造业绩是员工队伍建设的根本目的

业绩是衡量一个企业好坏或成败的一个最基本、最直接的标准。我们要求员工敬业爱岗，爱厂如家，有高度的责任心和荣誉感，不断提升自身能力和技术水平，有开拓精神，有创造力，不因循守旧，能够开创新事物、新技术，归根结底还是希望一切的努力能够产生效益，为企业的发展创造最大化的效益。

三、企业中层管理人员队伍建设

（一）企业中层管理者的特点

（1）在经济上，他们一般比大部分员工获得更高的薪水，显得相对宽裕。

（2）在知识层次上，他们一般具有较高的文化水平，在工作中有较强的自主性和独立性。

（3）从行为目标看，他们并不满足于一定的高薪，对工作环境、成就感和个人发展的需求与其他员工相比相对较强。

（4）从工作特点看，中层管理者是企业的中坚力量，承担着承上启下的重要作用。他们一方面要贯彻执行企业高层的决策和规定，另一方面要把普通员工的意见和建议带给企业高层。他们的工作具有既承上启下,又独当一面的特点,他们在企业中具有领导者和被领导者的双重身份,这就形成企业对中层管理者在管理技能方面的特殊要求。

(二)企业中层管理人员的培育

在企业里,中层管理人员起到承上启下的作用,是最为关键的一环,企业的经营理念靠他们来传递。企业经营理念的传递不同于贯彻一般规章制度,很大程度上需要自觉自愿地接受。如果中层管理人员缺乏热情和对企业的忠诚,那么经营理念的传递在中层这一级就会大打折扣。经营计划靠他们来组织实施。中层管理人员的业务素质和工作态度直接影响企业的管理效率和经济效益。在企业创造利润、建设团队、管理变革等方面承上启下,起着举足轻重的作用。打造一支能打硬仗的中层队伍是每个老总梦寐以求的理想。如何打造一支过硬的中层管理人员队伍呢?

1. 把培训作为造就高绩效中层管理队伍的重要途径

虽然中层管理者的知识在实践中不断得到丰富和积累,但知识更新速度的不断加快,使知识结构不合理和知识老化现象日益突出。他们迫切需要给他们提供正式的机会来接受管理方面的专业培训,实现个人成长。同时可以采取进高校进修、外派培训等激励措施,充实他们的知识,提高他们的能力,给他们提供进一步发展的机会,满足他们自我发展的需要。培训中结合实际有针对性地开展培训活动,重点实施素质和能力的培训,使学员掌握先进的管理理念、先进的管理方法,使学有所用。

2. 建立中层管理人员的激励机制

首先,利用目标激励,让中层管理者在工作中获得业务成就感。将企业的总目标分解成中层管理人员的工作目标,中层管理者从完成目标甚至超越目标中获得成就感。其次,采取多元化的劳动报酬和福利。劳动报酬的多少已经成为表明一个人对企业贡献大小以及衡量其社会地位高低的一个量化标准,中层管理者通过他们收入的高低,感知被别人尊重的程度,确认自己对企业贡献的大小,感知在企业内部的公平和市场中的公平。在工资设置上表现为:一部分是基本工资,这一部分报酬作为固定收入,保障其基本生活;另一部分是各种奖金,对中层管理者完成各种任务或项目设置的奖励;另外,提供职位晋升机会,促进中层管理者的成长。职位的晋升意味着是对个人工作成绩的肯定和社会地位的提高,具有较大的激励作用。企业要善于分析和掌握不同中层管理者的职业发展特征,因人而异地制订相应职位晋升计划,让其始终处于被激励状态。

3. 建立合适的人才选拔机制

企业要保持持续的发展和日常工作的顺利开展,必须重视中层管理人员的能力,重视中层管理人员的素质。企业选拔中层管理人员应从以下方面进行考查。

(1)执行力是中层管理人员必备的能力,执行力的强弱是衡量一个团队战斗力的重要依据,好的决策只有得到百分之百的执行才会有效果。中层管理人员在执行力方面的表现一般可分为两个方面:一是必须由自己操作的工作方面的执行力;二是对所领导的团队的执行力的管理能力。前者可以称为个人执行力;后者可以称为团队执行力。中层管理人员不仅要培养个人执行力，还要时刻注意激发员工的工作激情，使整个团队都具有较强的执行能力。

（2）要关注细节。对细节的忽视可能会导致重大机会的破坏或丧失，作为一名中层管理者，必须有一种持之以恒做好每一个细节的务实精神。也就是在我们工作的同时，不但要给予员工工作上的指导，同时也要关心员工的生活，在工作和生活上给予他们最大的关怀与帮助。

（3）要有内在的影响力。一个好的领导不在乎身居何位，而是要凭其自身的威望和才智，把其他成员吸引到自己的周围，取得员工的信任，引导和影响员工来实现组织的目标，并使组织群体取得良好的工作绩效。

（4）要有培养他人的能力。优秀的管理者仅靠自身优秀的业务素质是远远不够的，而应更多关注员工潜能的开发，鼓励和帮助下属取得成功。创造机会，安排各种机会以帮助他们成长，提高他们的能力。只有这样才能造就一批业务骨干，充分发挥团队的效力，这也是我们加强自身培训能力的一个基本原因。

（5）要有带领团队的能力。一名优秀的中层管理者，应该善于营造一种团队协作、平等沟通的文化氛围；善于运用自己的智慧放大集体的智慧；善于以开放的心态欢迎批评、面对冲突；绝不放弃寻找最好的解决问题的方法；善于彼此欣赏，鼓舞士气，关注团队成员的共同发展。

（6）要有角色认知能力。首先，应明确自己的职责所在，有效运用组织中的人力、物力、财力等各种资源去努力完成企业预定的目标；其次，明确自己所扮演的角色，协调上下级和同事之间的关系，做自己应该做的事，做到不缺位、不越位。高水平的领导并不是整天忙于事务，而是相对清闲的。因为他能调动整个团队的情绪，激发出共鸣，充分发挥个人的才能，最终实现"1+1>2"的效果。

（7）要有管理时间的能力。由于时间是有限的，管理者必须有选择地做事，清楚自己要做什么或需要做什么，并安排时间，把选择要做的事情付诸行动。一个好的管理者，多数的时间应该用在指挥、协调、学习上。

（8）要有控制情绪的能力。情绪具有非常重要的力量，合理引导可促使个人产生积极行动，否则可能产生自我失控。好的情绪有感染力，不好的情绪有污染力。因此应关注正向的、优势的情绪，对负面情绪应引导指正，而不是指责。

（9）要有有效的沟通能力。沟通是把信息、思想和情感在个人或群体间传递，并且达成共同协议的过程。管理，其实就是对人的管理，善于沟通是最基本的要求。只有采取经常性的、有效的沟通，才能及时了解下属的工作、思想、生活状况，从而可以正确引导，对症下药，最大限度地调动员工的主观能动性，提高工作效率。

四、企业专业技术人才队伍建设

专业技术人员是指具有较高学历层次，接受过正规专业教育，掌握现代化大生产专业分工中某一领域的专业知识和技能,并在企业中专门从事各种专业性的工作和科学技术工作的人员,如工程师、经济师、律师、会计师、统计师、设计师等。专业技术人才是先进生产力的代表,是推动科技和经济发展的主体力量。企业要紧紧围绕企业发展目标,大力实施人才发展战略,积极做好专业技术人才的培养、引进、激励、使用工作,培养和造就一支高素质的专业技术人才队伍,为企业能够成为一流现代化企业提供强有力的知识和智力支持。

(一)专业技术人才的特点

(1)专业技术人才具有较高的学历、专门的业务知识和专业技能。
(2)专业技术人才更注重自我价值的实现和事业的发展。
(3)专业技术人才具有较强的自主性和创造性。
(4)专业技术人才具有较强的自学能力和学习动力。

(二)专业技术人才的培育

1. 重视人力资源规划工作,优化专业技术人员队伍结构使其持续、良性地发展

一个有良好发展潜力和发展前景的现代企业,应当根据企业发展战略,做好自身的人力资源规划。一是在充分发挥现有人才积极性和创造性的同时,采取有效的政策措施分阶段制订人才引进计划,吸引和聘用企业紧缺的专门人才,如优秀经营者、市场营销、法律等方面的专门人才为企业服务。二是进一步优化企业生产技术管理系统和科研开发系统的人才队伍结构比例。适当补充从事新产品、新技术、新工艺开发人员,加强企业在技术研究、产品开发等方面的力量。三是优化内部人员组合,针对某一项具体科研课题和技术攻关工作,组织自主性的科研工作团队,适度灵活地管理分配模式,企业只对工作任务的完成情况进行考核检验,这样可以最大限度地激发专业技术人员的工作潜能,同时也为企业创造出最大化经济效益。

2. 注重青年技术人员的职业生涯设计和职业辅导

科学设计技术人员的职业生涯,对每名技术人员进行素质和能力评估,并进行职业发展趋势预测,将个人职业生涯设计与组织培养路线图相结合,激励技术人才按组织期望不断提高自身素质,从而有利于激发人才成长的内在动力,加速人才队伍的成长。如针对引进的大学毕业生为主体的青年技术人才,可以采取入职教育和轮岗实习相结合的办法,对他们实行包括企业生产管理、安全环保、质量监控、市场营销、企业文化、企业发展历程等为期1年入职教育和2~3年的轮岗实习,使他们尽快适应企业,并树立脚踏实地的工作作风,让他们成为一支思想稳定、目标明确、勇于探索、积极进取的企业后备技术队伍。

3. 完善专业技术人才培训体系,加强专业技术人才的继续教育和培训

一是不断完善继续教育的规章制度,建立企业、单位、个人三方负担的继续教育投资体制,以需求为导向的继续教育体系。通过继续教育,改善专业技术人才的知识结构,增强专业技术人才的创新能力,提高专业技术人才的综合素质。二是充分利用培训资源,将

内部培养与送外培训相结合,建立专家帮教指导制度,采取"导师带徒制"等措施,在实践中锻炼培养青年专业技术人才。三是奖励性培训与普及性培训相结合,重点抓好高层次骨干人才和优秀年轻人才的培养。四是加大专业之间轮岗交流力度,打破学历、年龄、任职条件界限,以改善知识结构、增强创新能力和提高综合素质为目标,分专业、分层次进行以新理论、新知识、新技术为主要内容的轮岗学习,强化专业技术人员素质和能力建设。

4. 完善专业技术人才评价体系,充分调动专业技术人才积极性

一是从职称上改革,用好专业技术人才。对只有学历、年限、资历而无实际贡献的人形成制约,进行"高职低聘";对贡献大、资历浅而因评聘指标限制不能入围的专业技术人员破格使用,予以"低职高聘",聘任期间享受规定的工资待遇,真正做到岗位能上能下、待遇能高能低,用岗位管理实现专业技术人才的优化配置,同时缓解专业技术职务因评聘指标比例的限制造成的矛盾。二是进一步完善岗位分析工作,建立以业绩考核为重点,由品德、知识、能力等要素构成的科学的专业技术人才评价机制。重视技术职称但不唯职称论,科学制定岗位任职条件,在技术人员中推行能上能下的竞争机制,在岗位竞聘过程中重点考察技术人才的专业理论水平和实际工作能力。在实际工作中始终贯穿绩效管理的原则,把人才的升职、人才的薪酬、人才提高性培训的投入和其他各类待遇与个人的业绩挂起钩来,激发专业技术人才的工作积极性和创新热情。

5. 对专业技术人才实行多种模式、灵活的薪酬制度

企业应建立重实绩、重贡献、形式多样、自主灵活的分配激励机制。例如,实施科技成果转化收益提成、关键技术人才特人特薪、科研项目工资总承包、外部引进的成熟的技术人才协商薪酬等。通过改革,为优秀专业技术人才成长营造良好环境,在企业内部形成百舸争流、人才辈出的新局面。

总之,企业应牢固树立以人为本的观念,把促进人才健康成长和充分发挥人才作用放在首要位置,努力营造鼓励人才干事业、支持人才干成事业、帮助人才干好事业的环境。继续深化人才工作体制改革,推进专业技术管理工作和谐稳定,大力培养各类专业技术人才,加快人才结构调整,优化人才资源配置,实现专业技术人才队伍科学、健康、可持续地发展。

五、企业技术工人队伍建设

高技能人才是在生产、运输和服务等领域岗位一线,熟练掌握专门知识和技术,具备精湛的操作技能,并在工作实践中能够解决关键技术和工艺操作性难题的人员,主要包括技术技能劳动者中取得高级技工、技师和高级技师职业资格及相应水平的人员。这些高技能人才是各行各业产业大军的优秀代表,更是技术工人队伍的核心骨干。尽管这些"首席工人"学历不高,有的初中还未毕业,但他们是本工种的技术高手,并且为企业作出了卓越贡献。技能人才带来的经济效益和社会效益是巨大的。

如何提高企业工人整体的技能素质,让每一名工人都成为技师呢?

1. 对现有工人人力资源进行规划,并实施终身培训机制

工人技能方面的长期培养及培训计划,是要提高工人技能,造就大批高技能的工人技师。长期规划是工作的第一步,这就需要对现有人力资源状况进行调查和评估,成立专门的技工人力资源规划工作小组,由各级人劳部门负责具体执行。内容包括:现有技工的培训要求、目前技工的现状和企业在未来几年的发展需要什么样的技能人才。我们将工作的重点放在工人人力资源规划上,形成规范的工作规划书,我们从每个单位的工种数量、人员状况、培训需求、未来5~10年企业发展需要技能人员数量和规划的实施者与资金来源等方面着手。在培训技工人才方面舍得花钱,制订一个详细的规划,规划的制订可以采取从上而下直接调查的形式及工程管理方面技术负责人座谈的形式获得第一手资料。资料包括每一位工人的姓名、年龄、现有工种的工龄、文化程度、现有工种的真实技术水平,要提高一个技能等级需要加强哪方面的培训,以及这些培训所需要的课时、资金,根据现有技能水平今后3~5年能提高到一个怎样的水平等。每个工人建立相应的技能档案后,根据总的调查情况,制订相应的单位工人发展规划,力争达到每个工人年年培训,逐步建立起终身学习培训机制。有了量身定制的培训规划,每个工人都可能成为优秀的技工。

2. 提升技能鉴定与培训质量

有了规划,技能鉴定与日常培训则是提升工人技能的关键因素。以往的职工培训,企业投资的金钱和时间都不少,但取得的效果却不尽如人意。究其根本原因有两点:一是培训与考核脱钩,导致职工培训无压力、学习无动力;二是培训内容陈旧、形式单调、缺乏针对性,使员工感到乏味。应该根据目前企业不断变化的新情况和出现新问题的要求,使技术工人不仅能够学到本岗位的知识,而且能够掌握灵活解决生产技术、工艺方面实际问题以及进行技术革新方面的实际本领。在培训的内容上,要考虑到各个工种的发展方向和引进新设备、新技术、新器具的需要,对青年技术工人进行超前培训。在培训的方式上,要注重传统面授式培训与现代网络式培训相结合,充分利用网络资源,建立网上青年技能培训学校,突破传统培训方式的时间和空间限制。如在培训形式上可采取多媒体的方式,把理论知识制成配有讲解、声音和图画的幻灯片,生动的画面和形象的讲解有机结合,也可现场或基层一线采取现场操作的方式。通过导师带徒、岗位练兵、技能比武、同业交流和绝招绝技观摩等途径,帮助青年技术工人立足本职岗位学技成才。在培训的机制上,要建立职前培训与在职培训、终身培训相结合的机制。要提高培训的质量,关键是要让培训者有压力,把培训的结果同工人等级培训和工资及日常业务工作考核结合起来,真正做到培训有结果,做到花一分钱却得到上百倍的效果。

3. 推广以师带徒活动

在基层的工人工种大部分为特殊工种,这些工种需要在长期的实践工作中积累经验,不是一朝一夕就能速成的,技术培训既要进行理论讲解,又要进行实践操作,而重点应该在后者,也就是说,培训内容要突出实战性,以师带徒这种方式很好地解决了这个问题。组织工人技师、高级技师与青年职工结成练兵搭档,通过以师带徒活动,在日常工作中提

高技术水平。有些技能在书本上是找不到的，而是在长期的实践中总结出来的。

4. 创造有利于优秀工人技师成长的环境

每一个优秀工人的成长与他所处的环境是分不开的，是与企业重视技术工人，为技术工人的成长提供广阔的平台分不开的。

（1）建立健全优秀工人技师的选拔机制。企业要举行各工种的技能大赛，对于优胜者给予奖励，激励职工学技能，促进优秀技师成长。同时开展首席技师选拔活动，这种方法可以在基层工人中产生很大影响，使基层工人觉得有一技之长就有发展空间，推动了技术工人向优秀技师的转变，也让每一个青年技工看到了发展希望，在技工的使用上只唯能力。

（2）建立健全优秀工人技师的绩效奖励机制。让技工看到自己劳动的价值，让劳动者看到自己的价值，调动优秀工人技师工作的主动性、积极性和创造性，激励他们为企业做出更大的贡献，让高技能者拿高薪，居高位。对单位做出突出贡献的部分高技能者可采取年薪制、项目工资的形式。对承担科技攻关项目和重大生产项目的特殊贡献人员进行专项奖励，对有突出贡献者给予重奖。

（3）重视做好技术工人的服务工作。为工人技师的成长创造良好的学习和生活环境，企业要做好工人的管理、学习教育和培养工作，把工作做细做好，尊重人才的特殊禀赋和个性，鼓励他们在企业中干出事业，支持他们干成事，帮助他们用好的技能服务企业。

第三节　企业工资管理

一、工资的含义及特征

（一）工资的含义

在市场经济条件下，工资是职工的劳动报酬，是指劳动关系中，劳动者因履行了劳动义务而获得的，由用人单位以货币方式支付的劳动报酬。

我们可以从以下几方面对工资的概念加以理解：第一，劳动力作为一种商品具有价值，劳动力价值的具体表现形式就是劳动力价格。劳动力价格是由劳动力再生产所需费用决定的。劳动力再生产的费用包括三部分：一是维持劳动者自身生存所需要的生活资料费用；二是劳动者养育子女所必需的生活资料费用；三是保证和提高劳动力生产劳动水平所必需的教育和培训费用。第二，工资就是劳动力价格，是劳动力生活的基本保障。工资是企业支付给劳动者的劳动所得，也就是说，劳动是获得工资的前提条件，也是衡量工资高低的尺度。第三，工资作为企业的人工成本，是企业生产和其他经济活动中投入活劳动的货币资金的表现形式，是产品最终成本的构成要素。在市场经济条件下，当人力资源市场上劳动力供大于求时，工资上涨速度慢；当劳动力供小于求时，工资上涨速度快。同时，由于竞争的压力，企业必须考虑降低活劳动的成本。可见，工资管理实际上就是对不断提高的工资水平与不断降低工资成本这一对矛盾进行调节。

工资的含义有广义和狭义之分：广义的工资就是薪酬的概念，它包括基本工资、奖金、津贴（补贴）、福利、社保、分红等，即全部薪酬。狭义的工资是指职工劳动报酬中的基本工资、奖金、津贴（补贴）、加班加点工资以及特殊情况下的工资支付，不包括福利、社保和分红。

基本工资是根据员工的劳动熟练程度、工作的复杂程度、责任大小、劳动强度、工作年限、学历等为基准所确定的工资等级和工资标准核定的，是员工在法定工作时间内完成定额任务需要支付的工资。

基本工资的支付形式有两种：(1) 计时工资。根据员工工资等级相应的工资标准和在岗位工作的时间长短来计算和支付工资的一种形式，如小时工资、日工资、月工资。(2) 计件工资。根据员工生产合格产品的数量或作业量并预先规定计件单价来计算和支付工资的一种形式。

奖金和津贴（补贴）都是工资的一种补充形式。

奖金是员工超额完成工作任务以及工作成绩优异而支付的额外报酬，如月奖、季度奖、年终奖或节约奖、安全奖等。

津贴是为了补偿员工在特殊劳动条件和环境下（如高温、高空、井下、有害气体作业等）所作的额外消耗的一种补偿，如夜班津贴、职务津贴、野外作业津贴、井下津贴等。补贴是因物价上涨而导致员工实际收入下降的一种补偿，如取暖补贴、肉食品补贴、粮煤补贴、交通补贴等。

福利是企业为员工提供的除工资、奖金之外的一切物质待遇。企业的福利可以根据企业的经营效益情况分为两类：一类是国家法定的职工福利，也叫公共福利，如基本养老保险、医疗保险、工伤保险、失业保险、生育保险、住房公积金等；另一类是企业自定的福利，如班车、免费午餐、托儿所、健身房、俱乐部、运动场、浴池等。

（二）工资的特征

（1）工资是劳动者基于劳动关系所获得的劳动报酬。劳动关系是指劳动者与用人单位签订劳动合同，明确双方的权利与义务而形成的关系。

（2）工资是用人单位对劳动者履行劳动义务的物质补偿。履行劳动义务一般是指劳动者按照劳动合同的要求，从事用人单位所安排的工作，保质保量按期完成工作任务。

（3）工资标准必须符合劳动法规和劳动合同的规定。工资标准必须以劳动法规、劳动政策、集体合同和劳动合同的规定为依据，即必须符合法定的和约定的工资标准，不能低于当地的最低工资标准。

（4）工资必须以法定方式支付。即一般只能用法定货币支付，并且是按照约定的开支日期准时定期支付，不能故意拖欠工资或恶意克扣工资。

二、工资管理的原则

企业要做好工资管理工作必须遵循以下原则。

(1) 激励原则。有效的工资管理应能激励员工努力工作,多做贡献,有利于吸引、稳定和激励员工。企业在进行工资管理时要充分考虑各种因素,使工资的支付获得最大的激励效果。

(2) 按劳分配原则。劳动者个人的工资要引入竞争机制,打破平均主义,实行多劳多得,合理拉开收入差距。

(3) 公平原则。根据公平理论,人们总是不断地把自己为组织的付出和从组织得到的报酬与他人相比较,来判断自己是否得到公平的待遇。一是横向公平,即企业同等条件的员工之间的工资标准应该是一致的;二是纵向公平,即企业员工的工资在正常情况下应该是逐年递增的,否则会引起员工的不满;三是外部公平,本企业的工资与同行业的、同地区的同类人才相比要一致。

(4) 吸引优秀人才原则。企业在制定工资标准时一定要考虑到同行业的工资水平和竞争对手的工资水平,保证企业的工资水平在市场上具有一定的竞争力,能充分地吸引和留住企业发展所需要的关键性人才。

(5) 经济性原则。工资是企业成本的一个组成部分,虽然工资要具有竞争性和激励性,但也会带来人工成本的上升,因此企业在制定工资标准时一定要充分考虑到企业自身发展的特点和支付能力。坚持"两低于"原则,即工资总额增长幅度低于本企业经济效益增长幅度,职工实际平均工资增长幅度低于本企业劳动生产率增长幅度。

(6) 合法性原则。工资的制定一定要符合政府的有关政策和法律法规,包括工资水平最低标准法、反工资歧视法、工资保障法等。

三、影响工资水平的因素

企业经营者在对工资管理时,要综合考虑各种因素对工资的影响。影响工资的因素很多,一般可分为内在因素和外在因素。

(一) 影响工资的内在因素

影响工资的内在因素是指与劳动者所承担的工作的特性及其状况有关的因素,它包括以下几个方面。

(1) 劳动者的劳动。一方面,劳动者只有参加劳动才能获得工资收入;另一方面,劳动者所提供的劳动不同决定劳动者的劳动收入存在差别。

(2) 技术水平。工作岗位上的工作经验、知识和技能的水平要求越高,给予的工资报酬就越高。一方面,是对劳动者学习技术和受训所消耗的时间、体能、金钱等直接成本的补偿;另一方面,也是对因学习而减少收入的间接损失的补偿。

(3) 职务的高低。一般来说，职务高的人权力大，责任大，对企业的影响也大，因此职务越高，工资收入也越高。

(4) 工作的危险程度。有些工作具有很高的危险性，损害人体健康，甚至危及人的生命，因此危险程度越高的工作工资越高。

(5) 工龄长短。在本企业连续工作的时间长短往往是影响工资的一个较重要的因素，一方面，工龄工资是对过去劳动贡献的一种补偿；另一方面，可以减少劳动力的流动，稳定员工队伍。

(二) 影响工资的外在因素

影响工资的外在因素是指与工作的状况、特性无关的一些其他的经济因素，它包括以下几个方面。

(1) 生活费用与物价水平。生活费用是指衣、食、住、行等家庭基本消费活动所需费用，它主要是受物价水平影响的。当物价水平提高时，企业就要根据政府公布的物价指数来调整职工基本工资，以维持员工生活的安定。

(2) 地区和行业的工资水平。企业在确定工资标准前都会对本地区和本行业的工资水平进行调查，使本企业的工资水平与本地区和本行业的工资水平相适应。

(3) 劳动力市场供求状况。当劳动力供给大于需求，工资水平下降，相反，则工资水平上升。企业的工资水平应等于或高于市场的平均水平。

(4) 政府的政策法律规定。各国都制定了适合本国国情的最低工资标准，这从整体上影响企业的工资水平。同时政府还通过各种政策对工资进行调节，如个人所得税政策、最低工资法、工资指导制度等，通过政府法规政策的调节可以发展和完善劳动力市场，协调劳动力的供求关系，规范企业的分配行为。

四、企业工资制度

企业的工资制度是指在劳动报酬分配原则的指导下，为计量劳动者的实际劳动消耗，计算与支付劳动报酬制定的一套准则、标准和具体办法。目前，我国企业实行的工资制度主要有以下几种。

(一) 岗位技能工资制

1. 什么是岗位技能工资制

岗位技能工资制是按照员工在生产中的不同工种、不同岗位，分别规定不同工资标准，是建立在岗位测评的基础上，以岗位工资和技能工资为主要内容的一种工资制度。凡能达到该岗位操作技能要求，并能独立操作者，可领取此岗位的工资。也就是说，在哪一岗位工作就能领取哪一岗位的工资标准，前提是必须经考核合格才能上岗，它没有技术等级标准。当岗位发生变化时，工资标准也就发生相应的变化。它主要适用于专业分工较细、技术要求相对简单或劳动条件比较艰苦的熟练工和普通工。岗位技能工资制是我国国有企业工资制度改革中推行的一种工资形式，主要是为了改变原有的、以行政机制确定企业员工收入的计划经济模式，建立一种与市场经济接轨的、与现代企业制度配套的企业员工劳动报酬分配制度。因此，其目的是双重的：其一，建立国有企业与国家之间合理的收入分配关系；其二，合理调整企业员工之间的工资关系，培育有效的内部竞争和劳动激励机制，从收入分配的角度促进企业经济效益的不断增长。

2. 岗位技能工资制的特点

（1）体现了按劳取酬的原则，使劳酬挂钩。

（2）是对传统的等级工资制的一种制度性改革。

（3）把企业的工资水平和经济效益挂钩，有利于发挥工资的效益职能。

（4）岗位技能工资制从结构上把岗位劳动评价与员工个人的劳动绩效评价区分开，即分为基本工资和辅助工资。

3. 岗位技能工资制的基本构成

（1）岗位工资。岗位工资与劳动责任、劳动强度、劳动条件三要素相对应，它的确定是依据三项劳动要素评价的总分数，划分几类岗位工资的标准，并设置相应档次，一般采取一岗多薪的方式，视劳动要素的不同，同一岗位的工资有所差别。其中，劳动责任是指不同岗位或职务应承担的责任程度，具体可分为岗位责任、安全责任、质量责任、经济责任和管理责任等，可分别从产品的质量、数量、成本和消耗等方面进行考察；劳动强度是指不同岗位劳动的紧张程度或繁重程度，主要是通过体力消耗、脑力消耗、疲劳程度、工作负荷等指标进行衡量；劳动条件是指劳动环境对劳动者身体健康的影响程度，劳动环境可分为工作环境和安全环境两类因素，具体测评指标有噪声、高温、粉尘、辐射热、有毒有害气体对劳动者生理、心理的损害程度等。具体分为以下两种。

① 工人的岗位工资。可按照劳动评价中各岗位评价的总分数的高低，并兼顾现行工资关系，划分为几类岗位工资标准，并相应设置若干档次。不同的行业、企业，其岗位工资类别不一样多，岗位工资标准也有区别；同样的岗位名称，在不同的行业、企业，甚至同一企业在不同的车间、班组，其劳动责任、劳动强度和劳动条件不尽相同，其岗位工资也有所差别。

② 管理人员和专业技术人员的职务工资。按照所任职务、所在职位的劳动评价总分数的高低，在岗位归类的基础上区别确定。按照劳动评价总分数的高低划分为三类并相应设置若干档次，从低到高依次为初级管理（专业技术）职务、中级管理（专业技术）职务、高级管理（专业技术）职务工资标准。因企业规模、类型不同，同样职务的管理（专业技术）人员的责任、负荷也不尽相同，因此，大型联合企业、大型企业、中小型企业乃至同一企业不同科室、车间同样职务人员的工资也可以有所差别。

（2）技能工资。技能工资主要与劳动技能要素相对应，确定依据是岗位、职务对劳动技能的要求和员工个人所具备的劳动技能水平。技术工人、管理人员和专业技术人员的技能工资都可分为初、中、高三大工资类别，每类又可分为不同的档次或等级。具体分为以下几种。

① 技术工人的技能工资。按技能水平可分为初级技工、中级技工和高级技工三种，每种下设若干档次，分别对应不同的工资标准。

② 非技术工人的技能工资。可参照初级技工的工资确定其工资标准。

③ 管理人员和专业技术人员的技能工资。按技能水平可分为初级管理（专业技术）人员、中级管理（专业技术）人员和高级管理（专业技术）人员三大类，每类下设若干档次，分别对应不同的工资标准。

一般来说，对劳动技能要求较高的行业或企业，其技能工资所占比重应适当大些；劳动强度大、劳动条件差的行业或企业，其岗位工资所占比重应大些。技能工资的确定方法应以严格的岗位技能培训和考核为基础。

(3) 辅助工资。岗位技能工资是一种基本工资制度，在推行中，还要以辅助工资制度作为补充。辅助工资包括以下三个工资单元。

① 年功工资单元。随员工工龄增长而变动的工资部分。年功工资单元以员工的连续工龄作为工资上升的依据，定期提高工资档次。

② 效益工资单元。随企业经济效益而变动的工资部分。员工工资与企业效益挂钩，随企业效益的波动而增加或减少。

③ 特种工资单元。特种工资主要是指津贴，它是对在特殊作业环境、劳动条件、劳动强度下职工生活、生理和心理损害的工资性补偿。

（二）技术等级工资制

1. 什么是技术等级工资制

技术等级工资制是工人工资等级制度的一种形式，是把各工种按其技术复杂程度、繁重程度、精确程度、工作责任大小等因素划分为若干个技术等级，并按照员工所达到的技术等级来确定其工资标准的一种工资制度。它适用于技术复杂程度比较高、工人劳动熟练程度差别大、分工粗和工作物不稳定的工作和岗位，其主要作用是区分技术工种之间、工种内部的劳动差别和工资差别。

2. 技术等级工资制的组成要素

企业工人的技术等级工资制是等级工资制中的一种，它由工资等级表、工资标准和技术等级标准三部分组成，通过对组成要素的分析和量化，给具有不同技术水平或从事不同工作的员工规定适当的工资等级。

(1) 工资等级表。工资等级表是指规定工资等级数目和各等级之间工资差别的一览表。它表示的是不同质量的劳动或工作之间工资标准的比例关系，反映不同等级劳动报酬的变化规律，是确定各等级工资标准数额的依据。它由工资等级数目、工资等级差别以及工种等级线组成。这表示不同的劳动熟练程度和不同工作之间工资标准的关系。工资等级数目是指工资有多少个等级，工资等级是员工技术水平和员工技术熟练程度的标志，其数目多少是根据生产技术的复杂程度、工作强度和员工技术熟练程度的差异规定的。一般来说，生产技术比较复杂、工人技术熟练程度差别较大的产业和工种，工资等级数目需要规定得多一些；反之，可以规定得少一些。工资等级数目要同技术等级相对应，一个技术等级可以对应一个或几个工资等级。级差是指各工资等级之间的差别，具体指相邻两个等级的工资标准相差的幅度。工种等级线是各工种或岗位的工资起点等级和最高等级的界限。一般来说，技术复杂程度高、责任大、技术等级数目多的工种，等级起点高，等级线长；反之，则起点低，等级线也短。某些繁重体力劳动，如搬运工等，其等级起点也可以适当高一些，但其等级线不宜过长。

（2）工资标准。工资标准又称为工资率，是按单位时间（时、日、周、月）规定的工资数额，表示了某一等级在单位时间内的货币工资水平。按时规定的为小时工资标准，按日规定的为日工资标准，按周规定的为周工资标准，按月规定的为月工资标准。按照规定的工资标准支付的工资，是员工完成规定的实际工作时间或劳动定额后所需要支付的工资，称为标准工资。在我国，企业职工的工资标准大都是按月规定的，称月工资标准。随着企业劳动制度的进一步改革，日工资标准和小时工资标准的使用将会逐步增多。

（3）技术等级标准。技术等级标准又称技术标准，是按生产和工作分类的所有技术工种工人的技术等级规范，是用来确定工人的技术等级和工人工资等级的尺度。它包括"应知"、"应会"和"工作实例"三项内容。① "应知"是指员工为完成某等级工作所应具有的专业理论知识，也可以规定工人应达到的文化水平，如工艺过程、材料性能、机器结构和性能以及安全技术知识等。② "应会"是指员工胜任某等级工作所必须具备的技术能力和实际经验，如设备操作、维修、识图等。③ "工作实例"是根据基本知识和专门技能的要求，列举不同技术等级员工应该掌握的典型工作项目或操作实例，对员工进行培训和考核。技术等级标准应该反映社会平均先进的技术水平和文化科技水平。为此，国家和产业部门要研究和确定各产业、各工种的技术等级的标准尺度；同时，要考虑广大工人的实际文化技术状况，使多数工人经过一定时期的努力能够达到，将技术标准建立在切实可行的基础之上。随着生产的发展、工艺的改进以及新技术的发明和推广，技术等级标准应该重新制定或修订，否则就会使技术标准失去其先进性，起不到应有的作用。企业在执行中可以根据实际情况或本企业内部的需要制定相关技术标准。

（三）职务等级工资制

1. 什么是职务等级工资制

职务等级工资制是企业对管理人员和专业技术人员所实行的按照职务规定工资的一种工资等级制度，不同职务有不同的工资标准，在同一职务内又划分若干等级，以此反映同一职务不同人员之间的知识、能力和工作经验的差别，每个员工都在职务所规定的工资等级范围内确定工资标准的制度，简称为职务工资制。

企业员工的职务等级工资制是根据企业职员的劳动特点制定的。企业中的管理人员和专业技术人员是脑力劳动者，一般不直接从事产品的生产，他们的劳动差别主要体现在所担任职务的复杂程度、业务繁简、责任大小以及职责范围等方面。职务不同，他们所支出的劳动也就不同,因此,适宜按职务高低规定不同的工资。但是,担任同一职务的各个职员,由于文化程度、专业技能以及工作熟练程度不同,他们在工作中做出的贡献和劳动成果也不相同。因此,在每个职务内部,还需要再划分若干等级,规定几个工资标准,借以反映同职务内部职员劳动的差别。只有这样,才能较好地体现按劳分配原则。

2. 职务等级工资制的特点

(1) 职务等级工资制是按职务规定工资标准,实行一职数级、上下级职务间有一定交叉的办法。

(2) 实行职务等级工资制时,各职务工资标准均有上、下限,只要职务不变,其工资标准只能在该职务规定的限度内调整,达到职务最高标准时不再增加,只有改变职务后才能改变工资标准。

(3) 职务等级工资制是以"职"定"薪",担任哪一职务,就拿哪一职务的工资,担任同一职务的职员,不管其能力有何差别,均按同一标准领取工资。

(4) 每个工作人员都只能在本职务的工资等级区间内提升工资,只有晋升职务才能进入高一级职务的工资等级区间。

3. 职务等级工资制的构成

职务等级工资制是由职务序列和职务名称表、职务工资标准表、业务标准和职责条例四部分构成。

(1) 职务序列和职务名称表。职务序列是由企业依据《全民所有制工业企业法》及其他有关政策法规研究制定而成。企业应根据生产工作需要,合理设置企业内部机构,并配备必要的人员,在对各项职能工作的内容进行横向和纵向分析、归类的基础上,制定企业内部各类经营管理人员和专业技术人员的职务序列。不同类型的企业,其机构设置和职务序列的安排是不相同的。如大型企业的经营管理职务序列可由正、副厂长,总工程(会计、经济)师,正、副处长,科长(正、副车间主任),科员,办事员等所组成,专业技术职务序列可由高级工程(会计、经济)师、工程(会计、经济)师、助理工程(会计、经济)师和技术员等所组成。中型企业一般不设三总师,正、副处长和高级专业技术职务。小型企业正、副厂长以下一般设正、副股长和办事员。然后,根据职务序列制定出职务名称表。有了职务序列和职务名称表,就可以对同一职能的职员按同一标准支付工资。

(2) 职务工资标准表。这是由一定数目的工资等级和与这些等级相适应的职务工资标准以及各种职务工资等级线组成的。工资标准可根据生产规模、生产类型、工艺特点和技术复杂程度等因素确定;工资等级数目的多少,取决于各职务的工作复杂程度、业务繁简程度和责任大小;工资等级线确定最低工资与最高工资的比例关系。

(3) 业务标准。是各个职务的业务规范,由"应知"和"业务要求"所组成。"应知"即规定从事某项职务所应掌握的专业实际知识,对管理人员还要求掌握与所担任的职务有关的法律、法令、条例和规章制度等。"业务要求"是指从事某种职务所应具备的文化程度和专业水平。在某些情况下,对某些职务或工作,还有从事本专业实际工作的年限要求。

(4)职责条例。规定了各个职务的主要工作内容和从事该项工作的职员所应负的主要责任、权限,以及完成任务的标准。其具体内容应反映出各职务的工作性质、职责范围及完成工作任务的标准等。

由于等级工资制本身存在一些弱点,再加上工资标准长期不动,往往是不论贡献、不看实绩而按年头普调升级,"齐步走",结果造成了劳酬脱节,工资等级与技术等级脱节,挫伤了职工,特别是一线苦、脏、累、险岗位职工的劳动积极性,因此,迫切需要对其进行改革。

(四)绩效工资制

1. 什么是绩效工资制

绩效工资制的前身是计件工资制,是将员工的工资收入与个人或团队的业绩挂钩,但它不是简单意义上的工资与产品数量和质量挂钩的工资形式,而是建立在科学的工资标准和业绩评估基础上的工资体系。业绩是一个综合的概念,不仅包括产品数量和质量,还包括职工对企业作出的其他贡献,因此制定切实可行的评估目标是绩效工资制的基础。企业支付给职工的业绩工资虽然也包括基本工资、奖金和福利等几项主要内容,但各自之间不是独立的,而是有机地结合在一起的。当前我国不少企业实行这种工资制度。

2. 绩效工资制的特点

与传统工资制相比,绩效工资制有如下主要特点。

(1)优点:一是有利于职工工资与可量化的业绩挂钩,将激励机制融于企业目标和个人业绩之中,员工干好与干坏、干多与干少所获得的工资是完全不同的;二是有利于工资向业绩优秀者倾斜,提高企业效率,节省工资成本;三是有利于突出团队精神和企业形象,增加激励力度和员工的凝聚力;四是在整个工资中绩效工资占的比例在50%以上,浮动部分所占比例比较大。

(2)缺点:一是容易导致对绩优者的奖励有余,对绩劣者约束欠缺的现象发生;二是在对绩优者奖励幅度过大的情况下,容易造成一些雇员瞒报业绩的行为。

3. 绩效工资制实施的条件

绩效工资制的实施需要具备一些条件,包括以下几个方面。

(1)工资范围足够大,各档次之间能拉开距离。

(2)业绩标准要制定得科学、客观;业绩衡量要公正有效,衡量结果应与工资结构挂钩。

(3)有浓厚的企业文化氛围支持业绩评估系统的实施和运作,使之起到奖励先进、约束落后的目的。

(4)将业绩评估过程与组织目标的实施过程相结合,将工资体系运作纳入整个企业的生产和经营运作系统之中。

4. 业绩评估的目标及原则

业绩评估的目的不仅是为付给雇员合理的劳动报酬提供依据,更重要的是为了发挥雇员个人的能力和创造性，达到雇员个人发展目标与企业发展目标相一致的目的。业绩评估要遵守以下原则。

（1）员工对评估目标一定要接受和认可。业绩评估目标一定要在上下级之间、主管和雇员之间进行充分交流的基础上制定。

（2）业绩测量手段要可靠、公正和客观。评估后，要将规划业绩和实际业绩的差距及时反映给被评估者，达到及时沟通的目的。

（3）对非业绩优秀者要及时帮助。要帮助和监督被评估者，要求其制订完善的计划，根据计划有针对性地进行培训，或提供能使之改进的条件，达到鞭策后进的目的。

（4）对业绩优秀者要及时奖励。不仅要给予外在奖励（增加收入），还要给予内在奖励（提供晋升和发展机会），从内外两方面鼓励优秀者为企业做出更大的贡献。

（五）结构工资制

结构工资制又称为分解工资制、多元化工资制或组合工资制。这一制度是依照工资的不同职能，把工资分解成几个不同的组成部分，分别规定不同的工资额，最后组合为职工的标准工资，用来支付员工各种不同劳动消耗的报酬。结构工资制是我国近年来出现的一种新的工资等级制度，已被许多地区、单位广泛采用。企业职工的劳动是有差别的，包括劳动条件的差别、劳动者素质的差别、实际劳动消耗量的差别和劳动成果的差别。因此，工资也应与这些差别相应而有所不同。只有这样，才能将工资与员工的劳动紧密联系起来，更好地贯彻按劳分配的原则。

1．结构工资制的特点

（1）灵活性较大。结构工资制将职工的工资与其基本生活需要、资历、技能、贡献等因素挂钩，各部分工资既相互独立，又相互联系。职工任何一方面情况发生变化，都可在工资上得到反映。

（2）适应性较强。企业、机关、事业单位均可采用。

（3）工资的各种职能作用均能得到充分发挥。既能照顾青年职工的特点，又考虑了老职工工龄长、技术水平高等特点，可充分调动各类人员的工作积极性。

（4）结构工资制既反映了劳动的流动形态和凝结形态，又考虑了劳动的潜在形态，从而较好地体现了按劳分配的原则。

（5）结构工资制是以职务（技术）为主、以资历等因素为辅的工资制度，这样安排可鼓励职工努力学习和钻研技术，提高业务水平。

2．结构工资制的构成

结构工资制的内容一般包括基本工资、岗位技能工资（也叫职务工资或技能工资）、年功工资（也叫工龄工资）、效益工资。可根据工作性质与特点的不同，采取不同的组合形态。

（1）基本工资。基本工资是保障职工基本生活需要的工资，它是全部工资的基本组成部分之一。设置这项工资的目的是为了维持劳动力的简单再生产。基本工资水平的确定，应参考国家在一定时期内的经济发展水平和消费水平,并能维持劳动者本人的基本生活需要和保证劳动力进行简单再生产。

(2)岗位技能工资。岗位技能工资是根据岗位的技术、业务要求、劳动繁重程度、劳动条件好坏、所负责任大小等因素来确定的。它是结构工资制的主要组成部分,具有激励员工的功能,能够起到激励员工努力提高技术、业务水平的作用。岗位工资有两种形式:一种是采取岗位等级工资的形式,一岗又分为几个等级,不同岗位、不同等级工资标准不同,各岗位工资上下交叉;另一种是采取一岗一薪的形式。岗位工资是结构工资制中的主要部分。

(3)年功工资。年功工资是根据员工参加工作的年限,按一定标准支付给员工的工资。它是用来体现企业员工逐年积累的劳动贡献的一种工资形式。它有助于鼓励员工长期在本企业工作。年功工资采取按绝对额或按系数两类形式发放的办法。绝对额又分为按同一绝对额或分年限按不同绝对额的办法发放;按系数又分为按同一系数或按不同系数增长的办法发放。

(4)效益工资。效益工资是根据企业的经济效益和员工实际完成劳动的数量和质量支付给员工的工资。效益工资也具有激励员工的作用,能够激励员工努力多做贡献。效益工资没有固定的工资标准,一般采取奖金或计件工资的形式,属于浮动工资,并且上不封顶、下不保底。

(六)工资集体协商制

工资集体协商是指职工代表与企业代表依法就企业内部工资分配制度、形式、收入水平进行平等协商,并在协商一致的基础上签订工资协议。而中国传统的企业工资确定方法是,用人单位根据本单位的生产经营特点和经济效益,依法自主确定本单位的工资分配方式和工资水平。随着经济和社会不断发展,建立工资集体协商制度显得格外重要。一方面,它能缩小市场经济中不合理的收入分配差距,维护一线职工的权益,使工资增长与企业效益提高相适应,确保每个职工分享企业发展的成果;另一方面,对于企业来说,有利于建立和谐稳定的劳资关系,增强企业的凝聚力,调动所有职工的积极性。总之,积极落实工资集体协商制度,适当提高工会以及企业员工确定工资水平的地位,有利于缩小贫富差距,有利于促进社会和谐。早在2000年我国就出台了《工资集体协商试行办法》,目前签订工资集体协商合同并在劳动和社会保障部门备案的有52多万份,涉及6000多万名职工,约占中国职工总数的一半。

由于政府部门认识不够、企业积极性不高、相关制度建设滞后、人才缺乏等原因,使得非公企业推行工资集体协商普遍很难,存在"四不":企业不愿谈,担心协商工资损害了资方利益;职工不敢谈,担心提出协商要求被企业解雇;职工对相关工资法规政策不熟悉,不会谈;工会组织不健全,不能谈。以上原因导致企业尤其是非公企业建立工资集体协商制度的进度相对缓慢。其实,包括非公企业在内的所有企业只要真正落实好工资集体协商制度,这对企业本身的进一步发展有很大的推动作用。当然,过去员工工资由企业决策层一口敲定的确能减少企业的工资成本,但如果员工的工资收入与企业的利润不成适当的比例,必然给企业员工一种印象:那就是他们的劳动成果被企业家不正当地占有了。虽然企业员工在工资确定上不占任何优势,但这种状况必然造成企业员工消极怠工,企业员工很难把自己放在与企业家同一立场来考虑企业的发展,这不利于企业的未来发展,也不符合目前十分流行的企业内部和谐的文化倡导,对企业提高生产效率极为不利。因此,企业决策层应当把工资集体协商制度放在有利于企业长远发展的角度来考虑落实。

要建立健全工资集体协商制度,并将其落到实处,除了政府要加强宣传,提高有关部门和企业对建立该制度的重要性的认识外,还要完善相关法律。法律上要明确劳资双方在工资协商制度的落实中各自的权利和义务,并将建立工资集体协商制度作为一种强制性的要求。另外,还要积极推动建立区域性、行业性和基层工会组织,加强协商谈判的主体建设,进一步提高工会在企业工资确定中的地位。这样工资集体协商制度就能走出困境,企业的和谐和社会的和谐就能同步实现。

企业工资制度还有薪点制、年薪制、计件工资制、提成工资制等,不同的企业可以根据企业的实际情况采取不同的工资制度。随着国际竞争日益激化、技术革新的速度日益加快,作为企业竞争力基础的人力资源管理越来越受到重视。而在人力资源管理中,工资制度是一个重要的组成部分。科学、有效的工资制度不仅可以保证员工按照企业战略计划的规定发挥各自的机能,而且还可以鼓舞员工士气,进而发挥创造力,为形成企业独有的核心竞争力做出贡献。

 **本章小结**

1. 企业家是企业的决策者,是企业之魂,是企业之帅。他的行为决定着一个企业及其员工的命运,是企业兴衰成败的关键。只要是以盈利为目的,在从事经济活动中敢于创新、敢于承担风险的成功的企业经营者,就是企业家。企业家与一般的管理者不同,他在思维习惯、行为方式、领导风格等方面都有自己的基本特征。并不是所有的职业经理人或企业主管都能成为优秀的企业家,企业家要具有良好的自身素质,包括心理素质和能力素质。我们要发展社会主义市场经济,需要一大批企业家,大批的企业家的涌现是需要条件的,培育企业家队伍必须进行制度上的创新。

2. 人是生产力中最活跃的因素,是企业振兴发展的源泉和根本动力,只有企业员工把聪明才智充分发挥出来,并应用到企业管理与生产经营中去,企业才能发展。因此,企业要千方百计培育和打造优秀的、高素质的员工队伍。其中包括企业中层管理人员队伍建设、企业专业技术人才队伍建设、企业技术工人队伍建设。员工队伍建设的内容包括思想建设、作风建设、能力建设、创新能力建设等。员工队伍建设的目的是创造业绩。

3. 工资是职工的劳动报酬,是指劳动关系中,劳动者因履行了劳动义务而获得的,由用人单位以货币方式支付的劳动报酬。工资又分为广义工资和狭义工资。广义工资包括基本工资、奖金、津贴、福利、社保、分红等;狭义工资是指广义工资不包括福利、社保、分红部分。企业要做好工资管理工作必须遵循以下原则：激励原则、按劳分配原则、公平原则、吸收优秀人才原则、经济性原则、合法性原则。影响工资的因素很多，一般可分为内在因素和外在因素，企业经营者在对工资管理时，要综合考虑各种因素对工资的影响。目前，我国的工资制度主要包括岗位技能工资制、技术等级工资制、职务等级工资制、绩效工资制、结构工资制、工资集体协商制等。

思考题

1．你认为现代企业家应具备哪些素质？
2．企业应如何加强管理人员、专业技术人员、技术工人队伍的建设？
3．企业工资形式有哪些？各有什么特点？
4．企业工资管理的原则是什么？
5．企业都有哪些工资制度？其特点是什么？

案例分析

李大开，男，58岁，汉族，大学本科，中共党员，研究员级高级工程师，历任陕西齿轮总厂研究所产品设计室主任、经营计划处处长、总经济师、厂长。现任陕西法士特汽车传动集团有限责任公司董事长。

1995年7月，李大开临危受命挑起了陕西汽车齿轮总厂厂长的重担，当时企业正值低谷，在经营亏损、市场下滑、连续四个半月发不出工资的严峻形势下，他带领广大职工深化改革、创新发展、开拓进取、励精图治，迅速扭转了企业危难局面，实现了企业跨越式高速发展。企业在机制创新、改革发展、产品开发、市场开拓、管理进步、文化建设和社会公益事业等方面均取得了骄人业绩。企业各项经营指标连续六年名列中国齿轮行业第一，重型变速器产销量世界第一，成为陕西振兴装备制造业龙头企业和纳税大户，为陕西省和西安市地方经济的发展做出了突出贡献。李大开个人荣获"全国五一劳动奖状"。

不可思议的92%

92%，这是迄今为止在汽车零部件配套产品中一个奇迹般的数字。这个奇迹属于李大开和他带领下的法士特。三年前，很少有人知道李大开，三年后，当法士特生产的变速器在15吨以上重卡市场占到92%的市场份额时，"李大开"这三个字已经在中国汽车界变得响当当。法士特重型变速器目前除原有的中国重汽、陕汽、重庆重汽等用户外，已经将产品扩大到一汽、东风、福田欧曼、奔驰、柳汽、汇众、春兰、华凌等重型汽车厂。用法士特人自己的话说，"目前在中国，凡是造重型汽车的厂家，几乎都采用了法士特的变速器。"

不撞南墙不回头

"冷娃"，在陕西方言中有拼命硬干的意思。用"冷娃"来形容李大开这个地地道道的陕西人也算入木三分。从1995年接任陕西齿轮厂厂长时陕齿的那个烂摊子，到如今法士特齿轮厂的产品不但遍及全中国而且走向了世界，他谈不上认死理，但在他看来，"一旦看准的事情，无论多大的困难和压力，都要坚持把它做好，做成功。"他的这种"不撞南墙不回头"的倔强劲，造就了"置之死地而后生"的法士特。

未雨绸缪，主动出击

"我们宁愿自己淘汰自己，也决不能让对手和市场来淘汰我们"。当双中间轴变速器还风靡市场的时候，李大开就想着怎样让法士特生产出领先市场的产品。再引进虽然操作简单，可以迅速拥有新的产品，但只能跟在外国产品后面吃人家的剩饭，循环往复直到永远。在技术引进死路一条的情况下，李大开选择了走一条自主创新的路。由于他是技术出身，在科研方面也算是事无巨细，亲历亲为，带领自己的能兵强将们研制出了领先国际的12挡和16挡重型变速器，而这两个产品无疑成为其在重卡市场博得头筹的重要砝码。

中国人不是"冤大头"

李大开在很多场合都讲过这样的一段经历。他曾经在参观国内的一家生产混凝土泵车的企业时，见到了某跨国公司售价20多万元的AMT变速器，据一位外国朋友告诉他这在国外也就六七千欧元（相当于六七万元人民币）。还有一个例子，老外卖给中国人售价为600万元人民币的混凝土泵车，在国内生产出来同等泵车售价200万元时，老外会立即将自己产品的价格降至300万元人民币。"为什么外国企业能够如此？归根到底是中国的技术不如人。"李大开总是在恰当的时机用这句话唤起企业中每个员工的民族尊严，更激励研发人员不断推出新的技术。如今的法士特，不但将变速器卖到国外，更通过将技术转让到国外的形式为中国人争了一口气。

热心公益

近年来，法士特先后安置社会下岗职工1000多人；先后出资780万元在清华大学等8所高校设立"法士特齿轮奖学金"；为山区贫困小学和社会公益事业捐资400余万元；汶川特大地震发生后，集团公司和全体员工累计为受灾地区人民捐款近800万元，充分体现了法士特人的社会责任感。李大开还多次捐款，支持社会公益事业、救灾助学和企业文化、教育建设，累计捐资超过30多万元。

现在的李大开又在琢磨如何固守大佬的地位：投巨资尽快建成国家级汽车传动研究院，进一步增强自主创新与研发能力；扩大产品范围，向整个汽车传动系拓展；在原有重型汽车市场的基础上，向中、轻卡车、大客车全面进军；在几年内销售额突破100亿元，而且出口额要占到一半以上……

创新发展的关键在人才，人才兴，科技兴，企业兴。促进法士特持续跨越式发展的最大财富是因为企业拥有一支实力雄厚的科技人才队伍和一支敢打硬仗、顽强拼搏的技术工人队伍。1997年，在企业经营最困难的时候，法士特却把人才队伍建设摆在了首位。当时受市场影响，不少企业效益下滑，人才纷纷外流。法士特领导班子注意到，受外界影响，自己企业中的一些科技人员也不是没有走的想法。釜底无薪，何谈发展？于是，各种"善待"科技人员的措施相继出台。在当时全厂职工工资还没有着落的情况下，企业决定对有突出贡献的工程技术人员发放津贴，最高者每月200元；为解决年轻科技人员的住房困难，工厂挤出资金为他们盖起了全厂条件最好的宿舍楼；还建起了生活设施齐全的大学生公寓，使新进厂的大学生住得好，留得住……看到这一切，广大科技人员被深深感动了，他们不仅没有走，而且在日后的创新发展中成为重要骨干力量。为了进一步激发科技人员的创造性，法士特逐年加大对优秀科技人才的奖励力度，2001年元月，企业第一次重奖科技功臣，其中最高的一人获奖5万元。2005年9月，企业召开科技进步表彰大会，10名在新产品开发中做出突出贡献的科研人员和技术工人被授予"科技标兵"荣誉称号，并受到75万元人民币的重奖，其中最高的一人获奖15万元。重奖科技人才，发挥科技人才优势，为企业创新发展增添了强劲动力。同时，法士特还不断加强技术工人队伍建设，自2002年起，企业已连续招聘1000多名本科生进入工厂，其中80%被安排在生产一线当工人，科学型、知识型员工队伍的建设使企业整体素质水平、技术水平和自主创新能力迈上了一个新台阶。人才是企业至关重要的发展方面，法士特发展到现在，很重要的一个因素是人才没有流失，人才发挥了至关重要的作用。有一个公司副总到南方开会遇到浙江的一个民营企业家，这个民营企业家说在他的企业里面，来自中国各大齿轮厂的都有，但唯独没有法士特的技术人员。假如关键技术人才流失，毫无疑问这对于企业的核心技术机密会产生很大的影响。所以法士特公司在人才培养上高度重视，只要是人才就给他提供良好的工作条件和科研条件，当然还有更好的生活环境条件。

案例来源：中国客车信息网

问题：
1. 你认为李大开身上具备哪些素质？
2. 法士特是如何留住人才的？

第四章 财力资源管理

 学习目标

学习本章后,你应该能够:
1. 了解财力管理的目标和主要内容,树立现代财务观念。
2. 准确理解筹资、资产、利润、成本及费用等相关概念。
3. 掌握财力分析的主要方法和相关指标。

企业的生产经营过程既是使用价值的生产和交换过程,又是价值的形成和实现过程,在这个过程中,各种物质价值的货币表现就是资金。任何企业为了维持其正常的生产经营活动,都必须拥有一定数量的资金,包括货币资金和实物资产。钱和物不断发生变化,形成企业的资金运动:资金的筹集、资金的分配、利润分配,从而形成企业的财力资源管理活动。本章包括资金的筹集、资金的管理、资金的分配、利润管理等具体内容。

第一节 资金管理

一、资金的筹集

(一)资金筹集的概念

企业筹资是指筹资主体根据其生产经营、对外投资和调整资本结构的需要,通过筹资渠道和金融市场,运用筹资方式,经济有效地筹措和集中资本的活动。筹集资金是企业资金运动的起点,是决定资金运动规模和生产经营发展程度的重要环节。通过一定的资金渠道,采取一定的筹资方式,组织资金的供应,保证企业生产经营活动的需要,是企业财力资源管理的一项重要内容。

(二)资金筹集的要求

现代企业筹集资金,要研究资金筹集和投资的影响因素,强调资金筹集的综合经济效益。具体如下:
(1)要合理确定资金的需要量,减少资金占用。
(2)要控制资金筹集的时间,既保证及时供应又防止占用时间过长。
(3)要认真选择筹资的渠道与方式,力求降低筹资成本。
(4)要适当安排自有资金与借贷资金的比例,正确运用负债经营。

（三）企业筹资渠道与方式

1. 筹资渠道

筹资渠道是指筹集资金来源的方向与通道，体现资金来源与供应量。我国企业目前筹资渠道主要有以下几种。

（1）国家财政资金。国家对企业的直接投资是国有企业最主要的资金来源渠道，特别是国有独资企业，其资本全部由国家投资形成，从产权关系上看，产权归国家所有。

（2）银行信贷资金。银行对企业的各种贷款是我国各类企业最为主要的资金来源。我国提供贷款的银行主要有两类：商业银行和政策性银行。商业银行以盈利为目的，为企业提供各种商业贷款；政策性银行为特定企业提供政策性贷款。

（3）非银行金融机构资金。非银行金融机构主要是指信托投资公司、保险公司、租赁公司、证券公司以及企业集团所属的财务公司。他们所提供的金融服务，既包括信贷资金的投放，也包括物资的融通，还包括为企业承销证券。

（4）其他企业资金。其他企业资金是指企业生产经营过程中产生的部分闲置的资金，可以互相投资，也可以通过购销业务形成信用关系，形成其他企业资金，这也是企业资金的重要来源。

（5）居民个人资金。居民个人资金是指"游离"于银行及非银行金融机构之外的个人资金，可用于对企业进行投资，形成民间资金来源。

（6）企业自留资金。企业自留资金是指企业通过计提折旧、提取公积金和未分配利润等形式形成的资金，这些资金的重要特征之一是，企业无须通过一定的方式去筹集，它们是企业内部自动生成或转移的资金。

2. 筹资方式

筹资方式是指企业筹集资金所采用的具体方式。目前，我国企业的筹资方式主要有以下几种：（1）吸收直接投资；（2）发行股票；（3）利用留存收益；（4）商业信用；（5）发行债券；（6）融资租赁；（7）银行借款。

企业筹资管理的重要内容是针对客观存在的筹资渠道，选择合理的筹资方式进行筹资，有效的筹资组合可以降低筹资成本，提高筹资效率。

筹资渠道与筹资方式存在一定的对应关系，一定的筹资方式只适用于某一特定的筹资渠道，具体的对应关系可用表 4-1 描述。

表 4-1 筹资渠道与筹资方式的对应关系

分 类	吸收直接投资	发行股票	利用留存收益	银行借款	发行债券	商业信用	融资租赁
国家财政资金	√	√					
银行信贷资金				√			
非银行金融机构资金	√	√		√	√		√
其他企业资金	√	√			√	√	√

续表

分 类	吸收直接投资	发行股票	利用留存收益	银行借款	发行债券	商业信用	融资租赁
居民个人资金	√	√			√		
企业自留资金	√		√				

（四）资金成本

1. 资金成本的概念

资金成本是指企业筹集和使用资金必须支付的各种费用。在市场经济条件下，企业不能无偿使用资金，必须向资金提供者支付一定数量的费用作为补偿。企业使用资金就要付出代价，所以企业必须节约使用资金。资金成本包括用资费用和筹资费用两部分内容。

（1）用资费用。用资费用是指企业在使用资金中所支付的费用，如股利、利息等，其金额与使用资金的数额多少及时间长短成正比，它是资金成本的主要内容。

（2）筹资费用。筹资费用是指企业在筹集资金中所支付的费用。如借款手续费、证券发行费等，其金额与资金筹措有关而与使用资金的数额多少及时间长短无关。

由于存在筹资费用，企业计划筹资额与实际筹资额是不相等的，实际筹资额等于计划筹资额减去筹资费用，因此企业使用资金的实际代价高于名义代价。如果不考虑所得税因素，资金成本计算公式为

$$资金成本 = \frac{每年的用资费用}{筹资数额 - 筹资费用}$$

2. 资金成本的作用

（1）资金成本在企业筹资决策中的作用。资金成本是企业选择资金来源、拟定筹资方案的依据。这种影响主要表现在四个方面：资金成本是影响企业筹资总额的重要因素，是企业选择资金来源的基本依据，是企业选用筹资方式的参考标准，是确定最优资本结构的主要参数。

（2）资金成本在企业投资决策中的作用。当采用净现值指标决策时，常以资金成本作为折现率，此时净现值为正则投资项目可行，否则不可行；当以内部收益率指标决策时，资金成本是决定项目取舍的一个重要标准：只有当项目的内部收益率高于资金成本时，项目才可能被接受，否则就必须放弃。

3. 个别资金成本的计算

个别资金成本是指各种筹资方式的资金成本。其中包括债券成本、银行借款成本、优先股成本、普通股成本和留存收益成本，前两者可统称为负债资金成本，后三者统称为权益资金成本。

（1）债券成本

债券成本中的利息在税前支付，具有抵税效应。债券的筹资费用一般较高，主要包括

申请发行债券的手续费、债券注册费、印刷费、上市费以及推销费等。债券成本的计算公式为

$$K_b = \frac{I \times (1-T)}{B_0 \times (1-f)} = \frac{B \times i \times (1-T)}{B_0 \times (1-f)}$$

式中，K_b 为债券成本；I 为债券每年支付的利息；T 为所得税税率；B 为债券面值；i 为债券票面利息率；B_0 为债券筹资额，按发行价格确定；f 为债券筹资费率。

【例题 4-1】某企业发行一笔期限为 10 年的债券，债券面值为 1000 万元，票面利率为 12%，每年付一次利息，发行费率为 3%，所得税税率为 40%，试问：① 按债券面值等价发行，其成本是多少？② 如果溢价 50%发行，发行债券筹资的资金成本是多少？

解析：

① 按债券面值等价发行，则该笔债券的成本是

$$K_b = \frac{I \times (1-T)}{B_0 \times (1-f)}$$

$$= \frac{1000 \times 12\% \times (1-40\%)}{1000 \times (1-3\%)} \approx 7.42\%$$

② 如果债券溢价 50%发行，发行债券筹资的资金成本是

$$K_b = \frac{I \times (1-T)}{B_0 \times (1-f)}$$

$$= \frac{1000 \times 12\% \times (1-40\%)}{1000 \times 1.5 \times (1-3\%)} = 4.95\%$$

（2）银行借款成本

银行借款成本的计算与债券基本一致，其计算公式为

$$K_t = \frac{I \times (1-T)}{L \times (1-f)} = \frac{L \times i \times (1-T)}{L \times (1-f)}$$

式中，K_t 为银行借款成本；I 为银行借款年利息；T 为所得税税率；L 为银行借款筹资总额；i 为银行借款利息率；f 为银行借款筹资费率。

（3）优先股成本

优先股的成本由筹资费用和股利构成，其股利在税后支付。优先股成本的计算公式为

$$K_p = \frac{D}{P_0 \times (1-f)}$$

式中，K_p 为优先股成本；D 为优先股每年的股利；P_0 为发行优先股总额；f 为优先股筹资费率。

优先股成本通常要高于债券成本，其原因为：① 优先股筹集的是自有资金，股东所承受的风险较大，要求较高的回报率；② 优先股的股利在税后支付，而利息在税前支付。

（4）普通股成本

普通股成本的计算存在多种不同方法，其主要方法为估价法。这种方法是利用普通股

现值的估价公式来计算普通股成本的一种方法。普通股现值的计算公式为

$$V_0 = \sum_{i=1}^{n} \frac{D_i}{(1+K_s)^t} + \frac{V_n}{(1+K_s)^n}$$

由于股票没有到期值,则当 $n \to \infty$ 时,股票现值的公式为

$$V_0 = \sum_{i=1}^{n} \frac{D_i}{(1+K_s)^t}$$

以上两式中,V_0 为普通股现值;D_i 为第 i 期支付的股利;V_n 为普通股终值;K_s 为普通股成本。

如果公司每年股利固定不变,可视为永续年金,则普通股成本的计算公式可简化为

$$K_s = \frac{D}{V_0(1-f)}$$

如果公司股利不断增加,假设年增长率为 g,则普通股成本的计算公式可简化为

$$K_s = \frac{D_1}{V_0 \times (1-f)} + g$$

式中,D_1 为第1年的股利;f 为普通股筹资费率。

【例题 4-2】东方公司普通股每股发行价格为 100 元,筹资费率为 5%,第一年股利为 12 元,以后每年增长 4%,则普通股成本是多少?

解析:根据以上公式可得

$$K_s = \frac{D_1}{V_0 \times (1-f)} + g$$

$$= \frac{12}{100 \times (1-5\%)} + 4\% \approx 16.63\%$$

由题中可以看出,普通股的资金成本在各种筹资方式的比较中最高。原因是普通股的投资风险最大,股东要求的回报率也最高。考虑到筹资费用大、股利税后支付等因素,普通股的资金成本最高。

(5)留存收益成本

留存收益是企业资金的一项重要来源,对于企业股东来说这也是相当于对企业追加投资,也要求有一定的报酬,也要计算成本。留存收益成本计算与普通股基本相同,但不考虑筹资费用。其计算公式为

$$K_e = \frac{D_1}{V_0}$$

股利不断增加的企业,其计算公式为

$$K_e = \frac{D_1}{V_0} + g$$

式中,K_e 为留存收益成本。

普通股与留存收益都属于所有者权益，股利的支付不固定。企业破产后，股东的求偿权位于最后，与其他投资者相比，普通股股东所承担的风险最大，因此，普通股的报酬也最高。在各种资金来源中，普通股的成本最高。

4．加权平均资金成本的计算

企业的筹资方式往往不是单一的，因此企业总的资金成本应是各类资金资本的加权平均，即综合资金成本。加权平均资金成本是指分别以各种资金成本为基础，以各种资金占全部资金的比重为权数，对各种资金成本进行加权平均计算出来的综合资金成本。其计算公式为

$$K_w = \sum_{j=1}^{n} K_j \times W_j$$

式中，K_w 为加权平均资金成本；K_j 为第 j 类个别资金成本；W_j 为第 j 类个别资金占全部资金的比重。

【例题 4-3】 某公司资金总量为 1000 万元，其中长期借款 200 万元，年息 20 万元，手续费忽略不计；企业发行总面额为 100 万元的 3 年期债券，票面利率为 12%，由于票面利率高于市场利率，故该批债券溢价 10% 出售，发行费率为 5%；此外公司发行普通股 500 万元，预计第 1 年的股利率为 15%，以后每年增长 1%，筹资费率为 2%；发行优先股 150 万元，股利率固定为 20%，筹资费率也是 2%；公司未分配利润总额为 58.5 万元，该公司所得税税率为 40%。求该公司加权平均资金成本。

解析：

长期借款成本为

$$K_t = \frac{I \times (1-T)}{L \times (1-f)} = \frac{20 \times (1-40\%)}{200} = 6\%$$

长期债券成本为

$$K_b = \frac{I \times (1-T)}{B_0 \times (1-f)} = \frac{100 \times 12\% \times (1-40\%)}{100 \times (1+10\%) \times (1-5\%)} = 6.89\%$$

普通股成本为

$$K_s = \frac{D_1}{V_0 \times (1-f)} + g = \frac{500 \times 15\%}{500 \times (1-2\%)} + 1\% = 16.31\%$$

优先股成本为

$$K_p = \frac{D}{P_0 \times (1-f)} = \frac{150 \times 20\%}{150 \times (1-2\%)} = 20.41\%$$

留存收益成本为

$$K_e = \frac{D_1}{V_0} + g = \frac{58.5 \times 15\%}{58.5} + 1\% = 16\%$$

加权平均资本成本为

$$K_w = \sum_{j=1}^{n} K_j \times W_j$$

$$= 6\% \times \frac{200}{1000} + 6.89\% \times \frac{104.5}{1000} + 16.31\% \times \frac{490}{1000}$$

$$+ 20.41\% \times \frac{147}{1000} + 16\% \times \frac{58.5}{1000}$$

$$= 1.2\% + 0.72\% + 7.99\% + 3\% + 0.936\%$$

$$= 13.846\%$$

二、投资管理

（一）投资管理的特点和原则

企业取得资金后，必须将资金投入使用，以谋求最大的经济效益，否则筹资便失去了意义。企业资金投放可分为对内和对外两种方式。企业把筹集到的资金投资于企业内部用于购置固定资产、流动资产等，便形成企业的对内投资；企业把筹集到的资金投资于购买其他企业的股票、债券或与其他企业联营进行投资，便形成企业的对外投资。无论是企业购买内部所需各种资产，还是购买各种证券，都需要支出资金。而当企业变卖其对内投资的各种资产或收回其对外投资时，则会产生资金的流入。

企业长期性投资的共同特点包括投资金额较大，对企业财务状况和经营成果影响重大；投资占用时间长，投资回收速度慢，投资风险较大；投资具有不可逆转性等。因此，企业进行长期性投资时应坚持以下原则。

1. 讲求效益原则

讲求经济效益是企业投资管理的核心问题。长期性投资金额较多，回收时间较长，对企业经济效益影响较大，因此，在进行对内投资之前，必须建立严密的投资决策程序，进行投资可行性分析是工程项目建设开始前的一个重要工作程序，其主要任务是对投资项目技术上的可行性和经济上的有效性进行论证，运用各种方法测算出科学的数据为投资决策提供参考。进行投资可行性分析，是避免投资决策失误，保证企业投资项目经济效益和生产经营资金使用效益的重要手段。至于对外长期投资，如长期股票投资、长期债券投资等，还应结合国民经济发展状况、有价证券发行企业的财务状况，以及证券市场发展趋势等进行综合判断，作出最佳投资决策。

2. 先内后外，合理分配投资比例原则

在经济管理工作中，企业常常遇到投资需求超过资金供给的矛盾。如何合理配置资源，使有限的资金发挥最大的作用，取得良好的经济效益，便是投资管理的又一重点。企业应该贯彻长期性投资管理先内后外原则，即首先满足企业内部长期性投资需求，在还有余力的前提下，及时更新设备，引进先进技术，保证生产活动顺利进行，奠定企业经营效益的基础。同时，企业对暂时闲置的资源也要充分利用，进行多种形式的投资，提高企业综合经济效益。

3. 及时足额筹集资金，保证投资项目资金供应原则

长期性投资项目投资金额大，建设工期长、工程量大，一旦开工就必须有足额资金供应，否则，就会使工程建设中途落马，出现所谓"半截子工程"，使原有的投资项目可行性论证效益难以实现，甚至亏损。同时，有些长期性投资项目需要相应配套的流动资产投资。因此，在筹集长期性投资项目资金时，应综合考虑各项因素。

4. 加强工程预算管理，实施有效的投资控制原则

投资项目工程预算是对投资项目总投资中各工程项目以及所包含的单位工程与分步工程造价进行控制的财务计划。长期性投资项目建设周期长，为保证投资有效合理使用，可以按工程进度和单位工程、分步工程完成情况，逐步进行资金拨付结算。这样，一方面可以防止施工企业盲目使用资金，突破资金预算；另一方面可以配合分阶段工程验收，把工程质量控制与财务控制结合起来。

（二）对内长期投资管理

1. 对内长期投资的决策程序

对内投资一般是指企业对自身技术完善等方面进行投资来构建各种生产经营资产。为确保投资项目的预期准确可靠，应按下列程序决策：选择投资机会，拟订项目建议书，进行可行性研究，编制设计任务书，投资项目的评估与决策，执行投资项目。

2. 对内长期投资可行性分析的主要因素

（1）长期现金流量

现金流量是指企业一定时期货币收支金额的时间序列。现金流量分为现金流入和现金流出两个方向。增加资本，增加负债和减少非现金资产，会带来现金流入；减少资本，减少负债和增加非现金资产，会带来现金流出。一定时期内现金流入量减去现金流出量，称为现金净流量。现金流量直接反映了长期性投资项目的收入、支出情况，以收抵支可以反映投资项目的经济效益。因此，现金流量是长期性投资预测、决策的重要参考因素。

（2）资金时间价值

资金时间价值是指一定量的资金在周转使用中由于时间因素而形成的资金价值。反映资金时间价值的指标，一般可以用两种形式表示：一是资金的现值，即在一定利率的条件下，以后年度一定量资金的现在价值；二是资金的终值，即在一定的条件下，一定数量的资金若干年度后的价值。长期投资中，对时间价值的分析主要是比较每一投资方案投入资金的现值和终值，考察其可行性，以达到较少的投入获得较多的产出的目的。

（3）资金成本

资金成本是指企业为筹集和使用资金而付出的代价，它是长期性投资决策的最低标准。只有当投资利润率高于资金成本率时，长期性投资项目才是有利可图的；如果投资利润率小于或等于资金成本率，则投资项目从经济上不可行。因此，资金成本是影响长期性投资分析的重要因素。

（4）投资风险程度

风险在现代商业活动中无处不在、无时不有。长期性投资跨越时间较长，受经济环境等不确定性因素影响更大，风险程度更高，在进行长期性投资预测、决策时，应注重考虑投资风险对投资收益、投资额回收的影响。

（三）对外投资的种类

1. 按投资时间和目的分为短期投资和长期投资

（1）短期投资是指购买能够随时变现、持有时间不超过一年的有价证券以及不超过一年的其他投资。投资者进行短期投资的目的，主要是为了充分利用暂时闲置资金谋取超过银行存款利息的收益，以提高资金使用效益。其主要特征是：准备随时变现，即投资者购买股票或债券只是调度暂时不用的资金去获取一定的收益，并在将来任何一个需要现金的时候将其转让而变现；所购证券能够随时变现，即投资者购买的证券必须是国家允许上市或上柜交易的，并且交易市场活跃，在企业需要货币资金时可将其快速转让。

（2）长期投资是指购买不准备随时变现、持有时间在一年以上的有价证券以及超过一年的其他投资。长期投资与短期投资的区别，不仅仅在于投资持有时间上的不同，更重要的是长期投资往往有其特定的目的，具体包括：影响或控制其他企业；扩大经营规模；分散经营风险等。

2. 按投资方式分为对外证券投资和对外直接投资

（1）对外证券投资是指投资者以暂时或长期不准备用于内部投资的货币资金为获取收益或其他特定的目的，在证券市场上买卖有价证券的一种投资行为。证券投资是一种不直接参与被投资企业的经营活动，且需要借助中介机构才能完成的投资，因而又称为间接投资。

（2）对外直接投资是指投资者以各种资产直接投放于本企业以外的其他经济实体，并参与其经营活动的投资行为。它属于一种参与性投资，将直接或间接参与被投资企业的经营活动，这也是它与对外证券投资的主要区别。

（四）对外投资的程序

企业投资对象复杂，回收期长短不一，高收益与高风险并存。为了保证企业对外投资决策的准确无误，必须遵循科学的投资程序。

（1）分析企业生产经营情况，明确投资目的。投资目的不同，企业寻找投资对象和判断投资效果的具体标准也不同。因此，企业在进行对外投资之初，首先应分析自身的经营现状，明确投资目的，才能使投资活动具有较强的针对性。

（2）认真进行可行性分析，科学选择投资对象。企业对外投资对象的挑选，不仅要考虑有关投资项目或有价证券本身的发展前景和盈利能力，既要对其进行经济上的合理性和技术上的先进可行性的分析研究工作，还要通盘考虑各种投资项目或有价证券在投资期限上的配置情况，以及在投资风险方面的抵消能力，以实现企业资源配置的整体优化。

（3）根据投资对象的特点，正确选择出资方式。被投资企业虽然各有优势，但也各有薄弱之处，如有的企业虽技术力量较强，但缺乏足够的资金和先进的设备；而有的企业虽资金较充裕，但缺乏市场知名度等。这说明被投资对象的筹资需求是多样的，而企业对外投资，既可采取货币的形式，如购买国债、股票等，也可采取实物或无形资产的形式，如与其他企业进行合作、合资等。至于具体采取何种形式，其基本原则是：企业投资方式既是投资对象所需要的，又不影响本企业正常的生产经营。

（4）根据国家有关规定，合理确定投资资产的价值。企业对外投资的形式是多种多样的，应按以下原则确定投资资产的价值：以现金、银行存款等货币资产方式对外向其他单位投资的，按实际支付的金额计价；以实物资产、无形资产方式向其他单位投资的，按评估确认或合同、协议约定的价值计价。

（5）加强对被投资企业的监控，不断提高投资收益。企业对外投资中的对外直接投资属于所有权投资。对这类投资，企业应积极参与被投资企业的重大生产经营和管理活动，以创造更高的投资效益。而对于间接投资，企业则需成立专门的机构（如总公司下属财务部门的证券投资组等）或邀请证券投资专家，进行专业的研究与管理，才可能获得较高回报。

（6）认真评价投资业绩，及时反馈各种信息。企业对外投资业绩的评价，主要应考虑以下几个方面：盈利能力；风险状况；变现能力；发展前景。具体操作时，可采用实际投资效果与预期效果相比较，或实际投资效果与替代项目的投资效果相比较等方法来评价投资业绩的好坏。企业通过对目前对外投资状况的分析，找出利弊得失，及时反馈各种信息，适时修订投资计划，寻求更好的投资对象，开拓更宽的投资渠道，进行更好的投资组合，从而更好地实现企业对外投资目标。

三、资金使用管理

资金是指企业拥有或控制的能够给企业带来未来经济效益的经济资源。一般情况下，可将企业的资金按其流动性分为流动资金和固定资金。

（一）流动资金管理

流动资金是流动资产的货币表现，是指为维持正常生产经营活动，用于购买劳动对象、支付工资及其他生产经营费用所必不可少的周转资金。它用于购置原材料、燃料等，形成生产储备，然后投入到生产中，经过加工制成成品，再经过销售收回货币。流动资金就是这样由生产领域进入流通领域，再从流通领域进入生产领域，反复循环，不断周转。

流动资金=流动资产−流动负债

流动资产=现金+存货+应收和预付账款

流动负债=应付账款+预收账款

流动资产是指在生产经营活动中经常改变存在形态的那些资金运用项目。流动资产是指可以在一年或超过一年的一个营业周期内变现或耗用的资产。流动资产在企业再生产过程中处在一个不断投入和回收的循环过程，很难评价其投资报酬率。从这一点上看，对流动资产进行管理的基本任务是：努力以最低的成本满足生产经营周转的需要，提高流动资产的利用效率。流动资产的特点是周转速度快，变现能力强；获得能力强，投资风险相对较小。流动资产的具体内容包括现金管理、应收账款的管理和存货管理。

1. 现金管理

现金是指在生产过程中暂时停留在货币形态的资金，包括库存现金、银行存款、银行本票、银行汇票等。现金是流动性最强的资产，可以用来满足生产经营中各种开支的需要，也是还本付息和履行纳税义务的保证。因此，拥有足够的现金对于降低企业的风险，增强企业资产的流动性和债务的可清偿性具有重要意义。但是，现金属于非盈利性资产，即使是银行存款，其利率也非常低。现金持有量过多，它所提供的流动性边际效益便会随之下降，进而导致企业的收益水平降低。因此，企业必须合理确定现金持有量，使现金收支不但在数量上，而且在时间上相互衔接，以便在能保证企业经营活动所需现金的同时，尽量减少企业闲置的现金数量，提高资金收益率。

2. 应收账款的管理

应收账款是企业因对外销售商品、提供劳务等而应向购货或接受劳务的单位收取的款项。应收账款形成企业之间的直接商业信用，是商品销售及劳务提供过程中货与钱在时间上分离的直接结果。商品和劳务的赊销，一方面增加了销售收入；另一方面又因形成应收账款而增加了经营风险。因此，应收账款管理的基本目标是在发挥应收账款强化竞争、扩大销售功能的同时，尽可能降低投资的机会成本、坏账损失和管理成本，最大限度发挥应收账款投资的效益。

3. 存货管理

存货是指企业在日常生产经营过程中为生产或销售而储备的物资。企业持有充足的存货，不仅有利于生产过程的顺利进行，节约采购费用与生产时间，而且能够迅速地满足客户各种订货的需要，从而为企业的生产与销售提供较大的机动性，避免因存货不足带来机会损失。然而存货的增加必然要占用更多的资金，将使企业付出更大的持有成本（即机会成本），而且存货的储存与管理费用也会增加，影响企业获利能力的提高。因此，存货管理的关键问题就在于如何在存货的功能（收益）与成本之间进行利弊权衡，在充分发挥存货功能的同时降低成本、增加收益、实现它们的最佳组合。

（二）固定资金管理

1. 固定资金的概念

固定资金是指企业占用在劳动手段上的资金，是企业固定资产的货币表现。由于它可以在较长时期内发挥作用，其价值随着固定资产磨损程度逐渐地、分批次地转移到产品中去而与流动资金相区别。

固定资产是指使用期限较长、单位价值较高，并且在使用过程中保持原有实物形态的资产,主要包括房屋及建筑物、机器设备、运输设备和其他与生产经营有关的设备、工具和器具等。

2．固定资金的特征

(1)它的循环周期取决于固定资产在生产中执行职能的时间。各种固定资产有不同的使用寿命,其所占用的固定资金也有不同的循环周期;决定固定资产在生产中执行职能时间的因素包括物理、技术、经济等诸因素。

(2)它的价值补偿与实物替换在时间上的分离,一方面要求积累足够的折旧基金,以便将来进行实物更新;另一方面又让企业可以把折旧基金用于增加固定资产数量。

(3)固定资金投入是一次性的,而资金的回收及其效益是分次逐步实现的。它的效益主要取决于固定资产配置的合理性及其技术的先进程度。

3．固定资产管理的任务

固定资产是企业资产中很重要的一部分,它的数额表示企业的生产能力和扩张情况。因此,必须加强对固定资产的管理。固定资产管理的任务是:认真保管,加强维修,控制支出,提高利用率,合理计提折旧。

4．固定资产使用效率管理

固定资产使用效率的提高,取决于固定资产是否全部投入使用,投入使用的固定资产是否满负荷运行。在市场经济条件下,要使固定资产使用效率最大,还取决于固定资产提供的产品和劳务在市场上是否有销路。

第二节 成本费用管理

一、成本费用管理的含义

(一)成本费用的概念

成本费用泛指企业在生产经营中所发生的各种资金耗费,即企业在生产经营活动中物化劳动和活劳动耗费的货币表现。企业的成本费用,就其经济实质来看,是产品价值构成中 $C+V$ 两部分价值的等价物,用货币形式来表示,也就是企业在生产经营中所耗费的资金的总和。

(二)成本费用的内容和作用

1．成本费用的内容

与企业生产、经营有关的耗费都应计入企业的成本费用,包括:生产经营过程中实际消耗的各种原材料、辅助材料、备品备件、外购半成品、燃料、动力、包装物等;低值易耗品的摊销费、固定资产折旧费、租赁费和修理费、无形资产摊销等;按国家规定列入成本费用的职工工资和按工资总额一定比例提取的职工福利费;为组织生产、经营所发生的管理费用、销售费用、财务费用等。

2．成本费用的作用

成本费用的作用主要体现在以下四个方面。

（1）成本费用是反映和监督劳动耗费的工具。

（2）成本费用是补偿生产耗费的尺度。

（3）成本费用可以综合反映企业工作质量，是推动企业提高经营管理水平的重要杠杆。

（4）成本费用是确定产品价格的一项重要依据。

二、成本费用的分类

（一）按照成本在生产中的用途，可以分为制造成本和期间费用

制造成本是指按产品分摊的、与生产产品直接相关的费用，构成项目包括直接材料、直接工资、其他直接支出和制造费用；期间费用是指在一定会计期间内所发生的与生产经营没有直接关系或关系不大的各种费用，构成项目包括管理费用、财务费用和销售费用。

（二）按照成本与产量的变动关系，可以分为变动成本和固定成本

变动成本是指随着产量的变化而变化的成本，如产品成本中的直接材料，是随着产品产量的变化而同比例变化的；固定成本是指不随产量的变化而变化的成本，如厂房等固定资产的投资形成的成本，数额是固定的，并不由于生产数量出现变化而发生变化。

（三）按照成本计入方法，可分为总成本与单位成本

总成本是指企业在一定经营期间内，生产的所有产品的成本总和；单位成本是指企业在一定期间内，平均每生产一件产品的成本。两者之间的关系：

$$总成本=单位成本×产品数量$$

三、降低成本费用的途径和措施

1．节约材料消耗，降低直接材料费用

对材料消耗应在购料、入库出库、下料供料、补料退料和回收再利用等环节严格按照制度规定和消耗定额执行，实行定额控制。节能降耗要有具体指标和考核标准，落实到生产部门、生产车间、生产班组，建立责任制，实行奖优罚劣。

2．提高劳动生产率，降低直接人工费用

提高劳动生产率，首先要制订先进合理的工作定额，并按照定额考核工作人员的业绩，实行奖优罚劣、奖勤罚懒。其次要建立有效的激励机制，从工资、奖金、晋职晋级、评优等方面，充分调动员工的积极性、主动性和创造性。

3．推行定额管理，降低制造费用

定额管理包括物资消耗定额、动力消耗定额、油料和燃料消耗定额、人工成本消耗定额、设备维修保养费用定额等。各个环节、各道工序、每个班组都有定额指标，层层分解落实到人。生产成本核算要具体到单个品种。

4．加强预算控制，降低期间费用

对期间费用要按照具体费用项目分解落实到分管的科室、部门。建立严格的主管领导"一支笔"审批制度，一切开支都要事先申请，得到批准，严格限制在控制标准之内，不得越权和超标准、超范围审批。

5．实行全面成本管理，全面降低成本费用

全面成本管理，首先要建立目标成本管理制度。目标成本是企业通过市场调查研究和预测，经过可行性分析，在使产品质量和功能达到用户满意，并获得目标利润的前提下，事先下达给有关职能部门和生产单位进行控制的成本限额。其次要将目标成本分解落实，并动员全体员工想办法、提建议，保证目标成本的实现。再次要强化日常生产经营过程控制，抓住关键环节和重点部位，定期进行成本分析，找出影响成本升降的原因，特别是主要因素以及影响的程度，总结经验教训，为调整目标成本提供科学依据。

例如，邯郸钢铁公司模拟市场核算，实行成本否决，这对降低成本和费用起到了重要作用，收到了明显的效果。

邯郸钢铁公司是1958年建成的老厂，目前是中国钢铁企业前10名的国有大型企业。1990年邯钢生产28种钢材有26种亏损。1991年开始实行低成本目标管理战略，以"模拟市场核算、实行成本否决"为核心，加大了企业技术改造力度，加强了内部经营管理，坚持走集约化经营的道路，勤俭节约使效益大幅度提高，实力迅速增强。

"模拟市场核算"包括以下几种具体做法：一是确定目标成本，由过去以"计划价格"为标准的"正算法"改变为以市场价格为依据的"倒算法"，即将过去从产品的原材料进价，按厂内工序逐步结转的"正算"方法，改变为从产品的市场售价减去目标利润开始，按厂内工序反向逐步推算的"倒推"方法，使目标成本等项指标真实地反映市场的需求变化。二是以国内先进水平和本单位历史最好水平为依据，对成本构成的各项指标进行比较，找出潜在的效益，以原材料和出厂产品的市场价格为参数，进而对每一个产品都定出科学、先进、合理的目标成本和目标利润等指标。三是针对产品的不同情况，确定相应的目标利润，原来亏损但有市场的产品要做到不亏或微利，原来盈利的产品要做到增加盈利。对成本降不下来的产品，坚决停止生产。四是明确目标成本的各项指标是刚性的，执行起来不迁就、不照顾、不讲客观原因。

"成本否决"包括以下几种具体做法：一是将产品目标成本中的各项指标层层分解到分厂、车间、班组、岗位和个人，使厂内每一个环节都承担降低成本的责任，把市场压力及涨价因素消化于各个环节。全厂28个分厂、18个行政处室分解承包指标1022个，分解到班组、岗位、个人的达10万多个。目前，全厂2.8万名职工人人身上有指标，多到生产每吨钢材负担上千元，少到几分钱，个个当家理财，真正成为企业的主人。二是通过层层签订承包协议，联利计酬，把分厂、车间、班组、岗位和个人的责、权、利与企业的经济效益紧密结合起来。三是将个人的全部奖金与目标成本指标完成情况直接挂钩，凡目标成本完不成的单位或个人，即使其他指标完成得再好，也一律扣发有关单位和个人的当月全部奖金，连续 3 个月完不成目标成本指标的，延缓单位内部工资升级。四是为防止成本不实和出现不合理的挂账及待摊，确保成本的真实可靠，总厂每月进行一次全厂性的物料平衡，对每个单位的原材料、燃料进行盘点。以每月最后一天的零点为截止时间，次月 2 日由分厂自己校对，3 日分厂之间进行核对，在此基础上总厂召开物料平衡会，由计划、总调、计量、质量、原料、供应、财务等部门抽调人员深入到分厂查账。账实不符的，重新核算内部成本和内部利润；成本超支、完不成目标利润的，扣发全部奖金。

调整内部机构设置，保证低成本目标实现。一是精简机构，1990—1995 年总厂和分厂的管理科室从 503 个减到 389 个，管理人员从占全体职工人数的 14%减到 12%；二是充实和加强财务、质量管理、销售、计划、外经、预决算、审计等管理部门，进一步强化和理顺管理职能；三是实行"卡两头，抓中间"的管理方法。一头是严格控制进厂原材料、燃料的价格、质量，仅此一项，从 1992 年以来总共降低成本 9000 万元；另一头是把住产品销售关，坚持集体定价；抓中间就是抓工序环节的管理，不仅抓生产过程的"跑、冒、滴、漏"，而且将各项技术经济指标进行横向比较，以同行业先进水平为赶超目标。

四、成本费用的审核

（一）成本费用审核的基本方法

（1）评价有关成本费用的内部控制是否存在、有效且一贯遵守。

（2）获取相关成本费用明细表，复核计算是否正确，并与有关的总账、明细账、会计报表及有关的申报表等核对。

（3）审核成本费用各明细子目内容的记录、归集是否正确。

（4）对大额业务抽查其收支的配比性，审核有无少计或多计业务支出。

（5）审核会计处理的正确性，注意会计制度与税收规定间在成本费用确认上的差异。

（二）主营业务成本的审核

（1）审核明细账与总账、报表（在产品项目）是否相符；审核主营业务收入与主营业务成本等账户及其有关原始凭证，确认企业的经营收入与经营成本口径是否一致。

（2）获取生产成本分析表，分别列示各项主要费用及各产品的单位成本，采用分析性复核方法，将其与预算数、上期数或上年同期数、同行业平均数比较，分析增减变动情况，对有异常变动的情形，查明原因，作出正确处理。

（3）采购成本的审核。包括审核由购货价格、购货费用和税金构成的外购存货的实际成本；审核购买、委托加工存货发生的各项应缴税款是否完税并计入存货成本；审核直接归于存货实际成本的运输费、保险费、装卸费等采购费用是否符合税法的有关规定。

（4）材料费用的审核。包括审核直接材料耗用数量是否真实；确认材料计价是否正确；确认材料费用分配是否合理。核实材料费用的分配对象是否真实，分配方法是否恰当。

（5）辅助生产费用的审核。抽查有关凭证，审核辅助生产费用的归集是否正确；审核辅助生产费用是否在各部门之间正确分配，是否按税法的有关规定准确计算该费用的列支金额。

（6）制造费用的审核。审核制造费用中的重大数额项目、例外项目是否合理；审核当年度部分月份的制造费用明细账，是否存在异常会计事项；必要时，应对制造费用实施截止性测试；审核制造费用的分配标准是否合理，必要时，应重新测算制造费用分配率，并调整年末在产品与产成品成本；获取制造费用汇总表，并与生产成本账户进行核对，确认全年制造费用总额。

（7）审核"生产成本""制造费用"明细账借方发生额并与领料单相核对，以确认外购和委托加工收回的应税消费品是否用于连续生产应税消费品，当期用于连续生产的外购消费品的价款数及委托加工收回材料的相应税款数是否正确。

（8）审核"生产成本""制造费用"的借方红字或非转入产成品的支出项目，并追查至有关的凭证，确认是否将加工修理修配收入、销售残次品、副产品、边角料等其他收入直接冲减成本费用而未计收入。

（9）在产品成本的审核。采用存货步骤，审核在产品数量是否真实正确；审核在产品计价方法是否适应生产工艺特点，是否坚持一贯性原则。

① 约当产量法下，审核完工率和投料率及约当产量的计量是否正确。

② 定额法下，审核在产品负担的料工费定额成本计算是否正确，并将定额成本与实际相比较，差异较大时应予调整。

③ 材料成本法下，审核原材料费用是否在成本中占较大比重。

④ 固定成本法下，审核各月在产品数量是否均衡，年终是否对产品进行实地盘点并重新计算调整。

⑤ 定额比例法下，审核各项定额是否合理，定额管理基础工作是否健全。

（10）完工产品成本的审核。审核成本计算对象的选择和成本计算方法是否恰当，且体现一贯性原则；审核成本项目的设置是否合理，各项费用的归集与分配是否体现受益性原则；确认完工产品数量是否真实正确；分析主要产品单位成本及构成项目有无异常变动，结合在产品的计价方法，确认完工产品计价是否正确。

（11）审核工业企业以外的其他行业主营业务成本，应参照相关会计制度，按税法的有关规定进行。

（三）其他业务支出的审核

（1）审核材料销售成本、代购代销费用、包装物出租成本、相关税金及附加等其他业务支出的核算内容是否正确，并与有关会计账表核对。

（2）审核其他业务支出的会计处理与税务处理的差异，并作出相应处理。

（四）视同销售成本的审核

（1）审核视同销售成本是否与按税法规定计算的视同销售收入数据的口径一致。

（2）审核企业自己生产或委托加工的产品用于在建工程、管理部门、非生产性机构、赞助、集资、广告、样品、职工福利、奖励等，是否按税法规定作为完工产品成本结转销售成本。

（3）审核企业处置非货币性资产用于投资、分配、捐赠、抵偿债务等，是否按税法规定将实际的成本结转销售成本。

（4）审核企业对外进行来料加工装配业务节省留归企业的材料，是否按海关审定的完税价格计算销售成本。

（五）营业外支出的审核

（1）审核营业外支出是否涉及税收规定不得在税前扣除的项目。重点审核：违法经营的罚款和被没收财物的损失；各种税收的滞纳金、罚金和罚款；自然灾害或者意外事故损失的有赔偿部分；用于中国境内公益、救济性质以外的捐赠；各项赞助支出；与生产经营无关的其他各项支出；为被担保人承担归还所担保贷款的本息；计提的固定资产减值准备、无形资产减值准备、在建工程减值准备。

（2）审核营业外支出是否按税法规定准予税前扣除。重点审核：固定资产、在建工程、流动资产非正常盘亏、毁损、报废的净损失是否减除责任人赔偿，保险赔偿后的余额是否已经过主管税务机关认定；存货、固定资产、无形资产、长期投资发生永久性或实质性损失的，是否已经过主管税务机关认定；处置固定资产损失、出售无形资产损失、债务重组损失，是否按照税法规定经过税务机关认定审批；捐赠是否通过民政部门批准成立的非营利性公益组织、社会团体、国家机关进行，捐赠数额是否超过税法规定限额；企业遭受自然灾害或意外事故损失，是否扣除了已经赔偿的部分。

（3）审核大额营业外支出原始凭证是否齐全，是否符合税前扣除规定的要求。

（4）抽查金额较大的营业外支出项目，验证其按税法规定税前扣除的金额。

（5）审核营业外支出是否涉及将自产、委托加工、购买的货物赠送他人等视同销售行为缴纳相关税金。

（六）税收上应确认的其他成本费用的审核

（1）审核资产评估减值等其他特殊财产损失税前扣除是否已经过主管税务机关认定。

（2）审核其他需要主管税务机关认定的事项。

（七）销售（营业）费用的审核

（1）分析各月销售（营业）费用与销售收入比例及趋势是否合理，对异常变动的情形，应追踪查明原因。

（2）审核明细表项目的设置，是否符合销售（营业）费用的范围及其有关规定。

（3）审核企业发生的计入销售（营业）费用的佣金，是否符合税法的有关规定。

(4) 审核从事商品流通业务的企业购入存货抵达仓库前发生的包装费、运杂费、运输存储过程中的保险费、装卸费、运输途中的合理损耗和入库前的挑选整理费用等购货费用，按税法规定计入营业费用后，是否再计入销售费用等科目重复申报扣除。

(5) 审核从事邮电等其他业务的企业发生的营业费用已计入营运成本后，是否再计入营业费用等科目重复申报扣除。

(6) 审核销售（营业）费用明细账，确认是否剔除应计入材料采购成本的外地运杂费、向购货方收回的代垫费用等。

(7) 涉及进行纳税调整事项的费用项目，应按相关的纳税调整事项审核要点进行审核，并将审核出的问题反映在相关的纳税调整事项审核表中。

（八）管理费用的审核

(1) 审核是否把资本性支出项目作为收益性支出项目计入管理费。

(2) 审核企业是否按税法规定列支实际发生的合理的劳动保护支出，并确认计算该项支出金额的准确性。

(3) 审核企业是否按税法规定剔除了向其关联企业支付的管理费。

(4) 审核计入管理费的总部经费（公司经费）的具体项目是否符合税法的有关规定，计算其金额是否准确。

(5) 审核企业计入管理费用的差旅费、会议费、董事会费是否符合税法的有关规定，有关凭证和证明材料是否齐全。

(6) 涉及进行纳税调整事项的费用项目，应按相关的纳税调整事项审核要点进行审核，并将审核中发现的问题反映在相关的纳税调整事项审核表中。

（九）财务费用的审核

(1) 利息支出的审核参见纳税调整审核中利息支出的审核，并将审核中发现的问题反映在利息支出审核表中。

(2) 审核利息收入项目。包括获取利息收入分析表，初步评价计息项目的完整性；抽查各银行账户或应收票据的利息通知单，审核其是否将实现的利息收入入账。期前已计提利息，实际收到时，是否冲转为应收账款；复核会计期间截止日应计利息计算表，审核其是否正确地将应计利息收入列入本期损益。

(3) 审核汇兑损益项目。包括审核记账汇率的使用是否符合税法规定；抽样审核日常外汇业务，审核折合记账本位币事项的会计处理的准确性；抽查期末（月、季或年）汇兑损益计算书，结合对外币现金、外币银行存款、对外结算的外币债权债务项目，审核计算汇兑损益项目的完整性、折算汇率的正确性、汇兑损益额计算的准确性、汇兑损益会计处理的适当性。

(4) 抽查金额较大的手续费或其他筹资费用项目相关的原始凭证，判断该项费用的合理性。

第三节 利润管理

一、利润的概念和作用

利润是企业在一定时期内全部收入抵减全部支出后的余额。利润是衡量企业生产经营水平的一项综合性指标，是国家财政收入的重要来源，是企业实现财务目标的基础，是企业扩大再生产的资金保障。利润分为营业利润、利润总额和净利润。营业利润是指主营业务收入减去主营业务成本和主营业务税金及附加，加上其他业务利润，减去营业费用、管理费用和财务费用后所剩的金额。利润总额是指企业在一定时期所获得的利润总数，是营业利润加上投资收益、补贴收入、营业外收入，减去营业外支出后的金额。其中，投资收益是指企业对外投资所取得的收益，减去发生的投资损失和计提的投资减值准备后的净额。补贴收入是指企业按规定实际补贴，以及属于国家财政扶持的领域而给予的其他形式的补贴。营业外收入和营业外支出是指企业与其生产经营活动无直接关系的各项收入和支出。营业外收入包括固定资产盘盈、处置固定资产的收入、计提的无形资产净收益、罚款收入等。营业外支出包括固定资产减值准备、计提的在建工程减值准备、罚款支出、捐赠支出、非常损失等。净利润是指利润总额减去所得税后的金额。其中，所得税是指企业计入当期损益的所得税费用。净利润是归企业所有者的利润，是企业进行利润分配的基础。在股份公司中，它是制约股份公司发展、影响股东收益高低的首要因素，对实现股东财富最大化目标具有十分重要的意义。

二、利润的预测、计划和控制

（一）利润预测

利润预测，是在销售和费用预测的基础上，通过对销售数量、价格水平、成本费用状况进行分析与预测，测算出企业未来时期的利润水平。利润预测的方法很多，最常用的是量本利分析法。（前面章节有讲述，这里不再重复）

（二）利润计划

利润计划，是在利润预测的基础上编制的计划。它是对利润的预测和经营结果的具体反映，是财务计划的一个重要的组成部分。企业应根据所编制的利润计划组织生产经营活动，扩大销售量，控制成本费用，尽可能完成计划指标，实现企业的经营目标。

（三）利润控制

利润控制，是根据利润计划的要求，对影响目标利润实现的各种因素进行有效的管理，主要包括以下工作。

（1）努力挖掘潜力，降低成本费用，提高商品质量，增强竞争力。

(2) 以市场为导向，努力开发新产品，满足市场需求。
(3) 建立责任制，将责权利结合起来，对利润进行合理的管理。
(4) 充分有效地运用企业的各类资产，严格控制营业支出，尽量减少各种损失。

三、利润的分配

（一）利润分配概念

利润分配是指企业按照国家的有关法律法规和企业规章，对所实现的净利润在企业与投资者之间、利润分配各项目之间和投资者之间进行分配。企业的税后利润按道理是归股东所有的，但股东大会或董事会有权决定利润是否部分或全部留在企业。由此，有关利润分配政策，不同企业之间差别很大，它是企业眼前利益和长远利益的矛盾所在。

（二）利润分配政策的内容

1. 股利政策

企业的股利政策是企业的重大决策之一，它决定了利润的分配模式。公司的股利政策必须根据企业总体目标，选择最能提高公司价值的股利政策，即企业应根据市场投资机会、企业的融资渠道、发展规划、股东心态、股市影响等因素综合考虑。企业可以考虑的股利政策一般有剩余股利政策、稳定的股利政策、固定的股利发放政策、常规加额外股利政策、股票红利。

2. 股票拆细政策

股票拆细是将股份按一定比例增加而使股票面额比例减少、变细。股票拆细是在股票市场价格较高的情况下，通过拆细，使市价降低到一个合理的范围，以有利于交易，从而增加对中小投资者的吸引力。与之相反，企业还可以通过反向拆细来提高市价，一般是企业面临了财务困境，效益下降时采用。股票几股合一股，使股票的每股盈余上升，企业也有能力提高每年的现金红利了。

3. 股票回购政策

如果企业有多余的现金并且没有合适的投资机会使用企业资金时，企业可选择用这些资金发放现金红利或从股市中购回股票。对于企业来说，这两种方法都可以，对于股东来说，也只是略有区别。许多国家对股息收入征收的所得税比对资本得益征收的所得税税率要高，因而股民更希望通过出售股票来获得收益。股票购回，使持有股票的股东权益的占用比例提高，加之每股盈余提高，易使市场对该股票的信心增加，引起市价的更大提高。由于该政策实际上使股本减少，实施时必须先向股东通报，并办理规定的手续。在我国，该政策在1993年年底颁布的《公司法》中是被禁止采用的。

（三）利润分配的原则

1. 股份制企业股利分配的原则

必须按照股权比例来分配股利，所有股东利益共享、风险共担、股权平等；同一种股票只能有一种分配方法，优先股只能取息，普通股只能分红；普通股股利支付率的高低要与企业经营状况相联系；股利发放的形式应在符合国家有关法规和政策的前提下，由企业董事会决定，并经股东大会批准。

2．利润分配的程序

利润的分配程序是指现代企业缴纳所得税前后利润的分配顺序。

（1）缴纳所得税前利润的分配：先弥补亏损，再缴纳所得税。

（2）税后利润分配程序：首先，支付各种被没收的财物损失、各项税收的滞纳金和罚款；其次，弥补以前年度亏损；再次，提取法定盈余公积金和公益金；最后，向投资者分配利润。

（3）股份制企业利润分配的程序：按照税法的规定，企业取得利润后，先要向国家缴纳所得税，然后对剩余部分（净利润）再进行分配。对企业的净利润，应按下列顺序进行分配：弥补以前年度亏损（税法规定税后弥补）；提取法定盈余公积金；提取公益金；提取任意盈余公积金；向投资者分配利润。

3．利润分配的形式

利润分配的形式就是企业实现的利润采取什么样的形式，在国家和企业之间进行分配，国有独资企业和股份制企业利润分配的形式不同。

国有企业利润分配的形式：统收统支；大部分上交，少部分留给企业；利改税制度；承包经营责任制；税利分流；税利合一。

股份制企业股利发放的形式：现金股利；股票股利；财产股利；负债股利。

 本章小结

1．筹集资金是企业资金运动的起点，是决定资金运动规模和生产经营发展程度的重要环节。通过一定的资金渠道，采取一定的筹资方式，组织资金的供应，保证企业生产经营活动的需要，是企业财力资源管理的一项重要内容。我国企业目前筹资渠道主要有国家财政资金、银行信贷资金、非银行金融机构资金、其他企业资金、居民个人资金和企业自留资金。其筹资方式主要有吸收直接投资、发行股票、利用留存收益、商业信用、发行债券、融资租赁和银行借款。

2．在市场经济条件下，企业不能无偿使用资金，必须向资金提供者支付一定数量的费用作为补偿。企业使用资金就要付出代价，所以企业必须节约使用资金。资金成本是指企业筹集和使用资金必须支付的各种费用，主要包括用资费用和筹资费用。

3．企业取得资金后，必须将资金投入使用，以谋求最大的经济效益，否则筹资便失去了意义。企业资金投放可分为对内和对外两种方式。企业进行长期性投资时应坚持：讲求效益原则；先内后外，合理分配投资比例原则；及时足额筹集资金，保证投资项目资金供应原则；加强工程预算管理，实施有效的投资控制原则。

4．成本费用泛指企业在生产经营中所发生的各种资金耗费，即企业在生产经营活动中物化劳动和活劳动耗费的货币表现。降低成本费用的途径主要包括节约材料消耗，降低直接材料费用；提高劳动生产率，降低直接人工费用；推行定额管理，降低制造费用；加强预算控制，降低期间费用和实行全面成本管理，全面降低成本费用五个方面。

5. 利润分配是指企业按照国家的有关法律法规和企业规章，对所实现的净利润在企业与投资者之间、利润分配各项目之间和投资者之间进行分配。利润分配政策的内容有股利政策、股票拆细政策和股票回购政策。股份制企业股利分配的原则：必须按照股权比例来分配股利，所有股东利益共享、风险共担、股权平等；同一种股票只能有一种分配方法，优先股只能取息，普通股只能分红；普通股股利支付率的高低要与企业经营状况相联系；股利发放的形式应在符合国家有关法规和政策的前提下，由企业董事会决定，并经股东大会批准。

思考题

1. 什么叫企业财力资源管理？你对此是如何理解的？
2. 企业可以通过哪些渠道、采用哪些方式筹集资金？
3. 企业应采取哪些措施降低成本与费用？
4. 流动资金管理和固定资金管理分别包括哪些内容？
5. 利润分配的程序是什么？

案例分析

一、宝钢简介

宝钢是中国唯一进入世界五百强的钢铁企业，其主体业务为钢铁产品的冶炼、加工和销售，电力、煤炭、工业气体生产，码头、仓储、运输等与钢铁相关的业务，以及技术开发、技术转让、技术服务和技术管理咨询等业务。长期以来，公司致力于生产高档钢材，积极实施进口替代战略，不断满足国内市场对高档钢材的需求。经过一、二、三期高起点的建设，形成冷轧板卷、热轧板卷、无缝钢管、高速线材等几大类钢铁精品系列，成为国内汽车、家电、集装箱、石油天然气开采和压力容器等行业最大的钢铁供应商之一，并远销日本、韩国、东南亚、美国、欧洲等国家和地区。

经过多年的悉心培育和建设，宝钢已在国内拥有一批稳定的直供用户群和覆盖各地的营销网络，在薄板研发、制造及营销方面已初步形成核心竞争力，为公司的可持续发展奠定了比较坚实的基础。经过一、二、三期建设，宝钢总体工艺技术及装备达到较高水平，具有明显优势。质量体系有效性不断提高，公司质量方针得到有效贯彻、执行，通过强化过程控制，工序能力改进明显，产品质量稳定性逐年提高。公司的现金盈利能力已达到世界先进水平，为公司的进一步发展提供了足够的资金支撑。在成本方面，宝钢的高档钢材产品成本处于全球最低水平，低成本是宝钢的优势之一。值得指出的是，宝钢目前的优势不仅来自于低成本，而且已经初步形成了创新的价值链，将低成本优势和创新管理有机地结合起来，使宝钢初步处于食物链的顶端。

二、宝钢精益成本管理的设想

精益成本管理（Lean Costing Management, LCM）是一个履行控制能力的责任系统和价值创造系统，该系统融合了环境、组织和文化等因素，运用运筹学、系统工程和电子计算机等各种科学技术成就，促使成本管理向着预测、决策和控制方面深化。对业务过程实施有效的分层控制，以超越于传统的视野有针对性地采用以维持、改善与革新为根本特征的控制方式，实现企业价值最大化。

精益成本管理是以成本管理为核心，是由成本规划、成本控制和成本改善三大支柱所构成的。与生产过程管理一样，也是在逆向思维指导下，形成独特的精益的成本管理思想，加法变减法的成本管理思想。精益成本管理把成本加利润等于售价的公式变成为：售价-利润=成本。意即以用户市场上能接受的售价减去确保企业必要的利润等于只能用这些成本去制造。这样就把售价这个与用户的外在矛盾转化成降低成本的企业内部矛盾。这就是通过内部挖潜经营的主导方式，也是集约经营的方向。从成本决定售价到售价决定成本的转变，可以派生出一系列思维方法与管理体系的变革。

在已有标准成本制度的基础上，宝钢着眼于未来发展的持续竞争力，融合现代在国际上成功实施的先进生产经验，设计出精益成本管理系统。精益成本管理融合了精益生产、敏捷制造、质量管理、ERP和供应链管理的精髓，把这些先进的管理方法与成本管理相结合，目的是营造一种精益成本管理的组织经营模式，以达到成本最优，期望在未来的市场竞争中企业更具有竞争力。

宝钢精益成本管理思想十分丰富，不同管理方法互相之间有联系、有层次，构成一个完整的成本管理系统，将不断增加利润作为最高层次的目标。宝钢精益成本管理以作业动因为切入点，以提升基于速度和满意度的综合竞争能力，运用ERP实现整个供应链管理信息系统的集成性、准确性和实时性，达到理想的成本管理目标。

随着中国加入WTO，宝钢所面临的经营环境发生了重大变化，激烈的市场竞争环境，前所未有地要求宝钢加强精益成本管理、提升精益成本管理价值创造的能力。根据对外部环境的认识和宝钢现代化管理的现状与发展趋势的判断，从增强宝钢核心竞争力及实现企业价值最大化的目标出发，宝钢精益成本管理的基本定位是企业价值最大化，即要将精益成本管理的视角渗透到企业经营中的各个环节，以标准成本制度为基础，以全面预算管理为基本法，以价值增值管理为目标，通过横向和纵向一体化管理着力追求成本、效益的最佳和谐与长期统一，培育持续降本增效能力。因此，宝钢的精益成本管理工作不仅注重短期利益，更要追求企业长期持续的健康发展，坚持走新型工业化的道路；在内部建立价值导向，探索和推进价值管理体系；深入分析价值驱动因素，通过标杆管理，发现价值增值潜力；建立边际贡献、价格贡献、物化成本、质量成本、事故成本、资产占用等不同的价值衡量标准，衡量和分析各业务单元、各流程、各工序、各产品的价值创造能力；逐步建立基于价值创造的长效激励机制，引导各部门从追求局部成本降低向追求系统成本降低转变，从追求个别技术经济指标的先进性向追求价值最大化转变。

宝钢构建以价值创造为导向的精益成本管理，就是通过运用不断完善的精益成本管理信息化手段，吸收作业成本管理的先进理念，发展标准成本制度，将面向价值创造的精益成本管理视角延展到企业生产经营中的各个环节，通过横向和纵向一体化管理，追求成本、效益的最佳和谐与长期统一。

三、精益成本管理的要素

1. 成本规划

成本规划是指产品开发过程中进行的降低成本活动，也叫新产品目标成本控制。精益生产之所以把成本控制的重点首先放在产品开发阶段，并把它看成是企业竞争决定成败的关键，一是因为在产品开发设计阶段决定了产品成本的80%。在成本的结构上，开发费用只占整个产品成本的5%；在成本控制的效果上，开发阶段占70%，其他阶段只占30%。二是因为传统成本管理工作把重点放在产品制造过程的各种消耗和费用控制上,对新产品目标成本几乎无人问津。三是因为目前企业内部组织层次多、分工细造成设计部门只管设计不过问成本,设计人员往往只注重产品的性能指标,不关心成本的多少、售价高低,认为这是计划、财务和销售部门的事,因此造成产品投产后不久就要进行设计改进,致使企业为了确保产品性能和经济性再作第二次生产准备,不仅给组织生产带来了困难,也会给企业造成新的浪费。因此,精益成本管理提倡使用好成本中5%的开发费用,控制住80%的成本,确保产品设计的经济合理性和先进性。

2. 成本抑减

企业成本抑减是企业运用计划或预算和行之有效的处理方法,从消除浪费、挖掘潜力、增加生产能力、提高工作效率、以有效支出代替无效支出等方面进行考察和评价,达到提高生产效率、降低生产成本的目的的一种成本管理方法。企业成本抑减的目的是减少损失,消除浪费,运用建设性方法,在指定范围内不断地改进目前成本费用支出标准来降低成本。企业成本抑减的范围遍及企业各项策划、作业管理、服务管理等各层次各方面的工作,为企业的长期持续盈利提供根据。精益成本管理以长期成本削减为目标,通过与技术、人力资源和管理策略的融合,为企业提供一条长期削减成本的途径。

3. 成本改善

精益成本管理对传统成本管理中的计划、控制、核算和分析四个过程做了改进,把低于实际水平的成本降低活动称之为成本改善。成本改善通过彻底排除生产制造过程的各种浪费达到降低成本的目的。生产过程中存在着各种各样的浪费,可以分为几个等级:一级浪费是指存在着过剩的生产要素,如过多的人、设备和库存,它引发出过多的工资、折旧和利息支出;二级浪费,是指制造过多或过多的提前(精益生产不提倡超倾完成任务,而强调适时适量);三级浪费是指在制品过多;四级浪费是指多余的搬运、多余的仓库管理、多余的质量维持等。从这四级看,每一级都比下一级更加综合、更加重要。控制住第二级生产过多或过于提前,就可以减少第三级、第四级浪费。精益成本管理与现行成本管理相比,精益成本管理的特征体现在"全面"上,因此又被称为全面成本管理。具体来说,精益成本管理有以下特征:一是成本概念的全面性——总成本管理系统中包含有产品成本与作业成本、数量成本与质量成本、战略成本与短期成本;二是成本目标的全局性——现行成本管理的目标是局部的,以降低成本为目标,而精益成本管理的目标与企业的战略目标是相一致的;三是成本构成的全动因性——现行成本管理仅把料、工、费看成是成本的构成要素,而精益成本管理不仅包括料、工、费,而且还把时间、资源都考虑进去;四是成本形成的全关系性——现行成本管理把成本、质量、时间看成是相互对立的因素。而精益成本管理则认为三者是相辅相成的,是一种递进关系;五是成本计算的全方法——现行成本计算采用的是单一的以历史成本和权责发生制为原则的成本核算程序,而精益成本管理则基于多目标,利用决策支持系统,采用多种计算程序和口径进行计算;六是成本管理的全过程性——现行成本管理系统实质是一种只注重结果的信息管理,而精益成本管理则强调过程管理。

四、宝钢精益成本管理在企业管理实践中的具体应用

宝钢的精益成本管理改变了过于偏重现场制造成本的管理方式,实现了从产品策划、设计、生产、销售、售后服务、顾客使用、环境等产品寿命周期的全过程的成本管理;将成本管理从业务长河的下游移到了上游,或者说是源头。故在管理职能上,应包括成本预测、成本决策、成本分析和成本控制。在管理内容上,应包括标准成本管理、作业成本管理成本企划。在管理范围上,应跨越生产领域的成本管理、跨越单一的企业内部的成本管理,注重对企业内外,对产品的全过程、全方位、全生命周期的成本

控制与管理。在管理重心上，应将成本控制转向成本预测，尤其是要加强产品设计阶段的成本管理工作。在思想上，不能只强调降低成本和费用，而要从投入和产出的对比关系中寻求总体效益最优，正确处理成本与环境、成本与竞争、成本与发展的关系。

宝钢的精益成本管理体系是以价值最大化为导向，先进的成本管理信息系统为平台，标准成本管理为核心，计划值管理为基础，全面预算管理为基本法，管理创新和技术进步为动力，通过成本对标，挖掘成本潜力，大力推进现场成本基础管理建设及全员成本意识的培训提高。推进成本的持续改善，对成本实行全过程控制，以提升产品成本竞争力，实现面向市场、面向流程、持续价值增值的成本管理目标。

目前，宝钢的高档钢材产品成本处于全球最低水平，低成本是宝钢的优势之一，主要表现在：（1）人工成本优势：宝钢劳动生产率位于国际同行先进水平，人工成本具有领先优势。（2）规模效益显著：宝钢除初轧外，各工序满负荷生产，充分发挥出规模效益。（3）能源成本低：宝钢能源的回收利用处于世界领先水平（炼钢为负能炼钢、世界首台燃汽轮机发电）、厂房设置科学合理、能源介质基本自产等形成宝钢低能源成本优势。（4）消耗成本低：宝钢良好的资金信誉、稳定的供货渠道、临海的地理位置等，大大降低物资采购成本，与先进的消耗指标相结合，形成宝钢低消耗成本优势。

进入新世纪，企业竞争战略的重点发生了变化，相应地精益成本管理的特征也转化为：建立和维持创新能力，围绕以顾客为中心，努力提高竞争优势，为企业创造更高的价值。宝钢及其他中国企业正在寻求和建立符合自身特点的成本竞争战略。最近的研究表明，把低成本和差异化统一起来，是宝钢为适应动态环境而超越传统竞争框架所提供的竞争方式的结果。

结合宝钢的实际情况，可以得出与成本控制有关的竞争力的基本结论：（1）宝钢获得各种成本优势的战略措施构成了成本控制战略的主要方面。宝钢战略中的成本方面就是成本领先战略和实施其他战略过程中的成本战略，它服从于、服务于企业战略目标的需要。成本控制过程中的战略就是在不影响企业基本战略的前提下，采取各种手段和方法，尽可能降低企业的成本。这两者之间是相辅相成的，尽管它们的目标之间还存在着一定的差异。（2）降低成本的战略是宝钢竞争战略的组成部分，宝钢各种降低成本的战略措施的选择，首先要受到宝钢所实施的基本战略的制约。（3）降低成本战略是企业实施各种基本战略过程中不可忽视的因素。实施成本领先战略的核心是降低成本，实施差异化战略和目标聚集战略不仅不排除降低成本的战略，而且还需要借助成本战略来予以强化。（4）成本降低是一个相对的概念，它应具有一定的前提条件。从宝钢的战略过程来看，降低成本以不影响宝钢基本战略的实施为前提，不能因为成本降低的需要而牺牲企业的差异化战略和目标聚集战略。从企业的业务过程来看，降低成本是在保证既定的质量标准和时间进度前提下的成本降低，不应当损害既定标准，当两者之间发生冲突时，必须做出抉择。

以价值管理为核心，通过对企业成本经营资源的计划价值和潜在价值分析，挖掘成本经营资源的潜在价值，不断提升公司价值，实现宝钢价值最大化。概括地说，精益成本管理的目的就是要为顾客创造价值，这一点已经得到国内外著名公司的认同。宝钢提出了驱动公司进入21世纪的三项重要发展战略，即价值管理、革新、通过地区化实行全球化。宝钢认为顾客价值战略意味着以人为本，包括三类人：（1）购买公司产品和服务的顾客，满足他们的需求；也就是公司应以结果为导向，达到为社会和用户所认定而使购买者愿意为此而付费。（2）为公司工作的员工，这是公司价值的源泉；也就是公司应发挥员工的创造潜力，尤其是管理人员在价值和管理上乐于接受进取，并为员工营造责任和回报密切相关的良好工作氛围。（3）公司投资者，使他们能取得良好的回报；也就是公司应高度重视股东价值，否则公司就会经营不下去。可见，宝钢公司不仅把以人为本的精益成本管理全面扩展到与企业密切相关的三方面的人，而且实质上包含了企业的市场价值、创造价值、资本运作价值等企业价值系统的诸多方面。

五、宝钢精益成本管理成效评价方法

为了客观地评价精益成本的价值，必须借助于一个有效的价值测量系统，这个系统是一个动态的成本评价系统，即精益成本评价系统。企业经营管理系统必须围绕财务、时间、数量、差错、员工满意五个方面测定价值业绩，力求反映员工满意与顾客满意的程度，实现双重满意，提高企业核心竞争力。最终通过资产收益、市场份额、边际收益、利润、销售额等方面综合反映企业财务价值的现状及变化趋势，以逐步营造不断追求企业价值最大化的企业文化体系。业绩评价主要由财务、时间、数量、差错和人的反应（满意度）构成；顾客满意体现在服务、质量、生产率三个指标上；竞争优势以价格、市场表现等反映；财务价值具体由资产收益、市场份额、边际收益、利润、销售额等指标体现。

资料来源：http://www.interscm.com

问题：
1．宝钢精益成本管理的核心是什么？
2．宝钢精益成本管理的案例给你的启示有哪些？

第五章 物力资源管理

 学习目标

学习本章后,你应该能够:
1. 了解物资管理的基本任务;物资的分类;设备管理的内容。
2. 理解制定物资消耗定额应考虑的因素和基本方法;物资的节约和综合利用;企业用地和建筑物管理的要求。
3. 掌握物资消耗定额的概念;经济采购批量的含义;物资储备定额的含义和分类。

物力资源管理是企业管理的重要组成部分。它对于组织企业生产经营活动,完成企业的任务,节约物资,降低能源消耗,提高设备利用率和完好率,增加盈利等方面具有重要的意义。特别是在建设节约型社会和发展循环经济中,通过技术创新和科学管理,努力降低能源和物资消耗,大力开展物资综合利用,对实现"成本低、效益高、排放少、环境好"的节能减排目标和实现可持续发展战略都具有重大作用。

物力资源包括生产经营过程中所消耗的各种物资资料、各种机器设备、工具、厂房、营业场地等。物力资源有的属于流动资产,如原材料、辅助材料、包装物料、燃料等。它们随着生产和交换过程不断改变形态,由生产领域进入消费领域,实现商品到价值的转换。有的则属于固定资产,如厂房、营业场地、机器设备、仓库、运输车辆等。它们在生产经营过程中可以反复使用并保持原有的形态不变,其价值通过折旧的方式逐渐转移到所生产的产品中去,并从产品销售收入中得到补偿。

第一节 物资管理

一、物资管理的基本任务

企业的物资管理,就是对企业生产过程中所需各种物资的采购、储备、使用等进行计划、组织和控制。加强物资管理,合理地组织采购、存储、使用物资,对于促进企业生产发展、提高产品质量、降低产品成本、加速资金周转、增加企业盈利等都具有十分重要的意义。

物资管理的基本原则是:供应好、消耗低、周转快和费用省。供应好是指物资供应及时、品种齐全、质量好,能满足生产的要求。消耗低是指生产单位产品消耗的物资少,达到节能降耗的目的。周转快是指物资供应在保证生产的前提下最大限度地降低库存数量,

减少资金占压，加速资金周转。费用省是指物资采购成本低，采购费用和储存费用省。按照这一原则，企业物资管理的基本任务主要有以下几个方面。

（一）及时掌握物资的供求情况

既要掌握本企业生产经营活动对各种物资需要的品种、数量、时间等情况，又要掌握所需物资的市场价格、供货渠道、供货条件等情况。

（二）及时采购所需物资

及时制订物资采购计划，保证按所需物资的品种、数量、质量、时间进行采购和供应，满足企业生产经营活动的需要。

（三）加强物资仓库管理

严格组织入库物资的验收，保证入库物资数量准确、质量完好。做好在库物资的保管、养护、收发工作，努力消除和减少物资在储存过程中的损耗和浪费。

（四）努力缩短物资流通时间

在物资供货渠道和来源上尽可能选择质量好、价格低、交货及时、运输方便的货源，力求降低采购费用，节约流动资金，加速资金周转。

（五）组织好物资的节约使用和综合利用

要制订先进合理的物资消耗定额，实行集中下料和限额发料，搞好物资的综合利用和修旧利废，努力减少物资消耗，实现节能降耗的目标。

二、物资的分类

（一）按物资在生产中的作用分类

（1）原材料。原材料是指经过加工后能够直接构成产品主要实体的物资。如浇注大坝用的水泥，制造机器用的钢铁，生产家具用的木材，纺织用的棉花、棉纱，冶炼金属用的矿石等。

（2）辅助材料。辅助材料是指在生产过程中虽不能直接构成产品的主要实体，但可以使产品发生物理或化学变化的物资，如催化剂、染料、接触剂、添加剂、油漆等。还有与机器设备使用有关的辅助材料，如润滑油、皮带等；与劳动条件有关的辅助材料，如照明设备、清扫工具等。

（3）燃料。燃料是生产过程中产生能量转化的物资，如煤炭、石油、液化气、天然气等。从对产品的作用来看，燃料也属于辅助材料，但它在辅助材料中情况特殊，地位又很重要。

（4）动力。动力是指用于生产经营等方面的电力、蒸汽、压缩空气等。它也是一种特殊的辅助材料。

(5) 工具。工具是指生产中使用的各种刀具、量具和检验检测仪器等。

（二）按物资的自然属性分类

(1) 金属材料。包括黑色金属和有色金属。

(2) 轻化工材料。包括化工、橡胶、油漆、颜料等。

(3) 机电器材。包括各种机器机械的零部件和电工产品等。

(4) 建筑材料。包括木材、水泥、钢筋、油毡纸、沥青等。

（三）按物资的使用范围分类

(1) 基本建设用料。

(2) 生产经营用料。

(3) 科学研究用料。

(4) 技术措施用料。

(5) 经营维修用料。

(6) 工艺装备和非标准设备制造用料等。

三、物资消耗定额

（一）物资消耗定额的概念

物资消耗定额是指在一定的生产技术和组织条件下，制造单位产品或完成单位工作量所必须消耗的物资数量的标准。物资消耗定额是反映企业生产技术和管理水平的重要标志。制订先进合理的物资消耗定额，对于节约物资消耗，降低生产成本，提高经济效益具有十分重要的意义。

（二）物资消耗定额的作用

(1) 物资消耗定额是企业编制物资供应计划和计算物资需要量的重要依据。企业编制物资供应计划，必须根据物资消耗定额来计算物资需要量，并根据物资需要量来计算储备量和采购量。

(2) 物资消耗定额是企业进行用料管理、定额供料，考核物资消耗指标和加强经济核算，确定产品计划成本等工作的重要基础。物资供应部门根据物资消耗定额和生产作业计划来向生产部门发送物资，既要保证能够正常地、有节奏地、不间断地进行生产，同时也可以衡量物资在使用过程中的节约和浪费。

(3) 物资消耗定额是合理使用和节约物资的重要手段。企业有了物资消耗定额，通过考核定额执行情况，对节约物资消耗的给予奖励，对超定额指标的给予经济处罚，就能促使职工精打细算，注意节约。

(4) 物资消耗定额是促进企业提高技术水平和管理水平的重要动力。先进合理的物资消耗定额，是在考虑了先进的技术水平和管理水平的基础上而制订的。定额的贯彻执行，必然促使企业不断改进产品设计和工艺设计，改善生产组织和劳动组织，提高技术水平和管理水平。

（三）确定物资消耗定额应考虑的因素

（1）构成产品净重的消耗。这部分是物资的有效消耗，它可以反映出产品的设计水平。

（2）工艺性消耗。这部分是产品在加工过程中，由于工艺技术的原因而必然产生的原材料损耗。如金属材料切削加工过程中的碎屑，材料加工过程中产生的边角余料等。

（3）非工艺损耗。这部分是产品净重和工艺性以外的物资损耗，一般是由于管理不善造成的。如运输、保管过程中的损坏，生产中出现的废品和不合格产品等。

凡属下列情况之一者，应及时修改定额：
① 产品结构设计的变更。
② 加工工艺方式的变更，影响到消耗定额。
③ 定额计算或编写中的错误和遗漏。

（四）制定物资消耗定额的基本方法

（1）技术计算法。它是根据产品的设计结构、技术要求、工艺流程、合理的下料方案来制定消耗定额的方法。技术计算法制定定额比较准确，但计算工作量大，主要适用于图样、工艺资料完整且批量较大的产品。

（2）统计分析法。它是根据以往生产中物资消耗的统计资料，经过分析研究，并考虑计划期内生产技术组织条件的变化等因素，来确定物资消耗定额的方法。

（3）经验估计法。它是根据技术人员和生产工人的实际经验，结合有关技术文件和产品实物，考虑计划期内的生产技术组织条件变化等因素制定物资消耗定额的方法。

四、物资采购管理

（一）物资采购的含义和作用

1. 物资采购的含义

物资采购是由企业物资供应部门根据物资消耗定额和生产计划计算并编制的物资采购计划，选择供货单位，签订供货合同，通过各种渠道和方式取得企业所需要的各种物资的经济活动。

物资采购包括了解物资需要、选择和联系供应单位、签订购货合同、催促供应单位如期交货、组织物资运输、验收入库和货款结算等过程。

2. 物资采购的作用

（1）物资采购是实现物资供应计划的重要环节，是保证企业生产经营活动正常进行的前提条件。现代化大生产中，每个企业每天都要消耗大量的原材料、辅助材料、包装物料、燃料以及各种零部件、工具等各种物资。如果原材料等各种物资的数量不足，规格不符，质量不好或供应不及时、不配套，就会直接影响生产的有序进行。

（2）物资采购决定生产成本和费用，直接关系到企业经济效益的高低。原材料成本在产品成本中占首要地位，一般占60%～80%之多。要降低生产成本，降低原材料成本是关键。其中，首先是降低原材料的采购成本。物资采购工作对于降低生产成本，节约各种费用，加快流动资金周转，减少利息支出也有重要的影响。所以，物资采购对企业发展生产，改善经营管理，提高经济效益，起着十分重要的作用。只有加强物资采购管理，努力做好物资采购工作，物资供应计划才能实现，企业生产才能正常进行，企业经济效益才有可能提高。

（二）物资采购方式

由于企业生产经营中所需要的物资品种规格繁多，数量大小不同，因此，在采购订货中要根据不同情况，采取多种多样的采购订货方式。采购订货方式主要有以下几种。

1. 公开招标订货

对于大宗物资，应采取公开招标的方式，从竞标的供货单位中选择货源供应稳定、产品质量好、价格合理、交货及时、信誉良好的作为合作伙伴，建立起长期稳定的协作关系。

物资采购招标的要求是：(1)企业负责招标的工作人员应按物资分类，请相关职能部门制定规范的招标文件样本，供投标单位参考和借鉴。(2)向有关供应单位发出招标通知，明确投标截止时间。(3)开标期间，主办单位和监督部门共同审查投标单位的资质、资源，并认真做好开标记录。(4)评标小组由具备评委资格的专家组成，并邀请监督部门监督，确保招标工作的公平、公开和公正。(5)要科学合理制作标底，且强调标底的保密性，一经发现有人泄露标底，并且造成严重后果或损失的，按企业有关规定严肃处理。

物资招标采购一般分为有标底招标和无标底招标两种方式。现在企业一般较多采用有标底招标方式。但随着市场竞争和招标采购的不断深化，无标底招标方式以其评标计算方法便捷、招标单位无须标底保密、投标报价更能体现市场价格等特点，能更好地体现公开、公平、公正原则，而越来越多地被招标人所采用。

无标底招标方式的主要特点是：(1)因其不设物资采购招标的底价，招标人无须标底保密，投标人也不用多费心思，不择手段地去获取标底信息，这样从源头上杜绝了一个可能产生的不公平因素。(2)投标人不用花费过多精力去分析、猜测物资的标底价，而是根据自身的生产成本、获利水平、市场价格变动等进行综合分析，做出合理的报价，这样投标报价更能体现市场价格，对招投标双方都是有利的。(3)可以大大简化评标细则和计算方法，使评标和分值计算更为简便、易于操作。(4)由于无标底招标方式具有便捷的特点，从而使招投标双方都能获得节约时间、降低成本的好处。

无标底招标方式主要评标内容包括投标报价、付款条件、供货期、材料质量、供应单位综合实力和信誉等，采取分别打分，综合评定的方法。

2. 合同订货

对用量较少的、小件的、价格不太高的物资，可派出采购人员参加物资订货会议看样选货并签订合同，也可以就地就近从当地供应商进货。

对这类物资，企业可以实行物流前的内部价格谈判进行控制。即企业内部各部门报物资采购申请计划时，物资采购部门根据自己掌握的市场情况，及时向各使用单位回报物资价格，确定该物资价格是否合理。如合理，便由物资采购部门与供应商签订合同。如不合理，便向物资采购部门提出要求让把价格降下来，这时，物资采购部门就应与供应商谈判，或者寻找其他供货单位。这样，就迫使物资采购部门不得不去市场中寻找低价、优质的产品，加强了对物资采购部门的监督，杜绝了由于物资采购的"回扣"而带来的虚高价格进货，避免了给企业带来的不必要的损失和浪费。

企业还应当建立合同审核中心，实行完善的合同管理制度。物资采购部门每签订一份合同，都交审核中心一份备案，审核中心定期对物资采购部门签订的合同的合理性进行审查，并判断物资的合同价和当前的市场行情是否相符，同时审查物资的实际进价和合同价是否相符。

3．国外订货

对本国不能生产或虽然生产但质量、规格、价格达不到要求的物资，可向国外生产商或供应商订货。在订货时一定要认真考察对方的情况，看其产品质量、性能、价格、技术水平、供货条件以及信誉状况如何。要组成强有力的谈判小组进行谈判，根据国际市场价格变化和供求关系变化，制定谈判原则，并在谈判中根据情况灵活选择订货方式，作出适当的合理的让步。合同条款要逐条斟酌，防止出现差错，绝不能草率地进货，以防给企业带来重大损失。

4．电子商务采购

电子商务采购与传统采购方式相比，在提高采购效益的优势上是明显的。第一，拥有全天候、超时空的采购环境，采购人可以在任何时间、任何地点进行采购活动。第二，减少了差旅费、通讯费、文印费、订货会议费等开支，降低了采购费用。第三，简化了采购流程，节约了采购时间，进而提高了采购效率。第四，降低了采购人员工作强度，减少了采购人员配置，节省了一定的人力成本。第五，提高了采购透明度，便于对采购活动实施监督和检查。

五、物资供应计划

（一）物资供应计划的含义与内容

物资供应计划是企业在计划期内，为保证生产任务的完成，确定各种物资需要量而编制的计划。物资供应计划是企业进行订货采购工作和组织企业内部物资供应工作的依据，是促进生产发展，做好物资管理工作的重要手段。

企业编制物资供应计划的主要内容包括：确定物资需用量；确定期初库存量和期末储备量；确定物资采购量等。

1. 确定物资需用量

物资需用量是指企业在计划期内为满足生产经营活动的各方面需要而应消耗的物资数量。它不仅包括基本生产的需要，也包括辅助生产、新产品试制、技术革新以及其他各种需要。物资需用量的确定，是按照每一类物资、每一种具体规格分别计算的。

2. 确定期初库存量和期末储备量

计划期初库存量和期末储备量由于生产任务和供应条件变化而往往不相等，因而尽管物资需用量不变，但供应的物资数量却要发生相应的增减。当计划期初库存量大于计划期末储备量时，供应的物资数量就可减少，反之则要增加物资供应量。

3. 确定物资采购量

企业的物资计划采购量的计算公式为

物资采购量=物资的需用量+期末储备量-期初库存量-企业内部可利用的资源

企业内部可利用的资源，是指企业进行改制、回收循环利用、代用和修旧利废的物资数量，这是一部分不可忽视的资源。

（二）经济采购批量

1. 经济采购批量的含义

经济采购批量也称最佳进货批量，是指在一定时期内进货总量不变的条件下，使采购费用和储存费用总和最小的采购批量。

采购费用是指随采购次数变动而变动的费用，包括差旅费、业务费等。该费用与采购批量成反比关系，即采购批量越大，采购次数越少，从而使采购费用越低。计算公式为

年总采购费用=年采购次数×每次采购费用=平均物资需要量/采购批量×每次采购费用

储存费用是指随物资储存量变动而变动的费用，包括仓储费、占用资金利息费用、物资损耗费用等。该费用与采购批量成正比关系，因为采购批量越大，平均储存量越大，储存费用越高。计算公式为

保管费用=年平均存储量×单位物资存储费用

2. 经济采购批量的计算公式

$$Q = \sqrt{\frac{2DC_1}{C_2}}$$

式中，Q 为经济采购批量；D 为一定时期内采购总量；C_1 为每次采购费用；C_2 为单位商品储存费用。

3. 经济采购批量的限制条件

经济采购批量运用必须符合一定的条件要求，主要包括：（1）物资的采购需要量应当均衡稳定，计划期（如一年）的采购总量是一定的，并且是已知的；（2）货源充足，库存量不允许发生短缺；（3）物资单价和运费率固定，不受采购批量大小的影响；（4）每次的采购费用和每单位物资的储存费用均为常数；（5）仓储和资金条件等不受限制。

六、物资储备定额

（一）物资储备定额的含义

物资储备定额是指在一定的管理条件下，企业为保证生产顺利进行所必需的、经济合理的物资储备数量标准。确定物资储备定额取决于两个因素，即物资周转期和周转量。表现物资储备定额的公式为

$$物资储备定额=平均每月物质需要量×物资合理储备天数$$

企业生产经营活动所需的物资，是分批采购陆续消耗使用的。因此，企业物资仓库中应经常保持一定合理的物资储备，称为库存物资。确定合理的库存量标准，应该以先进合理为原则。因为过多的物资储备会造成物资积压，影响资金周转；而储备量过少，则会造成停工待料，影响生产的正常进行。

（二）物资储备定额的作用

（1）是企业编制物资采购计划，确定采购数量、采购批量和进货时间的重要依据。
（2）是企业掌握和调节库存量变化，使储备经常保持在合理水平的重要工具。
（3）是确定物资仓储条件，进行仓库规划的主要依据。
（4）是财务部门核定流动资金的重要依据。

（三）物资储备定额的分类

1. 按定额的作用不同分为经常储备定额、保险储备定额、季节储备定额

（1）经常储备定额。企业的库存物资总是经常在最大和最小之间变动，从而形成了经常储备定额。

$$经常储备定额=平均每天需要量×经常储备合理天数$$

（2）保险储备定额。保险储备是指为了防止物资供应中可能发生的各种意外情况，为保证生产正常进行所必须储备的物资数量。

$$保险储备定额=平均日需要量×保险储备天数$$

（3）季节储备定额。季节储备是指某些物资由于受自然条件影响，使物资供应具有季节性限制而必须储备的物资数量。

$$季节储备定额=平均每日需要量×季节性储备天数$$

（4）经常储备定额和保险储备定额确定之后，便可求出该物资的最高储备量、最低储备量和平均储备量：

$$最高储备量=经常储备定额+保险储备定额$$
$$最低储备量=保险储备定额$$
$$平均储备量=(最高储备定额+最低储备定额)÷2$$

2. 按定额计算单位的不同分为相对储备定额和绝对储备定额

（1）相对储备定额。以储备天数为计算单位，它表明应保有可供多少天使用的物资。

利用相对储备定额,可比较不同物资、不同单位的储备水平。

(2)绝对储备定额。是按实物计量单位,如吨、套、台、个、件、立方米等作为定额单位的。它用于物资计划编制、库存量控制和仓库保管面积的计算等。

相对储备定额和绝对储备定额可以互相换算,用平均一天需要量乘以储备天数就得出绝对储备定额。

【例题 5-1】 企业某种物资全年需用 14 400 件,相对储备定额为 40 天,求绝对储备定额。

解析:

绝对储备定额=平均一日需要量×储备天数=14 400 件÷360 天×40 天=1 600(件)

3. 按定额综合程度不同分为个别储备定额和类别储备定额

(1)个别储备定额。是按物资的具体规格型号确定的,用以编制明细规格的物资计划,进行具体物资的库存量管理。个别储备定额的确定,一般按其构成分别确定经常储备定额和保险储备定额,个别储备定额是这二者之和:

个别物资储备定额=经常储备定额+保险储备定额

(2)类别储备定额。是按物资大类品种确定的,由于物资类别的划分是相对的,因而类别储备定额也有综合程度大小的区别。类别储备定额用以编制类别物资计划,确定仓库保管面积和仓库设施,以及类别物资的库存量控制。类别物资包括若干个具体规格物资,类别储备定额是从总体上反映各种具体规格物资的储备状态,反映整个类别物资的平均储备水平。其计算公式为

类别物资储备定额=(平均供应期天数×调整系数+保险储备天数)×平均一日需要量

式中,"平均一日需要量"为该类别的每一种物资平均一日需要量之和;"平均供应期天数"和"保险储备天数"是根据每一种物资储备定额的相应天数,通过加权平均方法求得的。

七、物资节约和综合利用

(一)物资节约

创造每万美元 GDP 所消耗的能源数量,我国是美国的 3 倍、德国的 5 倍、日本的近 6 倍。我国能源消耗浪费惊人,节能降耗刻不容缓。节能降耗涉及生产和生活的各个领域,是一个需要引起全社会关注的话题。如果我国加大产业结构调整力度,提高全民节能意识,把能源消耗降低一半,那么同样的能源可支持我国 GDP 翻一番。企业物资节约的方法主要有以下几个方面。

1. 改进产品设计

产品设计是物资节约的首要环节。因为产品结构、式样、大小、长短、精度,以及所用材料都是由产品设计决定的。产品设计的节约是最主要的节约,产品设计的浪费就会带

来以后各个环节上的浪费。因此，在保证产品质量，满足用户要求的前提下，产品设计必须认真贯彻节约的原则，努力设计出重量轻、体积小、成本低、耗能低、效率高的产品。

2．采用先进工艺

工艺性消耗是物资消耗的重要部分。采用不同的工艺进行生产，其原材料的使用状况也会不同。采用先进的工艺，可以减少原材料的工艺性消耗，提高原材料的利用率，还可以提高产品质量和劳动生产率。

3．选用新材料和代用材料

在保证产品质量的前提下，应选用经济合理的新材料和代用材料。用资源丰富的物资代替资源稀少的物资，用价格低廉的物资代替贵重的物资，用国产物资代替进口物资，用边角余料代替整料等，都有利于节约物资。

4．回收和利用废旧物资

企业在生产过程中必然会产生大量的废旧物资。及时回收和利用这些废旧物资，可以变废为宝，变死物为活物。所以，一切能够回收利用的物资都要实行收旧供新制度，一切能够修复使用的废旧物资，都应加以修复利用。

5．加强物资的运输和保管工作

物资在运输和保管过程中，也会因搬倒、装卸、颠簸、碰撞、保管养护不善等发生一定的损耗。加强运输和保管工作，尽可能防止和减少物资损耗，是合理利用和节约物资的又一个重要环节。

（二）物资的综合利用

物资的综合利用，就是对生产经营过程中产生的各种副产品或废渣、废水、废气等排放物，利用科技手段及时进行处理和利用，化害为利，变废为宝。这是一个一举多得的方法。例如，废水经过净化处理可以重新使用；废渣可以烧制水泥和砖瓦；废气可以回收生产新的化工产品或供热取暖等。物资的综合利用大有文章可做。随着现代科学技术的发展，原来无法解决的难题，现在都可以利用新的科技手段加以解决。物资的综合利用也体现了节约型社会、循环经济的要求。循环经济的概念是相对传统经济而言的一种新的经济形态，代表了一个新的发展趋势，是人类对难以为继的传统发展模式反思后的创新，同时也是社会进步的必然产物；是废弃物管理战略转变的需要和产业链的有机延伸。其基本含义是指：通过废弃物或废旧物资的循环再生发展经济，使生产和消费过程中投入的自然资源最少，向环境中排放的废弃物最少，对环境的危害或破坏最小，即实现低投入、高效率和低排放的经济发展模式。物资综合利用的好处主要有以下几个方面。

1．节约了物资，降低了生产成本，提高了经济效益

物资的综合利用可以变无用为有用，变一用为多用，变小用为大用，真正做到了物尽其用。根据我国一般情况测算，每回收利用1万吨废旧物资，就节约自然资源4.12万吨，节约能源1.4万吨标煤，减少6～10吨垃圾处理量；每进口1万吨废旧物资，就节约原生资源120万吨，少产生"三废"10万吨，节电1000万千瓦时。

2. 扩大了物资来源，增加了产品的品种

如用矿渣和煤矸石生产水泥；用炼油、炼焦过程中的副产品提取各种化工原料；用木屑生产刨花板等。加拿大、美国等国的实践表明，废弃的石油产品和有机物的综合利用，可以形成生态产业链，进而形成生态工业园。丹麦凯隆堡是目前国际上运行最为成功的生态工业园。电厂是该园区产业链的核心。电厂给制药厂供应高温蒸汽，取代了其自备锅炉；给居民供热，减少了 3500 个家庭取暖炉；供应中低温的循环热水，使大棚生产绿色蔬菜；余热放到水池中用于养鱼，实现了热能的多级使用。同样，粉煤灰用于生产水泥和筑路，脱硫石膏用来造石膏板，使进口的石膏原矿减少一半。该园产生的效益体现在三个方面：一是节水。炼油厂每年节水 120 万立方米，药厂废水处理后的 90 万立方米也可用来替代淡水。二是节约矿产资源。电厂用炼油厂排出的空气每年节煤 30 000 吨（约占物料投入的 2%）、油 19 000 吨。制药厂的残渣用来制造有机肥料节约氮 800 吨、磷 400 吨。电厂和炼油厂的废弃物资源化，每年节约 2800 吨硫和 80 000 吨石膏原料。三是减少废弃物排放。电厂 20 万吨的粉煤灰和 80 000 吨除尘渣不再填埋；炼油厂 2800 吨的硫不再排到空气中；制药厂 100 万立方米的水处理废渣不用填埋或填海而制造成有机肥料，供附近的农场使用。此外，还避免了约 2000 吨二氧化硫和 13 万吨二氧化碳的排放。

3. 改善了职工的劳动条件和环境卫生

因为在"三废"的处理过程中，采用了高科技手段，职工劳动强度降低了，作业场地的环境变干净了，真正做到了"无害化""清洁化"生产，大大减少了有毒有害物质对职工身体健康的危害，对预防和减少职业病的发生起到重要作用，对保障职工的健康与安全大有好处。

4. 减少了环境污染，保护了生态平衡

"三废"经过处理和综合利用，排放量大大减少，水变清了，天变蓝了，树变绿了，环境的污染减少了，生态环境得到了改善。从 20 世纪 80 年代末起，美国杜邦化学公司将减少（Reduce）、再用（Reuse）和循环（Recycle）作为指导原则，组织企业内部的物料循环，创造性地形成了化学工业的"3R 制造法"，大大减少了废弃物的排放。到 1994 年底，使生产中产生的废弃塑料减少了 25%，空气污染物排放量减少了 70%。公司也因此降低了废弃物的处理成本，节省了大量开支。

5. 有利于国家可持续发展战略的实施

物资综合利用可以节约大量的资源，特别是不可再生资源。中国是发展中国家，经济发展水平与发达国家比较还有较大的差距，特别是科技水平、管理水平以及能源和物资消耗方面，我们都有较大的差距，也说明我们还有较大的潜力可以挖掘。目前，我国能源消耗依然惊人，形势严峻。统计显示，从 1990 年到 2001 年，我国石油消耗增长 100%，天然气增长 92%。2002 年，全国一年能源消费量为 14.8 亿吨标准煤，居世界第二位；2003 年上升到 16.78 亿吨标准煤，增长 13.38%，超过 GDP 增长的速度。其中，原油消费量 2.52 亿吨，增长 12%；原煤 15.79 亿吨，增长 13.6%。国家有关部门预计，到 2010 年，我国煤

炭产量将有 2.5 亿吨的缺口。到 2020 年，缺口将达到 7 亿吨。能源安全，尤其是石油安全越来越突出，我国石油对外依存度从 1995 年的 7.6%增加到 2000 年的 31%，到 2020 年，石油年消费量最少也要 4.5 亿吨，届时石油对外依存度可能接近 60%，将超过 3 亿吨，成为世界第一石油进口国。但是，只要坚持科技兴国和科学发展观，不断地进行技术创新，就可以充分挖掘物资综合利用的潜力，实现可持续发展的战略目标。据《湖南日报》报道：粗略统计，湖南省每年产生废钢铁 130 万吨、废有色金属 20 万吨、废塑料 100 万吨，还有大量废纸、废玻璃、废轮胎等。这些废旧物资乱堆乱放，废弃物随意抛弃和焚烧，由此又产生许多废气、废水、废渣，既严重污染当地环境，又导致资源的大量浪费。近年来，湖南省再生资源行业以资源的高效利用和循环利用为核心，对废弃物品进行修复、翻新、重复使用，尽可能延长其使用周期，以达到废物处理的资源化、减量化和无害化。现在，湖南全省有 3 万多家企业、20 万人从事废物利用回收工作，2000 多家企业以废物为原料加工生产后端产品。目前，湖南省废旧物资的回收利用率在 90%以上，废钢铁的再利用率接近 100%。

  我国每年大约产生旧轮胎 5000 万只，综合利用数量如此巨大的废旧轮胎资源，不仅是橡胶工业充分利用和节约资源的有效途径，而且是实施科学发展观和循环经济的重要内容之一，同时对解决我国橡胶资源短缺的问题也具有重要意义。废旧轮胎不同于一般固体废弃物，其深加工综合利用的胶粉及其延伸产品具有很高的附加值。据专家介绍，废旧轮胎经深加工制成的胶粉与传统的再生胶相比，胶粉生产没有污染也不会产生二次污染，其利用率是 100%，可反复回收利用。我国是一个橡胶利用大国，年橡胶消耗 240 多万吨，由于是橡胶资源短缺的国家，每年有大约一半以上的胶粉需要进口，综合利用废橡胶的市场巨大。废橡胶综合利用是橡胶工业循环经济链中的重要环节，回收是基础，利用是根本。废旧橡胶作为再生资源回收利用的方法，在我国主要分为三大块：再生胶生产和利用、胶粉生产和利用、轮胎翻新等方面。近年来，我国再生胶和胶粉产量明显增长。其中，发展最快的是再生胶产业，其利用的废橡胶已达到总利用量的 80%。据统计，2004 年再生胶产量为 130 万吨，胶粉为 22 万吨。再生胶和胶粉在解决"黑色污染"和支撑橡胶工业发展循环经济中功不可没。

第二节 设 备 管 理

一、设备的含义

  从工程技术意义上讲，企业的设备是指一台（座、辆、架）、一套或一组具有一定机械结构、在一定动力驱动下能够完成一定的生产加工功能的机械和装置。设备是企业中可供长期使用并在使用中基本保持原有实物形态的物质资料的总称。

  设备的使用范围十分广泛，各类企业、事业单位、科研单位、机关、学校、医院、商场、仓库、运输公司、部队、家庭等，都需要各种设备。企业所需要的设备，在机械系统通常指机械和动力两大类生产设施。包括生产加工使用的各种机器、机床、流水线、管道、运输车辆、起重设备、装卸设备、维修设备、检测设备、试验设备等；也包括非生产性使用的设备，如后勤服务设备、行政办公设备、生活福利设备等。按照设备的技术装备水平划分，又可以分为手工设备、机械设备、自动化设备等。

设备属于固定资产。按照目前企业财务管理规定：使用期限在一年以上，单位价值在2000元以上，并且在使用过程中保持原有物质形态基本不变，其价值以固定资产折旧的形式得到补偿的房屋建筑物、机器设备、运输设备、器具等，都属于企业固定资产范畴。

二、设备管理

（一）设备管理的含义

设备管理是指企业通过一系列的技术、经济、组织措施，对设备的规划、购置（设计、制造）、安装、使用、维护、修理、改造、更新、调拨，直至报废的各个过程的管理活动。

设备是企业生产的物质技术基础，是生产力的重要组成部分。设备状况如何，不仅直接影响生产效率、产量、质量和安全，而且还影响生产成本、资金占用、企业利润等，也就是直接影响到企业的经济效益。因此，加强和改善设备管理，是企业管理的一项重要内容。

（二）设备的前期管理和后期管理

设备的前期管理是指从规划到投产这一阶段的全部工作。包括设备方案的构思、调研、论证和决策；自制设备的设计和制造；外购设备的采购、订货；设备的安装、调整、试运转；效果分析、评价和信息反馈等。

设备的后期管理是指从初期管理开始，包括使用、维修、改造、更新到报废为止的全部工作。这一阶段时间较长，管理得当可提高设备利用率、完好率，降低维持费用，延长设备的寿命周期，提高企业经济效益。

三、设备的选购

新建企业购置设备，老企业增添或更新设备，以及从国外引进设备，都必须认真慎重地进行选择。选购设备的基本原则是先进性、可靠性、安全性、低耗性、耐用性、维修性、配套性、灵活性、环保性、经济性。

先进性是指该设备采用的设计原理和结构在技术上居于国际或国内领先地位，技术参数、技术指标在同类设备中突出、先进。设备的使用效率高，安全性能好，加工精度细，产品质量上乘。

可靠性是指设备在一定的工作环境和工作条件下的加工精度、准确度以及对产品质量的保证程度。即要求设备在使用中要达到产品说明书所规定的技术参数，高质量、高效率地完成生产加工任务。

安全性是指设备在使用过程中不会发生泄露、燃烧、爆炸、漏电、辐射等危害人身、设备、产品的安全事故，是生产安全的保障性能。

低耗性是指设备对能源、原材料的消耗低，在加工同样数量的产品，或开动同样时间的情况下，耗电量、耗油量、耗气量、原材料的损耗量等指标比较低。在节能降耗的考评中，设备的低耗性尤其重要。

耐用性是指设备的使用寿命周期要长，即在正常使用过程中，有形磨损低，设备牢固耐用。耐用性好的设备，可以节约维修费用，提高利用率，降低生产成本。

维修性是指设备易于维护和修理。一般而言，设备的结构简单，零部件组合合理，标准化程度高，互换性能好，易于拆卸、组装、检验、更换，其维修性就好。

配套性是指设备在使用过程中，需要多种其他设备、工具、管线的共同使用才能发挥效率，完成生产加工任务。单机配套，是指一台机器中各种配套的随机工具、附件、部件等要齐全。机组配套，是指一套机器的主机、辅机、控制设备要齐全。项目配套，是指一个新建项目所需要的各种设备要齐全，如工艺设备、动力设备、辅助设备、检验设备、控制设备等要配套。

灵活性是指设备能适应不同的工作条件，在同一平台上能加工不同的产品，以适应市场的变化和生产计划的调整。

环保性是指设备在使用过程中不污染环境，废水、废物、废气都能得到有效处理，达到环保排放标准。在设备的设计、制造、安装、验收、使用过程中，全程都要考虑环境保护的要求，凡是达不到环保排放指标要求的，一律不准开工使用。

经济性是指设备购置费用低，投资少，性价比高，维修保养花钱少，带来的经济效益高。要计算设备投资回收期，回收期短，回报率高，设备的经济性就好。

四、设备的使用

（一）合理配备设备

应当尽量避免设备配备中的"大而全、小而全"的问题出现，根据生产实际需要以及设备的功能来配备设备，既要保证满足生产加工任务的需要，同时也要避免设备的闲置和浪费。在企业之间要搞好专业化协作，体现资源共享，这样，既可以减少一个企业的设备种类和数量，减少固定资产投资；也有利于相互协作，提高设备利用率。

（二）合理安排加工任务

合理安排加工任务，就是使每台设备都能达到合理负荷、安全运转。既要防止设备闲置不用，又不能造成设备超负荷运转。超负荷运转会造成设备的损坏，影响正常生产，严重时还会发生安全事故。

（三）建立健全设备使用制度

设备使用制度是设备使用过程中的行为规范，必须严格遵守此规范，才能保证安全生产，提高生产效率。包括技术操作规程、设备维修保养制度、定人定机制度、交接班检查制度、操作记录制度等。这些规程和制度都是根据设备的技术特点和实践经验制定的，只有严格遵守这些规程和制度，坚决杜绝蛮干、滥用，才能保证安全生产。

（四）加强对职工的培训与考核

操作工人必须经过设备操作基本功的培训，并经过考试合格，发给操作证，凭证上岗操作。设备操作者要做到"四懂三会"，即懂性能、懂结构、懂原理、懂用途，会使用、会保养、会排除故障。

（五）为设备创造良好的使用环境和条件

所有的设备都要有一个整洁、有序、安全的工作环境和条件。要根据不同设备的使用要求，采取防护、防潮、防腐、保温、降温、通风等措施，配备必要的测量、控制、检查和保险用的仪器仪表装置。对于精密设备，温度、湿度、防尘、防震、防雷等保护措施要落实到位。

（六）合理规定设备使用中的各种消耗定额

消耗定额是考核设备使用情况的标准。通常包括电力消耗、油料消耗、器材消耗、水消耗、维修费用和保养费用消耗定额。按照定额标准发放和使用，同时按照定额完成情况进行考核并奖罚。

（七）在员工中广泛开展设备完好竞赛活动

把设备完好率、利用率作为车间和班组竞赛的一项重要活动内容，定期进行检查评比，挂流动红旗，并作为评选先进集体、先进个人的一项重要内容，以激发员工爱护设备的积极性和主人翁意识。

五、设备的维护和修理

（一）设备的维护保养

设备维护保养的目的，是及时处理设备在使用过程中，由于运行状态的变化而引起的一些不利于设备安全或正常运行的问题，以改善设备运行状况，提高设备使用的综合效能，保证设备正常运行，延长设备的使用寿命。

设备的使用寿命包括经济寿命和技术寿命。设备的经济寿命，是根据设备的使用费（包括维护费、修理费和折旧费）来确定设备的寿命，通常是指年平均使用成本最低的年数。经济寿命用于确定设备的最佳折旧年限和最佳更新时机。设备的技术寿命，是指设备在技术上有存在价值的期间，即从设备开始使用至被技术上更为先进的新型设备所淘汰的全部经历期。技术寿命的长短决定于设备无形磨损的速度。

一般而言，设备的维护保养通常包括以下几个方面。

（1）清洁，即保持设备内外清洁，经常擦洗油垢、灰尘，清扫残渣废屑，保证无跑、冒、滴、漏。

（2）润滑，即按时加油换油，油质要符合要求，各润滑器具、油毡、油线、油标保持清洁，油路畅通，设备运转灵活。

（3）紧固，即对因高速运转而容易松动的连接件（螺丝、销子）及时紧固，防止发生脱落而引发事故。

（4）调整，即对设备在运转中由于机件松动或位置移动所带来的不协调进行调整，达到松紧适度、位置正确。

（5）防腐，即使用防腐剂（涂料、油漆）刷在设备或管线的表面，以保护设备，防止因生锈或各种化学腐蚀物的腐蚀而造成设备、管线的腐烂、损坏。

（6）安全，即严格执行设备的操作规程和使用规程，合理使用，精心维护，安全无事故。

根据设备维护保养的不同要求以及保养工作量的大小，分为日常保养、一级保养、二级保养、三级保养。

日常保养，也称为例行保养，重点是对设备外部进行清洁、润滑、紧固。

一级保养，除了外部清洁、润滑、紧固之外，还要对设备进行部分调整。

二级保养，主要对设备内部清洁、润滑，局部解体检查和调整。

三级保养，对设备主体部分进行解体检查和调整，同时对一些达到规定磨损限度的零部件进行更换。

日常保养由操作工人承担，在交接班时作为检查内容。一级保养由操作工人承担，在专职检查人员的指导下来完成。二、三级保养在操作工人参加的情况下，一般由专职保养或维修工人承担。

（二）设备的修理

设备的修理是指修复由于一些原因造成的设备损坏，它的实质是对物质磨损的补偿。修理的基本手段是修复和更换，使设备的效能得到恢复，从而能够正常运转和使用。设备修理一般分为小修、中修和大修。

（1）小修，是指对设备进行局部的修理，只更换和修复少量的磨损零部件，局部调整设备结构。其工作量较小，可在生产间断时间进行修理。

（2）中修，要更换和修复较多的磨损零部件，校正设备基础，恢复设备精度、功率和生产效率，达到规定的技术标准，并保证正常运转到下次计划修理。

（3）大修，是对设备进行全面修理，需将设备全部拆开，更换所有的磨损零部件，检查和校正整个设备，以全面恢复原有的精度、性能和生产效率。大修通常需要停产修理。

修理是因为设备出现故障，设备故障分为突发性故障和渐发性故障。

突发性故障,是指通过事先的测试或监控不能预测到的,并且事先并无明显征兆,亦无发展过程的随机故障,发生故障的概率与使用时间无关。

渐发性故障,是指通过事先的测试或监控可以预测的故障,发生故障的概率与时间有关,使用时间越长,发生故障的概率越高,如零部件磨损、腐蚀、老化等。

六、设备的更新与技术改造

(一)设备的更新

设备的更新也是一种设备补偿的形式,而且是更重要的形式。设备更新有两种情况:一种是用相同结构的新设备去更换旧设备;另一种是用技术更先进、效率更高、性能更好的新设备去替换老设备。设备的更新直接关系到企业的生产效率、产品质量和发展后劲,因此必须高度重视设备的更新。设备更新的基本条件如下。

(1)国家或行业规定需要淘汰的设备。

(2)设备已过正常使用年限或经正常磨损后达不到要求的。

(3)设备发生操作意外事故,造成无法修复或修复不合算的。

(4)设备使用时间不长,但有更合理、更经济、更先进设备的。

(5)设备从安全、精度、效率等方面的指标,已落后于本行业的平均水平的。

从上述更新的条件来看,设备更新也是消除设备的有形磨损和无形磨损的一个重要手段。前三个条件属于有形磨损,后两个条件属于无形磨损。

(1)有形磨损,是指设备在运转过程中由于压力、摩擦、腐蚀等外界因素的作用,造成设备的实体磨损,使设备的使用价值和价值都要降低。有形磨损又分为两种情况:一种是在生产使用过程中,机器设备的零部件由于摩擦、震动等现象而产生磨损;另一种是设备在自然力的作用下,发生氧化锈蚀、风吹日晒腐蚀等造成磨损,这种磨损与生产过程的使用无关。

(2)无形磨损,是指由于技术进步生产出性能更优越或效率更高的同类产品,而引起原有设备的贬值。当代科学技术迅猛发展,设备更新换代的速度非常快,如果仍使用几十年前的旧设备进行生产,就意味着企业技术没有进步,设备陈旧落后,生产效率低,产品质量差,企业在激烈的市场竞争中就要落伍。

随着设备在生产中使用年限的延长,设备的有形磨损和无形磨损日益加剧,故障率增加,可靠性相对降低,导致生产成本上升。其主要表现为,设备大修理间隔期逐渐缩短,使用费用不断增加,设备性能和生产率降低。当设备使用到一定时间以后,继续进行大修理已无法补偿其有形磨损和全部无形磨损;虽然经过修理仍能维持运转,但很不经济。解决这个问题的根本途径就是进行设备的更新和改造。

(二)设备的技术改造

设备的技术改造,就是用最先进的技术成果和技术创新手段,根据生产的具体需要,改变现有的设备结构,或给现有设备添加必要的部件和新装置,以改善现有设备的技术性能和使用指标,使现有设备能够达到目前新设备的技术水平。设备技术改造的基本要求如下。

(1) 经过技术论证后,采用新技术、新材料、新的零部件就可以提高设备的综合技术水平,经济上也是合算的。

(2) 设备改造要持谨慎负责的态度,不能轻易蛮干,必须按照申请、论证、批准的基本程序进行。

设备的技术改造是为了提高企业的经济效益,通过采用国内外先进的、适合我国国情的技术成果,改变现有设备的性能、结构、工作原理,以提高设备的技术性能或改善其安全、环保特性,使之达到或局部达到先进水平所采取的重大技术措施。对现有设备的技术改造,包括对工艺生产技术和装备改造两部分内容,而工艺生产技术改造的绝大部分内容还是设备,所以企业管理者要重视设备的技术改造。技术改造包括设备革新和设备改造的全部内容,不过范围更广泛,可以是一台设备的技术改造,也可以是一个工序、一个车间,甚至一个生产系统的全面改造。设备技术改造与设备更新相比,有以下优点。

(1) 设备技术改造的针对性和对生产的适应性强。这种改造与生产密切结合,能解决实际问题。需要改什么就改什么,需要改到什么程度就改到什么程度,均由企业自己决定。

(2) 设备技术改造由于充分利用原有设备的可用部分,因而可大大节约设备更换的投资。

(3) 设备改造的周期短。一般比重新设计或制造、购置新的设备所需要的时间短,而且还可以结合设备的大修理进行改造。

(4) 设备改造还可以促进设备拥有量构成比的改善。通过设备改造可以改善设备的技术性能,从而使结构比向先进的方向转化。

(5) 设备改造的内容广泛,它包括:提高自动化程度;扩大和改善设备的工艺性;提高设备零部件的可靠性、维修性;提高设备的效率;应用设备检测监控装置;改进润滑冷却系统;改进安全维修系统;降低设备能耗;改善环境卫生;使零部件标准化等。

(三) 设备更新改造的重点

(1) 满足产品更新换代和提高产品质量要求的关键设备。通过更新改造大大提高设备的技术装备水平,从而提高加工能力和产品质量。

(2) 严重浪费能源的设备。那些被称为"煤老虎""电老虎"等能源消耗量非常大的机器设备,通过更新改造可以大大降低能源消耗,从而节约费用,降低生产成本。

(3) 经过经济分析和评价,经济效益太差的设备。包括设备损耗严重,大修后性能仍不能满足规定工艺要求的设备;设备损耗虽在允许范围之内,但技术上已陈旧落后,技术经济效果很差的设备;设备使用时间过长,大修虽能恢复技术性能,但经济上不如更换新的设备。通过更新改造大大提高设备的性价比,增加企业盈利。

(4) 严重污染环境的设备。废水、废气、废物的处理无法达到国家环境保护的排放标准的设备,如小火电、小水泥、小造纸、小化工、小煤矿等污染严重的设备,必须坚决淘汰。通过更新改造达到国家环保要求。

（5）操作人员工作条件比较差，安全隐患比较多，劳动强度比较大的设备。通过更新改造实现清洁生产、文明生产和安全生产，变笨重劳动为轻便劳动，变有害健康为无害健康，为保障工人的劳动安全与健康创造良好的条件。

（四）设备更新改造的目标

由于设备的基建投资大小不同，其生产的产品、质量和企业的技术水平、资金状况、经营策略也不相同，需要分析比较各种方案，确定最经济合理的设备更新改造方案。

设备更新是用那些结构更加合理、技术更加先进、生产效益更高、能耗更低的新型设备去代替已经陈旧了的设备。但是，实际情况是不可能全部彻底更换这些陈旧设备的。所以采用大修结合技术改造或以技术改造为主的更新设备，是许多企业设备更新的有效途径。

企业进行设备更新改造的主要目的是为提高设备的技术水平，提高产品质量和生产效率，以取得良好的经济效益和社会效益。为此，企业应注重以下四个方面的目标。

1. 提高生产效率和产品质量

设备经过更新改造后，要使设备的技术性能得到改善，大大提高加工精度和增加使用功能，使设备的技术水平达到同类设备的先进水平，以满足产品生产的要求。

2. 提高设备运行安全性

"安全第一"，保证生产安全，不发生人身伤亡事故，是企业设备管理的最重要的一项内容。对影响人身安全的设备，应进行针对性的技术改造，防止人身伤亡事故的发生，确保安全生产。

3. 节能降耗

节能降耗既是国家经济可持续发展的要求，也是企业自身降低成本，增加盈利的要求。通过设备的更新改造，淘汰能源消耗高的设备，可以大大提高能源和原材料的利用率，大幅度地节电、节煤、节水、节气，缩短投资回收期，提高投资回报率。

4. 保护环境

环境保护是全世界、全社会都必须关心的大事情，也是考核企业履行社会责任的重要指标。有些设备对生产环境乃至社会环境造成较大污染，如烟尘污染、噪声污染以及工业水的污染。因此，要积极进行设备更新改造来消除或减少污染，改善人类生存环境，使天更蓝、水更绿、空气更清新，人类生活的环境质量更高。

七、设备管理制度

（一）设备安全管理制度

设备选购必须坚持"安全高于一切"的原则，使设备在生产运行中，在能保证自身安全的同时，确保操作工和环境的安全。设备采购人员在签订采购合同之前必须认真考虑设备安全可靠程度，在安全方面达不到标准的不能订货。

设备使用前要制定安全操作规程和实行设备维护保养责任制。要安装安全防护装置。要对职工进行培训，使员工掌握设备原理、结构、操作方法、安全注意事项、维护保养知识等，员工经考核合格后，方可持证上岗。

设备使用中要严格执行安全操作规程。设备操作工人须每天对自己所使用的机器做好日常保养工作，生产过程中设备发生故障应及时给予排除。

发生事故后当班操作工人要立即向主管领导报告，不得瞒报和漏报，同时应积极采取措施防止事故扩大并妥善处理。

（二）设备维护保养制度

（1）自觉爱护设备，严格遵守操作规程，不得违章操作。
（2）管线、阀门做到不渗不漏。
（3）做好设备经常性的润滑、紧固、防腐等工作。
（4）设备要定期更换，强制保养，保持技术状况良好。
（5）建立设备保养卡片，做好设备的运行、维护、养护记录。
（6）保持设备清洁，场所窗明地净，环境卫生好。

（三）设备管理的考核指标

（1）主要生产设备完好率。即主要生产设备完好台数与主要生产设备全部台数的比率。
（2）主要生产设备利用率。即设备实际开动时间与制度工作时间的比率。
（3）主要生产设备故障停机率。即统计期内设备故障停机时数与设备制度运行时数的比率。
（4）单位产品产值（产量）维修费用。其统计方法包括万元产值维修费和吨产品维修费两种。
（5）设备事故。没有量化的指标，只提出原则性要求，即降低重大设备事故次数和力争杜绝特大设备事故的发生。
（6）生产设备闲置率。即闲置生产设备资产原值与全部生产设备资产原值的比率。

第三节　企业用地与建筑物管理

一、企业用地管理

"劳动是财富之父，土地是财富之母"。任何企业要从事生产经营活动首先都必须取得生产用地，来建造厂房、仓库、经营场所、办公场所等。所以，企业用地是企业最重要的物质资源，是开展各项生产经营活动的基础。企业用地的面积、位置、价格、使用年限等，直接关系到企业的投资成本、经营范围和项目的投资回报率以及未来的发展规模。

（一）取得国有土地使用权的方式

《中华人民共和国土地管理法》（以下简称《土地管理法》）第二章第八条规定："城市市区的土地属于国家所有。农村和城市郊区的土地，除由法律规定属于国家所有的以外，属于农民集体所有；宅基地和自留地、自留山，属于农民集体所有。"第五章第五十四条规定："建设单位使用国有土地，应当以出让等有偿使用方式取得。"第五章第五十五条规定："以出让等有偿使用方式取得国有土地使用权的建设单位，按照国务院规定的标准和办法，缴纳土地使用权出让金等土地有偿使用费和其他费用后，方可使用土地。"

根据《土地管理法》的规定，企业建设用地所有权是国家的，企业要取得土地的使用权主要是通过招标、拍卖方式。那么，招标、拍卖的国有土地的价格如何确定呢？国土资源部于2006年12月27日下发的《全国工业用地出让最低标准》（以下简称《标准》），于2007年1月1日正式施行。《标准》规定，工业用地必须采用招标、拍卖、挂牌方式出让，其出让底价和成交价格均不得低于所在地土地等别相对应的最低价标准。最低价标准与土地等别挂钩的政策，即对应于全国划分的15个土地等别，最低价标准从最高等别一等的840元/平方米递减至最低等别十五等的60元/平方米，约为新增建设用地土地有偿使用费的6倍。以土地等别为基础确定的最低价标准，随等别的降低呈明显下降趋势，体现了区域土地利用政策的不同。这是国家运用土地价格手段参与宏观调控的重要举措，将有效抑制工业用地的低成本扩张，维护公开、公平、公正的土地市场秩序，促进土地的节约集约利用，这对于保障被征地农民的利益、稳定住宅用地价格等都将产生重要作用。根据这一规定，今后企业要想取得建设用地，其价格将根据土地等别相对应的最低价标准为底线，进行投标公开竞价来取得国有土地使用权。

（二）招标拍卖挂牌出让国有建设用地使用权的程序

2007年9月28日，国土资源部发布了《招标拍卖挂牌出让国有建设用地使用权规定》，自2007年11月1日起施行。该规定明确了"工业、商业、旅游、娱乐和商品住宅等经营性用地以及同一土地有两个以上意向用地者的，应当采取招标、拍卖等公开竞价的方式出让。""招标拍卖挂牌出让应当遵循公开、公平、公正的原则，符合条件的竞买申请人，都可以参加招标拍卖挂牌出让活动。"根据这一规定精神，招标拍卖挂牌出让国有建设用地使用权的程序如下。

（1）市国土资源局拟订《国有建设用地出让方案》，报市人民政府审批。方案要明确拟出让土地的一般规划条件，还应当明确拟出让地块的投资强度要求、产业要求、具体工业用地类别等内容。

（2）《国有建设用地出让方案》经市人民政府批准实施后，市国土资源局组织材料向社会公开发布公告，并在当地媒体和中国土地市场网上发布。

（3）企业如果有意竞买，要在公告规定的时间内到指定的地点报名参加竞买。经市国土资源局审查后符合竞买条件的，按规定数额缴纳竞买保证金，才有资格报名参加竞买。

（4）到规定的报名截止时间，同宗土地竞买人只有两家以下（含两家）的实行挂牌出让，三家及三家以上的实行拍卖出让。

（5）符合挂牌出让的，在公告规定的挂牌时间内按公告规定增幅报价，工作人员随时更新报价。挂牌期限届满，挂牌主持人现场宣布最高报价及其报价者，并询问竞买人是否愿意继续竞价。有竞买人表示愿意继续竞价的，挂牌出让转入现场竞价，通过现场竞价确定竞得人；挂牌主持人连续三次报出最高挂牌价格，没有竞买人表示愿意继续竞价的，按照下列规定确定是否成交：① 在挂牌期限内只有一个竞买人报价，且报价不低于底价，并符合其他条件的，挂牌成交；② 在挂牌期限内有两个或者两个以上的竞买人报价的，出价最高者为竞得人；报价相同的，先提交报价单者为竞得人，但报价低于底价者除外；③ 在挂牌期限内无应价者或者竞买人的报价均低于底价或者均不符合其他条件的，挂牌不成交。

符合拍卖条件的土地，市国土局按规定组织拍卖，拍卖主持人由具有拍卖主持资格的人员担任。当拍卖主持人宣布拍卖起始价后，竞买人按规定增价幅度报价，主持人不断报出最高价格，记录员同时记录，直到无人应价，拍卖主持人倒数三个数仍无人应价时，拍卖主持人落槌宣布成交或不成交。

（6）以招标拍卖或者挂牌方式确定中标人后，中标人支付的投标保证金转作受让地块的定金。中标人应当按照中标通知书或者成交确认书约定的时间，与出让人签订国有建设用地使用权出让合同。中标人所支付的投标保证金抵作土地出让价款。其他投标人支付的投标保证金，出让人必须在招标拍卖挂牌活动结束后5个工作日内予以退还，不计利息。

土地评标方式有"综合条件最佳者得"和"价高者得"两种。按照综合条件最佳者得的原则进行评标，评标工作由评标小组来做，评标小组按照招标文件确定的评标标准和方法，对投标文件进行评审，对能够最大限度地满足招标文件规定的各项综合评价标准的投标人，可以确定为中标人。按照价高者得的原则进行评标，这种评标方式不要求成立评标小组，可以直接由招标主持人根据开标结果，将能够满足招标文件的实质性要求且出价最高的投标人，确定为中标人。

（7）中标人依照国有土地使用权出让合同约定缴清全部地价款后，依法申请办理土地登记，领取土地使用权证书，取得土地使用权。

（三）企业用地管理的基本要求

我国土地资源稀缺，根据国土资源部2004年度全国土地利用变更调查结果显示，我国人均耕地只有1.41亩，相当于世界人均耕地3.75亩的37%，不到美国的1/6。且改革开放以来，我国城市化和工业化快速发展，城市人口急剧增长，城市用地规模不断扩大，人地矛盾更加突出。要解决经济建设和农业生产争地的矛盾，首先，必须保证13亿人口吃饭，保证国家粮食安全的用地，如果可耕地面积大量减少，将来人民群众吃饭就会成为大问题，所以不能占用18亿亩可耕地是雷打不动的底线。其次，还要保证各项经济建设事业的合理用地，才能保证国民经济快速发展，实现社会主义现代化建设的宏伟目标。权衡利弊，解决这一矛盾的办法，就是企业用地必须符合节约和集约的要求。

所谓节约，是指企业用地必须要合理规划，每一寸土地都得到充分利用，争取没有闲置和浪费，更不允许取得土地使用权之后长期不用或不搞建设而转手高价倒卖。所谓集约，是指企业用地集中在产业结构合理、产品市场竞争力强、企业经济效益好、单位土地面积产出效益高的企业中。例如，上海市出台了《上海产业用地指南》（以下简称《指南》），此后，工业建设项目用地审批将按照《指南》进行指标评估，主管部门可以对未达标的企业说"不"。前不久，上海市经委会同市统计局、市房地局、市规划局等部门，对全市10 000多家上规模的生产企业进行了调研。调研发现，目前上海每平方公里工业用地产出的效益大约只相当于纽约、芝加哥、大阪和横滨的1/3，或者东京的1/5，而且不同的地区差异也很大。国家级工业区2003年每平方公里产生的效益为77亿元，而同期市级工业区和区级工业区每平方公里产生的效益却只有44亿元和12亿元。《指南》出台之后，想要进入上海的工业区投资，企业必须先通过主管部门的土地使用情况评估。这种评估将把企业用地的建筑面积、资金投入状况、产生经济效益这三项指标都和使用土地的多少挂起钩来。《指南》中规定，企业的这三项指标都不应该低于该行业的推荐值。

一直以来，一些地方在招商引资中竞相压低地价，甚至以零地价、低于成本价出让工业用地。工业用地的低成本过度扩张，将造成大量低水平重复建设，而地区之间竞相压价搞恶性竞争，破坏了公开、公平、竞争有序的市场环境，影响了区域协调发展。由于土地取得成本低，一些企业圈占大量土地，建花园式工厂，造成土地资源的低效利用和闲置浪费，使国有土地资源大量流失。为了有效地遏制这些现象，国土资源部出台了《全国工业用地出让最低价标准》，全国所有县市全部纳入其中，工业用地被分成15个等级确定了不同的最低出让标准。根据规定，从2007年1月1日起所有工业用地出让确定价格时必须执行最低控制标准。同时进一步加强对工业用地的调控、监察和管理，促进土地节约集约利用。

二、企业建筑物管理

建筑物一般是指人们进行生产、生活或其他活动的房屋或场所，如工业建筑、民用建筑、农业建筑和园林建筑等。工业建筑物是企业固定资产的重要组成部分，为各类土木建筑设施的总称。建筑物一般包括生产车间、辅助车间、仓库、车库、办公楼等。此外，还包括构筑物和设备基础。构筑物是指与生产设备配套用的各种土建设施，包括排气、排毒烟囱、排水沟、设备的混凝土框架（如栈桥、塔架、管架等）、围墙、厂区道路、界石、水准点、坐标点及地下混凝土管网等。设备基础是指用以放置或支承机械、动力设备的基础。

建筑物是企业从事生产经营活动的场所以及与之相配套的设施和基础，它直接关系到企业生产经营活动的能力、质量、安全和效率。因此，必须加强建筑物管理。企业建筑物管理主要包括以下几方面内容。

（一）建筑物的设计、建造必须符合安全性、实用性、艺术性的要求

1. 安全性

安全性包括防震、防雷、防火、防爆等方面。地震专家对历次地震的分析显示，人员伤亡总数的 95%以上是由房屋倒塌造成的，仅有不足 5%的人员伤亡是直接由地震及地震引发的水灾、山体滑坡等导致的。面对灾难，我们应该重视一个非常重要的问题，就是建筑物的防震问题。要提高建筑物、工程设施和设备的抗震能力，在建筑物的设计和建造过程中必须按照地震部门确定的设防烈度标准设防，达到抗震标准才能验收竣工。

随着信息技术的广泛应用，建筑物内安装了许多自动化、信息化的设施设备，这些设施设备最怕受到雷击。遭受雷击时，一部分能量通过建筑物外部防雷装置泄入大地，另一部分能量则通过雷电流感应或耦合在金属管线上进入建筑物内破坏设备。因此，必须高度重视建筑物的防雷保护问题。

制造、加工、储存爆炸危险品的工厂和库房，存在着火灾、爆炸危险性。根据目前国内的行业安全规定，爆炸危险性类别、等级的划分，主要是依据建筑物内所制造、加工或储存危险品的燃烧爆炸特性和发生事故的破坏能力，并考虑到工艺加工方法、安全防护措施和建筑物本身的抗爆泄爆等因素而定的。

2. 实用性

实用性是指企业建筑物的设计能够满足方便生产、节约成本、增加效益的要求。能够充分利用建筑物空间，最大限度地提高建筑物利用率，在保证生产安全的前提下，使建筑物做到环保、节能、耐用。实用性设计受建筑材料、技术、功能的制约。对建筑材料的要求是：重量轻、抗腐蚀、不污染、节能、安全、牢固、性价比高、经济适用。

设计和施工中要采用先进技术，既能加快施工进度，又要保证施工质量，同时还要做到节能环保。

建筑物的功能设计应采用价值工程的方法进行分析，要保证达到生产经营所必要的功能，又要避免不必要的功能以降低成本。

3. 艺术性

建筑艺术是体现在建筑物上的特殊艺术，它是实用性和艺术性的结合。它艺术的一面体现出时代、民族和设计师个人的风格特点。有人说：建筑是凝固的音乐；有人说：建筑是一首哲理诗；这都说明了建筑的艺术性。企业建筑物的艺术性还要体现企业文化的特点和内涵。例如，海尔集团的企业文化建设是非常出名的，它就能很好地将企业文化的精髓体现在海尔集团的建筑物中。海尔工业园中有两个地方最吸引人：一个是海尔集团的办公大楼；另一处是海尔大学。海尔办公大楼从外观看是一幢四方形的建筑物，但从大楼里面看则是圆形的，这其实就很好地体现了海尔形象识别标志的内涵。海尔的形象识别标志称为方圆标志，意即"思方行圆"，它是由纵横 36 个圆形组成的，第一行第一列是个"方块"，其余全是圆点。"方块"放在阵中的排头表示以它为基础向纵深发展，它在这里代

表了海尔的思想、理念、文化，它是一个中心，它指导着周边圆点的组合，体现了思方行圆的思想，即在工作中要将原则性和灵活性有机地结合起来，以达到预定的目标和效果，同时也具有发展无止境的寓意。海尔办公大楼的外围四周有四根红色的柱子，这是和标志中的红色标准色及圆点相一致的。海尔大学的建筑风格则完全是按照中国古代传统建筑设计的，这不仅体现了海尔集团所在之地的特色——山东是孔孟之乡，同时又充分体现了海尔企业文化中蕴含的儒家思想。

我国著名的制鞋企业康奈集团斥资 8 亿元，在新疆首府乌鲁木齐火车站商圈投资的西北五省（区）最大的专业批发市场——新疆地王国际商城。该商城的其中一座建筑物外形被设计为一只大毡靴，这只"天下第一靴"是世界上首个鞋子形状的建筑物。"天下第一靴"以鞋业批发为主，共 25 层，高 98 米，总建筑面积 32 万平方米，裙楼是"鞋帮"，主楼是"靴体"，是新疆单体建筑面积最大的建筑物，也是西北五省最具规模的商业建筑。

（二）建筑物的使用、维护、保养制度

企业的土地、房屋及建筑物等不动产取得所有权后，由总务部门（或称房产、基建、后勤、行政）统一办理产权登记后，转记入"房屋、土地登记卡"，变更时亦同。

所有企业、单位都必须按月足额计提固定资产折旧。固定资产的折旧采用平均年限法计提，固定资产计提折旧的最低年限房屋、建筑物为 20 年。由于前期决策、设计和施工造成的隐患，以及建成后维护管理不当或无序拆除，我国一般建筑物的使用年限仅为 30～40 年，而一般建筑物的设计使用年限则为 50 年。

企业必须明确建筑物管理的分工和岗位职责，有专人负责，便于检查监督。要建立详细的基础资料，包括：（1）建筑物、构筑物台账、档案和履历卡（结构类型、建造年份、技术参数、防火等级、生产性质、防腐要求及投资总额等）。（2）反映企业地形、地貌及地表竖向标高的地形图和平面布置图（建筑物、构筑物的位置，道路及专用线，绿地，围墙等）。（3）上下水、燃气、排污等管线布置图。（4）历年来土地征用批准手续、文件及相应的地图。

对建筑物、构筑物的主要受力构件坚持定期观测，并对主要承重建筑物的基础、支柱建立沉陷观测记录，随时掌握重要建筑物的沉降规律，以保证其使用安全。

对建筑物、构筑物使用过程中发生的表面破损及缺陷要及时采取措施进行修缮，以保持其使用性能。对使用年久及其他原因造成的险房、危房和不安全部位要及时拆除或采取有效措施加以消除，以保证使用安全。

对有易燃易爆生产装置的建筑物或构筑物，要根据防火间距、耐火等级的要求，考虑在易燃、易爆装置附近设立防火墙、防爆墙及防水、防爆措施等，以保证生产安全进行。

要搞好建筑物、构筑物的采光、通风、防水和卫生工作，以保证其干燥、清洁。要坚决避免振动过大的设备安装在高层楼面上，以免影响建筑物、构筑物的安全。

要加强对工业管道架设的综合管理，对工业管道的排列、埋深、保温、防腐、架设方式应全面考虑，不可将动力管线架设在有腐蚀性的化工介质和易燃、易爆工艺管线附近，

以免发生危险。

建筑物、构筑物、设备基础和防水坡都应加强维护，并保持原设计要求，严禁增加额外负荷以及损坏、开孔等。超长、超重的生产装置、动力设备吊装就位时，不得任意借助或破坏建筑物、构筑物的梁、柱、楼板、墙面等承重构件。凡因特殊情况需要开孔、扩孔、拆除或修改原设计的，必须提出申请，做出具体方案，经相关管理部门批准后方可进行。

要严格控制工艺操作和检修质量，杜绝化工介质侵蚀、破坏楼板、地面及建筑物、构筑物的基础。凡有防腐层的地面、基础、酸沟、墙壁等，严禁乱打孔、敲击或与高温物及火焰接触，以免防腐层受到破坏。

严禁将排气管、排水管设置在高建筑物近的屋顶和墙脚处，以防屋面、墙壁、地面受侵蚀下沉。

厂区道路旁不准堆放有腐蚀性的化工原料及污水，任何人不准随意破坏道路。确因施工需要的，需经相关管理部门批准方可进行。履带车在道路行驶时应采取防护措施，以免损坏道路。

建筑施工时，施工人员要事先认真查阅基础资料，查明各种地下管线的具体位置，以防止在施工过程中挖断地下管线，造成不必要的损失。

本章小结

1．企业的物资管理，就是对企业生产过程中所需各种物资的采购、储备、使用等进行计划、组织和控制。物资管理的基本任务包括及时掌握物资的供求情况、采购所需物资；加强物资仓库管理；缩短物资流通时间；组织好物资节约使用和综合利用。

2．物资消耗定额，是指在一定的生产技术和组织条件下，制造单位产品或完成单位工作量所必须消耗的物资数量的标准。确定物资消耗定额时应考虑构成产品净重的消耗、工艺性消耗以及非工艺性损耗。

3．企业节约物资的方法主要有改进产品设计、采取先进工艺、选用新材料和代用材料、回收和利用废旧物资以及加强物资的运输和保管工作。

4．设备是企业中可供长期使用并在使用中基本保持原有实物形态的物质资料的总称。设备管理，是指企业通过一系列的技术、经济、组织措施，对设备的规划、购置（设计、制造）、安装、使用、维护、修理、改造、更新、调拨，直至报废的各个过程的管理活动。

5．企业用地的基本要求是节约和集约。

6．企业建筑物管理包括建筑物的设计、建造必须符合安全性、实用性、艺术性的要求；建筑物的使用、维护、保养制度。

思考题

1．物资消耗定额的含义、作用、影响因素是什么？

2．物资节约的方法和物资综合利用的好处是什么？
3．如何做好设备的选购、使用、维修、更新、改造工作？
4．企业如何取得建设用地？
5．企业建筑物的管理要求是什么？

案例分析

　　近20年来，中国台湾纺织品工业始终将资源回收利用作为其产业升级战略的核心。因拥有众多创新型纺织企业，台湾目前在全球塑料纤维产品市场的占有份额已达70%。台湾纺织业已征服世界杯赛场，多个国家的足球队球员身穿"台湾制造"的球衣。而这些球衣全部是以废旧塑料瓶为原料制成。自20世纪90年代初开始，台湾纺织品工业率先开展创新性尝试，20年以来一直以资源回收利用为战略重心。富胜纺织有限公司、儒鸿企业、兴采实业和世堡纺织股份有限公司都是PET树脂（聚对苯二甲酸乙二酯）类纺织品纤维研制领域的先驱。世堡纺织股份有限公司高层表示，目前，塑料瓶泛滥已成为大问题。因为塑料需要400年时间才能降解，不能再对其继续进行填埋处理。目前，制造一套球衣平均需要使用18个塑料瓶。耐克作为这类纺织品企业的主要客户，对这种创新性球衣颇为推崇。2010年，该新式球衣首次亮相南非世界杯，如今在巴西世界杯再受热捧，共有10支球队选择了这一行头。共1300万个塑料瓶由此获得了"二次生命"。据估计，这些瓶子足够堆满29个足球场。这些由塑料纤维加工制成的球衣相比棉质布料更加轻薄吸汗，且更为环保。台湾每年的塑料瓶消耗量达45亿个。但尽管如此，台湾仍然需要进口废旧塑料瓶以满足内需。世堡纺织股份有限公司高层称，未来人类可能会面临PET塑料瓶短缺的局面，因为它的用处实在很大。但对于整个地球而言，这无疑是件好事。除了运动服，这种塑料瓶还可用来生产毯子。自2007年起，由宗教组织发起的人道主义活动已免费发放50多万条塑料纤维毯。据悉，这种绿色毯子使用绿色塑料瓶制成，由于不添加任何染料，因此最终成品的颜色与瓶子的颜色完全一致。此外，织品生产过程中不会额外产生任何废料，因而十分环保。

案例来源：http://price.zz91.com/priceDetails_544545.htm

问题：
1．请结合案例说一说物资回收利用的好处。
2．请对家电回收再利用提出你的想法和建议。

第六章　信息资源管理

学习目标

学习本章后，你应该能够：
1. 了解信息的基本定义；信息资源的特点、信息资源的定义；管理信息系统的定义。
2. 理解信息的属性；信息资源的发展阶段；信息资源管理的特征；管理信息系统的开发方法。
3. 掌握信息资源的特点；如何有效利用信息资源；信息资源管理的内容；管理信息系统的产生和发展；信息化绩效评价的应用。

信息、能源和物质并列为当今世界三大资源。信息资源广泛存在于经济、社会等各个领域和部门，是各种事物形态、内在规律和与其他事物联系等各种条件、关系的反映。随着社会的不断发展，信息资源对国家和民族的发展，对人们工作和生活越来越重要，成为国民经济和社会发展的重要战略资源。企业的经济活动过程是商流、物流、信息流、资金流的统一和互动的过程。信息资源贯穿于企业经济活动的全过程，并发挥决策依据、联系纽带、管理手段、沟通工具等重要功能。

第一节　信息资源概述

一、信息的基本定义

信息的定义目前有一百多种，这些定义的角度不同，而且有一定的合理性。为了使分析具有前后逻辑上的合理性，故先从信息的出现和意义上去分析，并领会其内在的含义，考虑的思路如下。

按信息本身客观属性的特点来分类，可将信息分为两大类：原始信息（自然信息）和加工信息。

原始信息是客观世界上物质的表征信息，是物质特征的一种表现。信息要依附在寄存的载体上才能存在，如形状、大小、颜色等外观信息，构成成分、化学特性、物理特性等性能信息。这些信息寄存于载体物质上，离开了物质，它将不复存在。因此，载体物质的客观性决定了寄存于载体上表征信息存在的真实性。原始信息也可按表征信息的特点来分类，如数量信息、质量信息、特征信息等；也可按寄存的载体种类来分类，如磁的、电的、光的、半导体的、生物的、植物的、动物的、大气的、社会的、经济的、海洋的、宇宙

的等。

加工信息是将原始信息通过加工主体（如人）转换成为主体群体（如社会）所能接受、利用的信息。如果主体群体不接受，这种加工就没有意义，尽管也是信息，但无用的信息不属于我们加工信息探讨之列。因此，加工信息应具有群体使用效应的特点。加工信息带有加工主体的主观性，这是加工信息的一个重要特点。信息误导或信息诈骗，就是在经济活动中，作为信息加工主体的少数人，有意地利用信息误导，制造虚假信息，利用信息的导向性，诱导人们不自觉地陷入经济骗局中的一种犯罪行为。而多数不具有真实性、客观性的加工信息，是由于加工主体的人未按信息处理的自身规律办事，造成信息失真所导致的。因此，加工信息不一定具有客观的真实性，加工主体的主观性影响加工信息的客观真实性是加工信息的一大显著特点。

加工信息的主体并不仅是人，还可以是其他群体，如生物群体、植物群体等。例如，动物间的语音和其他形式的信息交流，是属于动物群体间的加工信息。生物群体间的信息交流已被现代科学的实验证明具有多种形式，这些都是属于主体的加工信息形式。加工信息可按加工主体种类进行分类，也可按加工的方式进行分类。

上述分析可以概括为：信息是依附于载体上的具有客观属性的东西，而加工信息是反映主体主观意愿并寄存于载体上的，也具有客观存在的基本属性。信息具有交流和共享的特征，它能为相同的群体相互间所接受。从这些观点出发，对系统信息要素的分析，可以把握以下几个方面。

1. 信息是物质资源的信号

信息是客观世界的构成要素，也是物质世界构成要素间的关联要素，因此，通过对信息资源的有效管理可以增加各类资源配置的效益。这是从信息是资源配置信号的关联要素角度出发去分析的。这种关联要素将对相互关系的构成和结构产生深层次的影响。

从这个角度上对系统的信息要素进行分析有两方面的内容：一是系统内的组织结构合理性，这需要靠内部所呈现的信号进行配置和调整才能达到。二是系统对外的功能，这需要靠环境信息的不断反馈，系统反复调整自己的行为，才能最大限度地发挥。因此，系统信息要素分析包含着对内的构成和对外的系统功能这两个方面。

2. 信息是经济活动决策的依据

组织的一切决策活动和信息息息相关，可以说组织的经济活动如果离开信息，那么组织的经济活动将出现重大的决策失误，其后果是极其严重的。

3. 信息本身也是一种可供开发和利用的并具有其自身价值的资源

信息本身就是一种资源，一些系统就是开发和利用这种资源的系统，它的产品就是信息产品，这些信息产品进入市场产生交换价值后就变成了商品，如传统和现代的媒体业、出版业、软件业、电子信息产品行业以及生产娱乐电子信息产品的行业等。甚至教育也可以看成是这一行业的广义上的延伸，它是教师将开发的信息资源产品—知识—传授给学生的行业，而且在传授中存在着多次的再创造和再加工。

4. 信息是产生知识的源泉

人的一个最大的长处是除了头脑的自身记忆功能能储存印象信息外，还可将形成印象的加工信息通过创造的各种媒介形式存储起来，而存储的信息又可以传递给他人，为其他人所共享。凡是能为人们共享的有用的系统加工信息就称为知识。因此，知识是人的加工信息中最特殊的一种，也是人们生产、生活和其他活动中最重要的一种信息。由于人们认识和改造世界的能力和水平的不同，这决定了人加工和处理信息存在着个体的差异性。而对知识的学习可以提高人认识和改造客观世界的能力，从而提高人的整体素质，并实现整个社会的生产力水平的提高。如果从这个角度上去理解当前知识界所定义的"知识经济"概念，则有它一定的合理性。

科学决策的依据是管理决策层所具有的知识，而知识是有用的加工信息的有序集合，因此就有信息是产生知识源泉的认识观点。从这点出发对系统的信息要素的分析，就要考虑系统加工处理信息获得知识的能力，这是判断系统功能能否充分发挥的基本条件。

5. 信息是生产的联系要素

生产联系是人们在生产活动中建立的一种联系。通常，这种联系多用记载在纸介质上信息的合同形式构成，如劳动合同、公司和机构的组织章程等。生产组织的形成就是用信息的方式将其联系在一起的。因此，我们讲信息是生产联系的要素，而这种形式如今有了新的发展，在网络环境下利用网上信息的联系可以将远程的生产者通过虚拟形式组织起来，构建新的生产组织形式，如网上公司、网上组织和网上生产单位，这就是信息在新的环境和条件下作为联系要素的重要作用。因此，可以说信息的生产联系要素的作用在以网络为背景的条件下则更为突出，这要求我们对信息作为联系要素的地位和作用更加重视。

二、信息的具体表现

在漫长的人类发展史和不断积累的科学技术实践过程中，信息一开始都表现为真伪难辨的消息群。物质世界的内部规律对于人类来说，需要借助五官和思维以及识别监测技术手段来认识，并且这些技术不断地与时俱进，动态发展。消息只是信息的外壳，信息则是消息的内核；信息不同于信号，信号是信息的载体，信息则是信号所载荷的内容；信息不同于数据，数据是记录信息的一种形式，同样的信息也可以用文字或图像来表述。信息还不同于情报和知识。总之，"信息即事物运动的状态与方式"这个定义具有最大的普遍性，它不仅能涵盖所有其他的信息定义，还可以通过引入约束条件转换为所有其他的信息定义。例如，引入认识主体这一约束条件，可以转化为认识论意义上的信息定义，即信息是认识主体所感知或所表述的事物运动的状态与方式。换一个约束条件，以主体的认识能力和观察过程为依据，则可将认识论意义上的信息进一步分为先验信息（认识主体具有的记忆能力）、实得信息（认识主体具有的学习能力）和实在信息（在理想观察条件下认识主体所获得的关于事物的全部信息）。层层引入的约束条件越多，信息的内涵就越丰富，适用范围也越小，由此构成相互间有一定联系的信息概念体系。例如，人类最初的语言交流，咿呀学语，都是交互交流的信息动态表达，它们分别表示食物寻找、安全警告、求偶繁衍、睡眠疲劳等。

三、信息的属性

（1）事实性。事实是信息的第一和基本的性质，不符合事实的信息不仅没有价值，而且可能价值为负。

（2）等级性。管理系统是分等级的，处于不同级别的管理者有不同的职责，处理的决策类型不同，需要的信息也不同，因而信息也是分级的。通常把管理信息分为战略级、策略级和执行级，不同级的信息性质也不同。

（3）不完全性。关于客观事实的信息是不可能全部得到的，这与人们认识事物的程度有关。因此数据搜集或信息转换要有主观思路，要运用已有的知识，要进行分析和判断，只有正确地舍弃无用和次要的信息，才能正确地使用信息。

（4）时效性。信息的时效是指从信息源发出信息，经过接收、加工、传递、利用的时间间隔及效率。时间间隔越短，使用程度越高，时效性越强。

（5）价值性。信息是经过加工并对生产经营活动产生影响的数据，是由劳动创造的，是一种资源，因此是有价值的。索取一份经济情报，或者利用大型数据库查阅文献所付的费用是信息价值的部分体现。

（6）传输性。信息可以通过各种手段进行传输，它的传输成本远远低于传输物质和能源。它可以利用电话、电报进行国际国内通信，也可以通过光缆卫星传遍全球。传输的形式也越来越完善，包括数字、文字、图形、图像、声音等。它的传输既快又便宜，远远优于物质的运输。因而我们应当尽可能用信息的传输代替物质的传输，利用信息流减少物流，宁可用多传输 10 倍的信息来换取少传输一倍的物质。信息的可传输性加快了资源的交流，加快了社会的变化。

（7）转换性。信息、物质和能源是人类现在利用的三项重要的宝贵资源。三者有机地联系在一起，三位一体，不能分割，却可以互相转化。有物质存在，必有促使它运动的能量存在，也必有描述其运动状态和预测未来的信息存在。有能源和物质，就可以换取信息；反之，有了信息也可以将其转化为物质和能源。

（8）共享性。一个信息源的信息可以为多个信息接收者享用。一般情况下增加享用者不会使原有享用者失去部分或全部信息。有的信息涉及商业的、政治的、军事的秘密，扩大对这类信息的享用者数量可能影响某些享用者对这类信息的利用，但不会改变信息本身的内容。

四、信息的分类

（1）按管理层次，可以分为战略信息、管理控制信息和作业信息。

(2) 按加工的深度，可以分为一次信息、二次信息和三次信息。
(3) 按应用领域，可以分为科技信息和管理信息等。
(4) 按表现形式，可以分为数字信息、图像信息和声音信息等。

五、信息高度发展——信息技术、信息源、信息资源

信息与人类认识物质世界和自身成长的历史息息相关。人类社会之所以如此丰富多彩，都是因为信息和信息技术一直持续地进步。

信息技术是研究信息的获取、传输和处理的技术，由计算机技术、通信技术、微电子技术结合而成，有时也叫做"现代信息技术"。也就是说，信息技术是利用计算机进行信息处理，利用现代电子通信技术从事信息采集、存储、加工、利用，以及相关产品制造、技术开发、信息服务的新学科。

人们在科研活动、生产经营活动和其他一切活动中所产生的成果和各种原始记录，以及对这些成果和原始记录加工整理得到的成品都是借以获得信息的源泉。信息源内涵丰富，它不仅包括各种信息载体，也包括各种信息机构；不仅包括传统印刷型文献资料，也包括现代电子图书报刊；不仅包括各种信息储存和信息传递机构，也包括各种信息生产机构。

联合国教科文组织出版的《文献术语》把其定义为：个人为满足其信息需要而获得信息的来源，称为"信息源"。

信息资源是企业生产及管理过程中所涉及的一切文件、资料、图表和数据等信息的总称。它涉及企业生产和经营活动过程中所产生、获取、处理、存储、传输和使用的一切信息资源，贯穿于企业管理的全过程。

信息资源与企业的人力、财力、物力和自然资源一样同为企业的重要资源，且为企业发展的战略资源。同时，它又不同于其他资源（如材料、能源资源），信息资源是可再生的、无限的、可共享的，是人类活动的最高级财富。

信息资源即"作为资源的信息"，可以理解为有价值的信息。然而信息的价值是体现在使用中的，对于不同的使用者，信息可以有不同的价值，而且信息的不同组合、不同的关联也能使信息具有不同的价值。这反映了信息的特性：信息是具有语境（Context，也译成"上下文"）的数据。从计算机操作的意义上说，信息资源可以是任何具有标识的东西，在互联网上，标识通常为由命名域给出的 URI。

六、信息资源的特点

信息资源与自然资源、物质资源相比，具有以下几个特点。
(1) 能够重复使用，其价值在使用中得到体现。
(2) 信息资源的利用具有很强的目标导向，不同的信息在不同的用户中体现不同的

价值。

（3）具有整合性，人们对其检索和利用，不受时间、空间、语言、地域和行业的制约。

（4）它是社会财富，任何人无权全部或永久买下信息的使用权；它是商品，可以被销售、贸易和交换。

（5）具有流动性。

七、信息资源发展的三个阶段

（1）传统管理阶段：20世纪50年代至70年代，以图书馆、情报所为代表的文字信息资源管理。

（2）信息管理阶段：20世纪70年代末至20世纪末，以计算机应用和数据处理为典型代表。

（3）信息资源管理阶段：21世纪初至未来20年，以网络平台、海量数据库、信息处理技术为代表，信息交换、信息共享、信息应用为内容，视信息资源为主要经济资源进行管理的信息资源管理。

八、如何有效利用信息资源

信息资源是无限的、可再生的、可共享的，其开发利用会大大减少材料和能源的消耗，减少污染。大力推动信息资源的开发利用，要以需求牵引，与信息化应用相结合，特别要注重实效。

（1）发布和实施与国家信息资源开发利用相关的法规，制定相应的规划，加强信息资源开发利用的统筹管理，规范信息服务市场行为，促进信息资源共享。

（2）积极开展试点示范工程，在国民经济和社会各领域广泛利用信息资源，促进信息资源转化为社会生产力。

（3）建设若干个国家级数据交换服务中心和一批国家级大型数据库，形成支撑政府决策和社会服务的基础资源。

（4）加大中文信息资源的开发力度，鼓励上网应用服务，鼓励信息资源的共享。

第二节 企业管理信息系统

一、信息资源管理概述

随着工业经济向信息经济转化，信息与信息系统在经济生活中发挥着越来越重要的作用。人们对信息与信息系统的认识也越来越深入。信息已成为生产力的要素之一，而信息系统也成为增强组织竞争力的重要战略武器。20世纪70年代后期，人们提出了后工业社会的观点，充分肯定了信息经济在国民经济中的主导地位，因而也就肯定了信息资源是工业化国家的基本要素，应给予充分的开发与利用。

信息技术的快速发展，为人类开发利用信息资源提供了强有力的技术和工具，因而也提升了人类对信息资源的利用程度。但信息技术的发展同时也为信息和信息系统的管理带来了复杂性，由原来的信息与信息系统的管理演变成今天的包括更多因素的整个信息资源的管理，拓展了信息管理的内涵。信息资源管理就是在这样的背景下应运而生的。

（一）信息资源管理的特征

自20世纪80年代起，信息资源管理主要以服务于管理为宗旨，并将焦点放在组织资源上，目的是应用各种信息资源达到组织的战略目标。而将对各种信息技术的综合管理看作是实现这一目标的基本手段，强调的是将信息看作组织中有价值的资源，应被加工和控制。

信息资源管理的特征主要有以下方面。

（1）强调信息管理不能单靠信息技术，必须重视人文因素，从而将信息管理从只对物的管理中突破出来，走向对人和物的多因素的复合性集成管理。

（2）强调信息商品与信息经济的概念，突出从经济角度进行信息管理，侧重信息领域的经济学理论的运用。用信息资源管理中的资源替代管理信息系统中的系统。

（3）强调面向组织机构的信息管理，追求组织中信息管理的完善与优化，突出在组织中发挥信息的资源作用。

（4）强调信息的战略管理与高层管理，即不满足仅仅在操作层次和执行层次实施信息管理，而是要在战略决策层和规划的高层上强化信息管理。

信息资源管理扩充了管理信息系统的传统定义，传统意义上的管理信息系统，实际上只控制了组织中电子化的那一小部分信息。而现在的信息资源管理包含的信息范围更广，将组织内非电子化的信息都包括在内，如信函、邮件、文件、电话等。只有将所有信息作为一个整体，才能充分发挥资源的整体效益。

（二）信息资源管理的内容

1. 组织中的信息管理

（1）组织中信息环境的分析。包括对组织的结构、目标、管理的观念、决策类型、评价方法的分析等。（2）研究信息资源对组织机构的影响。包括对组织产生变革的影响，特别是信息对一个组织机构最高层决策的潜在影响。（3）研究一个组织的信息资源与战略规划的联系，信息不仅必须满足组织总体战略目标的需求，还必须关注信息是如何作为战略资源使一个组织取得竞争优势的。（4）信息架构的研究。即研究如何在组织中建立信息架构，以便使各类信息资源在组织中获得协调一致的发展，从而支持各种资源的合理分配，提高资源的利用率与可靠性。

2. 信息管理中的技术或人文因素的结合

（1）信息技术的综合管理。信息资源管理更重视集成化技术，例如重视将计算机网络、办公自动化等作为一个整体对待。（2）信息系统设计思想。信息资源管理提出了新的信息系统设计思想，提出将信息处理原来的集中型转换为分散型，使信息系统能更大程度地处于终端用户的控制下，因而信息管理也将由集中管理转移到由用户管理。这种转移将突出人在信息系统中的作用。对集中信息管理与分散信息管理之间平行问题的研究，以及人在信息系统中新的角色问题的研究都将成为人们关注的问题。（3）信息政策。信息政策不仅是各种组织机构信息资源管理的一种基本策略，也是合理分配信息和信息技术的有效保证，所以它应该得到优先发展。在发展中，一定要注意到它与信息处理设备、系统维护、系统实现、管理人员及用户，以及信息的采集、存储、传输、所有权、完整性和可靠性的关系。（4）信息法律。信息法律直接关系到信息管理的安全性与保密性问题，涉及用户的隐私权问题。应该针对信息及信息系统的安全性、各国之间的差距及国家信息主权等问题进行研究。（5）人的信息行为与信息心理分析。主要是研究信息系统开发过程中用户的心理、开发者与用户的关系、信息系统中人员的配备及其责任与义务等问题。

3. 信息资源开发及利用中的经济问题

（1）信息价值与成本测算。信息是有价值的，如何度量它的价值？如何测算它的成本？对于这些问题，可从经济学的角度对其进行研究。（2）信息资源的合理配置。研究信息资源配置的特性及配置方法和限制条件。（3）信息市场与信息产业。研究信息市场的形成、发育以及它的特征。研究信息产业的概念、结构、成长环境、目标模式与发展战略。（4）信息的经济关系。研究信息生产、流通、利用信息过程中产生的经济关系和经济利益等问题。

4. 信息管理的实施战略与组织体制

（1）信息管理的实施战略。主要研究数据标准的制定、软件生产率到信息生产率的转变、信息资源管理的手段和功能建设。（2）信息资源的管理体制。包括资源的计划管理、系统生产周期管理、数据利用服务管理、数据存储管理等。（3）信息管理的职业地位。研究信息管理应进入的层次和权利，特别是对 CIO 的职位、地位、权限等进行研究。

二、管理信息系统的产生和发展

自 20 世纪 70 年代以来，管理信息系统在我国已经是一个采用十分广泛的术语，特别是在企事业单位和各种经济实体中，为了提高生产和经营的效益，都在酝酿、设计或着手建立管理信息系统，也就是常称的 MIS。从字面上不难理解，管理信息系统是一个将企业内、外部的生产和经营中的各种信息通过建立的信息系统进行收集、加工、整理、传递，并有序地进行存储，使用于管理和决策，使企业进行增效的系统。它是通过利用和使用信息的方式去达到管理的目的。对这个概念要真正理解其实质，就要了解管理信息系统产生和发展的背景材料和知识。

（一）人工管理系统

自人类社会产生以来，人们在生产和生活的社会实践活动中就形成人类社会的各种组织，组织就是管理的一种结构，其目的就是将人们的社会活动有序化，形成一种有目的的凝聚力，增强人类自身活动的能力。因此，管理就是组织活力的体现，在人类生产活动中所形成的组织，本身就是一个最初级的管理系统。而管理信息系统是管理系统发展中的一种高级的形式。

管理信息系统一词最早出现在1970年，瓦尔特·肯尼万给它下的定义是："以书面或口头的形式，在合适的时间向经理、职员以及外界人员提供过去的、现在的、预测未来的有关企业内部及其环境的信息，以帮助他们进行决策。"

这一定义的实质要素是：信息→决策→管理。因此，定义的实质是让人利用信息在管理中进行较为合理的决策，以达到改进管理的目的。该定义的主要缺陷和不足是，没有明确地提出管理信息系统的概念，只从管理的角度指出了要作出的、孤立的、不系统的决策信息，以便为管理者提供决策的依据。因此，在信息的加工和行动中，这只能是由人的大脑作出的、孤立的、不系统的决策信息，以便为管理者提供决策的依据。因此，在信息的加工和行动的决策的过程中必然缺乏处理的客观性和决策的科学性。如果从管理的角度来考虑和分析这一定义的合理性，只能从利用信息用于管理这一系统目的的角度出发分析，这个定义也只是给出了管理系统的初步概念，而且也只是一个以人为核心的人工管理系统。

这种系统不能称为管理信息系统的主要原因是：（1）收集、处理信息的是个别人，而不是部门，更没有形成专门的机构；信息的处理量是零星的，而不是批量的。（2）加工和处理信息没有一定的固有规则，具有随意性，缺少客观性；设立机构组织时，存在着没有将信息的开发和利用作为一个资源去考虑的观念和意识。（3）信息的收集、传递和处理不具有快捷性和实时性。（4）无信息反馈的收集、处理环节，会使决策者带有不科学的主观盲目性。

（二）人工管理信息系统

如果在人工管理系统上增加决策后反馈信息的收集功能，并在机构的组织上考虑信息收集、处理、加工等环节的分工，以使决策更加符合实际，以重视信息的作用，则这样改进组织内部机构而形成的新系统，就基本上可以被称为用于管理的信息系统，也就是管理信息系统的雏形，不妨称其为人工管理信息系统。

（三）管理信息系统

实现系统客观、公正、民主、科学的信息处理自动化，以及决策过程的民主科学和知识化是管理信息系统所追求的基本目标。要实现这个基本目标，需要从以下几方面改造人工管理信息系统：（1）减少系统信息采集中的分散性，增加流程操作中的集中性和规范性。（2）减少系统信息处理中的盲目性，增加加工过程中的客观性和知识性。（3）减少系统决策中的主观随意性，增加决策过程中的科学性和民主性。

而要实现人工的管理信息系统向真正意义的管理信息系统转化，必须要实现加工处理信息的自动化，以及决策的科学化和知识化。

1985年，管理信息系统的创始人、明尼苏达大学卡尔森管理学院的著名教授高登·戴维斯（Gordon B. Davis）给出了管理信息系统的一个较完整的定义："管理信息系统是一个利用计算机硬件和软件，利用手工作业，分析、计划、控制和决策模型，以及数据库的用户机器系统。它提供信息，支持企业或组织的运行、管理和决策功能。"这一定义的核心是：计算机系统→数据库的信息→决策支持模型→管理的功能。

根据上述定义，使用信息处理的工具技术，自动地加工和处理信息，实现决策的科学化，达到加强管理的目的，这就是"管理信息系统"定义的本质。在这里，计算机系统是信息处理自动化的基本工具，数据库是批量存取信息的技术，模型是决策的知识保障，工具、技术和知识保障都是为了实现管理这一整体的功能目的。

在我国，对"管理信息系统"有如下几种典型的定义。

《中国企业管理百科全书》对管理信息系统的定义为："管理信息系统是一个由人、计算机等组成的能进行信息的收集、传递、储存、加工、维护和使用的系统。管理信息系统能实测企业的各种运行情况；利用过去的数据预测未来；从企业全局出发辅助企业进行决策；利用信息控制企业的行为；帮助企业实现其规划目标。"

有的人认为，管理信息系统是一个由人、机械（计算机等）组成的系统，它从全局出发辅助企业进行决策；它利用过去的数据预测未来，它实测企业的各种功能情况，它利用信息控制企业行为，以期达到企业的长期目标。

以上两个较典型的定义，与上述戴维斯的定义基本是一致的，即管理信息系统就是使用先进的信息处理工具和技术，去自动化地收集、加工和处理信息，达到决策支持，实现管理功能的系统。从这几个层面去分析，就能把握管理信息系统定义的真正实质。

（四）基于网络的管理信息系统

Internet的出现和不断发展给管理信息系统构成的传统理念带来冲击和变化，它对管理信息系统的变革的影响意义将是极其深远的。尽管目前在这一方面还没有出现相应的新的管理信息系统模式，但它是未来的主要发展趋势。除保持原有的管理信息系统的所有功能特点外，这个新的基于网络的管理信息系统还应有以下几个功能特点。

（1）系统本身能通过Internet接收全球范围内信息资源的信息，并能将管理信息系统内部的信息通过系统本身向全球发送。

（2）设计的管理信息系统的查询系统，具有在全球信息资源范围内自动快速查找、获取、加工处理、分类、有序存储所需信息的功能，这个查找技术可称为网上信息资源挖掘技术，类似于目前网站上的搜索引擎技术的小型化和进一步的发展。

（3）开发的管理信息系统具有防止网上黑客攻击、信息丢失的安全防范功能。

（4）对系统内部是一个全开放的系统，而对系统外部则是一个封闭的系统，但对内又具有分级管理的权限职责功能。因此，对内开放和对外封闭是系统的两大最新特征。

三、管理信息系统的开发方法

管理信息系统的开发是一项十分复杂的系统工程。为了保证开发的顺利进行，不仅需要有正确的开发策略和方法来指导其整个过程，更需要合理地组织和有效地协调开发工作。

开发涉及的知识范围广，学科交叉性强，至今还没有一套成熟的、有效的、被公认的方法来完成整个系统的开发工作。但也的确有一些方法会为系统开发带来帮助和借鉴。

（一）生命周期法

生命周期是指信息系统从其生产、发展、成熟到消亡的过程。新系统在旧系统的基础上产生、发展、老化、消亡，最后又被更新的系统所取代，这个过程称为系统生命周期，其使用的方法称为生命周期法（Life Cycle Approach）。

1. 生命周期法的基本思想

生命周期的概念自 20 世纪 70 年代被引入软件工程领域以来，已经成为管理和控制工程项目的重要手段，也形成了管理信息系统开发的主流方法——生命周期法。从软件认证的角度来看，严谨的文档是过程改善和软件质量管理的重要基础。生命周期法给出了严格的过程定义并改善了开发过程，同时它也是结构化方法的基础，对结构化方法和原型法的形成都产生了重大影响。

生命周期法基于如下假设：假定开发者在信息系统建立之前就对它有充分的理解。其基本思想是"自上而下，逐步求精"，即严格划分系统开发的各个阶段，从全局出发全面规划，然后自上而下一步步地实现。在整个开发过程中，前一阶段是后一阶段的工作依据，每个阶段又划分详细的工作步骤，顺序作业。每个阶段和主要步骤都有明确详尽的文档编制要求，各个阶段和各个步骤的向下转移都是通过建立各自的软件文档和对关键阶段、步骤进行审核和控制实现的。

2. 生命周期法的基本方法与步骤

使用生命周期开发管理信息系统包括五个阶段：系统规划阶段、系统分析阶段、系统设计阶段、系统实施阶段、系统运行与维护阶段，这五个阶段又各自包括若干步骤，这些步骤有的在局部范围内不分顺序，但大部分都有前因后果的关系，必须严格区分。在实际工作中应尽量按照这条思路按部就班地进行，针对问题的难易程度和具体情况，可以删除或跳过其中某些对处理问题没有用的环节，但不可乱其顺序，否则会给后续工作带来很大不便。

使用生命周期法开发系统的各主要阶段的工作内容如下。

（1）系统规划阶段。系统规划阶段是指根据用户的系统开发请求，进行初步调查，明确问题，确定新系统目标和总体结构，确定分段实施进度，进行可行性研究，最后形成可行性报告。

（2）系统分析阶段。系统分析阶段的任务是：对现行系统进行详细调查，分析业务流程，分析数据与数据流程，分析功能与数据之间的关系；指出现行系统存在的问题和不足之处，确定新系统的基本目标和逻辑功能要求，最后提出分析处理方式和新系统的逻辑模型，这个阶段又称为逻辑设计阶段。逻辑设计解决系统"做什么"。因此，这个阶段是整个系统建设的关键阶段。系统分析阶段的工作成果为"系统说明书"，这是系统建设的必备文件。系统说明书既要准确又要通俗易懂，用户根据系统说明书可以了解未来系统的功能，判断是不是他们所要求的系统。"系统说明书"一经通过，就是系统设计的依据，也是将来评价和验收系统的依据。

（3）系统设计阶段。概括地讲，系统分析阶段的任务已解决了系统"做什么"的问题。系统设计阶段要回答的问题则是系统"怎么做"。也就是说，根据系统设计说明书所规定的功能要求，考虑实际情况，具体设计实现逻辑模型的技术方案，即新系统的物理模型。这个阶段也称为物理设计阶段。它又可进一步分成总体设计和详细设计两个阶段。

（4）系统实施阶段。系统实施阶段是按物理设计的设计方案付诸系统实现的具体工作。这一阶段的任务是：计算机等设备的购置、安装和调试，编写程序和调试程序，人员培训，数据文件转换，系统调试与转换等。这个阶段工作量大，互相联系、互相制约的任务同时展开，必须精心安排、周密计划、合理组织、统筹调度和协调，以保证系统开发的顺利进行。实施阶段是按实施计划分阶段完成的，每个阶段的工作应写出"实施进度报告"。系统测试之后应写出"系统测试分析报告"。

（5）系统运行阶段。实施投入运行后，需要进行经常性维护和评价，记录系统运行的情况，根据一定的程序对系统进行必要的修改，评价系统的工作质量和经济效益。有时也把系统运行阶段称为维护与评价阶段。

从以上关于生命周期法的描述可以看到：使用生命周期法建立 MIS，要求开发计划阶段化、管理程序化、文档资料规范化。生命周期法的系统性和严密性，决定了它适应于大系统或复杂系统的开发。由于该方法要求细腻苛刻，因此管理基础的薄弱或杂乱、体制的变动以及不可预见因素的作用等，都会使开发人员对系统需求了解不全、分析不透，对系统的逻辑描述不完整。如果这些问题暴露在系统开发的中后期，加上项目管理的薄弱，将会使新系统功能不全、质量不好、运行不可靠，甚至导致整个系统的失败。因此，需要特别重视系统开发过程中的论证、审核和鉴定工作。只有在前一个阶段的工作得到满意的结果后，才能进入下一个阶段，并且应及时调整计划，使各方面的工作协调，还要及时认真地修改发现的错误。

（二）原型法

原型法是 20 世纪 80 年代随着软件技术的发展，尤其是在关系数据库系统 RDBS，第 4 代程序生成语言 4GL 和开发生成环境产生的基础上，提出的一种从设计思想、手段、工具等方面来说都是全新的系统开发方法。它试图改进生命周期法的缺点，其基本思想是：由用户和开发人员与系统分析设计人员通力合作，在识别用户最基本需求的基础上，先在短期内定义用户的最基本需求，开发出一个功能未必完善但框架基本合理、系统虽较原始但可实验运行的简易原型系统。然后，一边运行演示、客观评价前一原型系统，一边继续由开发者与用户通过双方沟通思想、交换意见、互相理解来不断改进，逐步扩充和稳步完善下一原型系统，直到最终形成用户满意的完整应用系统。

1. 原型法的工作流程

原型法的工作流程是：首先由用户提出开发要求，然后系统开发人员识别和归纳用户要求，根据用户的要求及功能要求的数据规范、报告格式、屏幕要求等构造出一个原型，再与用户共同评价这个原型。如果这个原型根本不可行，则重新构造原型；如果不满意，则修改原型，直到用户满意为止，这是一个反复的迭代过程。

使用原型法开发系统的各主要阶段工作内容如下。

（1）确定系统的基本要求和功能。系统基本需求和主要功能的确定是建立原型的首要任务和依据。一般来讲，它是通过用户对系统输出的描述来完成的。开发者根据用户要求来确定人机界面、系统的范围和功能，从而得到系统的初始模型。

（2）构造结构仿真模型。系统开发人员在对系统基本要求和功能了解的基础上，依据初始模型并选择适当的开发工具快速构造一个结构仿真模型。

（3）运行、评价、修改原型。原型框架构造完成后，系统立即投入运行，开发人员和用户对其试用、检查并分析效果。力求在试运行过程中发现系统中存在的不合理部分并进行改进，直到用户满意为止。

（4）模型确定后的处理。由于原型法强调快速构建系统原型，因此在确定原型的过程中可能忽略的许多细节在这个阶段要逐个补充、完善与求精，最后形成一个适用的管理信息系统。

2. 原型法的特点

原型法从原理到流程都很简洁，并不需要深奥的理论和技术，因此受到系统开发者的推崇。与生命周期法相比，原型法有如下特点。

（1）尽可能利用现成软件和模型来构造原型。采用开发工具可以缩短系统开发周期、节省费用、提高效率。

（2）初始系统要能反映用户的基本要求。通过反映用户的基本要求，缩短用户与系统分析人员之间的距离。其主要表现在：① 所有问题的讨论都是围绕原型而进行，彼此之间减少了误解和答非所问的可能性，为准确认识问题创造了条件。② 有了原型之后，启发人们对原来想不出或不能准确描述的问题有一个比较确切的描述。③ 能够及早暴露出系统实现后存在的问题，促使开发人员在系统实现之前就及时解决。④ 从认识论角度看，原型法遵循了认识事物的规律——循序渐进。

但是，原型法不如生命周期法成熟和便于管理控制。实现原型法的关键是能否提供一个合适的软件开发环境和一套高级软件工具，能否根据需求说明转换成现实系统，并具有用户能接受的用户界面和自动转换工具。这些都还很不完善。

(三) 面向对象方法

面向对象方法作为一种新颖的、具有独特优越性的方法引起了人们的关注，同时面向对象方法也被视为解决软件危机的突破口。它起源于程序设计语言，但已经远远超出了程序设计的范畴。目前，面向对象方法被扩展到各个领域，如面向对象的体系结构、面向对象的硬件支持、面向对象的软件开发环境、面向对象的数据库、面向对象的程序设计语言等。

面向对象方法作为一种认识方法论，强调了对现实世界的理解和模拟，把现实世界到计算机的转换减少到最低限度，所以面向对象方法特别适合于系统分析和设计。

1. 面向对象方法的基本思想

面向对象方法是一种分析、设计、思维和程序设计的方法。它追求的基本目标是使分析、设计和实现一个系统的方法尽可能接近人们认识一个系统的方法，也就是使描述问题的空间和解决问题的方法空间在结构上尽可能一致。其基本思想是：对问题空间进行自然分割以更加接近人类的思维方式；建立问题域模型以便对客观实体进行结构模拟和行为模拟，从而使设计的软件尽可能直接地描述现实世界；构造模块化、可重用、维护性好的软件，并能够控制软件的复杂性和降低开发维护费用。面向对象方法认为，客观世界是由各种各样的对象组成，每种对象都有各自的内部形态和运动规律，不同对象之间的相互作用和联系构成了各种各样的系统。如果能在满足需求的前提下，把系统设计成由一些不可变的部分组成的最小集合，这个设计就是最优良的，这些不可变的部分就是对象。

对象是面向对象方法的主体。广义地讲，对象可以是任何人或事物。精确地讲，对象是一些属性及专用服务的封装体，它是问题空间中一些东西的抽象。对象就是我们在问题空间中要考虑的那些人或事物，它具有一组属性和一组操作，这些属性的值刻画了一个对象的状态。这些操作是对象的行为，通过它们改变对象的状态。

2. 面向对象方法的开发系统的过程

（1）系统调查和需求分析。对系统将要面临的具体管理问题以及用户对系统开发的需求进行调查研究，即先弄清干什么的问题。

（2）分析问题的性质和求解问题。在复杂的问题域中抽象地识别出对象及其结构、属性、方法等，即面向对象的分析。

（3）整理问题。利用面向对象的程序设计语言将上一步的成果抽象、归类、整理，即面向对象的设计。

（4）程序实现。利用面向对象的程序设计语言将上一步的成果直接映射为应用程序软件，即面向对象的程序设计。

3. 面向对象方法的相关概念

（1）对象与类

客观世界的任何事物都可以看作对象，这取决于我们对问题空间的抽象。对象可作如下定义：对象是一个封闭体，它由一组数据和施加于这些数据上的一组操作构成。

对象通常具有以下特性：① 每个对象必须有一个名字以区别于其他对象。② 用属性来描述它的某些特征。③ 有一组操作，每一个操作决定对象的一种行为。

我们可以这样来理解对象，即它是数据单元和过程单元的组合体。而类则是一组对象的抽象，这组对象具有相同的属性结构和操作行为，在对象所属的类中要说明这些结构和行为。一个对象是类的一个实例，有了类，才可以创建对象。类可作如下定义：类是创建对象的样板，它包含对创建对象的状态描述和对操作行为的说明。

（2）消息

在面向对象的系统中，各个对象之间的相互协作是通过发送消息来完成的，我们称这样的实现机制为"消息传递"机制。消息传递过程中，由发送消息的对象将消息传递给接收消息的对象，从而引发接收消息的对象执行一系列的操作。所传送的消息实质上是接收消息对象具有的操作的名称，当然还应该包括相关的参数。系统可以简单地看作一个彼此通过传递消息并相互作用的对象集合。

（3）抽象性

抽象是对复杂世界的简明表示。对象具有极强的抽象表达能力，既可表达结构化数据，也可表达非结构化数据，如图形、声音、复杂的规则等。有了这个特征，面向对象方法具有很强的建模能力。将数据结构上的抽象与功能上的抽象结合起来，统一于对象内，实现更高的抽象。

（4）封装性

封装即信息隐藏，是将数据抽象的外部接口与内部的实现细节清楚地分离开，是隐藏抽象的内部实现细节的结果。当开发一个总体程序时，程序的每个成分应该封装或隐蔽为一个单一模块。定义每一模块应尽可能不显露其内部处理。封装性是指保护软件的内部实现，只给用户提供良好的界面，用户不必了解其内部实现细节。对象是封装良好的模块，这种模块更易于重用。

我们可以从以下几点来理解对象的封装：① 对象具有一个清楚的边界，对象的私有数据、方法的细节被封装在该边界内。② 具有一个描述对象与其他对象如何相互作用的接口，该接口必须说明消息传递的使用方法。③ 对象内部的代码和数据应该受到保护，其他对象不能直接修改。

（5）继承性

继承是指一个类因承袭而具有另一个类的特征和能力的机制，因此继承性体现了面向对象方法的共享机制。若类之间具有继承关系，则它们之间往往具有下列几个特性：① 类间具有共享特征。② 类间具有差别或新增部分。③ 类间具有层次结构。

（6）多态性

多态性是指相同的操作可作用于多种类型的对象并获得不同的结果。给不同类型的对象发送相同的消息，不同的对象会分别作出不同的处理。例如，发送一个做"加法运算"

的消息,整数对象接收此消息后做整数加法,复数对象做复数加法,产生的结果显然是不同的。其多态性增强了软件的灵活性、重用性和可理解性。

第三节 信息化绩效评价

一、信息化问题解析

在外部宏观政策的导向和 IT 本身发展的推动下,IT 对于企业生存发展的战略意义和重要性与日俱增,企业对信息化的价值也寄予很高的期望。尽管企业信息化各方面已经取得了显著的成效,但仍然面临着诸多问题,这导致信息化呈现出各种"病症"。实际信息化的应用与企业的预期之间的巨大落差也促使人们不得不重新审视和评价信息化的绩效与价值。下面分别从战略层面、管控层面以及项目层面对企业信息化的一些典型症状进行分析,以便了解信息化绩效评价的意义。

1. 解析信息化战略投资的"黑洞"现象

从企业信息化的战略高度分析,IT 投资回报与战略实施应该是企业最为关注的话题。IT 的高风险性和高失败率要求企业在进行信息系统投资决策之前进行合理的战略定位,综合论证项目技术上的先进性和可行性、财务上的实施可能性、应用方面的合理性和有效性。然而在投资回报的计算方面,尽管国内外学者进行了二十多年的研究与探讨,但始终存在两种不同的观点。

一种观点即"IT 生产率悖论"。该观点主要基于许多公司呈现出的对计算机的大量投资却没有提升生产率的现象,以及政府公布的劳动生产率统计数据也没有稳定增长的迹象。诺贝尔经济学奖获得者罗卜特·索罗(1987)将这种现象总结为:"除生产率统计之外,你可以到处看到计算机",即所谓的"IT 生产率悖论"。在 1990 年以前,许多著名学者的研究结论都是:IT 和投资回报之间不存在相关关系,甚至认为美国 20 世纪 70—80 年代中期劳动生产率的下降是服务部门对 IT 过量投资的结果。2001 年 10 月,麦肯锡咨询公司发表《美国生产效率增长报告(1995—2000 年)》。报告显示,在总共 59 个行业中,仅有 6 个行业生产效率的提高与 IT 投资密切相关;而另外 53 个行业(约占经济体总量 70%),其生产效率的提高从总体上说与 IT 投资的关系可以忽略不计。这个结论表明,对 IT 行业的高额投资并不是创造美国生产力增长"神话"的主要力量,甚至于在绝大部分经济领域中对 IT 方面的大幅投资没有起到任何帮助生产力增长的作用。这也表明,众多的企业在 IT 应用方面的投资似乎遇到了一个巨大的"黑洞",使得企业的大量投入得不到回报。

而另一种观点则支持"IT 增值论"的观点。据美国 Inter@ctive Week 杂志和 MIT 的电子商务研究中心合作,其连续三年(1999,2000,2001)对美国的电子商务 500 强排名的调查研究发现,电子商务收入前 10 名的企业都是传统企业。在对这些企业的调查中发现,电子商务战略的财务收入仅仅是它们追求目标的一部分,以 IBM 和 Intel 为代表的厂商已经用新标准来测量电子商务投入回报。他们从供应链、客户、资源利用等角度进行分析,充分利用了一些在传统观念上被视为"企业外部"的因素来思考问题。例如,现在 Intel 的订单处理的总量中,有 30% 是公司下班以后自动进行的,虽然企业没有增加收入,但是方便了上下游企业和客户。这种情况财务报表没有反映,但是,这种"外部性"无疑增加了企业的竞争力。这个观点表明,在评估 IT 对组织的贡献方面,IT 的应用存在着很强的"外部性","外部性"效应无法在企业的财务报表中体现出来,因此,传统的绩效衡量体系有可能会给项目管理者错误的导向。由于 IT 成本的回报具有短期、长期之分,企业在评估 IT 的价值时往往会忽略对隐性收益的评估、对人的能力和意识提高的评估、对长期收益的评估等。这种评价体系会对持续的提高和创新给出令人误解的信号,使经理层为了追求短期效益而削弱长期的投入,从而使得企业缺乏长期发展的实力。

我们暂且不去讨论这两种观点的正确与否,但我们需要了解的是:与传统的其他实物投资的绩效评估相比,信息化的绩效评估和优化确实具有更高的复杂性。传统的投资项目价值评估的指标比较容易量化,而最终的评价中隐性成分相对较多,且 IT 的应用受到许多变量的影响,IT 与其他因素有很强的互补性。因此,对信息化进行绩效评估时,需要进行综合、全面衡量。

目前,尽管企业已经逐渐意识到信息化对于企业的重要性,但是,很少有企业能采用正确的方式和合理的依据,主动评价信息化的绩效或重视掌握信息化产生的价值,进行项目分析与计划,更不用谈对信息化无形收益的评价与量化问题。这客观上也需要建立一套信息化投资效益分析与风险评价的体系,帮助企业走出"IT 黑洞"。

2. 解析信息化管理控制的"黑箱"现象

从信息化的管理与控制层面看,如何保证整个 IT 系统的有效运营和管理是保证信息化绩效实现的关键所在。然而,在众多的企业管理者眼中,投资于信息化和进行大量的 IT 建设项目投资,是增强企业竞争能力、提升企业价值的唯一道路。他们只是将 IT 系统看作一个魔术师的"黑箱",根本不了解内部结构与功能,只是将大量资金投入,然后期盼着好的东西会奇迹般地出现。

然而,IT 系统的黑箱内暗藏着复杂的"机关",需要富有经验的管理者进行周密的计划和组织,在运营过程中进行有效管理与控制,否则,不管在建设阶段投入多少资金,在应用与运行阶段实现成本的回收和效益都只能成为梦想。

企业管理者没有对 IT 形成正确的认识是导致管控体系缺失的原因之一。不少企业的管理者认为 IT 只是技术部门或信息中心的事,离自己很远。而信息中心充当的仅仅是维护中心的角色,只有技术支持职能,而没有信息管理与技术管理职能;信息中心引进的人才是单纯的计算机专业人才,缺乏技术管理人才和信息经济人才。由于缺少真正的 IT 部门,没有"信息中心"等专门的组织机构,IT 系统的运营经常缺乏规划,企业各部门成了"电脑诸侯""信息孤岛",使得 IT 运营往往脱离企业实际需求的正确轨道,不是以企业为主,以应用为本,而是被 IT 厂商牵着走。

IT 技术与管理的脱节也是信息化管控缺失的症状表现。IT 管理部门有很大的权限购买和开发他们认为重要的系统，而不考虑 IT 投资的效率和效果。因此，IT 系统的应用并没有改变落后的流程，信息一致性与共享机制难以形成；原有业务处理流程与计算机信息处理流程间的矛盾难以解决；员工素质难以大幅度提高，团队精神难以形成。因此，很难使管理软件系统正常运行，或者即使勉强保持系统运行也未能实现预期目标。

可见，要想真正让 IT 系统发挥价值增值的作用，必须解决 IT 运营过程中的管理与控制问题，通过有效的管控手段使"黑箱"转变为"白箱"。一方面要将 IT 系统的技术与管理紧密结合起来，另一方面要明确 IT 系统的方向，通过确定明确的控制目标，使整个运营过程透明化，从而提高 IT 系统的效率，最终改善企业信息化的绩效。

3．解析信息化项目管理的"泥潭"现象

从企业信息化的项目建设层面分析，项目建设的成功与否关系到信息化的成败。目前，大量企业热衷于开发适用于自己的 MIS 系统，争相上 ERP 等项目，却陷入屡遭失败而难以自拔的境地，被称为"IT 项目泥潭"。

部分企业的信息化建设甚至成为了领导者的"政绩工程"，在信息化方面争取巨大投资，但是却盲目建设，存在严重的技术高消费问题，采购了先进的技术和设备，但在营运方面却落后很多。由于管理者对 IT 缺乏深刻的了解，他们通常将责任交付给技术人员。在这种情况下，IT 应用项目很快就会脱离管理人员的控制。由于缺乏来自业务和管理层强有力的推动，项目范围和目标很快会失去控制，导致系统的安装远远超出预定时间，数据丢失、系统反应时间延迟等问题屡屡发生。据专家统计，至少 90%的 ERP 系统的实施要么超过预定时间，要么超过预算。在对 ERP 系统的投资超过 1000 万美元的公司中，能够在预定的时间和预算内开通的几率等于零。

由于 ERP 等信息化应用项目实施非常复杂与困难，耗费的时间长，而且投入巨大，因而很多企业缺乏有效的项目管理和过程控制是导致信息化项目失控的直接原因。项目管理是一项需要很高技巧的复杂工作，需要制订合理的实施计划、良好的组织管理、沟通、整合、强有力的成本、时间、质量、风险控制。尤其对于大型的企业信息化项目来说，项目管理更是一门高深的学问和高超的艺术。如果项目在一次性投资后缺乏有效的监控和机制保障信息系统投资的实际投放和效益反馈，那么企业陷入信息化应用的"泥潭"就不可避免。

信息化项目评价缺乏可具体参照的标准也是导致项目陷入"泥潭"的根源之一。尽管评价通常经过前期项目立项、可行性研究、预算审查、招投标、专家评议，到项目中期的规划会议、选型会议、技术方案研讨会，再到项目结束时的测试、验收、总结、评奖等阶段，然而在回答信息系统项目有多大价值，或者能对企业绩效产生多大贡献的时候，通常只能用工作效率提高、业务处理速度改善、使用更加方便、资料更易于更新等模糊指标来回答。事实上，就信息化项目相对于企业的战略地位而言，其价值并非表现为简单地回答"要不要上"，而是要明确地回答"值不值"。这就需要建立项目验收和绩效评价标准，对信息化建设的投资实施持续的过程管理和评价。

二、信息化绩效评价的意义

管理大师德鲁克曾经说过,"无法度量就无法管理",强调了评价对企业管理的意义。通过对企业信息化症状的解析,我们不难看出评价对企业信息化建设的意义。不论是信息化建设的战略投资、运营与控制,还是项目管理,都离不开评价。评价不仅是结果的显示,也是 IT 战略实施的导航系统、系统控制的仪表板、项目过程管理的指示器。

(一)突破中国信息化建设与应用瓶颈

我国的信息化建设发展到现在,技术问题已经不再是问题,局部问题也不再是问题。当前我国信息化的建设与发展同样面临的是"过大关"的问题。事实上早在三年前,我们就旗帜鲜明地指出:IT 应用层次的差异不是取决于信息技术的先进性,而是由 IT 管控水平的高低造成的,信息化管理在相当长的一段时期内会成为我国信息化建设的瓶颈。

根据对中国信息化的长期观察与研究,我们发现不少单位有与其国际竞争对手一样的系统、软件,甚至技术和设备强于对方,所以单从技术的成熟性和先进性而言,我们整体应用水平并不低,但是为什么就没有对方做得好呢?其实原因很简单,IT 仅仅是个工具,并且这个工具并不是改善管理、业务流程、商业实践的万能工具。因此,与其他工具一样,必须通过有效的应用才能体现价值。而要想让 IT 得到有效的应用,并让信息系统绩效最优,最根本不是取决于信息技术和设备的先进性,而是要向管理要效益。因此,我国信息化建设迫切需要解决的不是技术问题,而是完善的 IT 治理机制与 IT 管控理念。IT 治理与 IT 管控作为一种涉及所有利益相关者之间关系的制度安排和管理实践,世界各国以及国际机构对这一问题都非常重视,制定了一系列的 IT 治理与 IT 管控的原则和标准,已经形成了一个全球性的 IT 治理与 IT 管控改革运动。我国的 IT 治理与 IT 管控,也越来越受到包括政府部门、监管部门、学术界以及行业用户在内的各界的重视。人们日益认识到,通过一系列 IT 治理方面的制度安排,能有效地提高 IT 战略与公司战略的一致性,提高 IT 的投资回报率,降低 IT 的风险。这正是我们所倡导的建设高效、可持续发展的中国信息化企业的必由之路。

(二)满足相关法律法规的要求

2002 年 7 月,美国颁布了《2002 年公众公司会计改革和投资者保护法》(即《萨班斯·奥克斯利法案》,简称 SOX 法案)。中国证监会将逐步借鉴该法案。SOX 法案的 302 节要求 CEO 和 CFO 就他们的内部控制系统进行报告,并在提交给 SEC 的报告上签字,以此作为保证。因此,这部法律将迫使管理高层确保其内部控制系统的适当性。法案的 404 节要求:陈述管理层建立和保持适当的内部控制结构及财务报告程序的责任;在上市公司的财政年度末,评估内部控制和财务报告程序的效果。SOX 法案的重要意义在于:直接明确了公司 CEO/CFO 本人面临的法律责任,为监管机构查处财务欺诈提供了强有力的法律武器,弥补了监管体系上的漏洞,使公司的激励机制与责任追究机制达成某种平衡。该法案在

CEO/CFO 面临的法律责任上明确规定如下。

（1）在公司定期报告中若发现因实质性违反监管法规而被要求重编会计报表时，公司的 CEO/CFO 应当返还给公司 12 个月内从公司收到的所有奖金、红利，其他形式的激励性报酬以及买卖本公司股票所得收益。

（2）如果公司 CEO/CFO 事先知道违规事项，但仍提交承诺函，最多可以判处 10 年监禁，以及 100 万美元的罚款。

（3）对于故意做出虚假承诺的，最多可以被监禁 20 年并判处 500 万美元的罚款。

自 SOX 法案颁布以来，对于任何一家在美国上市的公司而言，符合 SOX 法案都是前所未有的巨大挑战。但这同时对 CIO 来讲，却是"利好"，因为对已经开始实施法案的公司来讲，IT 在其内部控制中所扮演的重要角色立即凸显出来。CIO 们应该抓住这一机遇，倡导并树立自身的地位和信息化管控流程的重要性。因此，IT 人员，特别是 CIO，迫切需要精通内部控制理论，并且要在实践中遵守 SOX 法案。

根据我们咨询过的有关项目经验总结，CIO 应从以下几个方面迎接这一挑战：（1）强化自身的内部控制理论水平。（2）理解所在组织贯彻 SOX 法案的实施计划。（3）设计并实施信息化管控计划。（4）将信息化管控规划与组织的 SOX 法案实施计划进行整合。

（三）构建良好的公司治理和 IT 治理

公司治理和 IT 治理的一个关键性问题是：公司的 IT 投资是否与业务战略目标相一致，从而构筑必要的核心竞争力。由于企业目标变化太快，很难保证 IT 与业务战略目标始终保持一致，因此，需要多方面的协调，保证 IT 治理继续沿着正确的方向走，这也是 IT 投资者真正关心的问题。对 IT 治理而言，要能体现未来信息技术与未来企业组织的战略集成。IT 治理要尽可能地保持开放性和长远性，以确保系统的稳定性和延续性。但由于规划赶不上变化，再长远的规划也难以保证能跟上企业环境的变化。而这其中必不可少的有效解决措施是——建立信息化管控体系与绩效评价体系。鉴于此，信息化管控体系与绩效评价的作用变得越发关键，董事会、管理层、信息系统审计师作为有效的公司治理的基石，将成为开展上述关键职责的重要组成部分。

（四）为企业信息化建设"导航"

在信息时代的激烈竞争中，驾驭企业与在复杂天气中驾驭飞机一样困难。现代科学技术为飞行员提供了科学的导航系统，使飞机的驾驶变得简单。信息化建设也需要有一套科学的"导航"系统。企业信息化评价从企业引进 IT 的目的和战略出发，考察 IT 应用给企业经营和管理带来的影响，从而为信息化建设"导航"。

该导航系统可以帮助企业对信息化建设全过程进行全面的评价，彻底检查企业信息化的现状，确定信息化建设的阶段。企业可以根据项目建设前期所建立的可量化的项目建设的目标和成功标准，与项目建设后所取得的成效进行对比，并分析结果产生的原因，以便在持续改进的过程中逐渐消除"IT 投资黑洞""IT 项目泥潭"等现象。

联合国可持续发展各国首脑会议早在1992年制定的《21世纪议程》就曾指出:"各国政府应该建立评价现有信息价值的机制。评价信息系统的价值,已经不是在系统竣工的时候才想起的事情,而是在系统建设初期就需要回答的问题。这个评价体系,是企业信息化建设进程中不可缺少的实在基础。"

(五)促进信息化战略实施

20世纪六七十年代期间,最初的信息系统应用主要用于提高速度、准确性和降低成本等,那时信息系统只被作为提高生产力的工具。20世纪80年代,信息系统开始成为改善服务、共享信息、提高质量的支持平台,到了20世纪90年代,信息系统不再局限于更加快速、准确、低成本地处理数据,而且可以产生以下效益:缩短时间与空间;增加组织的记忆;联系组织、客户、供应商;促进业务流程变革。这四个方面所产生的效益已经表明信息系统开始用于改善和转变组织的业务实践,其重要性直接关系到组织的战略。企业在信息化方面大量投资,以寻求获取竞争优势。

目前,各类组织对信息系统的依赖性越来越强,甚至系统片刻的中断都有可能使组织无法存活,因为许多组织中的资金流转都与信息系统紧密相关。信息系统投资增大,系统从单一功能的自动化发展到整个企业层次,包括融资、供应、客户服务在内的企业全部价值链集成于一个综合的信息系统网络中,要求将企业的全部经营过程进行整合。IT成为有效进行管理变革以获得竞争优势的杠杆,因此,回报与失败的风险都极大地增加。

信息系统向战略性目标的转移也使得信息系统评价焦点向更广泛的业务绩效含义转移。IT评价趋向于从战略高度对系统进行整体规划,并遵循业务绩效准则进行系统的评价,而不仅是系统本身质量方面的评价。

(六)规范信息化管理控制

目前,企业对信息化的盲目投资、缺乏监管、控制不力、运营不善等现象还普遍存在。这些不规范现象的存在,也是缺乏管理控制和机制引导的表现。信息化绩效评价体系实际上就是为企业所有者和经营者提供的仪表板,对企业经营行为进行有效引导和规范。

随着对IT生产力悖论、IT黑洞等问题认识的日渐深入,人们意识到IT技术如果不能与管理融为一体,就不可能对形成企业的核心竞争力有所贡献。因而,对IT管理的关注点从早期的关注硬件转移到关注软件和技术管理,如今转移到IT收益管理与服务管理等方面。为了灵活、及时、有效地提供这些IT服务,必须有一套准确计算成本并保证服务质量的度量体系,并能够对IT服务进行一定程度的分类和固化。因此,绩效评价与管理也是满足这些要求,为IT服务管理创造良好环境的一种比较理想的方式。

总之,建立绩效评价制度,可以帮助企业管理者建立起一套科学的管理控制系统,有效控制信息化活动的进程,全面了解和掌握IT的经营绩效,从而有助于信息化发展与企业的总体目标协调统一,有利于正确引导和规范企业的经营行为,促使企业改善经营管理,有效地将企业短期利益和长期利益相结合。

(七) 加强信息化项目管理

尽管每年都有大量的信息化项目获得投资和建设,但是,由于 IT 本身具有先导性强、高风险、高收益等特征,信息化项目成为一个复杂的系统工程。它涉及企业的业务、技术、项目管理等方方面面,具有很多专业性的知识,要求项目参与人员具备全面的知识。例如,要求项目经理同时具备技术、业务、项目管理等方面的基本技能,对于某个具体企业也要有深入了解,并在企业中有一定势能和推动力,而且需要不断学习新的技能与方法。

信息化项目过程也充满了风险。系统规模越大,与管理联系越密切,集成度越高,风险也越大,失败概率越高。每年关于信息化项目投入与产出不成比例的消息比比皆是,其中最明显的例子就是 ERP。因此,如何评价信息技术、信息系统建设项目的价值,成为用户日益关注的焦点。

作为一个投资项目,企业必须在建设初期对这个项目可获得的投资回报有一个较为全面、客观的分析和估计,以确定项目的可行性;在建设进程中,企业必须了解和把握项目的进展、资源需求、质量控制、风险控制等诸多要素,以控制项目建设的时间、成本和质量;在项目竣工投入运行之后,企业必须通过详实的实证分析,以获得对项目价值实现的客观评价。信息化项目不应当脱离于这个基本框架,价值评估应当成为贯穿信息化项目整个生命周期的活动。

 ## 本章小结

1. 信息是依附于载体上的具有客观属性的东西,而加工信息是反映主体主观意愿并寄予载体上的,也具有客观存在的基本属性。信息具有事实性、等级性、不完全性、时效性、价值性、传输性、转换性、共享性等主要属性;信息资源具有重复性、目的性、限制性、公开共享性、流动性的特点。

2. 信息资源管理主要以服务于管理为宗旨,并将焦点放在组织资源上,目的是应用各种信息资源达到组织的战略目标。具有符合性管理、用资源代替系统、完善与优化信息资源的作用、强化信息管理的特征。常用的管理信息系统的开发方法包括生命周期法、原型法、面向对象法。

3. 信息资源管理的内容包括:组织中的信息;信息管理中的技术或人文因素的结合;信息资源开发及利用中的经济问题;信息管理的实施战略与组织体制。

4. 管理信息系统的产生和发展:人工管理系统;人工管理信息系统;管理信息系统;基于网络的管理信息系统。

5. 信息化绩效评价的意义:突破我国信息化建设与应用瓶颈;满足相关法律法规的要求;构建良好的公司治理和 IT 治理;为企业信息化建设"导航";促进信息化战略实施;规范信息化管理控制;加强信息化项目管理。

6. 信息是无限的、可再生的、可共享的,其开发利用会大大减少材料和能源的消耗,减少污染。大力推动信息的开发利用,要以需求索引,与信息化应用相结合,特别要注重实效。

思考题

1. 信息的属性是什么？
2. 什么是信息资源？
3. 信息资源的特点是什么？
4. 管理信息系统的开发方法及其优缺点是什么？
5. 信息化绩效评价的意义是什么？

案例分析

一个和尚提水喝，两个和尚抬水喝，三个和尚没水喝。其中，一个和尚、两个和尚和三个和尚是数据；一个和尚提水喝，两个和尚抬水喝，三个和尚没水喝是信息；而从三条信息中得到的"分工协作"的道理则是知识。"信息迷失在数据中，知识迷失在信息中，而智慧迷失在知识中"。

问题：
1. 你认为这种对数据、信息、知识的解释准确吗？
2. 对于案例中最后一句话，你是否认同其观点？试举例说明你的个人观点。

生产管理篇

Enterprise Management

- 第七章　生产管理
- 第八章　质量管理
- 第九章　物流管理
- 第十章　技术管理

第七章 生产管理

 学习目标

学习本章后,你应该能够:
1. 了解生产与生产过程的含义;生产过程的基本特征;生产管理;生产能力等基本概念。
2. 理解生产管理的基本内容;生产过程的组成类型及其特征;生产能力的种类;网络计划的基本内容。
3. 掌握不同生产类型的管理特征;企业选址的基本过程;设施布置的类型;影响生产能力的因素;生产计划的控制内容及现代生产方式的基本类型。

企业组织有三大核心管理职能:生产管理、财务管理与营销管理。其中,生产管理是基础,解决生产过程中的投入—转换—产出等若干管理问题。识别企业组织的生产过程,制定生产战略,分析企业组织竞争力、生产战略与生产率之间的必然联系等,都是生产管理首先要解决的问题。生产管理水平决定了企业的产量、产值、品种、质量、成本、效益等诸多问题,决定了企业的市场竞争能力,是企业生存和发展的基础。

第一节 生产过程

一、生产过程的含义及特征

(一) 生产与生产过程的含义

1. 生产的含义

生产是通过劳动把资源转化为能满足人们某些需求的产品和服务的过程。生产是人类社会最基本的活动,是通过创造物质财富来满足人们消费需求的活动。从事生产活动,必须有劳动力、劳动工具和劳动对象,生产活动即劳动者利用生产资料,生产出适合社会需要的产品的活动。

2. 生产过程的含义

广义的生产过程,包括技术准备过程、基本生产过程、辅助生产过程和生产服务过程。狭义的生产过程,是指从原材料投入开始,一直到成品生产出来为止的全部过程。任何一种生产过程,都是劳动力、劳动工具和劳动对象的结合过程,也是劳动过程与自然过程的有机结合过程。

生产过程是一个"投入—转换—产出"的过程，即投入一定的资源（人力资源、物力资源、财力资源、信息资源），经过一系列的转换（加工、制造、装配、劳动服务），最后以某种形式的产出（实体产品、服务产品）提供给社会，满足市场需要的过程。这个过程也是企业通过生产活动实现价值增值的过程。

（二）生产过程的组成

（1）技术准备过程。即产品在投入生产前所进行的一系列的技术准备工作，包括产品研发、产品设计、产品试制、工艺设计、设备调试、图纸及其他技术资料的准备等。

（2）基本生产过程。即从原材料投入生产的第一道工序开始，一直到成品下线最后一道工序完成的过程。它是企业生产过程中最重要的组成部分，如机器制造企业中的铸造、锻造、机械加工和装配；纺织企业的纺纱、织布。

（3）辅助生产过程。即保证基本生产过程正常进行所需的各种辅助产品的生产过程或劳务活动，如动力生产供应、夹具模具制造、设备维修等。

（4）生产服务过程。即为基本生产和辅助生产所进行的各种生产服务活动过程，如原材料、辅助材料、零部件、工具、燃料、半成品等物资的供应、运输、保管、试验与检验等。

上述各组成部分既互相区别，又互相联系。其中，基本生产过程居主导地位，是企业生产过程中不可缺少的部分，它可按照工艺加工性质划分为若干相互联系的工艺阶段。工艺阶段又可划分为许多相互联系的工序。工序是组成生产过程的基本环节，是指一个或几个工人在一个工作地上对同一个（或几个）劳动对象连续进行工作的活动。

（三）生产过程的特征

1．生产过程的连续性

连续性是指产品在生产过程的各阶段、各工序之间的流动，在时间上是紧密衔接、连续不断地进行的。也就是说，产品在生产过程中始终处于运动状态，从第一道工序开始一直到最后一道工序结束都要连续进行，除了技术要求的必要停顿外，不发生或很少发生不必要的停顿和等待时间。

2．生产过程的比例性

比例性是指生产过程的各阶段、各工序之间在生产能力上要保持适当的比例关系，即各个生产环节的工人人数、机器设备、生产面积和生产能力都必须互相协调，互相适应。

3．生产过程的平行性

平行性包括两方面的含义：一是指一个产品的各个零部件尽可能地平行生产，即尽可能同时生产或同时完工；二是指一批相同零件同时在各个工艺阶段上加工，即零件在工序间采用平行移动方式。平行性的好处在于可以缩短生产周期，并为生产过程的连续性创造了条件。

4．生产过程的均衡性

均衡性是指企业及各个生产环节在相等的一段时间内，生产相等或递增数量的产品，各工序的负荷充分并相对稳定,不出现时松时紧、前松后紧的现象。

5. 生产过程的适应性

适应性是指生产过程为了适应市场不断变化而不断改变产品品种时,能以最少的投资和最短的时间适应这种改变的能力。

二、生产管理

(一) 生产管理的含义

为确保实现预期的产出,需要在生产过程的各个阶段实施有效的管理。生产管理,是指对投入生产的各种资源及其组合运作过程进行有效的计划、组织、指挥、协调和控制,以保证顺利完成生产任务的管理活动。生产管理的目标是实现"三低、三高",即低污染、低消耗、低成本;高质量、高效率、高效益。

(二) 生产管理的主要内容

1. 生产运作系统的设计

生产运作系统的设计涉及新产品的开发、生产能力的确定、生产工艺的设计、生产部门及设备的配置和岗位设计、生产人员工作定额的确定、物资及能源消耗定额的确定、污染物排放及处理系统的设计等。

2. 生产运作系统的控制

生产运作系统的控制包括生产计划的制订和执行、生产人员的调度和管理、生产时间和进度的控制、项目管理和质量控制等。生产运作系统控制的目的,是按照用户订单或市场需要合理安排和组织生产活动,要求包括品种、规格、型号、数量、质量、时间等都能满足用户和市场的需要,同时做到节能减排,最大限度地减少物资消耗和人工浪费,努力降低生产成本,提高生产效率和经济效益。

三、生产类型

(一) 生产类型及特点

1. 单件生产

单件生产的特点是产品不稳定,品种多,每一品种的产量很小,经常生产一件或几件,不重复生产或偶尔重复生产。由于品种变换频繁,要求生产运作系统有最大的适应性。因此,单件生产多数采用通用或富有柔性的设备,设备是按照工艺专业化标准布置的,要求工人有较高的技术水平。

2. 成批生产

成批生产的特点是产品品种相对稳定,品种从几种到若干种,每一品种的产量不是很大,经常按一定数量整批生产和重复生产。它的专业化程度随批量大小而变化。根据数量多少可以分为大批量生产、中批量生产、小批量生产。

3．大量生产

大量生产的特点是产品稳定，品种少，产量大，每个工作地固定执行一道工序或少数几道工序，工作地专业化程度高，普遍采用高效率的专用设备和专用工具，有利于实行流水生产。

（二）确定生产类型的标志

要确定企业的生产类型，首先要看生产系统的最基本环节——工作地的加工工序的重复程度，因为它能综合反映出企业生产的产品品种和产量的多少。产品结构的主要标志是在一定时间内固定于工作地上的工序数目的多少，也可通过计算工序占用工作地系数（即工序单件时间定额与节拍的比值，或固定于工作地上的工序数目的倒数）来确定。一旦工作地生产类型确定后，就可以按由下而上的优势原则分别确定工段、车间、分厂直至企业的生产类型。当产品品种、规格和加工工艺方法相同时，产品产量的大小可作为判别生产类型的主要依据。

（三）不同生产类型的管理特征

不同的生产类型在生产管理上有着不同的特征。

1．单件生产的管理特征

单件生产一般按订单组织产品的设计和制造。其生产管理的重点是：（1）及时了解企业的设计能力和制造能力，掌握生产成本的基本数据，对随机到达的订单能估算交货进度与报价；（2）随着订单的增加，分析计划中资源的不平衡及瓶颈所在，采取相应措施；（3）重点抓订单中的关键零部件，落实生产进度与物流平衡；（4）抓产品配套，保证按合同如期交货。

2．成批生产的管理特征

成批生产一般可划分为小批、中批与大批生产。小批生产以订单作为制订生产计划的依据，而大批生产则以市场预测为主，中批生产则需兼顾两方面的情况而定。提高企业竞争力的关键是适应市场需求不断地开发新品种，在主导产品系列上能做到生产一代、试制一代、预研一代、构思一代，并不断地提高质量，降低成本。

成批生产管理的重点是：（1）优化产品组合，使各项产品之间在其生命周期上衔接，在满足市场与用户需求的前提下，充分利用生产资源，寻求最佳经济效益；（2）确定合理的测量标准，科学地组织各项产品的投入与产出；（3）设计合理的空间与时间组织方式，简化和改善生产管理工作；（4）抓关键零部件的生产，组织好配套工作。

3．大量生产的管理特征

大量生产一般要根据市场预测制订生产计划，合理地设置各阶段的库存以应付外部市场需求的波动性。其生产管理的重点是：（1）既要缩短生产周期、加快流动资金的周转，又要保证原材料、动力不间断地供应；（2）强化设备维修，保证生产过程不出故障，尤其是对连续性的生产过程更需要严格要求；(3)实行对生产的实时监控，保证按节拍进行均衡生产；(4)集中统一地进行计划与控制，推行经过优化的适合大量生产的标准计划；(5)不断降低消耗和产品成本，发挥大量生产中的节约效应。

第二节 生产布置

一、选址

（一）选址的重要性

企业生产选址的重要性主要表现在以下两个方面：一是关系到企业的长期发展规划；二是影响企业的生产成本和经济效益。选址决策事关长远，一旦确定，很难改变。因为选址确定之后，涉及用地、厂房建筑物和构筑物的建设、管网线路的铺设、道路的规划等多项基本建设和固定资产的投资。选址决策会直接影响投资需要、运营成本、物流费用。不好的选址将导致成本过高、劳动力缺乏、丧失竞争优势、原材料供应不足或与此类似而不利于运作的情况。

（二）选址方案

企业决策人员在选址时，通常会考虑以下四种方案。

第一种是在原地址扩展现有的工厂。如果有足够的空间可以扩展，特别是这个地点有着其他地点少有的诱人的优点时，这种选择是最具有吸引力的，其扩展费用常常要低于其他几种选择。

第二种是保持现有的地点并增加新地点。在其他地点购置土地，建设新厂房或开办分厂，或将原厂中的一部分生产车间、产品项目转移到新厂区。

第三种是放弃现有地点而迁至新地点。在选择此方案前，企业必须对迁移成本及由此获得的利润与留在原地的成本和利润进行衡量比较。市场的转移、原材料的耗竭及运作成本等是促使企业考虑这一选择的主要因素。

第四种是企业什么都不做，继续保持原有的状态。如果通过对备选地点的详细分析不能确定上述三种选择中的哪一种更具有吸引力，那么企业可能会决定至少在目前仍保持原有的状态不变。

（三）影响厂址选择的因素

影响厂址选择的因素主要是劳动力条件、原材料供应条件、产品销售条件、交通运输条件、地理条件、基础设施条件、气候条件、职工生活条件、环境保护条件等。

许多因素会影响选址决策，但是，经常只有一个或几个最重要的因素对该决策起决定作用。例如，在制造业中，潜在的决定性因素通常包括丰富能源的可获得性、水的供应和与原材料的邻近程度。核反应堆需要大量的水来制冷，而像钢铁和铝生产之类的重工业则需要大量电力。运输成本也是一个重要因素,包括交通运输方式、便利性、竞争者所处的位置及与市场的邻近程度。

一旦企业确定了影响选址决策的最重要因素,就可以把备选方案限定在一定的区域范围内。接下来,通过详细分析,就可以确定具体的地址方案。

1. 区域因素

最主要的区域因素包括原材料、市场、劳动力、气候和税收等因素。

(1) 原材料的位置。企业选址应距原材料产地很近或就在其产地,这出于三个主要原因:必要性、易损坏性及运输成本。采矿业、农场、林业和渔业属于必要性范围。显而易见,这类运作必须紧挨原料产地。从事新鲜水果或蔬菜的制冷保鲜和罐头生产、奶产品加工、烘烤等行业的企业在选址时,必须考虑易腐烂性。对于那些原材料在加工过程中会缩减体积从而导致加工后的产品或材料的运输成本减少的工业而言,运输成本非常重要。具体例子有铝精炼、乳酪制造和造纸业。有些企业选择离资源中心较近的位置。例如,炼钢需要用大量的煤和铁矿,因此,美国的许多钢厂将厂址选择在阿巴拉契煤田和铁矿之间。运输成本经常是卖主把厂址选择在靠近顾客的地点的原因。

(2) 市场的位置。企业通常会选择在它们作为竞争战略一部分的市场附近,要靠便利性来吸引顾客。因此,这些企业要寻求人口众多、交通便利、市场容量大的地点。

(3) 劳动力因素。劳动力因素包括劳动力的成本、劳动力素质、劳动力供求状态、劳动力的生产率及其对待工作的态度以及工会是否健全等。

(4) 气候和税收。气候会影响交通运输、生产成本以及员工的生活。如寒冷地区冬季防寒取暖的费用增加,也会给交通运输带来成本的增加。有的地区在招商引资中给予减免税的优惠政策,以吸引投资者前来投资建厂。

2. 社区因素

许多社区积极吸引新企业,因为它们被认为是未来税收和新就业机会的潜在源泉。但是,一般而言,社区不希望新企业带来污染问题或者降低社区生活质量。当地居民对这类企业可能会极力排斥,因此一个企业可能不得不花大力气来使当地官员相信它是"负责的公民"。而且有些企业还发现,即使整个社区对它们持欢迎态度,仍然会有某一特定地点附近的居民持反对意见,他们反对因此可能增加的噪声、交通或人口等问题。这类事例包括社区居民反对机场扩建、邮区的重新划分、核电站和高速公路的建设等。

3. 与具体地址有关的因素

与地点有关的主要因素有用地、交通运输、区域或其他限制因素。

对备选地点的评估需要与工程师或建筑师一起商讨,特别是重工业制造、大型建筑或有特殊要求的设施。土壤条件、荷载力及排水率可能是至关重要的因素,在评估中必须请专家评定。

因为土地通常需要长期使用,因此土地费用可能是与地点相关的第二重要的因素。如将来扩展的空间、现有设施和排水能力及任何其他可能阻碍将来发展的限制因素,还应有足够的停车场地供员工和顾客使用。另外，对很多企业而言，有通往汽车站或铁路站点的道路很重要。

工业园区对从事轻工业制造或装配、仓储业和服务业的企业而言，是有价值的选择。它的土地通常已得到开发，电、水、下水道都已经接通，分区限制也不需要特别注意。从消极方面看，工业园区可能限制企业某些方面的活动，从而限制企业产品、服务及其工艺流程将来的发展。有的园区对建筑物的规模、外形、建筑风格有严格规定，会限制管理者的选择余地。园区也可能没有足够的空地用以满足企业将来的发展需要。

二、设施布置

（一）工艺专业化布置

工艺专业化布置是按生产工艺特征安排生产单位或设备的布置方式。在这种布置方式下，相似的生产单位或设备被放在一起。例如，机械制造厂将车床、铣床、磨床等设备分别放置，形成车工车间、铣工车间、磨工车间。这种布置方法对产品品种变换的适应性较强，设备的利用率也较高。其不足是产品的物流比较复杂，生产过程连续性差，在制品库存量也较高，整个生产周期较长。工艺专业化布置特别适合于小批量、多品种生产。这种布置主要考虑采用何种方法布置各个不同生产单位或设备，使物流更合理，达到预期的目标要求。

（二）产品专业化布置

产品专业化布置是按产品制造的工艺流程安排生产单位或设备的布置方式。在这种布置下，生产单位或设备是按照某一种或几种产品的加工路线或加工顺序顺次排列的。典型的这种设备布置是流水线或生产线。例如，汽车厂的装配线的布置。这种布置方法使产品在空间上紧密衔接，缩短运输距离，减少了在制品，节约生产面积，易于管理，其不足之处是对品种变换的适应能力差。产品专业化布置适合于大批量、连续生产。在产品专业化布置中，主要考虑如何使每一单元的操作时间都大致相等，即装配线或生产线平衡问题，以提高输出效率。

（三）成组技术布置

自20世纪50年代成组技术在制造业中推广应用以来，其应用范围已由单纯的成组加工延伸到产品设计、制造工艺及生产管理等整个生产系统，不但成为提高多品种、中小批量生产企业经济效益的有效途径，而且成为开发柔性制造系统和计算机集成制造系统的重要基础。

由于成组技术扩大了零件生产数量，这就为在单件、中小批生产企业采用先进的工艺方法，高效率的自动机床和数控机床，以及成组生产单元和成组流水线等先进的生产组织形式创造了重要条件。

同时，成组技术的采用对企业生产过程系统中的劳动组织、设备布置、计划安排、在制品管理和零件配套等提出了新的要求，在提高企业经济效益上有其特殊的意义。

由此可见，成组技术不是单纯的工艺组织方法问题，它涉及产品设计、工艺设计、标准化工作、生产管理和计划管理等许多方面。从实质上讲，成组技术是一种生产组织管理技术。

成组技术是建立在工艺工序相似性原理的基础上，合理组织生产技术准备和生产过程的方法。由于工艺工序的相似性是与被加工零件的几何形状、尺寸大小、精度要求、材料或毛坯种类等密切相关的，所以，成组技术包含以下主要内容。

（1）对企业生产的所有零件，按照几何形状、尺寸大小、加工方法、精度要求、材料或毛坯种类的相似性，依据一定的分类系统进行零件的编码、归类、分组，达到以数码代形的作用。

（2）根据划分的零件组，将同类型的零件组建立成组生产单元、成组生产线或成组流水线。成组生产单元是按完成一组零件的全部工艺过程配置设备和工艺装备，并按典型的工业过程布置设备。成组生产单元在形式上与流水线相似，但它不受节拍时间的限制。

（3）按照零件的分类编号，为设计新产品选用类似零件，并把零件的分类编号同标准化、通用化工作结合起来。工艺技术人员要按照成组工艺的要求使用典型的工艺规程和相应的工艺装备。生产管理也要按成组零件组织生产。

（4）成批生产单元将成为多品种、中小批生产的理想组织形式。因为它兼有工艺专业化与产品专业化的优点，既富有柔性，能适应多品种生产的要求，又按一定的零件分类后形成的零件组进行布置，具有对象专业化的特征，实现后的经济效益将非常明显。

目前，成组技术已远远超出了工艺的范畴，深入到企业生产经营管理工作的各个方面。成组技术的原理及其对多品种小批量生产企业的发展所起到的巨大作用，已经得到世界各国的公认。

（四）计算机辅助布置

随着计算机在企业管理中的应用，在较大型的设施布置问题中，还可以采用计算机辅助布置的方法。常用的计算机辅助设施布置软件，如计算机辅助规划技术（Computerized Relative Allocation of Facilities Technique，CRAFT）。它是美国人开发的一种常用的计算机辅助生产和服务设施布置的工具。它以物料的总运输费用最低为原则，逐次对初始的块状区划图（可以是任意的）进行分析，将各单元的位置两两相互对换求得可行解。若某些块状中心要求特殊位置，则可以作为约束条件输入，计算各方案下的运输费用，费用最低的方案为最优解。CRAFT 所得出的答案并不是唯一的最优解，其计算结果与初始布置方案有关。因此，通常需要以若干个不同的初始布置方案求得几个最终解，然后再从中比较取舍。CRAFT 经过发展后的软件称为 Space CRAFT，用于解决多层布置问题。

（五）流水线布置

流水线是一种先进的生产组织形式。它是按照产品（零部件）生产的工艺顺序排列工作地，使产品（零部件）按照一定的速度，连续、有节奏地经过各个工作地依次加工，直到生产出成品。

这种生产组织形式一般具有以下特征：(1) 工作地专业化程度高。在流水线上固定地生产一种或少数几种制品，每个工作地固定完成一道或几道工序。(2) 工艺过程是封闭的，工作地按工艺顺序排列，劳动对象在工序间作单向移动。(3) 每道工序的加工时间同各道工序的工作地数量比例一致。(4) 每道工序都按统一的节拍进行生产。所谓节拍是指相邻两件制品的出产时间间隔。

流水线的上述特征决定了它具备以下优点：整个生产过程平行连续，协调均衡；有利于机器设备和人力的充分作用；最大限度地缩短生产周期；缩短运输路线，工序间的在制品数量很少；由于工作地专业化程度高，能采用专业设备、工具，有利于提高劳动生产率。

流水线的具体形式多种多样，可按不同标志予以分类。

(1) 按生产对象是否移动，可分为固定流水线和移动流水线。前者是指生产对象位置固定，工人携带工具依次对生产对象进行加工；后者是指工人和设备的位置固定，生产对象依次经过各道工序的工作地进行加工。

(2) 按生产品种数量的多少，可分为单一品种流水线和多品种流水线。前者只固定生产一种制品；后者生产两种或两种以上的制品。在多品种流水线条件下，由于加工的制品不止一种，因此，存在一个制品的轮换方式问题。从制品的轮换方式看，多品种流水线可分为可变流水线和混合流水线。可变流水线是分批轮换地制造固定在流水线上的几个品种；混合流水线是将生产作业方式大致相同的特定几个品种在流水线上混合、连续地生产。

(3) 按生产连续程度，可分为连续流水线和间断流水线。前者是制品在一道工序上加工完毕后，立即转到下一道工序继续加工，中间没有停放、等待时间；后者是制品在完成一道或几道工序后，在下道工序开始前，存在停放、等待时间，致使生产过程有一定程度的中断。产生间断的原因主要是由于流水线上各道工序的加工时间不相等或不成倍数关系。

(4) 按实现节奏的方式，可分为强制节拍流水线和自由节拍流水线。前者是准确地按节拍生产制品的流水线，它靠机械化运输装置来保证固定的节拍；后者不要求严格按照节拍生产制品，节拍主要靠工作的熟练程度来作保证的，因而可能产生波动。

(5) 按机械化程度，可分为手工、机械化和自动化三种流水线。手工流水线一般用于装配；机械化流水线应用最广；自动化流水线是流水线的高级形式。

(6) 按运输设备种类，可分为无专用运输设备的流水线、具有非机动专用运输设备的流水线和机械化运输设备的流水线。在无专用运输设备的流水线上，制品或由工人自己用手传送给下一个工作地，或用普通运输工具运送；在非机动专用运输设备的流水线上，制品主要靠本身的重力来运输，一般采用的运输设备有斜面滑道、滚道等；在机械化运输设备的流水线上，通常采用传送带、循环悬吊运送器等运输制品。

组织流水线的基本条件有：(1) 产品的结构和工艺应相对稳定。在产品的结构方面，要能反映现代科学技术成就，并基本定型，有良好的工艺性和互换性，以保证加工时间的稳定。在工艺方面，要求工艺规程能稳定地保证产品质量，采用先进的经济合理的工艺方法、设备和工具。产品的结构和工艺的先进性是稳定性的前提。产品的结构和工艺落后，很快被淘汰，所组成的流水线也会随之淘汰，造成浪费。(2) 制品要有足够大的产量，以保证流水线各工作地有充分的负荷。(3) 制品加工的各工序能细分或合并，各工序的时间定额应与流水线节拍相等或成倍数关系，即同期化。工序同期化是保证连续生产、充分利用设备和人力的必要条件。

第三节 生产能力与生产计划

一、生产能力

（一）生产能力的含义

从广义上讲，企业的生产能力是指设备能力、人员能力和管理能力的总和。设备能力是指设备和生产面积的数量、水平、生产率与使用时间等因素的组合。人员能力是指人员数量、技术水平、出勤率与有效工作时间等因素的结合。管理能力包括管理机构及其运行效率，管理人员的素质、经验、水平、工作态度以及运用先进管理理论与方法等因素的组合。通常在实际核算生产能力时，假定人员能力、管理能力、设备能力相适应。生产能力是指在一定的生产组织技术条件下，在一定时期内，直接参与生产过程中的生产性固定资产所能生产的一定种类和一定质量产品的最高数量，或者所能加工处理一定原材料的最大数量。

对生产能力的含义可从以下几个方面理解：(1) 企业生产能力按企业的全部生产性固定资产来计算，即按直接参加生产的固定资产计算。(2) 企业生产能力反映一定时期的实物量。生产能力是按一定时期计算，一般与生产计划时期相对应，以便进行能力与任务的平衡。生产能力是以实物量为计量单位的。生产单一品种产品的企业可用具体产品的实物量计量单位作为生产能力的计量单位；生产多品种产品的企业，当生产的品种稳定，可用代表产品或假定产品的实物量计量单位作为生产能力的计量单位；生产的品种不稳定时，采用某一共同的重要技术参数作为生产能力的计量单位，如煤厂用标准煤、发电厂用千瓦表示生产能力的计量单位。(3) 生产能力和一定的技术组织条件相联系。技术组织条件不同，生产能力不同。通常核算的生产能力，应该是在生产组织条件良好、工艺先进、技术准备合理情况下的生产能力，即所谓"正常条件"下的生产能力。(4) 生产能力应是企业各生产环节、各种生产设备的综合能力。

（二）生产能力的种类

1. 设计生产能力

设计生产能力是指企业在新建、扩建或进行重大技术改造时，由设计任务书或有关技术文件规定的生产能力。这个生产能力要在企业建成后经过一段时间才能达到,是企业拥有的潜力,是编制长远规划的依据。

2. 查定生产能力

查定生产能力是指企业在产品方向、劳动状况等技术组织条件方面发生了某些重大变化,原有设计能力已不能反映实际情况时,重新调查、核定的能力,其作用与设计能力相同。

3. 计划生产能力

计划生产能力是指根据企业在计划期内可以实现的各种技术组织措施条件所确定的生产能力。这种能力是生产计划编制的依据,是现实的生产能力。每当编制生产计划时,都需要核算相应时期的计划能力。一般计划能力的时期与生产计划时期是相对应的。在编制长期生产计划时,需要进行长期生产能力决策,即产品规划、设施选择等决策;在编制年度生产计划时,需要核算相应的年度生产能力;在编制生产作业计划时,需要核算相应的月度、旬或日的生产能力。

(三)影响生产能力的因素

从广义的生产能力角度,影响生产能力的因素包括产品因素、设施因素、工艺因素、人力因素、运行因素以及生产系统的外部因素。

1. 产品因素

产品结构、工艺复杂程度影响生产能力。产品标准化、系列化、通用化程度高,生产系统的能力要比生产产品品种多、工艺复杂系统的能力大。

2. 设施因素

生产设备和生产面积的规模、利用率和生产效率影响生产系统的能力。生产设备和生产面积是构成生产能力的最稳定因素,通常核算生产能力时,也是以生产设备和生产面积为核算对象的。生产设备多、面积大、利用率高、生产效率高,生产能力也大。

3. 工艺因素

不同的加工方法令生产系统的能力不同。同时,生产工艺可以保证产品质量,减少检验和返工,也可以提高生产能力。

4. 人力因素

员工对技能掌握程度和经验的运用,以及员工的动机、缺勤、离职等都会影响生产力。

5. 运行因素

生产计划的安排、库存存储策略、质量检验与控制方法、设备维修策略、发货方式等都会影响生产能力。

6. 生产系统的外部因素

生产系统与外部的协作关系,原材料与外购零部件的采购、供应方式与及时性,都影响实际生产能力。组织的生产能力是生产与运作过程中许多因素综合作用的结果,而且这些因素在不断变化,使生产能力也具有动态性。

（四）生产能力核算

在核算计划期生产能力时，通常以生产设施为核算基础，假定其他影响因素与设施最大效用发挥相适应。生产设施包括生产设备和作业场地。设备数量和作业场地大小、生产效率、生产有效时间是生产能力核算的主要因素。

在核算生产能力时，设备数量应包括现有的全部用于生产的设备，不论是运转的、维修与正在修理的、已处于待安装的，还是因任务不足而暂停使用的设备。而核算计划期生产能力时，只计算计划期可动用的设备。当生产能力受作业面积限制时，如铸造、铆焊，以及一些服务业的运作过程，核算生产能力以生产用房屋和场地面积为依据。

生产效率可用单位台时和单位平方米小时的产量定额，即单台设备或单位平方米在单位时间内的定量定额，也可用单位产品的台时定额或单位作业的平方米小时定额，即单台设备或单位平方米生产单位产品或作业的时间定额。但是这两方面效率水平的状况都离不开劳动者的科技水平和劳动技能熟练程度，学习效应会对其产生影响。

设备与作业场地的工作时间分为制度工作时间和有效工作时间。制度工作时间是扣除法定节假日和休息日的工作时间。有效工作时间是在制度工作时间中扣除设备修理、停歇时间后的工作时间。

设备修理停工率按修理计划或重要设备修理的经验统计数确定。计算生产面积的生产能力时，一般采用制度工作时间，因为不存在检修问题。

当设备生产一种产品时，单台设备生产能力为

$$M = F/t$$

式中，M 为设备的生产能力，单位为件或台；F 为单台设备计划期有效工作时间，单位为小时；t 为单位产品的台时定额，单位为（时/件或时/台）。

设备组生产能力为

$$M = F \cdot S / t$$

式中，S 为设备组的设备数，单位为台。

对于生产多种产品的设备或设备组，计算生产能力常采用代表产品法。

代表产品法是以多种产品中所选的代表产品为标准来核定生产能力。代表产品一般是产量大，占用工时较多或结构、工艺上具有代表性的产品。采用代表产品法来确定生产能力的具体步骤如下：

（1）计算以代表产品表示的设备组生产能力 $M_{代}$：

$$M_{代} = F \cdot S / t_{代}$$

式中，$t_{代}$ 为产品的台时定额。

（2）将各种产品产量换算成以代表产品表示的总产量 $Q_{总}$：

$$Q_{总} = \sum Q_i K_i \quad (i = 1, 2, 3 \cdots n)$$

式中，$Q_{总}$ 为以代表产品表示的计划总产量，单位为台或件；Q_i 为第 i 种产品的计划产量，单位同上；K_i 为第 i 种产品的台时定额与代表产品的台时定额之比。

(3) 计算具体产品的生产能力：

$$M_i = M_{代} \cdot Q_i / Q_{总}$$

式中，M_i 为第 i 种产品的生产能力，单位为台或件。

二、生产计划

(一) 生产计划的含义与指标体系

1. 生产计划的含义

生产计划是在一定时期内企业从事生产活动的打算和安排。生产计划是组织和控制企业生产活动的依据，企业的所有生产活动都应纳入计划。企业的生产计划分为长期生产计划、中期生产计划和短期生产作业计划。长期生产计划的任务是进行产品决策、生产能力决策，以及确立何种竞争优势的决策。中期生产计划的任务是在正确预测市场需求的基础上，充分利用现有资源和生产能力，尽可能均衡地组织生产活动和合理地控制库存水平，以及尽可能满足市场需求和获取利润。短期生产作业计划的任务是直接依据顾客的订单，合理地安排生产活动的每一个细节，使之紧密衔接，以确保按顾客要求的质量、数量和交货期交货。

按照我国企业的习惯，将中期生产计划简称为生产计划，将短期生产作业计划简称为生产作业计划。

2. 生产计划指标体系

(1) 产品品种指标。企业在计划期内生产的产品品种、型号、规格、花色、款式等方面的指标。

(2) 产品质量指标。它规定了企业在计划期内产品质量达到的水平。生产计划中的产品质量指标通常采用综合性的质量指标，如合格品率、一等品率、优等品率、废品率、返修品率等。

(3) 产品产量指标。它规定了企业在计划期内生产的合格产品的数量。产量指标以实物单位计量，如台、件、袋、箱、吨、米、千瓦等。

(4) 产品产值指标。它是用价值量表示的产量指标，能综合反映企业生产的总成果，包括商品产值、总产值、净产值等。

(二) 生产计划的控制

1. 生产计划控制的含义

生产计划控制主要是指在生产计划执行过程中，对作业活动和产品生产的数量和进度等所进行的控制，也称为生产作业控制。生产计划控制的主要任务是通过各种有效的协调措施和调控方法，预防或制止生产过程中可能发生的或已经发生的脱离计划及目标的偏差，保证作业活动和产品生产按计划所预定的目标顺利完成。

生产计划控制是实现生产作业计划的重要手段。虽然生产作业计划对日常生产活动已做了比较周密而具体的安排，但随着时间的推移，市场需求往往会发生变化。此外，各种生产准备工作不周或生产现场偶然因素的影响，也会使计划产量和实际产量之间产生差距。因此，必须及时监督和检查，发现偏差，进行调节和校正，确保计划目标的实现。生产计划控制是整个生产活动的中心。

2．生产计划控制的内容

生产计划控制包括生产进度控制、在制品控制、生产过程中的成本控制、生产过程中的质量控制、生产过程中的人员控制等。在生产计划与实施之间，从下达指令安排生产、调整偏差到向计划系统反馈信息的整个过程，都可以视为生产计划控制的内容。

从生产计划控制的内容来看，主要包括三个方面的要素：（1）控制标准，即制订生产作业计划及其依据的各种标准。（2）反馈信息，即取得实际执行结果同原有标准之间将要产生或已经产生偏差的信息。（3）纠偏措施，即对将要产生或已经产生的偏差作出解决偏差的措施。

这三个要素是缺一不可的。没有生产作业计划及其依据的各种标准，就不可能有衡量执行生产作业实际结果的依据；没有事先规定和事后检查同标准发生偏差的信息，就无法了解和评价生产作业计划的执行情况，以及可能发展的趋势；不规定纠正偏差的措施，生产作业控制就成了无意义的活动。

3．不同类型的生产计划控制的特点

单件小批生产是为顾客生产特定产品或提供特定服务的。因此，产品品种千差万别，零件种类繁多。每一种零件都有其特定的加工路线，各种零件都在不同的机器前面排队等待加工。各个工作地之间的联系不是固定的，有时为了加工某个特定的零件，两个工作地才发生联系。该零件加工完成之后，也许再也不会发生什么联系了。这种复杂的情况使得没有任何一个人能够把握如此众多的零件及其加工情况。为此，需要专门的部门来进行控制。

工件的生产提前期可以分为以下五个部分。

（1）移动时间。它是从上道工序加工完成后转送到本工序途中所需的时间。这个时间取决于运输工具和运输距离，是相对稳定的。

（2）排队时间。由于本工序有很多工件等待加工，新到的工件都需排队等待一段时间才能加工。排队时间的变化最大，单个工件的排队时间是优先权的函数，所有工件的平均时间与计划调度的水平有关。

（3）调整准备时间。它是加工本工件需做的调整准备所花的时间。它与技术和现场组织管理水平都有关。

（4）加工时间。它是按技术和工艺加工，改变物料形态所花的时间。加工时间取决于所采用的加工技术和工人的熟练程度，它与计划调度方法无关。

（5）等待运输时间。它是加工完毕，等待转下一道工序所花的时间。它与计划调度工作有关。对于单件小批生产，排队时间是主要的，它大约占工件加工提前期的80%~95%。排队时间越长，在制品库存就越高。如果能够控制排队时间，也就控制了工件在车间的停留时间。要控制排队时间，实际是要控制排队队长的问题。因此，如何控制排队的队长，是单件小批生产控制要解决的主要问题。

大量大批生产的产品是标准化的，通常采用流水线或自动线的组织方式生产。在流水线或自动线上，每个工作的加工顺序都是确定的，工件在加工过程中没有排队现象，没有派工问题，也无优先权问题。因此，控制问题比较简单，主要通过改变工作班次，调整工作时间人数来控制产量。但是，在组织混流生产时，由于产品型号、规格、花色的变化，因此也要加强计划性，使生产均衡。

第四节　现代生产方式

一、精益生产

精益生产是美国麻省理工学院詹姆斯·沃麦克在研究了日本丰田汽车公司的生产方式之后提出来的，其含义是：在生产的各个层面上，采用能完成多种作业的工人和通用性强、自动化程度高的机器，以持续改进为基础，通过实施准时化生产，不断减少库存，消除一切浪费，降低成本的一种生产方式。

精益生产方式提出"零故障、零缺陷、零库存、零浪费"，消除一切影响工作的"松弛点"，以最佳的工作环境、工作条件和工作态度，从事最佳的工作。

精益生产方式是适用于现代制造企业的组织管理方法。这种组织管理方法是以整体优化为观点，科学、合理地组织与配置企业拥有的生产要素，消除生产过程中一切不产生附加价值的劳动和资源，以人为中心，以"简化"为手段，以"尽善尽美"为最终目标，增强企业适应市场的应变能力，从而取得更高的经济效益。它有以下几种特征。

（1）以销售部门作为企业生产过程的起点。

（2）产品开发采用并行工程方法，确保质量、成本和用户要求，缩短产品开发周期。

（3）按销售合同组织多品种小批量生产。

（4）生产过程变上道工序推动下道工序生产，为以下道工序要求拉动上道工序生产。

（5）以"人"为中心，充分强调人的积极性，普遍推行多机操作、多工序管理，提高劳动生产率。

（6）追求无废品、零库存等，降低产品成本。

（7）消除一切影响工作的"松弛点"，以最佳的工作环境、工作条件和工作态度，从事最佳的工作，从而全面追求"尽善尽美"，适应市场多元化要求，用户需要什么则生产什么、需要多少则生产多少，达到以尽可能少的投入获取尽可能多的产出的目标。

二、敏捷制造

1. 敏捷制造的含义

敏捷制造是美国为振兴其在制造业中的领导地位而提出的一种新的制造模式。敏捷制造强调企业对市场的灵活、迅速、及时的动态适应。所谓敏捷制造，是指以先进的柔性生产技术与动态的组织结构和高素质人员的集成，采用企业间网络技术，形成快速适应市场的社会化制造体系。

20世纪80年代以来，市场变化越来越快，竞争日益激烈，人们不得不重新认识制造业的作用。敏捷制造就是在这种背景下提出来的，其指导思想是"灵活性"，其优势在于：通过提高灵活性，增强企业的应变能力和竞争能力。

敏捷制造基于信息技术和柔性智能技术为主导的先进制造技术和柔性化、虚拟化、动态化的组织结构，以及先进的管理思想、方法、技术，能全面满足现代生产管理目标的要求。

2. 敏捷制造的功能

（1）借助信息技术，把企业内部与外部供应商、客户有机地连为一体，快速响应市场需求，迅速设计和制造全新的产品。

（2）不断改进老产品，用以满足顾客不断提高的要求，延长产品寿命周期。

（3）采用先进制造技术和高度柔性化设备，做到完全按订单生产，着眼于获得长期经济效益。

（4）改变"金字塔"式的多级管理，采用多变的动态组织结构，即把企业内部优势和其他企业的各种优势力量集合到一起，使每个项目都选用将产生最大竞争优势的管理工具，赢得竞争。

（5）最大限度地调动和发挥人的主动性、创造性，把它作为强有力的竞争武器。

三、价值工程

1. 价值工程的含义

价值工程（Value Engineering，VE）也称价值分析（Value Analysis，VA），是指以产品或作业的功能分析为核心，以提高产品或作业的价值为目的，力求以最低寿命周期成本实现产品或作业使用所要求的必要功能的一项有组织的创造性活动。

这一定义有三个基本内容：（1）价值工程的目的是在保证产品具有用户要求的必要功能的前提下，尽可能地降低总成本，提高产品的价值，使用户和企业都获得更大的经济效益。（2）以功能分析为核心，寻求确保功能而又能降低成本的最优途径。（3）以有组织的活动为基础，依靠集体的力量，发挥设计、工艺、财会、生产、营销等各类人员的经验和智慧，开展价值工程活动。

2. 价值、功能、成本的含义

在价值工程中，价值的定义为

$$V=F/C$$

式中，V 为价值（Value Idex）；F 为功能（Function Worthy）；C 为成本（Total Cost）。可见，价值工程包括三个基本要素，即价值、功能和成本。

（1）什么是价值

价值工程中价值的含义有别于政治经济学中所说的价值是"凝结在商品中的一般的、无差别的人类劳动"，也有别于统计学中的用货币表示的价值。它更接近人们日常生活常用的"合算不合算""值得不值得"的意思，是指事物的有益程度。价值工程中关于价值的概念是个科学的概念，它正确反映了功能和成本的关系，为分析与评价产品的价值提供了一个科学的标准。树立这样一种价值观念就能在企业的生产经营中正确处理质量和成本的关系，生产适销对路产品，不断提高产品的价值，使企业和消费者都获得好处。

（2）什么是功能

功能可解释为功用、作用、效能、用途、目的等。对于一件产品来说，功能就是产品的用途、产品所担负的职能或所起的作用。功能所回答的是"它的作用或用途是什么"。价值工程中，功能含义很广，对于产品来说，就是"有何效用"，如电视机是看节目的等。功能本身必须表达它的有用性。没有用的东西就没有什么价值，就谈不上价值分析了。以产品来说，人们在市场上购买商品的目的是购买它的功能，而非产品本身的结构。例如人们买彩电，是因为彩电有"收看彩色电视节目"的功能，而不是买它的集成元件、显像管等元器件。功能是各种事物所共有的属性。价值工程自始至终都要求围绕用户要求的功能，对事物进行本质的思考。

功能是包含许多属性的，为分清它的性质，在价值工程中一般将其分为以下几类。

① 按重要程度标志分为基本功能和辅助功能

基本功能是指实现该事物的用途必不可少的功能，即主要功能。例如，钟表的基本功能是显示时间。基本功能改变了，产品的用途也将随之改变。确定基本功能应从用户需要的功能出发，可以从它的作用是否是必需的、主要用途是否真是主要的、其作用改变后是否会使性质全部改变三个方面来考虑。

辅助功能是指基本功能以外附加的功能，也叫二次功能。如石英钟的基本功能是显示时间，但有的附加了音响、日期等辅助功能。辅助功能可以依据用户需要进行改变。

② 按满足要求性质的标志分为使用功能和美观功能

使用功能是指提供的使用价值或实际用途。使用功能通过基本功能和辅助功能反映出来，如带音响的石英钟，既要显示时间，又要按时发出声音。

美观功能是指外表装饰功能，如产品的造型、颜色等。美观功能主要是提供欣赏价值，可起到扩增价值的作用。有些产品纯属欣赏的，如美术工艺品、装饰品等，有些产品不追求美观，如煤、油、地下管道等，有些产品要讲求美观功能，如衣着等。

③ 按用户用途标志分为必要功能和不必要功能

必要功能是指用户要求的、需要的功能。如钟表的"走时"功能是必要功能。产品若无此功能，也就失去了价值。必要功能包括基本功能和辅助功能，但辅助功能不一定都是必要功能。

不必要功能是指对用户来说可有可无、不甚需要的功能，包括过剩的和多余的功能。

区分上述功能后，就可以抓住主要矛盾，尽量减少那些不必要的、次要的功能成本，从而提高其价值。

（3）什么是成本

价值工程中的"成本"，是指实现功能所支付的全部费用。从产品来说，是以功能为对象而进行的成本核算。一个产品往往包含许多零部件的功能，而各功能又不尽相同，就需要把零部件的成本变成功能成本，这与一般财会工作中的成本计算是有较大差别的。财会计算成本是零部件数量乘以成本单价，得出一个零部件的成本，然后把各种零部件成本额相加，求得总成本。而价值工程中的功能成本，是把每一零部件按不同功能的重要程度分组后计算的。价值分析中的成本的"大小"，是根据所研究的功能对象确定的。

3．提高产品价值的基本途径

（1）成本不变，功能提高（$F\uparrow/C\rightarrow =V\uparrow$）。

（2）功能不变，成本下降（$F\rightarrow /C\downarrow =V\uparrow$）。

（3）成本略有增加，功能大幅度提高（$F\uparrow\uparrow /C\uparrow =V\uparrow$）。

（4）功能略有下降，成本大幅度下降（$F\downarrow /C\downarrow\downarrow =V\uparrow$）。

（5）成本降低，功能提高（$F\uparrow /C\downarrow =V\uparrow\uparrow$）。

4．价值工程的实施程序

价值工程是一个发现问题、分析问题和解决问题的过程，它的实施可遵循以下八个步骤。

（1）从众多的问题中找出少数关键问题作为价值工程的研究对象。

（2）针对选择的对象从功能和成本两个方面广泛收集资料。

（3）从用户的要求和产品的性质等方面进行功能分析。

（4）运用一定的方法对功能进行评价。

（5）发挥集体智慧进行革新创造，提出改进方案。

（6）对提出的各方案进行评价与选择。

（7）通过试制等进行证明分析。

（8）形成正式实施方案。

四、网络计划技术

1．网络计划技术的基本原理

网络计划技术是指许多相互联系与相互制约的活动所需要资源与时间及其顺序安排

的一种网络状计划方法。它的基本原理是：运用网络图来表达一个工程的计划，反映工程各项具体工作的顺序和相互关系；在此基础上进行网络分析，通过分析计算各时间参数确定关键路线及关键工序；经过调整，不断改进网络计划，求得工期、资源和成本的优化方案。

2．网络计划技术的优点

（1）系统性。能反映整个工程的全貌和具体工作之间的相互逻辑关系，使各部门各单位紧密配合，协同一致。

（2）可控性。能指明关键所在，便于控制。网络计划能考虑全局，统筹安排，抓住关键，合理配置人员和物资，实行重点管理，保证工程计划按期或提前完工，并节省人力和资源，达到资源优化的良好经济效果。

（3）科学性。网络计划技术有其理论基础，能提供网络数学模型，为采用电子计算机实行科学管理创造条件。

3．网络计划技术的应用范围

网络计划技术在整个工业部门或多或少都可以应用。当然，网络计划技术是最适用于一次性的大型工程项目，如宇航工业、国防建设的重点项目、科研项目、造船、建筑、新产品试制、设备维修等。它既可以应用于全部的整体计划，也可以应用于局部工程的局部计划。一般来说，规模越大、越复杂，运用网络计划越有效。从企业生产产品来看，对按期组织生产的单件小批生产类型也是适用的。

4．网络计划技术的基本内容

（1）网络图。网络图是指网络计划技术的图解模型，反映整个工程任务的分解和合成。分解是指对工程任务的划分；合成是指解决各项工作的协作与配合。分解和合成是解决各项工作之间逻辑关系的有机组成。绘制网络图是网络计划技术的基础工作。

（2）时间参数。在实现整个工程任务过程中，包括人、事、物的运动状态都是通过转化为时间函数来反映的。反映人、事、物运动状态的时间参数包括各项工作的作业时间、开工与完工的时间、工作之间的衔接时间、完成任务的机动时间及工程范围和总工期等。

（3）关键路线。通过计算网络图中的时间参数，求出工程工期并找出关键路径。在关键路线上的作业称为关键作业，这些作业完成的快慢直接影响着整个计划的工期。在计划执行过程中，关键作业是管理的重点，在时间和费用方面则要严格控制。

（4）网络优化。网络优化，是指根据关键路线法，利用时差不断改善网络计划的初始方案，是在满足一定约束条件的情况下，寻求使管理目标达到最优化的计划方案。

5．网络计划技术的应用步骤

（1）确定目标。确定目标，是指决定将网络计划技术应用于哪一个工程项目，并提出对工程项目和有关技术经济指标的具体要求。如在工期方面，成本费用方面要达到什么要求。依据企业现有的管理基础，掌握各方面的信息和情况，利用网络计划技术，为实现工程项目寻求最合适的方案。

（2）列出作业明细表。一个工程项目是由许多作业组成的，在绘制网络图前就要将工程项目分解成各项作业。作业项目划分的粗细程度视工程内容以及不同单位要求而定，通常情况下，作业所包含的内容多，范围大多可分粗些，反之细些。作业项目分得细，网络图的结点和箭线就多。对于上层领导机关，网络图可绘制得粗些，主要是通观全局、分析矛盾、掌握关键、协调工作、进行决策；对于基层单位，网络图就可绘制得细些，以便具体组织和指导工作。在工程项目分解成作业的基础上，还要进行作业分析，以便明确先行作业（紧前作业）、平行作业和后续作业（紧后作业）。即在该作业开始前，哪些作业必须先期完成，哪些作业可以同时平行地进行，哪些作业必须后期完成，或者在该作业进行的过程中，哪些作业可以与之平行交叉地进行。

（3）绘制网络图。根据作业时间明细表，可绘制网络图。网络图的绘制方法有顺推法和逆推法。顺推法，即从始点时间开始根据每项作业的直接紧后作业，顺序依次绘出各项作业的箭线，直至终点事件为止。逆推法，即从终点事件开始，根据每项作业的紧前作业逆箭头前进方向逐一绘出各项作业的箭线，直至始点事件为止。按照各项作业之间的关系绘制网络图后，要进行结点的编号。

（4）确定关键路线。根据网络图和各项活动的作业时间，就可以计算出全部网络时间和时差，并确定关键线路。具体计算网络时间并不太难，但比较繁琐。在实际工作中影响计划的因素很多，要耗费很多的人力和时间。因此，只有采用电子计算机才能对计划进行局部或全部调整，这也是为推广应用网络计划技术提出的新内容和新要求。

（5）进行网络计划方案的优化。找出关键路径，也就初步确定了完成整个计划任务所需要的工期。这个总工期，是否符合合同或计划规定的时间要求，是否与计划期的劳动力、物资供应、成本费用等计划指标相适应，需要进一步综合平衡，通过优化，择取最优方案。然后正式绘制网络图，编制各种进度表，以及工程预算等各种计划文件。

（6）网络计划的执行。编制网络计划仅仅是计划工作的开始。计划工作不仅要正确地编制计划，更重要的是组织计划的实施。网络计划的贯彻执行，要发动群众讨论计划，加强生产管理工作，采取切实有效的措施，保证计划任务的完成。

本章小结

1. 生产的含义是通过劳动把资源转化为能满足人们某种需要的产品和服务的过程。

2. 生产管理是指对投入生产的各种资源及其组合运作过程进行有效的计划、组织、指挥、协调和控制，以保证顺利完成生产任务的管理活动。其目标是实现"三低、三高"，即低污染、低消耗、低成本；高质量、高效率、高效益。

3. 企业生产的基本类型主要包括单件生产、成批生产、大量生产。不同的生产类型适用于不同的产品，同样也适合不同的企业。

4. 企业选址的重要性在于两个方面：一是关系到企业的长期发展规划；二是影响企业的生产成本和经济效益。选址工作是企业生产活动的基础，关系到企业后续的发展，是十分重要的战略部署。其影响因素复杂，在进行选址决策时要做好系统的调研与分析。

5．生产能力从广义讲是指企业设备能力、人员能力和管理能力的总和。本章中对生产能力的理解是在一定的生产组织技术条件下，在一定时期内，直接参与生产过程中的生产性固定资产所能生产的一定种类和一定质量产品的最高数量，或者所能加工处理一定原材料的最大数量。

6．对于不同的现代生产方式要进行深入的调研，了解其发展的背景及发展过程，这样有助于我们了解今天的制造行业在生产中存在的问题及可能的解决方式都有哪些。为生产管理注入新的思想和新的理念。

思考题

1．生产过程的含义、组成是什么？
2．生产能力的含义、种类、影响因素是什么？
3．生产计划的含义、指标是什么？怎样进行生产计划控制？
4．组织流水线生产的条件是什么？
5．精益生产、敏捷制造、价值工程、网络计划技术的含义及实施条件是什么？

案例分析

作为国内知名化妆品企业，×公司专门研发、生产和经营天然植物类美容护肤品，素有"面膜专家"美誉。其产品系列畅销300余家全国连锁超市和百货商场，其俱乐部现已发展了数万名会员。

在规模化扩张的背后，提升业务效率、实现有门店的协同运作，成为困扰×化妆品企业的难点所在。

有研究表明，忽视对企业管理现状的分析判断是导致大部分信息项目失败的罪魁祸首。因此合作伊始，根据 AMT IT 解决方案导入方法论，项目组确定了三步走战略：战略分析、规划设计、系统实现。即首先进行充分的内部业务需求分析和调研，并在此基础上考察和引进成熟的信息管理解决方案，最后结合公司实际情况，逐步实施和推进这个方案。

其中，对于方案的规划设计部分，AMT 从以下四个维度构建了信息化应用蓝图。

第一，人的维度。对企业员工进行信息管理的宣导和培训，了解业务需求，提高员工协同办公的意识和能力。

第二，知识的维度。作为企业的无形资产，企业运作过程中的各类有价值知识点，需要通过标准业务流程的设计沉淀下来。

第三，管理的维度。完善有关管理制度及组织，以此保障日常协同管理的持续开展。

第四，IT系统的维度。针对企业信息化应用现状，实现需求分析成果与软件平台的衔接。

由此，通过以上四个重要的切入点，项目组有效推进了信息管理平台的实施与应用。

在×化妆品企业的组织架构中，各门店的业务员是一线销售人员。以济南地区一名普通业务员完成销售请示为例，该申请必须先汇报到山东区域经理处，再由区域经理向南京大区经理汇报，最后由南京大区经理向上海总部进行汇报。"如果业务涉及报销，那么还要将相关报销单据通过层层快递到上海总部财务手中，一个业务流程走下来平均需要一个月的时间。"财务于总监对企业内部纯手工的业务报销流程大为不满。令她更为不满的是，单据在逐级审批过程中，很有可能发生丢失，而相关人员对审批的进程也一无所知。"如果涉及重要的市场销售，这么慢的反应效率显然会让我们丧失不少市场商机。"于总监说。为了改变这一管理不足，×化妆品企业运用 AMT 所提供的 IT 解决方案系统，通过项目管理、知识管理、流程管理和人事行政管理以及门店和美容顾问管理等功能模块，将×化妆品企业从过去依靠人工手工管理转变为依靠信息化管理。

"现在一线业务员的报销流程通过系统逐级审批，审批状态随时可查，而相关单据则直接快递到总部，避免了中间环节丢失的风险。"于总监说。而仅此一项改变，×化妆品企业的审批流程速度就从过去至少一个月变为最快一周，对于市场的掌控也更为敏感。

作为一个倡导时尚概念的植物护肤美容厂商，×化妆品企业除了需要完善内部自身管理外，还要通过信息化手段洞察市场和消费者趋势，并及时将收集的信息反馈给产品研发和生产部门。

卖场、网络、专卖店是目前×化妆品企业的零售系统中三个完全独立的销售渠道。针对不同渠道的顾客差异，×化妆品企业在产品包装上也各有特色。针对卖场经常促销的状况，×化妆品企业会推出"买大送小"的促销装，甚至在类似屈臣氏等超市，就直接推出小包装产品方便消费者购买；而针对网络购买用户，除了在产品包装上要够炫够漂亮，还在产品包装材质上要避免易碎易破的包装材质；在专卖店则要根据地区消费者的喜好，有针对性地进行产品摆放。

在过去，为了满足不同销售渠道用户的购买喜好，当地业务员都根据自己的经验进行产品促销包装申请，研发和生产部门则跟在业务员的后面进行一味的满足，毫无计划性和规范性可言。但在 IT 解决方案上线后，"现在通过在 IT 解决方案可以汇总各地的销售活动情况，再结合 ERP 系统，通过数据分析，可以大致了解消费者对产品和包装的需求，产品研发部门也能有的放矢地进行产品设计。"于总监举例说明，"比如我们可以将我们的新产品小样搭配我们销量最好的产品进行促销，也可根据销售数据及时调整各专卖店的主打产品。"

在卖场和直营门店的宣传上，×化妆品企业也摆脱了过去"拍脑袋决策"的管理模式，而是将过去的市场投入费用与业务增长量作为双维度考核依据，以此来决定下一季度市场费用投入的额度和区域，使管理层能真正做到通过系统来管理核心业务。

案例来源：http://wiki.mbalib.com

问题：

1．企业在发展规模不断变化的同时为何出现协同运作的困难？

2．该知名公司从哪几个维度进行了系统的规划？这样的规划是否符合企业的实际情况？能否解决企业所面临的问题？

3．通过信息化建设，该企业的卖场、网络、专卖店对系统的看法如何？是否都认同新的管理模式？

第八章 质量管理

 学习目标

学习本章后,你应该能够:
1. 了解几种基本的质量控制方法。
2. 理解质量和质量管理的概念,认识其对企业的重要性。
3. 掌握 ISO9000 族质量标准的思想、构成及认证方法。

第一节 质量与质量标准

一、质量的含义

从对质量管理学科产生重大影响的质量管理专家对质量的论断中,可以将质量的含义分为两类:一类是产品和服务的特性符合规定的技术指标要求,通常是指定量化要求;另一类是产品和服务能够满足顾客的期望。

在国际标准化组织 1994 年颁布的 ISO8402—1994《质量管理和质量保证——术语》中,质量的含义是:"反映实体满足明确和隐含需要的能力的特性总和"。这里的实体是指可以单独描述和研究的事物,可以是活动或过程、产品、组织、体系、人或它们的任何组合。这个含义非常广泛,可以说包括了产品的实用性和符合性的全部内涵。

按照这一含义,能够满足顾客的需要从而使顾客满意的那些产品特征主要包括产品的适用性、可信性、经济性、美观性和安全性等。

二、质量标准

(一)标准的含义与作用

1. 标准的含义

标准是指在一定范围内为形成最佳秩序,获得最大效益,针对其活动或结果,经协商一致制定并经公认机构批准的,用于共同或重复使用的规则、导则及特性的文件。

2. 标准的作用

(1)能有效地保证和提高新产品的性能和质量。(2)能有效地提高研制效率,缩短研制周期,节省研制费用。(3)能有效地提高产品通用化、系列化、组合化(模块化)的

水平。(4) 采用国际标准能有效地减少技术性贸易壁垒和适应国际贸易的需要,提高我国产品在国际市场上的竞争力。

(二) 国内标准

我国的产品质量标准分为国家标准、行业标准、地方标准、企业标准四级。按照《标准化法》的规定,国家标准由国务院标准化行政主管部门(现为国家质量技术监督局)或者法律规定的国务院其他主管部门制定(例如,按照《食品卫生法》的规定,食品卫生的国家标准由国务院卫生行政部门制定;按照《药品管理法》的规定,药品的国家标准由国务院药品监督管理部门制定)。行业标准由国务院有关行政主管部门制定,报国务院标准化行政主管部门备案。

按照《标准化法》和《产品质量法》的规定,对产品质量的强制性标准,必须执行;不符合强制性标准的产品,禁止生产、销售和进口。推荐性的标准,鼓励企业自愿采用。为便于识别和执行两类不同效力的标准,国家质量技术监督局规定了强制性国家标准和推荐性国家标准的代号:强制性国家标准的代号为"GB",推荐性国家标准的代号为"GB/T"。

《产品质量法》规定,生产者应当对其生产的产品质量负责。这一规定包括两方面的含义:一是指生产者必须严格履行其保证产品质量的法定义务,即生产者必须依照法律的规定,为保证其生产的产品的质量作出一定的行为或者不得作出一定的行为。例如,生产者必须保证产品质量符合保障人体健康和人身、财产安全的要求,不得以假充真、以次充好等。二是指生产者不履行或不完全履行其产品质量法定义务时,必须依法承担相应的产品质量责任,包括承担相应的民事赔偿责任,依法给予行政处罚;构成犯罪的,依法追究其刑事责任。

(三) 国际标准

国际标准是指由国际标准化组织(ISO)和国际电工委员会(IEC)所制定的标准,以及国际标准化组织确认并公布的其他国际组织制定的标准。这些标准中的产品质量标准,是组织产品生产、检验产品质量、进行质量管理的基本技术依据。

1. ISO9000

作为企业,只需选用如下三个标准之一。

(1) ISO9001:1994《品质体系设计、开发、生产、安装和服务的品质保证模式》。

(2) ISO9002:1994《品质体系生产、安装和服务的品质保证模式》。

(3) ISO9003:1994《品质体系最终检验和试验的品质保证模式》。

2. ISO14000

ISO14000 系列国际标准是国际标准化组织(ISO)汇集全球环境管理及标准化方面的专家,在总结全世界环境管理科学经验基础上制定并正式发布的一套环境管理的国际标准,涉及环境管理体系、环境审核、环境标志、生命周期评价等国际环境领域内的诸多焦点问题,旨在指导各类组织(企业、公司)取得和表现正确的环境行为。ISO14000 系列标准共预留 100 个标准号。该系列标准共分七个系列，其标准号从 14001 至 14100，共 100 个标准号，统称为 ISO14000 系列标准。

随着环境保护立法的日益严峻以及消费者环境意识的逐渐兴起，为了获得更好的经营环境，任何企业的管理者都会试图避免企业发生由于违反了环境保护法律法规和有关标准，而支付罚款和更多排污费的情况，企业也必须去适应市场的绿色潮流。在这种情况下，优秀的企业管理者会选择积极主动的措施来改进企业的经营管理，以达到国家环保法的规定。

3. OHSAS18000

从 20 世纪 80 年代末开始，一些发达国家率先开展了研究及实施职业安全健康管理体系的活动。国际标准化组织（ISO）及国际劳工组织（ILO）研究和讨论了职业安全健康管理体系标准化问题，许多国家也相应建立了自己的工作小组开展这方面的研究，并在本国或所在地区发展这一标准。为了适应全球日益增加的职业安全健康管理体系认证需求，1999 年英国标准协会（BSI）、挪威船级社（DNV）等 13 个组织提出了职业安全卫生评价系列（OHSAS）标准，即 OHSAS18001 和 OHSAS18002，成为国际上普遍采用的职业安全与卫生管理体系认证标准。

第二节 质量管理与质量认证

一、质量管理

（一）质量管理的含义

质量管理是指确定质量方针、目标和职责，并通过质量体系中的质量策划、质量控制、质量保证和质量改进，来达到质量标准要求的所有管理职能的全部活动。

企业的质量管理包括：（1）产品和服务的质量；（2）工作的质量；（3）设计质量和制造质量。产品和服务的质量在管理中能够得到足够的重视后两者却往往易被人们遗忘，但它们都是全面的质量管理思想和管理方法必不可少的组成部分。

（二）质量管理的发展阶段

质量管理的发展可以概括为五个阶段：（1）20 世纪 30 年代以前为质量检验阶段，仅能对产品的质量实行事后把关。但质量并不是检验出来的，所以，质量检验并不能提高产品质量，只能剔除次品和废品。（2）1924 年提出休哈特理论，质量控制从检验阶段发展到统计过程控制阶段，利用休哈特工序质量控制图进行质量控制。休哈特认为，产品质量不是检验出来的，而是生产制造出来的，质量控制的重点应放在制造阶段，从而将质量控制从事后把关提前到制造阶段。（3）1961 年菲根堡姆提出全面质量管理理论（TQM），将质量控制扩展到产品寿命循环的全过程，强调全体员工都参与质量控制。（4）20 世纪 70 年代，田口玄一博士提出田口质量理论，它包括离线质量工程学（主要利用三次设计技术）和在线质量工程学（在线工况检测和反馈控制）。田口玄一博士认为，产品质量首先是设计出来的，其次才是制造出来的。因此，质量控制的重点应放在设计阶段，从而将质量控制从制造阶段进一步提前到设计阶段。（5）20世纪80年代，利用计算机进行质量管理（CAQ），出现了在CIMS环境下的质量信息系统（QIS）。借助于先进的信息技术，质量控制与管理又上了一个新台阶，因为信息技术可以实现以往所无法实现的很多质量控制与管理功能。

（三）质量管理的方法

1．六西格玛模式

六西格玛自20世纪80年代诞生于Motorola以来，经过二十多年的发展，现在已经演变成为一套行之有效的解决问题和提高企业绩效的系统方法论，而推动企业不断持续改进的六西格玛具体实施模式DMAIC，已经成为世界上持续改善的标准流程。

DMAIC代表了六西格玛改进的五个阶段。

（1）界定阶段（Define）：确认顾客的关键需求并识别需要改进的产品或流程，决定要进行测量、分析、改进和控制的关键质量因素（CQT），将改进项目界定在合理的范围内。

（2）测量阶段（Measure）：通过对现有过程的测量和评估，制定期望达到的目标及业绩衡量标准，识别影响过程输出Y的X因子，并验证测量系统的有效性。

（3）分析阶段（Analyze）：通过数据分析确定影响输出Y的关键X因子，即确定过程的关键影响因素。

（4）改进阶段（Improve）：寻找最优改进方案，优化过程输出Y并消除或减小造成波动的因子，使过程的缺陷或变异降至最低。

（5）控制阶段（Control）：使改进成果体制化。通过修订文件使成功经验制度化，通过有效的监测方法维持过程改进的成果并寻求进一步提高改进效果的持续改进方法。

2．常用的统计方法

质量管理常用的统计方法有分层法、排列图法、因果分析图法、直方图法、相关图法、控制图法、统计分析表法等，通常称为质量管理的七种工具。

二、质量认证

（一）质量认证的含义与作用

1．质量认证的含义

质量认证是认证机构证明产品符合相关技术规范的强制性要求或者标准的合格评定活动。

2．质量认证的作用

（1）ISO9001认证的主要作用：① 有利于提高产品质量，满足顾客要求。② 有利于提高质量管理水平,提升组织综合能力。③ 有利于增进国际贸易,消除技术壁垒。④ 有利于提高组织质量信誉,扩大市场份额。

(2) ISO14001 认证的主要作用:① 获取国际贸易的"绿色通行证",有利于攻克绿色贸易壁垒。② 有利于组织提高内部管理水平,改善环境质量。③ 有利于树立组织良好形象,提升信誉,提高综合竞争能力。④ 有利于实现节能减排,增加经济效益。

(3) OHSAS18001 认证的主要作用:① 有利于组织加强职业安全与健康管理,提高管理水平。② 有利于组织消除安全隐患,实现安全生产和文明生产。③ 有利于促进组织安全健康管理与国际接轨,消除贸易壁垒。④ 有利于提高全员的职业安全与健康意识,减少意外事故发生所带来的人员或财产的损失。

(二)质量管理体系认证

质量管理体系认证流程:提交申请→签订合同→文件审查→初访和预审→现场审核→纠正措施→注册发证与公告。

(1) 提交申请:有意向的申请组织可获得认证机构的《申请表》、报价及需确认的相关信息。需要时,双方可互访以便沟通。

(2) 签订合同:在双方充分交流取得共识的基础上,以《申请表》及认证合同方式,明确认证活动的有关事项。

(3) 文件审查:认证机构对组织按《申请表》要求所提交的资料进行审查,确定其合格后,根据申请方预约,认证机构将确定现场审核日期,指令审核组长执行并通知受审核方。

(4) 初访和预审:必要时,审核组长将对申请方进行初访和符合性预审,以便充分交流信息,做好审核准备。

(5) 现场审核:现场审核前,审核组长将提出审核计划,经认证机构审批并得到受审核方确认后,审核组按时到现场进行审核,审核过程通过正确抽样、检查和判断受审核方质量管理体系的符合性。现场审核中发现的不合格项,将开出不合格项报告,经受审核方确认,进行纠正或制定纠正措施。

(6) 纠正措施:对审核组提出的不合格项,受审核方须有计划、有组织地实施纠正措施,并协助审核组长以书面或现场形式予以跟踪验证,证实纠正措施已切实执行且有效。对暂缓推荐认证注册的受审核方,须另外执行部分或全面复查的程序。

(7) 注册发证与公告:经认证机构审定批准,确认受审核方通过质量管理体系认证并予以注册,受审核方将在一个月内收到由认证机构负责人签发并为国际互认的认证证书及获证组织须知。认证机构将在相关的刊物及认证机构网站上刊登获证组织的注册认证信息。

(三)质量安全(QS)认证

QS 是食品"质量安全"(Quality Safety)的英文缩写,带有 QS 标志的产品就代表着经过国家批准的所有食品生产企业必须经过强制性的检验,合格且在最小销售单元的食品包装上标注食品生产许可证编号并加印食品质量安全市场准入标志("QS"标志)后才能出厂销售。没有食品质量安全市场准入标志的,不得出厂销售。自 2004 年 1 月 1 日起,我国首先在大米、食用植物油、小麦粉、酱油和醋五类食品行业中实行食品质量安全市场准入制度。而且,国家质监总局计划用三到五年的时间全部完成食品市场准入制度的实施,肉制品、奶制品等第二批十类食品市场准入制度的实施于 2006 年内完成。

食品生产加工企业按照下列程序申请获得食品生产许可证。

(1)食品生产加工企业按照地域管辖和分级管理的原则,到所在地的市(地)级以上质量技术监督部门提出办理食品生产许可证的申请。

(2)企业填写申请书,准备相关材料,然后报所在地的质量技术监督部门。

(3)接到质量技术监督部门通知后,领取《食品生产许可证受理通知书》。

(4)接受审查组对企业必备条件和出厂检验能力的现场审查。

(5)符合发证条件的企业,即可领取食品生产许可证及其副本。

(四)绿色食品认证

绿色食品是遵循可持续发展原则,按照特定生产方式生产,经专门机构认定,许可使用绿色食品标志商标的无污染的安全、优质、营养类食品。绿色食品的优质特性是指,不仅产品的外表包装水平高,而且内在品质优良,营养价值和卫生安全指标高。无污染、安全、优质、营养是绿色食品的特征,但允许有限制地使用化肥、农药、激素等。

绿色食品认证程序:认证申请→受理及文审→现场检查、产品抽样→环境监测→产品检测→认证审核→认证评审→颁证。

(1)认证申请。申请人向所在省(自治区、直辖市)绿色食品办公室领取《绿色食品标志使用申请书》《企业及生产情况调查表》及有关资料,填写后递交给省绿办。

(2)受理及文审。省绿办收到上述申请材料后,进行登记、编号,5 个工作日内完成对申请认证材料的审查工作,并向申请人发出《文审意见通知单》,同时抄送中心认证处。

(3)现场检查、产品抽样。省绿办应在《文审意见通知单》中明确现场检查计划,并在计划得到申请人确认后委派 2 名或 2 名以上检查员进行现场检查。现场检查和环境质量现状调查工作在 5 个工作日内完成,完成后 5 个工作日内向省绿办递交现场检查评估报告和环境质量现状调查报告及有关调查资料。

(4)环境监测。绿色食品产地环境质量现状调查由检查员在现场检查时同步完成。经调查确认,产地环境质量符合《绿色食品产地环境质量现状调查技术规范》规定的免测条件,免做环境监测。经调查确认,必须进行环境监测的,省绿办自收到调查报告 2 个工作日内以书面形式通知绿色食品定点环境监测机构进行环境监测,同时将通知单抄送中心认证处。

(5)产品检测。绿色食品定点产品监测机构自收到样品、产品执行标准、《绿色食品产品抽样单》、检测费后,20 个工作日内完成检测工作,出具产品检测报告,连同填写的《绿色食品产品检测情况表》,报送中心认证处,同时抄送省绿办。

(6) 认证审核。省绿办收到检查员现场检查评估报告和环境质量现状调查报告后，3个工作日内签署审查意见，并将认证申请材料、检查员现场检查评估报告、环境质量现状调查报告及《省绿办绿色食品认证情况表》等材料报送中心认证处。中心认证处收到省绿办报送材料、环境监测报告、产品检测报告及申请人直接寄送的《申请绿色食品认证基本情况调查表》后，进行登记、编号，在确认收到最后一份材料后2个工作日内下发受理通知书，书面通知申请人，并抄送省绿办。中心认证处组织审查人员及有关专家对上述材料进行审核，20个工作日内做出审核结论。

(7) 认证评审。绿色食品评审委员会自收到认证材料、认证处审核意见后10个工作日内进行全面评审，并做出认证终审结论。认证终审结论分为两种情况：合格和不合格。

(8) 颁证。对认证合格的，中心在5个工作日内将办证的有关文件寄送"认证合格"申请人，并抄送省绿办。申请人在60个工作日内与中心签订《绿色食品标志商标使用许可合同》。

(五) 有机食品认证

有机食品又称有机农业产品，是指来自于有机农业生产体系的食品。有机农业是指一种在生产过程中不使用人工合成的肥料、农药、生长调节剂和饲料添加剂的可持续发展的农业，它强调加强自然生命的良性循环和生物多样性。有机食品认证机构通过认证证明该食品的生产、加工、储存、运输和销售点等环节均符合有机食品的标准。

有机食品认证范围包括种植、养殖和加工的全过程。有机食品认证的一般程序包括：(1) 生产者向认证机构提出申请并提交符合有机生产加工的证明材料。(2) 认证机构对材料进行评审。(3) 认证机构派出人员到现场进行检查。(4) 经评审和现场检查认定达到规定的标准后予以批准。(5) 签发认证证书并允许使用有机食品标志。

我国现在生产的有机食品大部分出口。希望从事有机食品生产、加工及认证的企业可以咨询辽宁出境检验检疫局植检处（大连）、中国进出口质量认证中心环境认证部（北京）、国家环保总局有机食品发展中心（南京）或中国农业大学农业生产研究所（北京）。

(六) 质量认证标志

1. 质量认证标志的含义

质量认证标志是认证机构为证明产品符合认证标准和技术要求而设计、发布的一种专用质量标志。

产品质量认证的依据是《产品质量法》、《标准化法》和《产品质量认证管理条例》。依据法律、法规规定，产品质量认证分为安全认证和合格认证，认证合格后，经认证机构批准，产品的生产者可以在认证合格的产品上、产品铭牌、包装物、产品说明书或者出厂合格证上使用产品质量认证标志。

产品上带有认证标志，不仅可以把准确可靠的质量信息传递给用户和消费者，对企业而言，还起到质量信誉证的作用，表明该产品经过公正的第三方证明，符合规定标准。带有认证标志产品的生产企业要接受认证机构的监督复查，确保出厂的认证产品持续稳定符合规定标准要求,这样就可以起到维护消费者利益、保证消费者的安全的作用。

我国已成立的产品质量认证机构都有相应的认证标志,各机构对标志的使用(包括印制、标志形式、标志颜色等)都有明确规定,获证企业使用认证标志时应遵照执行。我国部分产品质量认证机构的认证标志如图 8-1 所示。

(a) 食品安全标志　　(b) 绿色食品标志　　(c) 有机食品标志

(d) 国家免检产品标志　(e) 中国名牌产品标志　(f) 中国 3C 认证标志

图 8-1　产品质量认证机构认证标志

2. 质量认证标志的使用

(1) 产品质量认证标志,一般情况下不是必须标注的产品标识。即使是生产者获得了产品质量认证,也可以不使用。但是,对于国家法律、行政法规和质量技术监督部门会同国务院有关部门制定的规章规定的实施安全认证强制性监督管理的产品,如电视机、电冰箱等电工产品,必须取得电工产品安全认证,并在产品上加贴安全认证标志。

(2) 按照《产品质量认证管理条例实施办法》的规定,根据产品的特点,产品质量认证证书的有效期为 3 年、4 年或 5 年,经认证合格的产品,方可使用产品质量认证标志。因此,对获得产品认证标志的企业,有权在产品质量认证合格有效期内,在获得认证的产品上使用产品质量认证标志。超过有效期或者未获得认证的产品上,不得使用产品质量认证标志。

(3) 中国名牌产品是指实物质量达到国际同类产品先进水平、在国内同类产品中处于领先地位、市场占有率和知名度居行业前列、用户满意程度高、具有较强市场竞争力的产品。中国名牌产品标志是质量标志。

(4) 国家免检产品标志属于质量标志。获得免检证书的企业在免检有效期内,可以自愿将免检标志标示在获准免检的产品或者其铭牌、包装物、使用说明书、质量合格证上。

(5) 强制性产品认证标志名称为"中国强制认证",英文缩写为 CCC。"3C"认证标志是强制性产品认证目录内产品准许出厂销售、进口和使用的证明标志,由中国强制认证标志发放管理中心统一发放。强制性认证产品,不但需要取得认证证书,还必须在认证产品本体上施加 CCC 标准规格标志或经批准使用的 CCC 标志式样，其产品方可出厂、销售或进口，二者缺一不可。

（6）工业产品生产许可证证书上标注：① 获证企业名称；② 获证产品名称；③ 获证产品的规格、型号；④ 生产许可证证书标记和编号；⑤ 发证日期；⑥ 证书有效期；⑦ 国家质量监督检验检疫总局公章。

（7）ISO9000 是由国际标准化组织制定的一族标准。管理体系认证是指依据管理体系标准，由管理体系认证机构对管理体系实施合格评定，并通过颁发体系认证证书，以证明某一组织有能力按规定的要求提供产品的活动。在我国，现在有三种管理体系的认证：贯彻 ISO9000 国际标准的质量管理体系认证、贯彻 ISO14000 国际标准的环境管理体系认证和贯彻 OHSAS18000 国际标准的职业健康安全管理体系认证。

（8）食品质量安全市场制度包括对食品生产企业实施生产许可证制度、对企业生产的食品实施强制检验制度和对实施食品生产许可证的产品实行市场准入标志制度。对于检验合格的食品要加印（贴）市场准入标志——QS 标志，没有加贴 QS 标志的食品不准进入市场销售。

（9）使用绿色食品标志的单位和个人，在有效的使用期限内，应接受中国绿色食品发展中心指定的环保、食品监测部门对其使用标志的产品及生态环境进行抽检，抽检不合格的，撤销标志使用权，在本使用期限内，不再受理其申请。

（10）原产地标志的使用。原产地标志也称为地理标志，是指证明某一产品来源于某一成员国或某一地区，或该地区内的某一地点的标志。而该产品的某些特定品质、声誉或其他特征，在本质上可归因于该地理来源。由此可知，原产地标志有三个基本点：① 必须证明是某一产品的真实来源（即原产地的地理位置）。② 该产品须具有独特的品质、声誉和其他特点。③ 这些独特的品质、声誉与特点在本质上可归因于特定的地理位置。我国的原产地认证标志由国家检验检疫局统一制定、印刷；由各地检验检疫机构对其使用进行监督管理；原产地认证标志只能使用在经申请注册的原产地标记产品上；原产地认证标志的使用采用加贴、模压、吊挂等形式；使用原产地认证标志的产品必须确保原产地的真实性。

第三节 全面质量管理

一、全面质量管理的含义

全面质量管理（TQM）这个名称，最先是 20 世纪 60 年代初由美国的著名专家菲根堡姆提出。在传统的质量管理基础上，随着科学技术的发展和经营管理上的需要发展起来的现代化质量管理，现已成为一门系统性很强的科学。

自 1978 年以来，我国推行全面质量管理（Total Quality Control, TQC）已有 30 年。从 30 年来深入、持久、健康地推行全面质量管理的效果来看，它有利于提高企业素质，提高产品质量、工作质量和服务质量,最大限度地满足顾客的要求,从而增强企业的市场竞争力。

质量是产品或服务的生命。质量受企业生产经营管理活动中多种因素的影响,是企业各项工作的综合反映。要保证和提高产品质量,必须对影响质量的各种因素进行全面而系统的管理。全面质量管理,就是企业组织全体职工参加,全面运用现代科学和管理技术成果,控制影响产品质量的全过程和全因素,研制、生产和提供用户满意的产品的系统管理活动。

在理解全面质量管理的含义时,要注意:(1)全面质量管理并不等同于质量管理,它是质量管理的更高境界。(2)全面质量管理强调:一个组织以质量为中心,质量管理是企业管理的纲;全员参与;全面的质量;质量的全过程都要进行质量管理;谋求长期的经济效益和社会效益。具体地说,全面质量管理就是以质量为中心,全体职工积极参与,把专业技术、经济管理、数理统计和质量教育结合起来,建立起产品的研究、设计、生产、服务等全过程的质量体系,从而有效地利用人力、物力、财力和信息等资源,以最经济的手段生产出顾客满意、组织及其全体成员以及社会都得到好处的产品,从而使组织获得长期成功和发展。

全面质量管理与传统的质量管理相比较,其特点是:(1)把过去以事后检验为主转变为以预防为主,即从管理结果转变为管理因素。(2)把过去就事论事、分散管理转变为以系统的观点为指导进行全面综合治理。(3)把以产量、产值为中心转变为以质量为中心,围绕质量开展组织的经营管理活动。(4)由单纯符合标准转变为满足顾客需要,强调不断改进过程质量来达到不断改进产品质量。

二、全面质量管理的基本方法

全面质量管理的基本方法是 PDCA 循环。PDCA 循环亦称戴明循环,是一种质量管理的科学的工作程序。通过 PDCA 循环可以提高产品、服务或工作质量。PDCA 循环分为以下四个阶段八个步骤。

P(Plan)——计划阶段,这个阶段分为 4 个步骤:(1)分析现状,找出存在的主要质量问题。(2)分析产生质量问题的各种影响因素。(3)找出影响质量的主要因素。(4)针对影响质量的主要因素制订措施,提出改进计划,定出质量目标。

D(Do)——实施阶段,这个阶段只有一个步骤:(5)按照既定计划目标加以执行。

C(Check)——检查阶段,这个阶段也只有一个步骤:(6)检查实际执行的结果,看是否达到计划的预期效果。

A(Action)——处理阶段,这个阶段分为两个步骤:(7)根据检查结果总结成熟的经验,纳入标准制度和规定,以巩固成绩,防止失误。(8)把这一轮 PDCA 循环尚未解决的问题,纳入下一轮 PDCA 循环中再解决。

PDCA 循环的特点是:(1)四个阶段的工作完整统一,缺一不可。(2)大环套小环,小环促大环,阶梯式上升,循环前进。(3)循环过程必须从计划开始,到处理结束,依次经过 PDCA 四个阶段。

三、全面质量管理的基本观点

（一）质量第一的观点

任何产品都必须达到所要求的质量水平，否则就没有或未完全实现其使用价值，从而给消费者和社会带来损失。从这个意义上讲，质量必须是第一位的。

贯彻"质量第一"，就要求企业全体职工，尤其是领导层，要有强烈的质量意识；要求企业在确定经营目标时，首先应根据用户或市场的需求，科学地确定质量目标，并安排人力、物力、财力予以保证。当质量与数量、社会效益和企业效益、长远利益与眼前利益发生矛盾时，应把质量、社会效益和长远利益放在首位。

"质量第一"并非"质量至上"。质量不能脱离当前的消费水平，也不能不问成本一味讲求质量。应该重视质量成本的分析，把质量与成本加以统一，确定最适宜的质量。

（二）系统管理的观点

既然产品质量的形成和发展有个过程，这个过程包含了许多相互联系、相互制约的环节，那么不论是保证和提高质量，或是解决产品质量问题，都应把企业看成是个开放系统，应当运用系统科学的原理和方法，对暴露出来的产品质量问题实行全面诊断、辨证施治。

（三）用户至上的观点

实行全面质量管理，一定要把用户的需要放在第一位。因而，企业必须保证产品质量能达到用户要求，把用户的要求看作产品质量的最高标准，以用户的要求为目标来制定企业的质量标准。

在全面质量管理中，"用户"的概念是广泛的，它不仅仅指产品的购买者、使用者和社会，而且还认为企业内部生产过程中的每一个部门、每一个岗位也是用户。在全面质量管理中，提出了"下道工序就是用户"的指导思想。上道工序将下道工序作为用户，为下道工序提供合格品和服务，下道工序对上道工序进行质量监督和质量信息的反馈。

"使用本企业产品的单位和个人就是用户"，就是说，企业不仅要生产优质产品，而且还要对产品质量负责到底、服务到家，实行"包修、包换、包退"制度，不仅要保质保量、物美价廉、按期交货，而且要做好产品使用过程中的技术服务工作，不断改善和提高产品质量。

（四）质量前移的观点

产品质量是设计、制造出来的，而不是检验出来的。在生产过程中，检验是重要的，它可以起到不允许不合格品出厂的把关作用，同时还可以将检验信息反馈到有关部门。但影响产品质量好坏的真正原因并不在于检验，而主要在于设计和制造。设计质量是先天性的，在设计时就已决定了质量的等级和水平，而制造只是实现设计质量，是符合性质量。

二者不可偏废任一方,都应重视,但从我国目前现状来看,对于设计质量还需要格外强调。

(五)预防为主的观点

全面质量管理要求把管理工作的重点从"事后把关"转移到"事前预防",把管理产品质量"结果"变为管理产品质量的影响"因素",真正做到防检结合,以防为主,把不合格产品消灭在产品质量的形成过程中。在生产过程中应采取各种措施,把影响产品质量的有关因素控制起来,以形成一个能够稳定地生产优质产品的生产系统。

当然,实行全面质量管理,以"预防为主",并不是说不要检验工作,不要"事后检查",质量检查和监督工作不但不能削弱,而且必须进一步加强。为了保证产品质量,不让不合格品流入下道工序或出厂,质量检验工作是必不可少的。同时,我们也应该看到,质量检验工作不仅仅具有"把关"的作用,也有着"预防"的作用。

(六)数据说话的观点

实行全面质量管理,要坚持实事求是,树立科学地分析、控制质量波动规律的工作作风。一切用事实和数据说话,用事实和数据反映质量问题。一定要尽可能使产品质量特性数据化,以利于对产品质量的优劣做出准确的评价,从而进行有效的管理。

(七)经济适用的观点

全面质量管理强调质量,我们必须考虑经济性,建立合理的经济界限,这就是所谓经济适用原则。因此,在产品设计制定质量标准时,在生产过程进行质量控制时,在选择质量检验方式为抽样检验或全数检验时,我们都必须考虑其经济效益来加以确定。

(八)全员参加的观点

全面质量管理着重强调人的积极性、主动性和创造性的重要作用。这是因为现代化生产多为大规模系统,环节众多,联系密切复杂,远非单纯靠质量检验或统计方法就能奏效的。因此,必须调动全体员工的积极因素,加强质量意识,发挥人的主观能动性,以确保产品和服务的质量。全面质量管理的特点之一就是全体人员参加的管理,"质量第一,人人有责"。

四、全面质量管理的内容

全面质量管理的全面性,决定了全面质量管理的内容应当包括设计过程、制造过程、辅助过程、使用过程等四个过程的全面质量管理。

(一)设计过程的质量管理

产品设计过程的质量管理是全面质量管理的首要环节。这里所指的设计过程,包括市场调查、产品设计、工艺准备、试制和鉴定等过程(即产品正式投产前的全部技术准备过程)。设计过程的质量管理的基本内容包括以下四个方面。

(1)通过市场调查研究,了解用户对产品质量的要求,并根据用户要求、科技情报与企业的经营目标，制定产品质量管理目标。

（2）组织有销售、使用、科研、设计、工艺、制度和质管等多部门参加的审查和验证，以确定适合的设计方案。

（3）保证技术文件的质量，并做好标准化的审查工作。

（4）按照设计方案，组织相关人员进行试制，根据试制结果决定是否正式投产。

（二）制造过程的质量管理

制造过程，是指对产品直接进行加工的过程。它是产品质量形成的基础，是企业质量管理的基本环节。它的基本任务是保证产品的制造质量，建立一个能够稳定生产合格品和优质品的生产系统。制造过程的质量管理的基本内容包括以下四个方面。

（1）严格按照设计要求、工艺流程、操作规程组织生产。

（2）认真抽样进行质量检验，并作出详细记录。

（3）对影响质量因素进行分析，随时掌握质量动态。

（4）组织工序的质量控制，在关键工序、关键设备建立管理点。

（三）辅助过程的质量管理

辅助过程，是指为保证制造过程正常进行而提供各种物资技术条件的过程。它包括物资采购供应、动力生产、设备维修、工具制造、仓库保管、运输服务等。辅助管理的质量管理的基本内容包括以下四个方面。

（1）做好物资采购供应（包括外协加工的零部件）的质量管理，保证采购质量。

（2）严格入库物资的检查验收，保证按质、按量、按期地提供生产所需要的各种物资。

（3）组织好设备维修工作，保持设备良好的技术状态。

（4）做好物流的质量管理工作，做到及时、准确、安全、经济。

（四）使用过程的质量管理

使用过程是考验产品实际质量的过程，它是企业内部质量管理的继续，也是全面质量管理的出发点和落脚点。使用过程的质量管理的基本内容包括以下四个方面。

（1）端正服务态度，提高服务质量，包括售前服务、售中服务和售后服务的质量。

（2）及时反馈产品信息，不断促使企业进一步研究和改进产品质量。

（3）开展全面技术服务工作，包括技术咨询、技术培训、技术指导。

（4）及时处理售后的产品质量问题，按照要求开展"三包"，保证用户放心满意。

五、全面质量管理的基本要求

（一）全体员工参加的质量管理

全面质量管理要求企业中的全体职工参与，因为产品质量的优劣，决定于企业的全体人员对产品质量的认识和与此有密切关系的工作质量的好坏，是企业中各项工作质量的综合反映，这些工作涉及企业的所有部门和人员，所以，保证和提高产品质量需要依靠企业全体职工的共同努力。

全面质量管理要求全体职工明确企业的质量方针和目标，完成自己所承担的任务，发挥每个职工的聪明才智，主动积极地工作，实现企业的质量方针与目标。

实行全员参加的质量管理，还要建立群众性的质量管理小组。质量管理小组简称"QC 小组"，是组织工人参加质量管理、开展群众性质量管理小组活动的基本组织形式。QC 小组是企业一线职工围绕企业的经营战略、方针目标和现场存在的问题开展质量管理活动的组织。QC 小组用质量管理的理论和方法开展工作，是企业推进全面质量管理的一种有效形式，是职工参加企业民主管理同科学管理相结合的产物。QC 小组活动具有明显的自主性、广泛的群众性、高度的民主性、严密的科学性。以改进质量、降低消耗、提高经济效益和职工素质为目的。

（二）全过程控制的质量管理

全面质量管理的范围应当是产品质量产生和形成的全过程，即不仅要对生产过程进行质量管理，而且还要对与产品质量有关的各个过程进行质量管理。

产品质量的产生和形成过程大致可以划分为四个过程，即设计过程、制造过程、辅助过程和使用过程。

（1）设计过程是产品质量产生和形成的起点，产品质量的好坏取决于设计。根据国外质量管理专家的统计分析以及国内现状的调查，产品质量问题的20%～50%是由于设计不良引起的。质量管理发展至今，在设计过程中已形成了一系列专门的技术和方法，如系统设计、参数设计和容差设计等。

（2）制造过程是产品质量的形成过程，制造过程的质量管理是企业中涉及面最广、工作量最大、参与人数最多的质量管理工作。该阶段质量管理工作的成效对产品符合性质量起着决定性的作用。制造过程的质量管理，其工作重点和活动场所主要在生产车间。因此，产品质量能否得到保证，很大程度上取决于生产车间的生产能力和管理水平。

（3）辅助过程既包括物资、工具和装备的供应，又包括设备维修和动力保证，还包括生产准备和生产服务。设计过程和制造过程中出现的很多质量问题，都直接或间接地与辅助过程的质量有关。因此，在全面质量管理系统中，辅助过程的质量管理占有相当重要的地位。它既要为设计过程和制造过程实现优质、高产、低消耗创造物质技术条件，又要为使用过程提高服务质量提供后勤支援。

（4）使用过程主要包括产品流通和售后服务两个环节。因为产品质量最终体现在用户所感受的"适用性"上，这是对产品质量的真正评价。因此，使用过程的质量管理，既是全面质量管理的出发点，又是它的归宿点。

（三）全方位参与的质量管理

全方位的质量管理可以从两个方面来理解：一是从组织角度来看，企业可以划分成上层、中层、基层管理,"全企业的质量管理"就是要求企业各个管理层次都有明确的质量管理活动内容。当然,各层次活动的侧重点不同。上层管理侧重质量决策,制定出企业的质量方针、质量目标、质量政策和质量计划,并统一组织、协调企业各部门、各环节、各类人员的质量管理活动,保证实现企业经营的目标。中层管理则侧重贯彻落实上层管理的质量决策,更好地执行各自的质量职能,并对基层工作进行具体的管理。基层管理则要求每个职工要严格地按标准、按规程进行生产,相互间进行分工合作,并结合本职工作,开展合理化建议和质量管理小组活动,不断进行作业改善。二是从质量职能角度来看,产品质量职能是分散在企业的有关部门中的,要保证和提高产品质量,就必须把分散到企业各部门的质量职能充分发挥出来。但由于各部门的职责和作用不同,其质量管理的内容也是不一样的。为了有效地进行全面质量管理,就必须加强各部门的组织协调。可见,全方位的质量管理就是要"以质量为中心,领导重视,组织落实,体系完善",形成全方位的质量保证体系。

(四)全社会共同推动的质量管理

全面质量管理是全社会共同推动的质量管理。随着社会的进步,生产力水平的提高,整个社会大生产的专业化和协作化水平也在不断的提高。一个企业的最终产品质量的高低,在很大程度上取决于原材料、辅助材料、零配件、元器件等由其他供应商或协作单位的产品质量。因此,每个产品都凝聚着整个社会的劳动,是社会分工与合作的产物,反映着社会的生产力水平。因而,提高产品质量不仅是某一个企业的问题,还需要全社会的共同努力的推动,以提高全社会质量意识和质量水平,这样才能保证产品质量水平,提高和增强产品的全球竞争力。全社会共同推动还意味着政府要加强市场监管,消费者要加强维权,生产经营者要加强自律,共同对产品质量负责,真正做到齐抓共管,彻底清除假冒伪劣产品,为提高产品质量创造一个良好的社会环境。

六、全面质量管理的基础工作

全面质量管理的基础工作是企业建立质量体系,开展质量管理活动的立足点和依据,也是质量管理活动取得成效,质量体系有效运转的前提和保证。根据国内外的经验,开展全面质量管理,应着重做好以下五个方面的工作。

(一)质量教育工作

全面质量管理是"以质量为中心,以人为本"的管理。因此,开展全面质量管理活动,必须从提高职工的素质抓起,把质量教育作为"第一道工序"。只有通过质量教育工作,不断提高企业全体职工的质量意识,掌握和运用质量管理的理论、方法和技术,自觉提高业务水平、操作技术水平和管理能力,不断改进和提高工作质量,才能生产出顾客满意的产品。

质量管理的教育工作主要包括两个方面:一方面是全面质量管理基本思想、基本原理的宣传和教育；另一方面是职工的技术业务的培训和教育。

（二）标准化工作

标准是衡量产品质量和各项工作质量的尺度，也是企业进行生产技术活动和经营管理工作的依据。

标准包括技术标准和管理标准两类。技术标准是对技术活动中需要统一协调的事物制定的技术准则；管理标准是为合理组织、利用和发展生产力，正确处理生产、交换、分配和消费中的相互关系，以及行政和经济管理机构为行使其计划、监督、指挥、协调、控制等管理职能而制定的准则。

企业开展标准化工作，应当着重解决以下几个问题：一是必须以"顾客第一"的思想为指导；二是必须坚持系统化的原则；三是企业标准化工作必须符合权威性、科学性、群众性、连贯性和明确性等具体要求。

在激烈的市场竞争中，一类企业是制定标准的；二类企业是掌握核心技术的；三类企业是套牌生产加工的。企业要在国内和国际市场竞争中拔得头筹就必须能够制定标准并掌握核心技术和关键技术，要拥有自己的知识产权，并打造出自己的驰名品牌。

（三）计量工作

计量管理工作包括精密测量、理化试验和技术鉴定等工作，它是保证产品质量特性的数据统一、技术标准的贯彻执行、零部件的互换和生产优质产品的重要手段。因此，计量管理工作是全面质量管理的一个重要环节。企业计量工作的重要任务是统一计量单位制度，组织量值正确传递，保证量值统一。

（四）质量信息工作

质量信息，指的是反映产品质量和产供销各环节工作质量的原始记录、基本数据以及产品使用过程中反映出来的各种信息资料。

搞好质量管理工作，掌握产品质量运动的发展规律，必须深入实践，认真调查研究，掌握大量、齐全、准确的信息资料。质量信息的准确性、完整性和及时性将严重影响决策的质量。质量信息是质量管理不可缺少的重要依据；是改进产品质量、组织厂内外两个反馈、改善各环节工作质量最直接的原始资料；是正确认识影响产品质量诸因素变化和产品质量波动的内在联系，掌握提高产品质量规律性的基本手段；是使用电子计算机进行质量管理的基础；是加强质量管理不可缺少的一项基础工作。

（五）质量责任制

建立质量责任制是企业开展全面质量管理的一项基础性工作，也是企业建立质量体系中不可缺少的内容。企业中的每一个部门、每一个职工都应明确规定他们的具体任务，应承担的责任和权利范围，做到事事有人管、人人有专责、办事有标准、考核有依据。企业应把同质量有关的各项工作同广大职工的积极性和责任心结合起来，形成一个严密的质量管理工作系统，以便在发现产品质量问题后可以迅速进行质量跟踪，查清质量责任，总结经验教训，更好地保证和提高产品质量，从而在企业内部形成一个严密有效的全面质量管理工作体系。

七、全面质量管理的质量体系

（一）质量体系的含义

质量体系是指为了实施质量管理的组织机构、职责、程序、过程和资源所形成的有机系统。它包含两层含义：（1）质量体系所包含的内容仅需满足实现质量目标的要求。（2）为履行合同、贯彻法规和进行评价，可要求提供体系中已确定的要素实施的证实。

（二）建立质量体系的程序和步骤

1．进行质量职能分配，为建立质量体系打好基础

（1）成立以企业主管领导为组长的质量体系领导小组，制订质量体系的工作计划。（2）组织有关人员学习并掌握 ISO9000：2000 系列标准和有关质量职能的知识。（3）调查企业职能分配现状，分析质量体系运行状况。（4）选定体系要素，并将其展开成质量职能和质量活动。将体系要素展开成质量活动，是一项艰巨复杂的工作，关系到能否做好质量职能分配。（5）制定质量体系要素及其质量职能和质量活动的分配方案，并组织讨论。（6）企业主管领导主持会议，按计划方案对体系要素及其质量职能和活动进行分配，明确承担职能和活动的部门。（7）确认质量职能和活动的分配结果。

2．编写质量体系文件，进行质量体系设计

（1）制定或重新审定质量方针，并正式发布。（2）编写质量手册。（3）在确认"分配结果"的基础上，制定企业二级部门的工作标准，规定部门的职责和职权。（4）企业二级部门进行质量职能和活动再分配，并在此基础上制定部门内部机构或岗位人员的工作标准。（5）制定管理标准和实施细则。（6）制订质量管理活动计划。

3．学习和贯彻质量体系文件，组织体系运行

（1）组织学习质量体系文件。（2）贯彻质量体系文件，有计划、有重点地开展质量活动。（3）开展质量体系审核。（4）应用体系审核信息采取纠正措施或组织质量改进，提高体系运行的有效性。（5）应用体系审核整改的信息进行考核，提高各部门贯彻体系文件的积极性。（6）进行体系评审，应用评审信息采取纠正措施或组织质量改进。

本章小结

1．在国际标准化组织 1994 年颁布的 ISO8402—1994《质量管理和质量保证——术语》中，质量的含义是："反映实体满足明确和隐含需要的能力的特性总和"。按照这一含义，能够满足顾客的需要从而使

顾客满意的那些产品特征主要包括产品的适用性、可信性、经济性、美观性和安全性等。

2．质量认证是认证机构证明产品符合相关技术规范的强制性要求或者标准的合格评定活动。质量管理体系认证流程：提交申请→签订合同→文件审查→初访和预审→现场审核→纠正措施→注册发证与公告。常见的质量认证有质量安全（QS）认证、绿色食品认证和有机食品认证。

3．全面质量管理就是以质量为中心，全体职工积极参与，把专业技术、经济管理、数理统计和质量教育结合起来，建立起产品的研究、设计、生产、服务等全过程的质量体系，从而有效地利用人力、物力、财力和信息等资源，以最经济的手段生产出顾客满意、组织及其全体成员以及社会都得到好处的产品，从而使组织获得长期成功和发展。全面质量管理的基本方法是 PDCA 循环，其特点是四个阶段的工作完整统一，缺一不可；大环套小环，小环促大环，阶梯式上升，循环前进；循环过程必须从计划开始，到处理结束，依次经过 PDCA 四个阶段。

4．全面质量管理的基本观点是质量第一、系统管理、用户至上、质量前移、预防为主、数据说话、经济适用和全员参加。

思考题

1．质量的含义、主要特征是什么？
2．什么是标准化？产品质量都有哪些标准？
3．进行质量认证的程序及其作用是什么？
4．全面质量管理的含义、内容、基本要求是什么？
5．全面质量管理的基础工作都包括哪些内容？

案例分析

山东得利斯集团公司的管理者认为，产品的质量是生产出来的。要保证产品质量，必须坚持把质量问题解决在产品生产过程中，并且要求员工在生产过程中树立"换位意识"。

所谓"换位意识"，就是上道工序把下道工序当成用户，下道工序把上道工序当成卖主，用上一道工序的产品质量保证下一道工序的产品质量，直至保证最终产品的质量。为此，他们为各工序制定了严格而详细的作业标准。例如，原料肉质量是否合格？对有疑问的原料肉，及时报告班长处理；按照分割肉的时间先后顺序提运，严禁顺序颠倒，以免造成原料肉污染；绞肉工序作业标准规定挑选好的原料肉，要严格按比例搭配；放入绞肉机前，要认真检查绞肉机内是否清洁卫生；进口处原料肉不慎掉到地面上，应随时拾起并用水冲洗干净后，方可放到绞肉机中；灌装工序作业标准规定，灌装前必须认真检查肠衣，对霉变、过粗过细、有麻筋的，一律挑出；认真检查上道工序转交的在制品，不合格的不得灌装；包装工序的作业标准规定，成品出炉必须待冷却后方可进行包装，严禁热包装；产品冷却后，还应按顺序剪修产品，认真挑选，不准将不合格品混入合格品中；产品装箱前，首先检查包装箱内是否洁净，有无异物，确认合格后装箱，不得使产品接触纸箱，严禁把带有污物、异物、色不正不匀的不合格品装入箱内；标签要注明日期和批号。

得利斯集团公司就是用这种"换位意识",在上道工序与下道工序之间建立了双保证机制,从而保证了产品的质量。

案例来源:严成根,李储东. 现代企业管理. 第 2 版. 北京:清华大学出版社,北京交通大学出版社,2009

问题:
1. 什么是"换位意识"?
2. 如何理解下道工序就是用户?如何理解下道工序把上道工序当成卖主?

第九章 物流管理

 学习目标

学习本章后,你应该能够:
1. 了解物流的分类;物流的功能。
2. 理解物流的作用;现代物流发展的特点;物流系统的特点。
3. 掌握物流的概念;物流管理的含义和内容。

企业的物流管理,是指对企业所需各种物质进行运输、储存、配送、包装、流通加工、装卸搬运、物流信息处理等活动的组织管理工作。企业的生产经营过程是商流、物流、信息流、资金流的有机运动过程。合理组织物流活动是保证企业生产经营活动顺利进行的前提条件,也是降低生产成本、增加企业盈利的有效途径。发达国家的物流成本仅占生产总值的10%,而我国的物流成本达20%。因此,通过加强和改进物流管理,可以大大降低生产成本,节约流通费用,对提高企业的经济效益和社会效益有着重要的作用。

第一节 物流概述

一、物流的概念

物流的概念最早是在美国形成的,被称为 Physical Distribution,意为实体配送。当时所研究的主要内容是企业为了把产品顺利销售出去而进行的一系列运输、仓储、包装等活动。第二次世界大战期间,美军后勤组织运用了一套科学方法,成功地将各种战略物资及时、准确地送至全球各地,为美军实施全球化战略提供了保障。战后,这套后勤补给方法经发展,运用在企业的采购、生产与销售的业务流程中,并获得了巨大的经济效益。

物流概念中的"物",从广义上讲,指的是一切有经济意义的可以进行位移的物质资料,即指商品生产、流通、消费的物质对象,既包括生产过程中的原材料、零部件、半成品及成品,又包括流通过程中的各种商品,还包括消费过程中的废弃物品。这些物质资料可以是有形的,也可以是无形的。有形物质如钢材、水泥,无形物质如天然气、煤气等。物流概念中的"流",指的是物质资料的定向移动,既包含其空间位移,又包含其时间上的延续。

物流的含义有广义和狭义之分。广义的物流是指物质实体的全部运动过程。它既包括

生产领域的物流，又包括流通领域的物流，还包括再生物质的回收物流及废弃物流。它是指物质资料从供应来源地经过生产和销售到最终消费者，以及回收再利用和废弃物处理的整个过程的一切物流活动。狭义的物流，是指商品从生产领域经过流通环节进入最终消费的运输和储存的过程。

二、物流的分类

（一）按照物流的范畴划分，可以将物流分为社会物流、行业物流和企业物流

1. 社会物流

社会物流是指以全社会为范畴，面向广大用户的超越一家一户的物流，包括设备制造、运输、仓储、装饰包装、配送、信息服务等。社会物流涉及在商品的流通领域所发生的所有物流活动，它主要研究再生产过程中发生的物流活动，研究国民经济中的物流活动，研究如何形成服务于社会、面向社会，又在社会环境中运行的物流。社会物流带有宏观性和广泛性，所以也称之为大物流或宏观物流。伴随商业活动的发展，物流过程通过商品的转移实现商品的所有权转移是社会物流的标志。社会物流属于宏观范畴，这种社会性很强的物流往往是由专门的物流企业承担的，加强对社会物流的研究可以为国家带来巨大的经济效益和社会效益，由于社会物流所涉及的是大社会领域，对社会物流的研究已经受到国家和社会的高度重视。

2. 行业物流

顾名思义，在一个行业内部发生的物流活动称为行业物流。在一般情况下，同一个行业的各个企业往往在经营上是竞争对手，但为了共同的利益，在物流领域中却又常常互相协作，共同促进行业物流系统的合理化。在国内外有许多行业均有自己的行业协会或学会，并对本行业的行业物流进行研究。在行业的物流活动中，有共同的运输系统和零部件仓库以实行统一的配送；有共同的新旧设备及零部件的流通中心；有共同的技术服务中心对本行业操作和维修人员进行培训；有统一的设备机械规格、统一的商品规格、统一的法规政策和统一报表等。行业物流的系统化使行业内的各个企业都得到了相应的利益。

3. 企业物流

在企业经营范围内由生产或服务活动所形成的物流系统称为企业物流。企业物流属于微观物流的范畴，包括生产物流、供应物流、销售物流、回收物流和废弃物流等。企业作为一个经济实体，是为社会提供产品或某些服务的。一个生产企业从采购原材料开始，按照工艺流程经过若干工序的加工，把原材料变成产品，然后再销售出去，这是一个较为复杂的物流过程；一个商业企业，其物流的运作过程包括商品的进、销、调、存、退等各个环节；一个运输企业的物流活动包括按照客户的要求提货，将货物运送到客户指定的地点并完成交付。

（二）按照物流活动在企业中的地位或作用划分，可以将物流分为企业生产物流、企业供应物流、企业销售物流、企业回收物流和企业废弃物流

1．企业生产物流

企业生产物流是指企业在生产过程中，原材料、在制品、半成品、产成品等在企业内部的实体流动。这种物流活动是与整个生产工艺过程伴生的，实际上已构成了生产工艺过程的一部分。企业生产过程的物流大体为：原料、零部件、燃料等物料从企业仓库或企业的"门口"开始，进入到生产线的开始端，再进一步随生产加工过程一个一个环节地流动，在流动的过程中，本身被加工，同时产生一些废料、余料，直到生产加工终结，再流动至产成品仓库，便终结了企业生产物流的过程。过去，人们在研究生产活动时，主要注重一个一个的生产加工过程，而忽视了将每一个生产加工过程串在一起，在一个生产周期内，物流活动所用的时间远多于实际加工的时间。所以，企业生产物流的研究可以大大缩减生产周期，节约工时消耗。

2．企业供应物流

企业为保证本身生产的节奏，为生产部门提供原材料、零部件或其他物品时，物品在提供者与需求者之间的实体流动。这种物流活动对企业生产的正常、高效进行起着重大作用。企业供应物流不仅是一个保证供应的目标，而且还是在以最低成本、最少消耗和最大的保证来组织供应物流活动的限定条件下进行的，因此有很大的难度。企业竞争的关键在于如何降低这一物流过程的成本，这可以说是企业物流的最大难点。为此，企业供应物流就必须有效地解决供应网络问题、供应方式问题、零库存问题等。

3．企业销售物流

企业销售物流是生产企业、流通企业出售商品时，物品在供需方之间的流动。在现代社会中，销售物流活动便带有极强的服务性，以满足买方的需求，最终实现销售。在这种情况下，销售往往以送达用户并经过售后服务才算终止，因此，销售物流的空间范围很大，这便是销售物流的难度所在。企业销售物流是通过包装、送货、配送等一系列物流实现销售，这就需要研究送货方式、包装水平、运输路线等，并采取各种诸如少批量、多批次、定时、定量配送等特殊的物流方式达到目的。

4．企业回收物流

企业不合格物品返修、退货和周转使用的包装容器从需方向供方返回形成的物品实体流动。在一个企业中，回收物品处理不当往往会影响整个生产环境，甚至影响产品质量，也会占用很大空间，造成浪费。

5．企业废弃物流

企业废弃物流是指将经济活动中失去使用价值的物品，根据环保要求进行处理时所形成的物品实体流动。

(三)按照物流作业的执行者划分,可以将物流分为第一方物流、第二方物流、第三方物流和第四方物流

1. 第一方物流

第一方物流是指需求方(生产企业或流通企业)为满足自己企业在物流方面的需求,由自己完成或运作的物流业务。

2. 第二方物流

第二方物流是指供应方(生产厂家或原材料供应商)为需求方提供运输、仓储等单一或某种物流服务的物流业务。

3. 第三方物流

第三方物流是指由供方和需方以外的物流企业提供物流服务的业务模式。物流渠道中的专业化物流中间人以签订合同的方式,在一定期间内为其他公司提供的所有或某些方面的物流业务服务。所以,第三方物流也称之为合同制物流。

4. 第四方物流

第四方物流是指一个供应链的集成商,是供需双方及第三方的领导力量。它不是物流的利益方,而是通过拥有的信息技术、整合能力以及其他资源提供一套完整的供应链解决方案,以此获取一定的利润。它是帮助企业实现降低成本和有效整合资源,并且依靠优秀的第三方物流供应商、技术供应商、管理咨询以及其他增值服务商,为客户提供独特的、广泛的供应链解决方案。

三、物流的作用

商品流通首先来源于商品交换,即买卖双方的商品交易过程。这一过程包括商流,即商品所有权的让渡和转移过程;还包括物流,即商品实体在空间和时间上的转移过程。只有完成物流活动,才能最终实现商品的使用价值,满足用户和消费者的需要。

物流的作用主要表现在以下几个方面。

(一)物流是社会再生产过程不断进行的基本条件

社会再生产的重要特点是它的连续性,这是人类社会得以发展的重要保证。一个社会不能停止消费,也不能停止生产。连续不断的社会再生产总是从必要的生产资料以及使之与劳动相结合而开始的。一个企业的生产经营活动要不间断地进行,一方面必须按照生产经营活动所需要的数量、质量、品种、规格和时间不间断地供给原材料、燃料、工具、设备等生产资料;另一方面,又必须及时地将产品销售出去。也就是说,必须保证物质资料不间断地流入生产企业,经过一定加工后又不断地流出生产企业,进入流通环节,最终进入消费领域。所有这些不间断的物流活动,就是社会再生产不断进行的基本条件。

(二)物流是保证商流顺畅进行,实现商品价值和使用价值的物质基础

在商品流通过程中,物流是伴随着商流而产生的,但它又是商流的物质内容和物质基础。商流的目的在于变换商品的所有权,而物流才是商品交换过程所要解决的社会物质变换过程的具体体现。物流能力的大小直接决定了商品流通的规模和速度。如果物流能力过小,整个商品流通就不会顺畅,流通过程就不能适应整个经济发展的客观要求,就会大大影响国民经济的协调、稳定、持续增长。

(三)物流技术的发展直接影响到商品生产的规模和产业结构的变化

现代商品生产的发展,要求生产社会化、专业化和规模化,如果没有物流的发展,这些要求就难以实现。例如,煤炭、水泥、矿石等大宗货物,只有在交通运输有了一定发展的情况下才可能发展成为大量生产、大量消费的大产业。又如肉类、蔬菜、水果、奶类、禽蛋等鲜活易腐商品,只有在良好的储存、保鲜、包装、冷藏、运输条件下,才能有效地保持其价值和使用价值。

(四)物流管理是提高企业经济效益和实现社会效益的重要源泉

物流活动组织的好坏,直接决定了企业费用的高低。国外资料表明,英国工厂每年花去的物料搬运费大约占工厂成本的1/4;美国每年支出的包装材料费用就超过110亿美元。因此,通过合理化组织运输、减少装卸次数、提高装卸效率、改进包装和装卸工具以减少商品损耗等措施,可以大大提高企业的经营利润。搞好了物流管理,就可以解决运力紧张的问题,节约社会资源,大大减少物质资料的损失和浪费现象,对提高整个社会效益大有好处。

四、现代物流的发展特点

根据国内外物流的发展情况,现代物流的发展特点可以归纳为以下几个方面。

(一)系统化

所谓物流的系统化,是指把从生产到消费的流通全过程看作是一个系统,谋求其总体的、综合的效率化,使流通的现代化与整个国民经济的现代化融为一体。物流的系统化要实现三个目标,即建立一个生产厂家满意的系统,建立一个经销商满意的系统,建立一个全社会满意的系统。如果这三个目标不能同时达到,物流的系统化就不算成功。

物流的系统化或叫综合物流管理,就是使社会物流与企业物流有机地结合在一起,从采购物流开始,经过生产物流,再进入销售物流,经过包装、运输、仓储、装卸、配送到消费者手中,然后还有回收物流。物流系统就是一个跨部门、跨行业、跨地区的社会系统。从这方面讲,物流的系统化其实就是流通系统化的具体体现。

(二)信息化

物流的信息化是整个社会的必然要求。物流信息化表现为物流信息收集的数据库化和代码化、物流信息处理的电子化和计算机化、物流信息传递的标准化和实时化、物流信息存储的数字化等。电子数据交换技术与国际互联网的应用,使物流效率的提高更多地取决于信息技术管理技术；电子计算机的普遍应用提供了更多的需求和库存信息，并提高了物流信息管理的科学化水平，使物流更加方便和快捷。

（三）国际化

物流的国际化，是指随着经济发展的全球化步伐的加快，世界贸易的范围不断扩大，使得从世界各地获得商品的现象十分普遍。跨国生产与日俱增，世界市场已基本形成。现代企业成功地适应这种变化趋势的关键在于能否以合理的、有竞争优势的成本，使自己的产品和服务进入国际市场流通。要达到这一目标，就要建立全球化的物流系统，实现跨国采购、跨国运输、跨国配送。

（四）网络化

物流网络化的基础是信息化，网络化一方面是指物流配送系统的计算机通信网络，包括配送中心与供应商或制造商的联系都要通过计算机网络。如美国橡胶公司的物流子公司设立的信息处理中心，可以接受世界各地的订单，IBM公司只要按动键盘，即可接通美国橡胶公司订货，只需几个小时就可以接到其所订货物。另一方面是组织的网络化。如台湾的电脑业在20世纪90年代创造性地提出了"全球运筹产销模式"，这种模式就是按客户订单组织生产，生产采取分散形式，即将全世界的电脑制造资源都利用起来，采取外包的形式将一台电脑的所有零部件、元器件、芯片外包给世界各地的制造商去生产，然后通过全球的物流网络将这些零部件、元器件、芯片发往同一个物流配送中心进行组装，又由物流配送中心将组装的电脑迅速发给订户。

（五）社会化

物流社会化，是指物流企业重点是发展社会化的第三方物流。随着市场经济的发展，专业化分工越来越细，一个企业生产某种产品除了一些主要部件自己生产外，其他大部分都需要外购。生产企业与零售商所需要的原材料、中间产品、最终产品大部分由不同的物流中心或商品配送中心提供，以实现自身的少库存或零库存。这种社会化物流配送系统不仅可以实现集约化经营，而且可以节约大量的社会流动资金。

五、物流系统

物流系统是指在一定的时间和空间里，由所需位移的物资、包装设备、装卸搬运机械、运输工具、仓储设施、人员和通信联系等若干相互制约的动态要素所构成的具有特定功能的有机整体。物流系统和一般的管理系统一样，都是由人、财、物、信息和组织管理等要素组成的有机整体。其中，人是物流系统的主体；财是物流系统不可缺少的资金要素；物是物流系统中的基础要素；物流信息是物流系统的决策要素；组织与管理是物流系统的支持要素。

（一）物流系统的组成

物流系统由物流作业系统和支持物流信息流动的物流信息系统两大部分组成。物流作业系统由包括运输、储存、包装、装卸、配送、流通加工六个子系统中的一个或几个有机结合而成,每个子系统又可以按空间和时间分成更小的子系统。一些先进的科学技术成果正运用于物流作业系统,如磁悬浮列车、自动立体式仓库、机器人、机械手等,它们的应用大大提高了物流作业系统的运作效率。

物流信息系统是由各物流网点之间的物流信息产生、制作、加工、储存和传递而构成的系统。所有的物流网点同时又是物流信息网点,再加上公司或信息中心,就构成了相互传递信息的物流信息系统网络。物流信息系统中,先进技术的应用有计算机、网络、GPS(全球卫星定位系统)、GIS(地理信息系统)、RF(射频技术)等。

物流信息系统包括对物流作业系统中的各种活动下达命令、实时控制和反馈协调等信息活动。物流作业系统中各活动是相互牵制、相互制约的关系,任何一个环节处理不好都将影响整个物流作业的效益。只有通过物流信息系统,从整体上对各活动作统筹安排,实时控制,并根据反馈信息做出迅速调整,才能保证物流作业系统的高效、畅通和快捷。物流作业系统和物流信息系统之间存在一定的层次关系,表现为物流信息系统对物流作业系统下达指令,物流作业系统反馈信息给物流信息系统,物流信息系统处在物流作业系统的上层,起着调控管理的作用,它们之间密不可分,相互依赖,相互配合,以实现整个物流系统的目标。

(二)物流系统的特点

物流系统具有一般系统所共有的特点,即整体性、相关性、目的性、环境适应性,同时还具有规模庞大、结构复杂、目标众多等大系统所具有的特征。

1. 物流系统是一个"人机系统"

物流系统是由人和形成劳动手段的设备、工具所组成。它表现为物流劳动者运用运输设备、装卸搬运机械、仓库、港口、车站等设施,作用于物资的一系列生产活动。在这一系列的物流活动中,人是系统的主体。因此,在研究物流系统的各个方面问题时,要把人和物有机地结合起来,作为不可分割的整体加以考察和分析,而且应始终把如何发挥人的主观能动作用放在首位。

2. 物流系统是一个大跨度系统

物流系统是一个大跨度系统,主要反映在两个方面:一是地域跨度大;二是时间跨度大。在现代经济社会中,企业间的物流经常会跨越不同地域,国际物流的地域跨度更大。解决产需之间的时间矛盾通常采取储存的方式,因此时间跨度往往也很大。大跨度系统带来的主要问题是管理难度较大,对信息的依赖程度较高。

3. 物流系统是一个可分系统

作为物流系统,无论其规模多么庞大,都可以分解成若干个相互联系的子系统。这些子系统的多少和层次的阶数是随着人们对物流的认识和研究的深入而不断扩充的。系统与子系统之间,子系统与子系统之间,既存在着时间和空间上及资源利用方面的联系,也存在总的目标、总的费用以及总的运行结果等方面的相互联系。

根据物流系统的运行环节，可以划分为物资的包装系统、物资的装卸系统、物资的运输系统、物资的储存系统、物资的流通加工系统、物资的回收复用系统、物资的情报系统、物流的管理系统等子系统。上述这些子系统构成了物流系统，而且物流各子系统中又可细分出下一层次的系统。如运输系统可分为水运系统、空运系统、铁路运输系统、公路运输系统及管道运输系统。

4．物流系统是一个动态系统

一般的物流系统总是联结多个生产企业和用户，随需求、供应、渠道、价格的变化，系统内的要素及系统的运行也经常发生变化。这就是说，社会物资的生产状况，社会物资的需求变化，资源变化，企业间的合作关系，都随时随地影响着物流，物流受到社会生产和社会需求的广泛制约。物流系统是一个具有满足社会需要和适应环境的能力的动态系统。人们必须对物流系统的各个组成部分不断地修改、完善，这就要求物流系统具有足够的灵活性与可改变性。在发生较大的社会变化的情况下，物流系统要重新进行系统的设计。

5．物流系统是一个复杂的系统

物流系统运行对象——"物"，遍及全部社会物质资源，资源的大量化和多样化带来了物流的复杂化。从物资资源上看，品种成千上万，数量极大；从从事物流活动的人员上看，需要数以百万计的庞大队伍；从资金占用上看，占用着大量的流动资金；从物资供应点上看，遍及全国城乡各地。这些人力、物力、财力资源的组织和合理利用，是一个非常复杂的问题。在物流活动的全过程中，始终贯穿着大量的物流信息。物流系统要通过这些信息把这些子系统有机地联系起来。如何把信息收集全、处理好，并使之指导物流活动，也是非常复杂的事情。物流系统的边界是广阔的，其范围横跨生产、流通、消费三大领域。这一庞大的范围给物流组织系统带来了很大的困难，而且随着科学技术的进步、生产的发展、物流技术的提高，物流系统的边界范围还将不断地向内深化，向外扩张。

6．物流系统是一个多目标函数系统

物流系统的多目标常常表现出"目标背反"。因此我们说系统要素间有着非常强的"背反"现象，常称之为"交替背反"或"效益背反"现象，在处理时稍有不慎就会出现总体恶化的结果。通常，对物流数量，希望最大；对物流时间，希望最短；对服务质量，希望最好；对物流成本，希望最低。显然，要满足上述所有要求是很难办到的。例如，在储存子系统中，站在保证供应、方便生产的角度，人们会提出储存物资的大数量、多品种问题，而站在加速资金周转、减少资金占用的角度，人们则提出减少库存。又如，现在适用最快的运输方式为航空运输，但运输成本高，时间效用虽好，但经济效益不一定最佳；而选择水路运输，则情况相反。所有这些相互矛盾的问题，在物流系统中都广泛存在。而物流系统又恰恰要求在这些矛盾中运行，要使物流系统在各方面满足人们的要求，显然要建立物流多目标函数，并在多目标中求得物流的最佳效果。

（三）物流系统的目标

1．服务目标

物流系统的"桥梁、纽带"作用具体地联结着生产与再生产、生产与消费，因此要求有很强的服务性。物流系统采取送货、配送等形式，就是其服务性的体现。物流系统的服务目标要求在为用户服务方面做到无缺货、无货物损伤和丢失等现象，且费用便宜。

2．快捷、及时目标

要求把货物按照用户指定的地点和时间迅速送到。为此可以把物流设施建在供给地区附近，或者利用有效的运输工具和合理的配送计划等手段。及时性不但是服务性的延伸，也是流通对物流提出的要求，随着社会化大生产的发展，这一要求就更加强烈了。在物流领域采取的诸如直达直线运输、"一条龙"联合运输、高速公路、时间表系统等管理和技术，就是这一目标的体现。

3．节约目标

在物流领域中除节约流通时间外，由于流通过程消耗大而又基本上不增加或提高商品使用价值，所以依靠节约来降低投入是提高相对产出的重要手段。物流过程被称为"第三利润源泉"，这一利润的挖掘主要是依靠节约。在物流领域推行的集约化方式，提高单位物流的能力，以及采取的各种节约、省力、降耗措施，都是这一目标的体现。

4．规模优化目标

要求考虑物流设施集中于分散的问题是否适当，机械化与自动化程度如何合理利用，情报系统的集中化所要求的电子计算机等设备的利用。

5．库存调节目标

库存过多则需要更多的保管场所，而且会产生库存资金积压，造成浪费。因此，必须按照生产与流通的需求变化对库存进行控制。

第二节　物流的功能

一、运输

物流部门通过运输功能，实现了商品实体由供应地点向需求地点的移动，解决了不同地点之间的空间矛盾，从而创造了商品的空间效用，实现了其使用价值，满足了社会需求。

（一）运输的概念

物流学中运输的概念就是通过运输手段实现货物在物流结点之间流动。它是在不同地域范围间（如两个城市、两个工厂之间，或两个物流结点之间），以改变"物"的空间位置为目的的活动，是对"物"进行空间位移。运输和搬运的区别在于，运输是较大范围的活动；而搬运是在同一地域之内的活动。运输和配送中"送"的区别是，配送专指短距离、小批量的运输。

运输提供物品转移和物品存放两大功能。

（1）物品转移。无论物品处于什么形式，是材料、零部件、装配件、在制品，还是制成品,不管是在制造过程中被移到下一个阶段,还是实际上更接近最终的顾客,运输都是必不可少的。运输的主要功能就是产品在价值链中的来回移动。

(2)物品存放。对物品进行临时存放是一个特殊的运输功能,这个功能在以往并没有被人们关注。之所以将运输车辆临时作为相当昂贵的储存设施,是因为转移中的物品需要储存,但在短时间内(1～3天)又将重新转移,那么该物品在仓库卸下来和再装上去的成本可能高于存放在运输工具中支付的费用。在仓库有限的时候,利用运输车辆存放也是一种可行的选择。在本质上,运输车辆被用作一种临时储存设施时,它是移动的,而不是闲置。

（二）运输方式及特点

运输方式有铁路运输、汽车运输、船舶运输、航空运输和管道运输等。

铁路运输是陆地长距离运输的主要方式。其基本特点是列车在固定的轨道线路上运行,不受其他运输条件限制,可"高速""重载",这使它具有运费较低的优点。但同时由于线路专用、车站固定、灵活性不强,因此也具有需要汽车转运等方面的缺点。

汽车运输是现代的主要方式之一,在提供现代物流服务方面发挥着核心作用。汽车在运输线路的安排上具有很大的灵活性,在空间上和时间上有很大的自由度,因此可以实现从发货人到收货人的"门到门"的运输。且由于减少了转运的次数,货物包装也随之简化。但其缺点也很明显,如运量小、费用高、安全性差等。

船舶运输包括海上运输和内河运输两种。在大批量和远距离的货物运输中价格便宜,对货物体积、重量限制不多,且是隔海区域代替陆地运输的必要方式。但也具有航行周期长、易受天气影响等缺点。

航空运输在运输业中所占比重较低,但其重要性越来越明显。其缺点是运价要远高于其他运输方式,但运输速度极快。航空运输一般来说适用于紧急物品、保鲜物品和体积小、价值高物品的运输,但受地理条件限制,离机场距离较远的地方利用价值不大。

管道运输是使用管道输送流体货物的一种运输方式。管道运输具有运量大、效率高、低成本、安全性高、占地少、不受天气影响等优点,但仅适用于流体及气体物资等的运输。

（三）运输方式的选择

运输方式的选择是运输合理化的重要内容。运输的安全性、准确性、低成本、短时间是选择运输方式科学与否的标准,因此在选择运输方式时要综合考虑运输品的种类、运输量、运输距离、运输速度和运输费用。

运输品种类方面,物品的形状、单件重量体积、危险性、变质性等是制约性的因素,如鲜活易腐品适宜于汽车、航空运输。在运输量方面,一般一次性运量大的运输品应尽可能采取铁路运输和船舶运输。运输距离的长短与货物到达的目的地有关,陆上长距离运输一般用铁路、中短途运输用汽车。运输时间方面则务须满足交货期的要求。运输成本或运输费用与运输量和运输距离有关。此外,运输品的价格也关系到承担运费的能力。

（四）运输合理化

合理运输就是在实现产品实体从生产地至消费地转移的过程中，充分、有效地运用各种运输工具的运输能力，以最少的人、财、物消耗，及时、迅速、按质、按量和安全地完成运输任务。合理运输要求达到运输距离最短、运输环节最少、运输时间最短和运输费用最省。

不合理运输是在现有条件下可以达到的运输水平而未达到，从而造成运力浪费、运输时间增加、运费超支等问题的运输形式。目前，我国存在的主要不合理运输形式有以下几种：（1）空载。因调运不当，货源计划不周，不采用运输社会化而形成的运输工具利用不充分。这可以说是不合理运输的最严重的形式。（2）对流运输。又称"相向运输"，指同一种货物，或彼此间可以互相代用而又不影响管理、技术及效益的货物，在同一线路上或平行线路上作相对方向的运送，而与对方运程的全部或一部分发生重叠交错的运输。（3）迂回运输。是舍近取远的，可以选取短距离进行运输却选择路程较长距离进行的运输。（4）重复运输。本来可以直接将货物运到目的地，但是在未达目的地之处，或目的地之外的其他场所将货卸下，再重复装运送达目的地，这是重复运输的一种形式。（5）倒流运输。即货物从销售地或中转地向生产地或起运地回流的一种运输现象。（6）过远运输。即调运物资舍近求远，近处有资源不调而从远处调，这就造成可采取近程运输而未采取，拉长了货物运输距离的浪费现象。（7）运力选择不当。未能充分利用各种运输工具的优势而造成的不合理现象，常见有以下几种形式：弃水走陆、铁路或大型船舶的过近运输、运输工具承载能力选择不当。（8）托运方式选择不当。对于货主而言，可以选择最好的托运方式而未选择，造成运力浪费及费用支出加大的一种不合理运输。

二、仓储

在生产和消费之间，总是有些商品存在当时用不上或用不了，或有待以后用的东西。解决生产与消费在时间上的矛盾，就是商品的储存功能。物流部门通过储存功能，解决了商品供应与需求在时间上的差距，妥善地保持了商品的使用价值，也创造了新的时间上的效益。

（一）仓储的概念

仓储是指利用仓库存放、储存未及时使用的物品的行为。当物资、物料、物品等未被及时消耗掉而需要专门的场所存放时，就产生了静态仓储。当物资、物料、物品存入仓库并对存放的这些物资、物料、物品进行保管、控制和供货时，便形成了动态仓储。

通过对物资、物料、物品的储存行为，仓储能克服生产和消费在时间上的间隔而产生时间效用；能克服生产旺季与生产淡季之间的矛盾。在仓储过程中，通过备货、分拣、包装和流通加工等作业，以及实施对在库物品的库存控制，能为用户提供更多的物流管理服务项目，提升对用户的服务质量。

（二）仓储的种类

按仓储物的处理方式划分可以将仓储分为保管式仓储、加工式仓储和消费式仓储。

（1）保管式仓储

保管式仓储又称纯仓储。保管式仓储由存货人将特定的物品交由仓储保管人进行保管，到期后仓储保管人将物品交还存货人。保管物品除发生自然损耗外，数量、质量、件数一般不发生变化。

（2）加工式仓储

加工式仓储是指仓储保管人在仓储期间根据存货人的要求对保管物品进行一定加工的仓储方式。仓储保管人根据存货人的要求对保管物品进行外观、成分构成等方面的加工，使仓储物品达到存货人的要求。

（3）消费式仓储

仓储保管人在保管物品的同时接受保管物品的所有权。利用仓储物品开展营销的增值活动。

按仓储经营的经营主体可以分为自营性仓储、商业性仓储、战略储备仓储和公共性仓储。

（1）自营性仓储

自营性仓储包括流通企业自营性仓储和生产企业自营性仓储。流通企业自营性仓储是流通企业通过其所拥有的仓储设施对其经营的物品进行仓储的行为。生产企业自营性仓储则是生产企业使用自有的仓储设施对生产使用的原材料、中间产品、最终产品进行仓储的行为。

（2）商业性仓储

仓储经营人通过其拥有的仓储设施，面向社会提供商业性仓储行为。存货人与仓储经营人通过订立仓储合同建立商业性仓储关系。商业性仓储包括提供货物仓储服务和提供仓储场地服务等。

（3）战略储备仓储

战略储备仓储是为了国防安全、社会稳定的需要而实行的储存战略性物资的仓储。战略储备仓储的对象主要是储存粮食、油料、有色金属等国家战略性物资。战略储备由政府进行控制，重视储备物的安全性，仓储时间较长。

（4）公共性仓储

公共性仓储是利用公共仓储设施提供仓储服务。

（三）仓储的任务

1. 物资存储

物资存储是仓储的基本任务，是指利用仓储设施或设备将物品收存并进行妥善保管，确保物品不受损害。物资的存储可以是长期的存储，也可以是短期的存储。

2. 数量及质量管理

仓储的数量管理包括两个方面：一是存货人交付保管的仓储物品的数量和提取的仓储物品的数量必须一致；二是保管人可以按照存货人的要求分批收货和分批出货，并对仓储物品的数量进行控制。

仓储的质量管理是指保管人应采取先进的存储技术、合理的保管措施来保管仓储物品。当仓储物品发生货损、货差时，应采取有效措施减少损失，并及时通知存货人。

（四）仓储管理

仓储管理是指仓储企业利用其所具有的仓储资源而进行的仓储计划、仓储组织、仓储控制和协调过程。仓储管理包括储存空间的管理、物品管理、人事劳动、经营决策等一系列管理工作。

1. 仓储管理的基本要素

仓储管理的基本要素包括仓储结构、仓储数量、仓储时间、仓储费用等。

（1）仓储结构是指仓储库存物品的种类、规格、金额、储存量比例关系，以及仓储设施的数量、类型等关系。仓储服务的对象是仓储结构的决定因素。仓储结构应能反映市场需求的变化和物品的品种规格的变化以及它的保障程度。

（2）仓储数量是指保证生产或流通顺利进行并可正常供应所需的数量。确定合理仓储量应考虑如下几个方面：① 仓储安全。仓储安全主要涉及两个方面：一是防燃烧、防爆炸、防盗。易燃、易爆物品多属于危险品类。危险品应采用危险品仓库。危险品仓库设施必须装备有防火及防盗的监视、自动报警设备及消防用具。二是防毒害、防腐蚀。仓储人员在有害物品环境中作业，要做好防护工作，如对腐蚀性物品作业时应穿好橡胶围裙、耐酸靴子并戴好手套；对放射性物品作业是要有警戒设备，预防射线泄露；对有毒物品作业时可采用防毒面具。② 生产或市场的需要量。在其他因素不变的条件下，仓储量与需要量成正比，因此，仓储应保证生产和市场对需求量的满足要求。

（3）仓储时间。在保证需求的前提下，物品的储存时间越短越好。

（4）仓储费用。仓储租费、保养维护费、利息支出等都能在一定程度上判断储存的合理程度。

2. 仓储管理的基本原则

（1）经济效益原则

仓储业的生产经营活动应以经济效益最大化为目标，但同时也应兼顾其应承担的社会责任，履行环保等社会义务，实现生产经营的社会效益。

（2）效率原则

仓储效率表现在仓容利用率、货物周转率、货物进出库时间、货物装卸时间等指标上。仓储的效率原则是指以最少的劳动量的投入，获得最大的产出。仓储劳动量主要是指仓储设施、劳动力等。高效率要通过准确的核算、科学组织、合理的场所、空间的优化、机械设备的合理使用以及各部门人员之间的有效合作来实现。仓储作业现场的组织、规章制度的制定与执行、完善的约束机制等是实现高效率的保证。

（3）服务原则

仓储服务的对象是其所服务的客户，因此仓储管理需要围绕其所提供的服务进行定位，即如何提供服务、改善服务、提高服务质量。仓储的服务水平与仓储的经营成本存在一定程度的背反关系。仓储服务的管理原则就是要在降低成本和提高服务水平两者之间寻找平衡点。

三、装卸搬运

装卸是在同一地域范围内改变物品的存放状态和空间位置的活动。它伴随着运输和保管而产生，并将相关物流环节加以连接，因此装卸效率对物流整体效率影响很大。同时，装卸作业内容复杂，人力耗费、成本耗费，装卸活动的合理化对于物流整体的合理化至关重要。

（一）装卸搬运在物流运作中的作用

（1）装卸搬运既是伴随物流过程各环节所发生的活动，又是衔接物流各环节之间相互转换的桥梁。因此，装卸搬运的合理化对缩短作业周期、降低作业过程的物流费用、加快物流速度等都起着重要的作用。

（2）装卸搬运是保障物流活动各环节运作得以顺利进行的条件。装卸搬运活动本身虽不消耗原材料，不产生废弃物，不大量占用流动资金，不产生有形产品，但它的工作质量却对物流活动各环节产生很大的影响，或者作业过程不能正常进行，或者流通过程不畅。所以，装卸搬运对物流过程其他各环节具有劳务性质，以及具有提供"保障"和"服务"的功能。

（3）装卸搬运是物流过程中的一个重要环节，它制约着物流过程其他各项活动，是提高物流速度的关键。物流活动中装卸搬运功能发挥的程度，直接影响物流活动运作的正常进行，其他工作质量的好坏，关系到物品本身的价值和使用价值。由于装卸搬运是伴随着物流过程其他各环节的一项活动，因而往往引不起人们的足够重视，但忽视了装卸搬运，轻则发生混乱，重则造成停顿。

（二）装卸搬运的特点

1. 均衡性与波动性

装卸搬运活动必须与物流运作过程的节拍保持一致。从这个意义上讲，装卸搬运基本上是均衡的、连续的、平稳的，具有节奏性。

在生产领域，由于生产活动要有连续性和比例性、力求均衡，故企业内装卸搬运相对也比较均衡。然而，物资一旦进入流通，由于受到商品产需衔接和市场机制的制约，物流量便会出现较大的波动性。某种货物的畅销和滞销、远销和近销，销售批量的大与小一旦发生改变，围绕货物实物的流量便会发生巨大的变化，这都会影响装卸搬运的效率。从物流活动内部观察，装卸搬运量也会出现忽高忽低的现象。由于这种运量上的差别和运速的不同，会使得物流活动出现集中到货或停滞等待的不均衡装卸搬运的状况。

2．稳定性和多变性

装卸搬运的稳定性主要是指生产领域的装卸搬运作业，这是与生产过程的相对稳定相联系的，特别是在大量生产的情况下更是如此，或略有变化但也具有一定的规律性。在流通领域里，由于物质产品本身的品种、形状、尺寸、重量、包装、性质等各不相同，输送工具类型又各异，再加上流通过程的随机性等，所有这些决定了装卸搬运作业的多变性。因此，对于物流活动而言，装卸搬运应具有适应多变作业的能力。

3．社会性

由于物流活动的装卸搬运作业涉及的面和因素是全社会性的，因此，任何一个物流活动都可能成为收货点或发货点。所以，流通领域里所有装卸作业点的装备、设施、工艺、管理方式、作业标准都必须相互协调，这样才能发挥装卸搬运活动的整体效益。

4．复杂性

流通过程中，由于装卸搬运与运输、存储紧密衔接，为了安全和输送的经济性原则，需要同时进行堆码、满载、加固、计量、取样、检验、分拣等作业，因此，装卸搬运作业必须具有适应这种复杂性的能力，这样才能加快物流的速度。

5．装卸搬运对安全性要求高

装卸搬运作业需要人与机械、货物、其他劳动工具相结合，工作量大，情况变化多，很多作业环境复杂，这些都导致了装卸搬运作业中存在着不安全的因素和隐患。所以，应创造装卸搬运作业适宜的作业环境，改善和加强劳动保护，对任何可能导致不安全的现象都应设法根除，防患于未然。装卸搬运的安全性，一方面直接涉及人身，另一方面又涉及物资，同其他物流环节相比安全系数较低，因此，要更加重视装卸搬运的安全生产问题。

（三）装卸搬运作业的种类

装卸搬运作业按其特点的不同，主要分为堆拆作业、分拣作业以及搬运作业。

堆拆作业分为堆装、拆装作业和堆垛、拆垛作业两类。堆装作业是把物品移动到运输设备或保管设备的指定地点，并按要求的形态码放的作业；拆装作业则相反。堆垛作业主要是指保管设备中高度2米以上的堆码作业；拆垛作业则相反。

分拣作业是在堆装、堆垛作业前后或配货作业前把物品按品种、入出单位类别、运送方向等进行分类，并放到指定地点的作业；配货作业则是在指定位置将物品按品种、下一步作业种类及缺货对象进行分类的作业。

搬运作业是指为了上述作业而进行的物品移动作业，包括水平、垂直、斜向搬运；移送作业则是设备、距离、成本等方面在移动作业中比例较高的物品移动作业。

（四）装卸搬运作业的合理化原则

（1）降低装卸搬运次数原则。通过合理安排作业流程，采用合理作业方式，仓库内合理设计与布局,将装卸搬运次数限制在最小范围内。

(2) 移动距离最小原则。可在货位布局、运输设备停放位置、出入库作业程序等设计上加以充分考虑。

(3) 提高装卸搬运灵活性原则。物品码放的状态要有利于下次搬运,在堆装、堆垛时要考虑便于拆装、拆垛,在入库时要考虑便于出库等。

(4) 合理运用机械原则。将人与机械合理组合到一起,发挥各自的长处,提高作业效率。

(5) 利用重力原则。应减少反复从地面搬起重物,并借助物品本身的重力实现物品的移动。如具有一定倾斜度的滑辊、滑槽等的运用。

(6) 集装单元化原则。将零放物品归整为同一方式的集装单元。

(7) 保持物流顺畅原则。物品处理量不宜出现过大的波动。

四、包装

包装是在物流过程中为保护产品,方便储运,促进销售,按一定技术方法而采用的容器、材料和辅助物的总体名称;也指为了达到上述目的而采用容器、材料和辅助物的过程中施加一定技术方法等的操作活动。包装是包装物和包装操作的总称。不能把包装简单地看作是"产品的包扎"、"包含着内容物的容器"或"产品的容器与盛装"。在社会再生产过程中,包装处于生产过程的末尾和物流过程的开始,既是生产的终点,又是物流的始点。

(一) 包装的功能

物流包装的功能主要体现在保护商品、方便流通、促进销售等几个方面。

1. 保护商品功能

保护物品在流通过程中不受损害,是包装的首要功能。保护商品功能的作用主要体现在以下几个方面。

(1) 防止物品破损。要求做到物品在运输、装卸、保管过程中能够防止因受冲击、振动等机械外力而损伤,包装应具有足够的强度防护和抵抗外力的破坏。

(2) 防止商品发生化学变化。即防止在流通过程中受潮、光照、气体腐蚀等引起商品发霉、变质、锈蚀等变化。要求包装起到阻隔水分、潮气、光照以及各种有害气体的侵蚀作用,避免外界的不良因素的影响。

(3) 防止商品受鼠咬、虫蛀。要求包装具有阻隔虫、鼠侵入的作用。

(4) 防止异物混入和污物污染,防止散失和丢失。

2. 方便流通功能

合理的产品包装能为流通过程中的装卸、运输、储存和销售带来很大的方便。因此,包装单元的尺寸、重量、形态必须为装卸、运输、储存提供方便,以减轻人们的劳动强度,改善劳动条件,提高装卸、搬运效率。另外,要容易区分不同的商品并进行计量,包装及拆装要简便、快速,拆装的包装材料应容易处理。

3．促进销售功能

良好的包装能起到美化产品、促进销售的作用。因此销售包装必须通过装潢艺术吸引消费者，唤起消费者的购买欲望，达到促进销售的目的。

（二）包装的分类

按包装在流通中的作用分类，包装可分为销售包装和运输包装。

（1）销售包装。销售包装的目的是为了促进商品的销售，这种包装的特点是外形美观，选用材料、结构形态、外表装潢应具有美学功能，起到保护、美化、宣传产品，促进销售的效果。

（2）运输包装。运输包装是以运输储存为主要目的的包装。它具有保障产品的安全，方便储运装卸，加速交接、点检等作用。因此，运输包装必须有足够的保护性能，以防止运输中一切外力的危害，运输包装的形状、尺寸必须便于装卸、运输作业。

按包装保护功能的顺序，包装可分为单个包装、内包装和外包装。

（1）单个包装。单个包装即第一次包装，是直接保护商品的包装，一般为商品的最小销售单位的包装形式，它连同商品一起到达消费者手中。

（2）内包装。内包装即单个包装商品再次集合包装，成为较大的销售单位包装形式，如果商品体积较小，几个内包装还可以进行中包装，以方便流通运输、保管。

（3）外包装。外包装一般是运输包装。主要目的是为了方便储存、运输。

（三）包装合理化的原则

（1）包装简洁化。在强度、寿命、成本相同的条件下，应采用更轻、更薄、更短、更小的包装。

（2）包装标准化。标准化的包装规格、单纯化的包装形状和种类有助于整体物流效率的优化。

（3）包装机械化。为提高作业效率和包装现代化水平，运用先进科学技术开发和运用各种包装机械非常重要。

（4）包装单位大型化。随着交易单位的大量化和物流过程中的装卸机械化，包装的大型化趋势也在增强。

（5）包装资源节省化。应加大包装物的再利用程度，减少过度包装，开发和推广新型包装方式，以减少对包装材料的使用。

五、流通加工

流通加工是流通中的一种特殊形式，是指物品在从生产地到使用地的过程中，根据需要施加包装、分割、计量、分拣、刷标签、栓标签、组装等简单作业的总称。流通加工是在物品从生产领域向消费领域流动的过程中，为了促进销售、维护产品质量和提高物流效率，对物品进行加工，使物品发生物理、化学或形状的变化。虽然流通加工和一般的生产型加工在加工方法、加工组织、生产管理方面并无显著区别，但在加工对象、加工程度方面，流通加工和一般的生产性加工有着较大的区别。流通加工和一般的生产型加工的区别主要是：（1）流通加工的对象是具有商品属性的、进入流通过程的商品；而生产加工的对象不是最终商品，而是原材料、零配件、半成品。（2）流通加工大多是简单加工，是对生产加工所进行的一种辅助性或补充性加工；生产加工则是为生产人们所需的商品而进行的复杂加工。（3）生产加工的最终目的是为了创造价值和使用价值；而流通加工的最终目的则在于完善使用价值并在不做大的改变的情况下提高商品价值。

（一）流通加工的目的

1. 方便运输

一些产品如果在制造厂装配成完整的产品，在运输时将耗费很高的费用。一般都是把它们的零部件分别集中捆扎或装箱，到达销售地点或使用地点以后，再分别组装成成品，这样不仅使运输方便而且经济。在这种情况下加工活动的组装环节是在流通过程中完成的。

2. 方便用户

由于用户需要的多样化，必须在流通部门按照顾客的要求进行加工，解决产需分离现象。

3. 便于综合利用

为了综合利用，在流通中将货物分解、分类处理。如猪肉和牛肉等在食品中心进行加工，将肉、骨分离，其中肉只占65%左右，向零售店输送时就能大大提高输送效率。骨头则送往饲料加工厂，制成骨粉加以利用。

流通加工这一环节的发展使流通与加工总体过程更加合理化。流通加工一般都在运输的结点进行，这样能使大量运输合理分散，有效地缓解长距离、大批量、少品种的物流与短距离、小批量、多品种物流之间的矛盾，实现物流的合理流向和物流网络的最佳配置，从而避免不合理的重复、交叉、迂回运输，大幅度节约运输、装卸搬运和保管等费用，降低物流总成本。

（二）流通加工的类型

1. 为弥补生产领域加工不足的深加工

有许多产品在生产领域的加工只能到一定程度，这是由于存在许多限制因素限制了生产领域不能完全实现终极加工。如木材在产地完成成材制成木材品的话，就会造成运输的极大困难，所以原生产领域只能加工到原木、板方材这个程度，进一步的下料、切裁、处理等加工则是由流通加工完成。这种流通加工实际是生产的延续，是生产加工的深化，对弥补生产领域加工不足有重要意义。

2. 为满足需求多样化进行的服务性加工

从需求角度看，需求存在着多样化和变化两个特点，为满足这种要求，经常是用户自设加工环节。例如，生产消费型用户的再生产往往从原材料初级处理开始。就用户来讲，现代生产的要求是生产型用户能尽量减少流程，尽量集中力量从事较复杂的技术性较强的劳动，而不愿意将大量初级加工包揽下来。这种初级加工带有服务性，由流通加工来完成，生产型用户便可以缩短自己的生产流程，使生产技术密集程度提高。对一般消费者而言，则可省去繁琐的预处置工作，而集中精力从事较高级、能满足需求的劳动。

3．为保护产品所进行的加工

在物流过程中，直到用户投入使用前都存在对产品的保护问题，防止产品在运输、储存、装卸、搬运、包装等过程中遭到损失，使其使用价值能顺利实现。与前两种加工不同，这种加工并不改变进入流通领域的物的外形及性质。这种加工主要采取稳固、改装、冷冻、保鲜、涂油等方式。

4．为提高物流效率、方便的加工

有一些产品本身的形态使之难以进行物流操作。如鲜鱼的装卸、储存操作困难；过大设备搬运、装卸困难；气体物运输、装卸困难等。进行流通加工，可以使物流各环节易于操作，如鲜鱼冷冻、过大设备解体、气体液化等。这种加工往往改变物的物理状态，但并不改变其化学特性并最终能恢复原物理状态。

5．为促进销售的流通加工

流通加工可以从若干方面起到促进销售的作用。如将过大包装或散装物分装成适合一次销售的小包装的分装加工；将原以保护产品为主的运输包装改换成以促进销售为主的销售包装，以起到吸引消费者、指导消费的作用；将零配件组装成用具、车辆以便于直接销售；将蔬菜、肉类、鱼类洗净切块以满足消费者要求等。这种流通加工可能是不改变物的本体，只进行简单改装的加工，也有许多是组装、分块等深加工。

6．为提高加工效率的流通加工

许多生产企业的初级加工由于数量有限加工效率不高，也难以投入先进科学技术。流通加工以集中加工形式，解决了单个企业加工效率不高的弊病，以一家流通加工企业代替了若干生产企业的初级加工工序，促进了生产水平的提高。

7．为提高原材料利用率的流通加工

流通加工利用其综合性强、用户多的特点，可以实行合理规划、合理套裁、集中下料的办法，这就能有效提高原材料利用率，减少损失浪费。

六、配送

配送是在经济合理区域范围内，根据用户的要求，对物品进行拣选、加工、包装、分割、组配等作业，并按时送达指定地点的物流活动。

一般来说，配送的本质是根据用户的要求，在物流据点内，如仓库、配送中心等，进行分拣、配货等工作，并将配好的货物适时地送交收货人的过程。它是物流中一种特殊的、综合的活动形式。配送是商流与物流紧密结合的运作过程，既包含了商流活动，也包含了物流活动中的若干功能要素。

配送作业的主要内容如下。

1. 订单处理

订单处理是配送服务的第一个环节,也是配送服务质量得以保证的根本。在配送活动开始前,配送中心根据订单信息,对客户的分布、所订商品的品名、商品特性和订货数量、送货频率和要求等资料进行汇总和分析,以此确定所要配送的货物种类、规格、数量和配送的时间,最后由调度部门发出配送信息(如检货单、出货单等)。订单处理是调度、组织配送活动的前提和依据,是其他各项作业的基础。一般的订单处理过程主要包括五个部分,即订单准备、订单传递、订单登录、按订单供货、订单处理状态追踪。

2. 配送计划

配送计划是由商家的采购进货单或销售发货单确认后直接生成待分配的配送计划,通过对销售订单或采购订单的勾兑,将商家的进货和发货联系起来,完成对配送计划的分配。配送计划一般包括配送主计划、每日配送计划和特殊配送计划。

3. 分拣作业

分拣作业是根据顾客的订单要求或配送中心的配送计划,尽可能迅速、准确地将商品从其储位或其他区域捡取出来,并按一定的方式进行分类、集中、等待配装送货的作业过程。分拣作业是完善送货、支持送货的准备性工作,是配送中心作业系统的核心。

4. 理货作业

理货作业是指在接受入库商品时,根据入库单、仓储合同、运输单据以及相关的仓储制度规定,对商品进行数量清点、内外质量检查、分类分拣等一系列作业过程。

5. 配装作业

在单个用户配送数量不能达到车辆的有效载运负荷时,就存在如何集中不同用户的配送货物,进行搭配装载以充分利用运能、运力的问题,这就需要配装。和一般送货的不同之处在于,配装送货可以大大提高送货水平并降低送货成本。

6. 盘点作业

在配送中心里,由于商品的不断进出库,经长期的累积库存容易与实际数量产生差异;或者某些商品由于存放过久,养护不当,可能导致质量受到影响,难以满足客户的需求。为了有效地控制货品数量,需要对各储存场所的货物进行数量清点的作业,称之为盘点作业。

7. 配送加工作业

配送加工是配送企业在配送系统内,按用户要求设立加工场所进行的加工活动,如根据用户的需求对商品进行套裁、简单组装、分装、贴标、包装等加工活动。通过配送加工,可以大大提高客户的满意度,提高配送质量,减轻生产企业的负担,提高配送的总体经济效益。

8. 送货作业

送货作业是将检取分类完成的货品做好出货检查,装入合适的容器,做好标志,并根据车辆趟次或厂商等指示将物品运至出货准备区,最后装车配送。

9. 配送合同的制定

配送合同是配送经营人与配送委托人之间有关确定配送服务的权利和义务的协议,或者说,配送合同是配送经营人收取费用,将委托人委托的配送物品在约定的时间和地点交付给收货人而订立的合同,配送合同一经签订就具有法律效力。

10. 补货与回收退调作业

补货作业是指将货物从保管区域移到拣货区域的物流活动。补货作业的目的是保证拣货区有货可拣。回收退调作业包括退货商品的分类、整理(部分商品可重新入库)、退供货商或报废销毁以及账务处理。

在选择配送的方法时应按不同用户的需求采取不同的配送方法。配送的方法主要有少品种或单品种、大批量配送;少批量、多批次配送;设备成套、配套配送;企业对企业的配送;连锁配送;供应配送;企业对消费者的配送;定时配送;定量配送;定时定量配送;定时定路线配送;即时、应急配送;加工配送。

在配送过程中要注意运输的合理化,就是在实现货物从生产地至消费地转移的过程中,充分有效地运用各种运输工具的运输能力,以最少的人、财、物消耗,及时、迅速、按质、按量和安全地完成运输任务。其标志是:运输距离最短,运输环节最少,运输时间最短和运输费用最省。配送运输可以从生产厂家直接到客户,或经过批发商、零售商送到客户,也可以由配送中心送至客户。配送运输所采用的运输方式可以是公路运输、城市轨道运输、铁路运输或船舶运输,对快递则也可以采用航空运输。

第三节 物流管理的内容

一、物流管理的含义

物流管理是指在社会再生产过程中,根据物质资料实体流动的规律,应用管理的基本原理和科学方法,对物流活动进行计划、组织、指挥、协调、控制和监督,使各项物流活动实现最佳的协调与配合,以降低物流成本,提高物流效率和经济效益。

实施物流管理的目的就是要在尽可能最低的总成本条件下实现既定的客户服务水平,即寻求服务优势和成本优势的一种动态平衡,并由此创造企业在竞争中的战略优势。根据这个目标,物流管理要解决的基本问题,就是把合适的产品以合适的数量和合适的价格在合适的时间和合适的地点提供给客户。现代物流管理是建立在系统论、信息论和控制论的基础上的。物流管理主要有四个特点:以实现客户满意为第一目标;以企业整体最优为目的;以信息为中心;重效率更重效果。

物流管理的内容包括三个方面:对物流活动诸要素的管理,包括运输、储存等环节的管理;对物流系统诸要素的管理,即对其中人、财、物、设备、方法和信息等六大要素的管理；对物流活动中具体职能的管理，主要包括物流计划、质量、技术、经济等职能的管理等。

二、物流成本管理

企业经营的一个重要目标是以最小的投入换取最大的收益。而实现这一目标的最好途径是成本管理，物流成本的控制是对成本限额进行预算，将实际成本与目标成本限额加以比较，纠正存在的差异，提高物流活动的经济效益。

（一）物流成本的概念

物流成本是指在物流过程中为了提供有关的物流服务以及开展各项物流业务活动，会占用和消耗一定的活劳动和物化劳动，这些活劳动和物化劳动的货币表现就是物流成本。物流成本包括物流各项活动的成本，如商品包装、运输、储存、装卸搬运、流通加工、配送、信息处理等方面的成本与费用，这些成本与费用之和构成了物流的总成本，也是物流系统的总投入。

（二）物流成本的分类

在进行物流成本计算时，应先确定计算口径，即从哪个角度来计算物流成本，因此必须对物流进行科学的分类。

按照物流的范围分类可以将物流成本划分为以下几种。

（1）供应物流费，是指从商品（包括容器、包装材料）采购直到批发、零售业者进货为止的物流过程中所需要的费用。

（2）企业内物流费，是指从购进的商品到货或本企业提货时开始，直到最终确定销售对象的时刻为止的物流过程中所需要的费用，包括运输、包装、商品保管、配货等费用。

（3）销售物流费，是指从确定销售对象时开始，直到商品送交到顾客为止的物流过程中所需要的费用，包括包装、商品出库、配送等方面的费用。

（4）回收物流费，是指包括材料、容器等销售对象回收到本企业的物流过程中所需要的费用。

（5）废弃物流费，是指在商品、包装材料、运输容器、货材的废弃过程中产生的物流费用。

按照物流的功能可以将物流成本划分为以下几种。

（1）物品流通费，是指为完成商品、物资的物理性流通而发生的费用，可进一步细分为包装费、运输费、保管费、装卸搬运费、流通加工费和配送费。

（2）信息流通费，是指因处理、传输有关的物流信息而产生的费用，包括与储存管理、订货处理、客户服务有关的费用。

（3）物流管理费，是指进行物流的计算、调整、控制所需要的费用。它包括作业现场的管理费，也包括企业物流管理部门的管理费。

（三）物流成本管理的基本原则

物流成本管理就是以成本为手段的物流管理，其管理原则如下。

（1）物流成本能够真实地反映物流活动的实际情况。通过物流成本的计算，可以进行物流经济活动的分析，发现和寻找出企业在管理中存在的问题和差异。

（2）物流总成本是衡量与评价物流合理化的统一尺度。物流服务与成本之间的二律背反关系，物流活动各要素成本间交替损益的状态，都使人们无法以某一环节的优劣和某一单项指标的高低去评价系统的合理性。而物流服务与成本之间的协调，物流各项活动成本之间的相互影响，最终都体现在物流总成本上。因此，物流总成本就成为衡量与评价物流综合经济效益和物流合理化的统一尺度。

（四）物流成本管理的作用

（1）通过对物流成本的计算，可以了解物流成本的高低，发现物流活动中存在的问题。

（2）通过与同类企业或竞争对手物流成本的对比，可以找出本企业与同行及竞争对手之间的差距。

（3）根据物流成本计算的结果，为企业制订物流计划，调整物流活动和评价物流活动的效果提供科学的依据。

物流成本管理的目的就是要通过物流成本管理发现物流活动中存在的问题，并找出差距，提出解决问题的方法，这也是物流成本管理在物流管理过程中应起的最主要的作用。

三、物流质量管理

物流的对象是具有一定质量的实体，即有合乎要求的等级、尺寸、规格、性质、外观。这些质量是在生产过程中形成的，物流过程在于转移和保护这些质量，最后实现对用户的质量保证。因此，对用户的质量保证不仅要依赖于生产，而且也依赖于流通。

物流过程不单是消极地保护质量及转移质量，现代物流由于采用流通加工等手段，还可以改善和提高商品的质量。因此，物流过程在一定意义上说也是质量的形成过程。

（一）物流质量管理的内容

（1）物流服务质量。物流业具有极强的服务性质，属于第三产业范围，其性质主要在于提供服务，满足用户要求。所以，在提供物流服务时就需要掌握和了解用户要求，如商品质量的保持程度、流通加工对商品质量的提高程度、批量及数量的满足程度、配送额度、间隔期及交货期的保证程度、配送和运输方式的满足程度、成本水平及物流费用的满足程度、相关服务（如信息提供、索赔及纠纷处理）的满足程度等。

（2）物流工作质量。物流工作质量是指物流各环节、各工种、各岗位具体工作的质量。为实现总的服务质量，要确定具体的工作要求，形成日常的工作质量指标。

(3) 物流工程质量。与产品生产的情况类似，物流质量不但取决于工作质量，而且取决于工程质量，受制于物流技术水平、管理水平、技术装备等因素。好的物流质量是在整个物流过程中形成的，要想能事前控制物流质量，预防物流造成的不良品，必须对影响物流质量的诸因素，如人员、体制、设备工艺方法、计量与测试、环境等，进行有效控制。

（二）物流质量管理的特点

物流质量管理是用经济的方法，向用户提供满足其要求的物流质量服务。其特点是全面质量管理，即全面的管理对象、全面的管理范围和全体人员参加的管理。

（1）全面的管理对象。物流质量管理不仅管理物流对象本身，而且还管理工作质量和工程质量，最终对成本和交货期起到管理作用。因此，管理对象是广泛的，涉及物流的各个方面，具有很强的全面性。

（2）全面的管理范围。物流质量管理对流通对象的包装、装卸、搬运、运输、保管、配送、流通加工等若干过程进行全过程的质量管理，同时又是产品在社会再生产全过程中，进行全面质量管理的重要一环。在这个全过程中，必须一环不漏地进行全过程管理才能保证最终的物流质量，达到目标质量。

（3）全体人员参加的管理。要保证物流质量，就涉及有关环节的所有部门和所有人员。因此，要实行全员管理，最重要的是充分调动广大职工参加质量管理的积极性，要向广大职工反复进行质量管理的教育，确立"质量第一""为用户服务""预防为主"等思想和观念，同时，要有恰当的组织体系来支持和保证。

四、物流信息管理

（一）物流信息的含义

物流信息是反映物流各种活动内容的知识、资料、图像、数据、文件的总称。从狭义上来看，物流信息是指与物流活动有关的信息。从广义上讲，物流信息不仅指与物流活动有关的信息，而且包括与其他流通活动有关的信息，如商品交易信息和市场信息等。广义的物流信息不仅能起到连接与整合从生产厂家，经过批发商和零售商，最后到消费者的整个供应链的作用，而且在应用现代信息技术的基础上能实现整个供应链活动的效率化，具体说，就是利用物流信息对供应链各个企业的计划、协调、顾客服务和控制活动进行有效管理。

（二）物流信息的特点

与其他信息相比，物流信息的特殊性表现在以下几个方面。

（1）信息量大、分布广。多品种、小批量、多批次和个性化服务等现代物流活动，使库存、运输、分拣、包装、加工、配送等物流信息大量产生，且分布在制造厂、仓库、物流中心、配送中心、运输路线、商店、中间商、用户等。为了使物流信息适应企业开放性和社会性的发展要求，必须对大量的物流信息进行有效管理。

（2）动态性强、时效性高。由于各种作业活动频繁发生，市场状况及用户需求变化多端，物流信息会在瞬间发生变化，因而信息的价值衰减速度很快。为能适应企业物流高效运行的及时要求，这就要求对信息的及时性管理有较高的处理能力。

（3）信息种类多、来源多样化。物流信息不仅包括企业内部的各种管理和作业信息，而且包括企业间的物流信息和物流活动有关的现代物流技术基础设施、法律、规定、条例等多方面的信息。这就使物流信息的分类、研究及筛选等工作的难度增加。

（4）信息标准化程度高。物流企业与其他企业和部门间需进行大量的信息交流，为了实现不同系统间信息的高效交换与共享，必须采纳国际或国家对信息的标准化要求，以及采用统一的物品编码。

（三）物流信息系统

物流信息系统是通过对物流相关信息的加工处理来达到对物流、资金流的有效控制和管理，并为企业提供信息分析和决策支持的人机系统。这个人机系统是以人为主体的系统，它对企业的各种数据和信息进行收集、传递、加工、保存，将有用的信息传递给使用者以辅助企业的全面管理。

现代物流与传统物流的主要区别在于，现代物流应用现代电子信息技术及装备对传统的、各自分离的物流基本功能，如包装、装卸搬运、运输、储存保管、流通加工、配送和物流信息处理等业务实现有机组合，协调运行以形成一个完整的系统来管理，从而使各子系统发挥各自特定的功能，最终实现物流系统的总体目标。现代物流强调过程的信息沟通，物流的效率依赖于信息沟通的效率。商流、物流和信息流在物流管理信息系统的支持下实现互动，从而能提供准确和及时的物流服务。物流信息系统可以同时完成对物流的确认、跟踪和控制，它不仅使企业自身的决策快、反应快、灵活机动，对市场的应变能力强，而且增强了与客户的联系沟通，能最大限度地反映客户的需要，为客户创造更多的价值。

物流管理的主要指标是减少物流完成周期的不确定性。因此存货可得性（物流企业库存能力保证满足顾客的要求）、递送及时性（指物流过程中货品流动的实际时间与要求时间之间的符合程度）和交付一致性（包括质量一致性和服务一致性）是外部企业对物流企业的要求，而经济性、可靠性、可维护性、柔性、可扩展性、安全性等是评价物流系统的内部指标。因此，这些也是物流信息系统应该努力达到的指标。

一个经济实用的物流信息系统必须结构分明，不同层次上的部门和人员需要不同的信息。最基层的各职能岗位的作业信息中有关费用、业务量等信息通过系统传递到管理层，如订单、价格等信息作为财务管理的输入，库存量、运输量、交易量等信息作为统计管理的输入；有关客户的信息作为客户管理的输入；中层管理者根据运行信息协调、管理、监测和考评各岗位的工作，并控制服务质量。财务分析、统计管理数据、市场信息通过系统作为决策层的输入；通过专家系统、决策模型等处理后，可以支持决策者分析、制订物流战略计划和实施方案，如车辆安排、库存水平、网络设施选址与配置等。

(四)物流信息技术

物流信息技术主要包括条码技术、无限射频技术、计算机网络技术、地理信息技术、全球卫星定位技术、电子数据交换技术等。在这些技术的支撑下,形成了以移动通信、资源管理、监控调度管理、自动化仓储管理、业务管理、客户服务管理、财务管理等多种业务集成的一体化现代物流信息系统。

五、供应链管理

(一)供应链的定义

所谓供应链,是指产品在到达消费者手中之前所涉及的由原材料供应商、生产商、批发商、零售商以及最终消费者组成的供需网络,即由物料获取、物料加工、将成品送到用户手中这一过程所涉及的企业和部门组成的一个网络。它是围绕核心企业,通过对信息流、物流、资金流的控制,由从采购原材料开始,经中间产品以及最终产品,最后由分销网络把产品送到消费者手中这一过程所涉及的供应商、制造商、分销商、零售商、最终用户连成的一个具有整体性功能的网链结构模式。

供应链一般分为内部供应链和外部供应链。内部供应链是指由企业内部产品生产和流通过程中所涉及的采购部门、生产部门、仓储部门、销售部门等组成的供需网络。而外部供应链则是指由涵盖企业的与企业相关的产品生产和流通过程中所涉及的供应商、生产商、储运商、零售商以及最终消费者组成的供需网络。内部供应链和外部供应链共同组成了企业产品从原材料到成品再到消费者的供应链。

(二)供应链的特征

供应链由所有加盟的节点企业组成,其中一般有一个核心企业(可以是产品制造企业,也可以是大型零售企业),节点企业在需求信息的驱动下,通过供应链的职能分工与合作(生产、分销、零售等),以资金流、物流、服务流为媒介实现整个供应链的不断增值。供应链主要具有以下特征。

(1)复杂性。供应链节点企业涉及的跨度(层次)不同,供应链往往有多个不同类型甚至多国企业构成,所以供应链的结构模式比一般单个企业的结构模式更为复杂。

(2)动态性。为了企业战略和适应市场需求变化的需要,节点企业需要动态地更新,这就使得供应链具有明显的动态性。

(3)面向用户需求。供应链的形成、存在、重构,都是基于一定的市场需求而发生的,并且在供应链的运作过程中,用户的需求变动是供应链中信息流、产品服务流、资金流运作的驱动源。

(4)交叉性。节点企业可以是这个供应链的成员,同时又是另一个供应链的成员,众多的供应链形成交叉结构,增加了协调管理的难度。

（三）供应链管理的概念

所谓供应链管理，就是为了满足顾客的需求，在从原材料到最终产品的形成过程中，为了获取有效的物资运输和储存，以及高质量的服务和有效的相关信息所做的计划、操作和控制。

供应链管理的范围包括从最初的原材料直到最终产品到达顾客手中的全过程，管理对象是在此过程中所有与物资流动及信息流动有关的活动和相互之间的关系。供应链系统的功能是让顾客所需的产品能够在正确的时间按照正确的数量和正确的质量送到正确的地点，并且使总成本最少。

（四）供应链管理的内容

供应链管理研究的内容主要涉及四个主要领域：供应、生产计划、物流、需求。供应链管理是以同步化、集成化生产技术为指导，以各种技术为支持，尤其以互联网为依托，围绕供应、生产作业、物流（主要指制造过程）、满足客户需求来实施的。供应链管理主要包括计划和合作控制从供应商到用户的物料（零部件和成品等）和信息。供应链管理的目标在于提高用户服务水平和降低总交易成本，并且寻求两个目标之间的平衡。此外，供应链管理还包括以下内容：战略性供应商和用户伙伴关系管理、供应链产品需求预测和计划、全球节点企业的定位、设备和生产的集成化计划、生产的跟踪和控制、企业内部与企业之间物料供应与需求管理、基于供应链管理的产品设计与制造管理、基于供应链的用户服务、运输问题、库存问题、包装问题、企业间资金流管理等。

供应链管理的理念是指在供应链管理过程中，网络构成的相关方应坚持面向顾客的理念、双赢和多赢的理念、管理手段和技术现代化的理念。供应链管理的目标是：根据市场需求的扩大，提供完整的产品组合；根据市场需求的多样化，缩短从生产到消费的周期；根据市场需求的不确定性，缩短供给市场及需求市场的距离；降低整体供应链的物流成本和费用，提高整体供应链的运作效率，增强整体供应链的竞争力。

本章小结

1．物流的含义有广义和狭义之分。狭义的物流是指商品从生产领域经过流通环节进入最终消费的运输和储存的过程。广义的物流是指物质实体的全部运动过程，既包括生产领域的物流，又包括流通领域的物流，还包括再生物质的回收物流及废弃物流。

2．物流系统是指在一定的时间和空间里，由所需位移的物资、包装设备、装卸搬运机械、运输工具、仓储设施、人员和通信联系等若干相互制约的动态要素所构成的具有特定功能的有机整体。主要由物流作业系统和支持物流信息流动的物流信息系统两大部分组成。

3．物流具有运输、仓储、装卸搬运、包装、流通加工以及配送的功能。

4．物流管理是指在社会再生产过程中，根据物质资料实体流动的规律，应用管理的基本原理和科学方法，对物流活动进行计划、组织、指挥、协调、控制和监督，使各项物流活动实现最佳的协调与配合，以降低物流成本,提高物流效率和经济效益。物流管理主要包括对物流活动诸要素的管理;对物流系统诸要素的管理以及对物流活动中具体职能的管理。

思考题

1. 什么是物流?物流有什么作用?
2. 现代物流发展有什么特点?
3. 仓储管理的基本原则是什么?
4. 物流质量管理的内容和特点是什么?
5. 什么是供应链管理?供应链管理的目标是什么?

案例分析

A企业是一家中型有限责任公司,主要生产中档小汽车,年产量在20万辆左右。由于生产物流运输、配送均由企业自己完成,因此,物流这部分费用占到企业产值的30%以上,从事物流运输、偶送、仓储和其他物流人员队伍庞大,企业的人事和设备支出占用了大量的流动资金。不仅如此,由于体制的原因,企业内耗大,挤占了企业高层拓展技术发展的大量精力,企业生产长期没有特色。2003年,企业通过内部改制,大胆将原来完全由自己完成的物流业务交给专门从事物流的第三方物流企业。企业通过调查了解到,B企业具有一定的物流资质,是一个以运输、仓储为主要依托的国有企业,其物流总费用约为A企业的23%,其可以消化A企业的部分物流人员;C企业则是一个完全从事第三方物流服务的由一定资深专家和业务人员组成的专业物流服务企业,拥有庞大的社会物流信息网络和合作伙伴,以及国际采购资质,可以按生产所需提供点对点、一对一的服务,可使A企业的总物流费用降到25%以下,此外,还可以根据企业情况分别选择其他运输、仓储等独立的物流服务。

案例来源:http://wenda.so.com/q/1388755197067078?src=140

问题:

1. A企业为什么将原来完全由自己完成的物流业务交给专门从事物流的第三方物流企业?
2. 如果你是A企业的决策者,根据以上情况,你将选择哪一家企业作为服务商?为什么?

第十章 技术管理

 学习目标

学习本章后,你应该能够:
1. 了解技术的基本定义及特点、技术管理的定义;技术开发的定义;技术创新的含义;技术引进。
2. 理解技术的分类;技术转让的定义及标的;技术创新的对象;技术咨询与技术服务。
3. 掌握技术转让的内容及合同;技术创新与有关概念的区别和联系;技术创新的特点;知识产权的保护。

邓小平同志指出:"科学技术是第一生产力。"在人类社会的发展过程中,生产力水平的提高,人类的文明和进步,都得益于技术发明和技术创新。在近现代社会,第一次技术革命发明了蒸汽机,使人类社会进入机器化时代;第二次技术革命发明了电能,使人类社会进入了电气化时代;第三次技术革命发明了电子计算机,使人类社会进入了信息化时代。每一次技术革命都使社会生产力得到迅猛发展,使人类社会迈上一个崭新的台阶。企业在市场上竞争,其竞争力的高低主要取决于技术发明和技术创新的能力。因此,加强技术管理,不断提高企业技术水平,推进企业技术进步,是增强企业竞争力的核心要素。

第一节 技术与技术管理

一、技术

(一)技术的含义及特点

1. 技术的含义

技术的最原始概念是熟练。所谓熟能生巧,巧就是技术。技术远比科学古老,事实上,技术史与人类史一样源远流长。一般来说,技术是指人类在认识自然、改造自然的反复实践中所积累起来的有关生产劳动的各种经验和知识,也泛指其他操作方面的技能、技巧。广义地讲,技术是人类为实现社会需要而创造和发展起来的手段、方法和技能的总和。作为社会生产力的社会总体技术力量,包括工艺技巧、劳动经验、信息知识和实体工具装备,也就是整个社会的技术人才、技术设备和技术资料。

在社会科学中,技术通常是指在特定时间内人们用以解决社会发展所面临的问题的科

学知识。在经济学中,技术通常是指生产要素的有效组合。在工程技术领域,技术通常是指科学知识在生产活动中的具体应用。国际工业产权组织对技术的定义为:技术是制造一种产品或提供一项服务的系统的知识。这种知识可能是一项产品或工艺的发明、一项外形的设计、一种实用形式、一种动植物新品种,也可能是一种设计、安排、维修和管理的专门技能。目前国际上对技术并没有形成统一明确的定义。世界知识产权组织(WIPO)在1977年出版的《供发展中国家使用的许可贸易手册》一书中对技术作了如下定义:"技术是制造一种产品、使用一种工艺方法或提供一种服务的系统知识,这种知识可以体现为一项发明、一项外观设计、一项实用新型或者一种植物新品种,也可体现于专家为设计、安装、建设或维修一个工程,或为管理一个工商企业,或为其他活动而提供的服务或协助方面。"这是迄今为止国际上给技术所下的最为全面和完整的定义。实际上技术包含了社会、政治、历史及经济因素等诸多改变社会的一系列组成元素。技术涵盖了人类生产力发展水平的标志性事物,是生产劳动和生产工具、设施、装备、语言、数字数据、信息记录等的总和。

2. 技术的特点

(1) 目的性。任何技术从其诞生起就具有目的性。技术的目的性贯穿于整个技术活动的过程之中。

(2) 社会性。技术的实现需要依靠社会协作,得到社会支持,并受到社会多种条件的制约。诸多的社会因素直接影响技术的成败和发展进程。

(3) 多元性。是指技术既可表现为有形的工具装备、机器设备、实体物质等硬件,也可以表现为无形的工艺、方法、规则等知识软件,还可以表现为虽不是实体物质而却又有物质载体的信息资料、设计图纸等。在作为物质手段和信息手段的现代技术中,技能已逐步失去原有的地位和作用,而只是技术的一个要素。

(4) 复杂性。指大多现今的工具都很难以了解的特性(即需要一连串对制造或使用的事先训练)。一些相对简单的使用却较难去理解其来源和制造方法,如餐刀、棒球、深加工食品等。另外,也有很难使用且很难理解的,如拖拉机、电视、电脑等。

(5) 依赖性。指现今工具多依赖着其他的现代工具,而其他的现代工具又依赖着另外的其他现代工具的事实,不论是在制造还是使用方面。例如,车子便有一个巨大且复杂的制造及维护工业支撑着,而使用也需要有复杂的公路、街道、高速公路、加油站、保养厂和废弃物收集等设备。

(6) 多样性。指相同工具的不同类型和变异。想象今日所存在的众多汤匙和剪刀。即使是更复杂的工具也通常有许多形状和样式,如建筑起重机或车子。

(7) 规模性。指现代技术的普及。简单地说,技术似乎存在于每一个角落,它支配了现代社会的生活。另外,规模亦指许多现代技术计划的范围,如手机网络、互联网、飞机航行、通信卫星及其对地球上人们的影响。

(8) 无形性。技术知识,对于有形产品而言,是非物质的、无形的。有时技术也依附在一定的物质载体上,如产品、机器设备等,但都不能因此把技术与反映技术的载体相混淆。由于技术的无形性特点,它无法像有形物质那样以数量、重量、面积、体积等来计量,技术的价值只能根据技术的用途,使用技术所生产的产品的产量、质量及生产的经济效益等指标来评估。

(9) 系统性。技术是人们发明创造、人类智慧的结晶,是人们在长期的科学实验和生产活动中不断创造和积累的一整套知识和经验。它包括从设计构思到具体实施的全部内容,包括管理、销售、服务等各个环节的方法和技巧。此外,技术还是一个动态的体系。随着时间的推移和技术的发展,处在不同发展阶段的技术的内涵和外延形式不同。

(10) 可实施性。单纯的理论,如科学原理、公式、定理等都不是技术。技术必须能够实施,即能够制造某种产品、使用某种方法或提供某种服务,而且某些技术的事实还被实践证明是能够产生经济效益的。

(11) 可传授性。技术是可以传授的,人们可以通过"教与学"来实现技术转移。凡因人的特殊技能和条件而获得的无法传授的专门技艺都不是技术。

(12) 商业性。除已经进入公共领域的共有技术以外,技术是一种私有财产,可以作为"商品"在技术市场上进行交易。在合同规定的条件下,技术拥有者可以通过转让、许可、提供服务获得报酬。

(二) 技术的起源及本质

自从人类社会的发端开始,技术就与每个人息息相关,一刻也没有离开过。只不过是每个人是否明确清晰地感觉到和识别出来而已。

例如古老的保留火种的技术就是把雷电击中的枯树或者自然起火的火种一直燃烧在岩洞洞穴中。直到火燧氏发明了钻木取火,才使人类的生活方式得以大大地改善。人类社会的发展大致可以分为石器时代、青铜器时代、铁器时代、蒸汽机时代、电气时代,直到21世纪的信息时代。

就技术的本质而言,技术的存在取决于人们的需要,并满足其需要。早期人类创造及使用技术是为了解决其基本需求,而现在的技术则是为了满足人们更广泛的需求和欲望,并需要一个巨大的社会结构来支撑它。

在今日,此现象的一个重要例子就是电话。当电话在发展的过程中,人们产生了需要有更便携设备的欲望。这一欲望产生了对新产品的需求,最后导致了手机的发明。现在,几乎每个人都可以随时通话,不论其身在何处。技术的复杂性创造了技术与社会间相互影响的关系。

(三) 技术分类

1. 根据不同的功能,技术可分为生产技术和非生产技术

生产技术是技术中最基本的部分,是为满足生产活动需要,为社会创造物质财富而提供的技术。非生产技术,如科学实验技术、公用技术、军事技术、文化教育技术、医疗技术等,是为满足社会生活的多种需要的技术。

2．根据技术的体现形式，技术可分为硬技术和软技术

硬技术相对软技术而言，由计算机硬件与软件演变而来，是直接用于生产资料和生活资料实体的开发和生产的技术，如产品设计技术、计量和测试技术、设备的制造技术等。它的特点是：成果以产品的实体体现，技术的应用借助于复杂的劳动工具（如机器、装置等）。硬技术是以"物"为载体的；软技术是以"人的心理和人的行为"为载体，是围绕人的思维、思想、情感、价值观、世界观以及人和组织的行为、人类社会进行创造和创新的智力技术。如果用经济学语言来说，软技术就是常说的"游戏"，制度就是"游戏规则"，它是软技术的操作规程。那些来自社会科学等非自然科学、来自非（传统）科学知识的操作性知识体系就是软技术，它与硬技术共同构成广义上的技术。在微观层次上，企业的战略、生产、人员、知识、研发、资金和组织等方面的经营管理技术是企业层次的软技术。在中观层次上，合作技术、组织技术（吞并、合并、联合）、推销技术、金融技术等就是这一层面的软技术。在宏观层次上，宏观管理手段的创新实际上是软技术的创新，而软技术的创新必须与硬技术和经济社会发展保持同步。

3．根据技术是否向社会公开，技术可分为公开技术、半公开技术和秘密技术

公开技术是指向社会公开的技术，如发表于各种大众传媒上的技术信息。在公开技术中，又可以分为无条件的公开技术和有条件的公开技术。半公开技术是指按法定程序，经申请批准后，受法律保护的专利发明。按有关法律规定，发明的内容应该公开，在法律规定的有效期内受法律保护，未经许可，不得仿制或利用。即使如此，发明人往往仅公开一部分内容，尽量将法律不要求的某些核心内容加以保密，因此称为半公开技术。秘密技术是指未通过法定程序申请批准，不受法律保护，不向社会公开的技术，如专有技术（Know-how）。

4．根据技术产权的归属不同，技术可分为公有技术和私有技术

公有技术是指其产权归属整个社会公众的技术，也可称为"公共技术"。私有技术是指其产权归属私人（包括自然人、法人和非法人团体）的技术。这里应当注意的是，公有技术并不等于公开技术，因为公开技术中的专利技术等并不是公有技术。同样，私有技术也并非只能是秘密技术，因为专利技术同时也是公开技术。

5．根据技术是否已经为规模生产所采用，技术可分为工业化技术和实验室技术

工业化技术是指业已为规模生产所采用的技术。实验室技术是指尚未被规模生产所采用、尚为试验性的或仅为小批量生产所采用的技术。

6．根据任务多变性和问题可分析性两项维度标准，技术可分为常规技术、工程技术、工艺技术和非常规技术

常规技术是指只有少量的例外，问题易于分析的技术。生产钢铁和汽车或提炼石油的大量生产过程，就属于这一类。工程技术是指有大量的例外，但可以用一种理性的、系统的分析进行处理的技术。桥梁建造属于这一类。工艺技术是指例外较少，且可分析性也较小，工作必须依靠直觉、经验判断灵活处理的技术。服装设计、烹饪等技术属于这一类。非常规技术是指以诸多例外和问题难以分析为特征的技术。许多航天业务就采用这一类技术，如航天飞机的开发。

二、技术管理

（一）技术管理的概念

技术管理是指公共机关和企业部门运用各种管理手段，有效管理各项技术，进而探究各种技术对社会经济体系的影响，创造组织强大生命力的管理活动的过程。技术管理的内容是探讨与技术有关的管理问题，是一个跨学科的领域。

（二）技术管理的范围

技术管理的范围可以从以下多个层面来表述。

（1）从技术管理宏观层面上看，技术管理的研究范围主要包括技术发展战略的制定、技术预测与评估的方法、技术开发与创新的途径、技术咨询与技术服务的形式以及技术转让与保护等。

（2）从技术管理的微观层面上看，技术管理主要侧重点是对企业相关技术活动的管理，特别是对高新技术企业技术活动的管理。

（3）从技术管理的社会层面上看，研究技术发展与人文社会及环境保护相互协调的可持续性发展政策，成为当前技术管理的重要课题。

第二节　技术开发与转让

一、技术开发

（一）技术开发的含义及形式

1. 技术开发的含义

技术开发是指当事人之间通过协议约定，对新技术、新产品、新工艺或者新材料及其系统所进行的研究开发工作。

2. 技术开发的形式

技术开发包括委托开发和合作开发两种形式。委托开发是指委托人与受托人（研究开发人）订立技术委托开发合同，由委托人向研究开发人提供研究开发经费和报酬，研究开发人完成研究开发工作并向委托人交付研究成果。合作开发是指当事人各方就共同进行技术研究开发订立合同，双方共同投资、共同参与研究开发活动，共同承担研究开发风险，共享研究开发成果。

（二）技术开发合同当事人的权利和义务

1. 委托开发合同当事人的权利和义务

委托开发合同的委托人应当按照约定支付研究开发费用和报酬；提供技术资料、原始数据；完成协作事项；接受研究开发成果。

委托开发合同的研究开发人应当按照约定制订和实施研究开发计划；合理使用研究开发经费；按期完成研究开发工作，交付研究开发成果，提供有关的技术资料和必要的技术指导，帮助委托人掌握研究开发成果。

委托开发合同的当事人违反约定造成研究开发工作停滞、延误或者失败的，应当各自承担违约责任。

2. 合作开发合同当事人的权利和义务

合作开发合同的当事人应当按照约定进行投资，包括以技术进行投资，分工参与研究开发工作，协作配合研究开发工作。

合作开发合同的当事人违反约定造成研究开发工作停滞、延误或者失败的，应当承担违约责任。

（三）技术开发合同的解除与风险的承担

技术开发合同签订后，因作为技术开发合同标的的技术已经由他人公开，自己的技术开发合同的履行失去意义的，当事人可以解除合同。

在技术开发合同履行过程中，因出现无法克服的技术困难，致使研究开发失败或者部分失败的，该风险责任由当事人约定。

技术开发合同当事人一方发现可能致使研究开发失败或者部分失败的情形时，应当及时通知另一方并采取措施减少损失。没有及时通知并采取适当措施，致使损失扩大的，应当就扩大的损失承担责任。

（四）技术开发成果的权利归属

委托开发完成的发明创造，除当事人另有约定外，申请专利的权利属于研究开发人。研究开发人取得专利权的，委托人可以免费实施该专利。研究开发人转让专利申请权的，委托人有以同等条件优先受让的权利。

合作开发完成的发明创造，除当事人另有约定外，申请专利的权利属于合作开发当事人共有。当事人一方转让其共有的专利申请权的，其他各方享有以同等条件优先受让的权利。合作开发当事人一方声明放弃其共有的专利申请权的，可以由另一方单独申请或由其他各方共同申请。申请人取得专利权的，放弃专利申请权的一方可以免费实施该专利。合作开发的当事人一方不同意申请专利的，另一方或者其他各方不得申请专利。

技术开发完成的技术秘密成果的使用权、转让权以及利益分配办法，由当事人约定。

二、技术转让

（一）技术转让的含义及标的

1. 技术转让的含义

技术转让，简单地说，是指自然人、法人及其他组织之间转移技术的行为和活动。具体地说，就是合法拥有技术的权利人，包括其他有权对外转让技术的人，通过法定形式（合同形式），将现有特定的专利、专利申请、技术秘密的相关权利让与他人，或许可他人使用。它不仅是技术知识及随同技术一起转让的机器设备在空间的移动，而且包括技术在新环境中被获得、吸收和被掌握的有机统一的完整过程，即技术转让不但包括技术的传递，还包括对技术的消化、吸收、扩散及创新。

2．技术转让的标的

技术转让的标的多种多样，但归纳起来基本上可以分为三类：一是具有知识产权的技术，即专利、版权和商标；二是不具有传统意义上的知识产权的技术秘密，即专有技术；三是不具有或不再具有知识产权的公开技术，如计算机软件。

（1）专利技术。专利技术是指具有专利权的技术。专利权是指专利权人在法定期限内对其发明创造成果所享有的专有权利。它是国家专利行政部门授予发明人或申请人生产经营其发明创造并禁止他人生产经营其发明创造的某种特权，是对发明创造的独占排他权。专利权既是一种财产权，又包括人身权。专利权具有客体的法定性及无形性、权利的排他性、权利保护时间的限定性及权利保护范围的地域性等特点。根据我国《中华人民共和国专利法》（以下简称《专利法》）的规定，专利技术是指发明、实用新型及外观设计。

（2）专有技术。也称为技术秘密、技术诀窍、专门知识，是指具有一定的商业价值、可利用的、为有限专家知悉、未在任何地方公开过其完整形式和不作为工业产权取得任何形式保护的技术知识、经验、数据、方法，或者以上对象的组合。专有技术虽然在法律上不具有独占权，但不窃取、不扩散他人的专有技术是一种法定或约定的义务，不履行这种义务便要承担侵权或违约责任。正因为专有技术受到这种保护，专有技术的转让才成为有安全感的交易。

（3）计算机软件。计算机软件是 20 世纪 80 年代后期才出现的一种技术转让标的。计算机软件是指计算机程序及有关文档，是人类的智力成果和人类思维表现的作品，也是解决问题的技术方案。它具有研制、开发复杂，复制、改编简单，发展、更新迅速的技术特点。计算机软件要得到保护必须具备原创性、可感知性和可复制性等条件。

（二）技术转让的内容

根据我国相关法律的规定，技术转让的内容主要包括以下几个方面。

（1）专利权转让，是指专利权人（转让方）通过签订专利技术转让协议，将专利所有权转让给技术受让方，由受让方支付转让费用的转让方式。

（2）专利申请权转让，是指具有专利申请权的一方（转让方）通过签订专利申请权转让协议，将专利申请权转让给受让方，由受让方支付转让费用并得以申请专利的转让方式。

（3）技术秘密转让，是指技术秘密的拥有方（转让方）通过签订技术秘密转让协议，将技术秘密转让给技术受让方，由受让方支付转让费用并获得技术秘密拥有权的转让方式。

（4）专利实施许可，是指专利权人（转让方）通过签订专利实施许可协议，将专利技术的使用权转让给受让方,由受让方支付使用费用并在专利有效期内使用该专利的转让方式。专利实施许可包括独占实施许可、排他实施许可和普通实施许可三种形式。

根据《联合国国际技术转让行动守则》(草案)规定,国际技术转让的内容主要有以下几个方面。

(1) 各种工业产权的转让、出售或授予许可。即以转让或许可合同的方式提供发明专利权、实用新型专利权、外观设计专利权及商标权为内容的技术知识。

(2) 以可行性研究、计划、图表、模型、说明、手册、公式、技术规则或详细工程设计和训练设备、技术咨询服务和管理人员服务,以及人员培训等方式,提供专有技术和技术知识。

(3) 提供工厂和设备的安装、操作和运用,以及交钥匙项目所需要的技术知识。

(4) 提供将要或已经购买、租赁或以其他方式获得机器、设备、中间产品或原材料取得、安装和使用所需要的技术知识,提供工业和技术合作安排的技术知识。

(三) 技术转让合同

1. 技术转让合同的主体

国内技术转让中,技术合同的主体是中华人民共和国境内的自然人、法人或其他组织。国际技术转让中,主体为一国的自然人、法人或其他组织同另一国的自然人、法人或其他组织,即转让方和受让方。但在正式的技术转让合同中,当事人的法定名称为甲方(PartyA)和乙方(PartyB)。

2. 技术转让合同的类型

技术转让合同大体可以分为两类:单纯的技术转让合同、与其他合同结合在一起的混合型合同。

单纯的技术转让合同主要包括专利许可合同、专有技术许可合同、计算机软件许可合同和商业秘密许可合同等。

与其他合同结合在一起的混合型合同主要包括与产品一道进行技术转让的合同、与加工贸易结合进行的技术转让合同、与出资方式结合进行的技术转让合同和与工程承包、交钥匙项目结合进行的技术转让合同。

3. 技术转让合同的基本要求

技术转让合同属于经济合同的一种,其基本要求应与各有关国家合同法的要求相一致,同时又应符合各有关国家的技术转让法规,否则,合同将不被批准。具体要求如下:技术转让合同必须以书面形式订立;技术转让合同的内容应完整、明确;合同必须在平等互利的基础上签订;合同使用文字应当准确,条款之间应严格一致。

4. 技术转让合同的一般结构

第一部分为合同序文和条款:合同名称;合同编号;双方当事人名称及其法律地位;当事人法定地址;签约日期和地点。

第二部分为合同的核心内容与条款：规定具体的技术对象和技术要求；使用领域的确定；制造和销售产品地区的确定。

第三部分为合同的其他重要内容与条款：技术的改进与发展；技术文件的交付与合同产品的考核验收；价格与支付；保证与索赔；保密与侵权；争议解决与法律适用。

第四部分为合同中一般法律条款：不可抗力条款；生效条款；合同有效期；合同终止；合同文字与签字；合同附件。

5. 技术转让合同当事人的权利和义务

技术转让合同的转让方应当保证自己是所提供的技术的合法拥有者，并保证所提供的技术完整、无误、有效，能够达到约定的目标。转让方未按照约定转让技术的，应当返还部分或全部使用费，并应承担违约责任；实施专利或者使用技术秘密超越约定范围的，违反约定擅自许可第三人实施该项专利或者使用该项技术秘密的，应当停止违约行为，承担违约责任；违反约定的保密义务的，应当承担违约责任。

技术转让合同的受让方应当按照约定的范围和期限，对转让方提供的技术中尚未公开的技术秘密部分，承担保密义务。受让方未按照约定支付使用费的，应当补交使用费并按照约定支付违约金；不补交使用费或者支付违约金的，应停止实施专利或者使用技术秘密，交还技术资料，承担违约责任。实施专利或者使用技术秘密超越约定的范围的，未经让与人同意或擅自许可第三人实施该项专利或者使用该项技术秘密的，应当停止违约行为，承担违约责任；违反约定的保密义务的，应当承担违约责任。

第三节 技术创新及引进

一、技术创新

（一）技术创新的概念和意义

1. 技术创新的概念

创新这一名词是由美籍奥地利经济学家熊彼特于 1912 年，在他的《经济发展理论》一书中首次提出的。熊彼特的创新概念大致是：一项创新可看作是一项发明的应用，发明只是最初的事件，而创新则是最终的事件。从科学管理的角度去研究技术创新，一般倾向于采用美国国会图书馆研究部对技术创新所下的定义：技术创新是一个从新产品或新工艺设想的产生到市场应用的完整过程，它包括新设想的产生、研究、开发、商业性生产到工厂等一系列活动。

综上所述，技术创新有广义和狭义之分。从广义来说，技术创新是指科学技术上的新发现、新发明转化为社会生产的全过程活动；从狭义来说，技术创新是对企业中首次应用或出现的新技术所开展的一系列活动，如新产品的开发、新工艺的应用、新市场的开拓等。

2. 技术创新的意义

技术创新是企业创新的重要内容，进行技术创新，可以使技术水平提高，是任何企业增强自己市场竞争力的重要途径。技术创新的意义在于以下几个方面。

（1）技术创新是企业活力的源泉。

（2）技术创新是支撑企业的核心能力。

（3）技术创新是企业提高产品质量、降低生产成本、提高劳动生产率和经济效益及社会效益的保证。

因此，技术创新成效显著的企业，其成长速度大大超过一般企业。事实上，人们在现实经济活动中也经常看到一些企业由于技术创新的成功，使企业迅速超过竞争对手，从而拥有大量资本和垄断技术，享有更多的市场份额和利润。可以说，无论从理论上和实际上，都证明技术创新是企业成长、发展和壮大的巨大力量。

（二）技术创新与有关概念的区别和联系

1. 与技术发明的区别和联系

技术发明是指在技术上有较大突破，并创造出与已有产品原型或方法完全不同或有很大改进的新产品原型或新的方法。技术发明与技术创新最大的不同是，技术发明只考察技术的变动，不考察是否成功进入生产领域和产生经济效益，技术发明可以形成具有商业目的的技术性构想，从而构成技术创新活动的一个环节，从这个意义上讲，技术创新可以包含具有商业目的的技术发明。

2. 与研究开发的区别和联系

研究开发是构成技术创新的一个主要环节，因此它只能是技术创新的一部分，但是，当研究开发活动未延伸到商业化应用时，它则不是技术创新的组成部分。也有一部分技术创新并不需要大量的研究开发活动，如集装箱的创新，3M公司发明的"报事贴"等产品，研究与开发的成分就较少，因此，研究开发并不是技术创新的必备条件。

3. 与技术成果转化的区别和联系

技术成果转化一般是指将研究开发的新技术原型（产品样机、工艺原理及基本方法等）进行扩大实验，并投入实际应用，生产出产品推向市场或转化成成熟工艺再投入应用的技术活动。与技术创新概念不同的是，技术成果转化主要侧重于技术活动的后端；而技术创新不仅可以源于已有的开发成果，而且可以源于技术的研究开发活动本身，因此，严格地讲，技术创新是一个更广的概念，包括了技术成果转化。

4. 与技术进步的区别和联系

技术进步是一个宽泛的概念，在经济学上，技术进步是指生产函数扣除资本、劳动等要素的贡献后的余额。实现技术进步的途径有许多，如提高劳动者的素质、提高管理水平等，但实现技术进步的根本途径则是技术创新。因此，相对于技术创新而言，技术进步是一个包括内容更广泛，同时也更宏观的概念，技术创新只是技术进步的一个组成部分。

(三) 技术创新对象

在现代企业里，技术创新的对象非常广泛，一般包括以下几个方面。

1. 产品创新

产品创新包括改进老产品和发展新产品两个方面，它是企业技术创新的"龙头"。产品的改造，既要提高产品的使用价值，又要尽可能降低活劳动和物化劳动的消耗；既要简化产品的结构，又要保证质量；既要简化产品的品种规格，又要提高产品标准化、应用化、系列化水平。发展新产品，必须要有战略眼光，努力做到生产第一代，研制第二代，构思第三代，寻找第四代。

2. 设备和工具的创新

设备和工具是企业进行生产的必要手段，是现代化生产的物质基础，对现存的设备进行改造，主要包括：改造原有的机器设备，根据生产的不同要求，对设备进行结构改装和增加附件；采用多头传动和一机多用的方法，扩大设备使用范围；开发简易设备，革新生产工具，将手工操作改为半机械化、机械化操作，不断提高机械化、自动化水平；开发气动、电动、液动、全自动、半自动工具和先进刀具等。

3. 生产工艺和操作技术的创新

生产工艺和操作技术，是指在生产过程中以一定的劳动资料作用于一定的劳动对象的技术综合的加工方法。这方面的创新主要包括：改革旧的工艺和缩短加工过程；用先进的加工方法代替旧的加工发法；创造新的加工操作方法等。对生产工艺和操作技术的开发可以迅速提高劳动生产率、缩短生产周期，节约与合理使用原材料，提高产品质量和经济效益。

4. 能源和原材料的创新

开发能源是技术创新的重大问题，每个企业都必须千方百计地采取各种有效措施，节约能源，提高能源利用率，其具体措施主要有：狠抓热加工设备及低效锅炉的更新和改造，提高燃料热能的利用效率，采取余热利用措施，积极推广采用节能新技术，对原材料要综合利用，节能降耗和发展循环经济。

5. 改善生产环境及劳动保护

随着科学技术的飞速发展，解决环境污染职业病及公害等问题将越来越迫切，因此，不断研究变害为利、治理环境污染、改善劳动条件、保证安全生产等课题，都是技术创新的重要内容。

(四) 技术创新的特点

1. 技术创新的不连续性

任何一种新产品的开发和加工技术的变革，常常会经历着渐变和突变的过程。即一种技术或产品更新的时候，脱离原有的技术基础而发生突变。如机械表发展为电子表，机械秤发展为电子秤，螺旋桨飞机发展为喷气式飞机，算盘发展为电子计算器，真空管发展为晶体管，普通机床发展为数控机床等，研究这些演变过程可以发现，它们都有一些鲜明的共同点，即新产品所依据的技术与原来的技术根本不同，并且所依据的科学技术原理也与原来的完全不同。产品在开发研制的时候发生了突破，这就是技术创新的不连续性。

2．技术创新的杂交性

现代高新技术本身具有很强的渗透力和结合力，几种技术交叉嫁接融合的情况日渐增多。实践证明，杂交能够出良种，化合才能变新质，这就是当代技术创新的杂交性。

现在已很难看到所谓的"纯机械产品"，机电、液、光、声、磁综合利用于机械产品的例子日益增多。由于多种技术杂交范围的不断扩大，技术转移速度明显加快，既防止了原有技术的近亲繁殖带来的退化，又使杂交后得到的新一代复合技术再次杂交、移植、融合，从而急剧扩大原有技术的应用范围。企业利用技术杂交这一方法，对开发产品的品种，拓宽经营范围，大幅度提高经济效益是十分有效的。据统计资料介绍，目前世界已有460多万项科技成果，每年申报的专利有20万～30万项之多。企业只要善于运用技术杂交、综合创新的方法，一定能开发和生产出竞争力较强的产品来。

3．技术创新的软化性

现代产品的技术密集程度越来越高，软件的作用也日趋突出，软件的比重增加，劳动投入量迅速增加，因而使产品价格更多地取决于软件的功能和软件技术的质量，如产品的造型艺术、色彩调制、控制机能、维护服务等，就是机械产品也要求有"迷人"的色彩，跟上时代潮流。人机工程、仿生学、可靠性理论、系统论、信息论、控制论等被引入现代机械产品设计之中。它的中心思想是：让软件在更大程度上去发挥硬件功能，让产品逐步智能化。

4．技术创新的继承性

从技术创新的发展来看，任何技术创新都是建立在过去技术创新成果的基础上的。这种创新的继承性创造了一代又一代不断完善的新产品。如第一代电子管计算机发展到第二代晶体管计算机、第三代小规模集成电路计算机、第四代大规模集成电路计算机，都继承了前一代的技术原理，而计算机的性能、结构、速度和规模都一代胜过一代。因此，新一代创新要善于继承前人的技术成果，并在新的起点上要不断有所发现、发明和创新。

5．技术创新的风险性

技术创新的风险性，是指技术创新具有许多不确定性。这是因为技术创新具有许多试验性问题，其中每个环节都包含不确定因素，如技术上的不确定性，即技术上的不成熟；新技术不断涌现和快速变化；预测不准确及技术引进的冲击；资金不能及时到位；创新过程中缺乏管理经验；外部的环境变化等都会给企业技术创新活动带来风险。据美国一份调查报告反映，新产品的成功率一般不太高，即使在美国这样技术经济强盛的国家，也只有30%左右。国外学者曾对91项技术创新进行社会调查，成功项目只占总数的1/3，失败的却占2/3。由此可见，技术创新具有风险性。

（五）技术创新的目的和基本思路

1. 技术创新的目的

创新作为企业有目的地配置资源的活动，其目的要服从企业的总体要求。技术创新对实现企业目的有如下作用。

（1）有利于企业当前经济效益的增长。如各种消耗的降低、盈利水平的明显提高。

（2）有利于企业市场地位的提高。如技术创新可推出创新产品，使企业由此独占市场，获得超额利润。全新产品可以建立全新市场，也可以扩大原有市场份额，从而使企业市场地位获得改善，增强市场竞争力。

（3）有利于企业创新能力的提高。如产品创新和工业创新中的经验积累，有利于提高企业的技术创新能力。

2. 技术创新的基本思路

技术创新的基本思路：以市场为导向，以企业为主体，以产品为龙头，以新技术开发应用为手段，以提高企业经济效益、增强市场竞争能力和培育新的经济增长点为目的，重视市场机会和技术机会的结合，通过新技术的开发应用带动企业或整个行业生产要素的优化配置，以有限的增量资产带动存量资产的优化配置。

（六）技术创新过程的阶段

技术创新可分为以下六个阶段。

1. 确认机会阶段

即弄清社会和市场需要。成功的创新是从一个新的思想开始的，这种新的思想必须把社会和市场需求与技术上的可能正确地结合起来。技术上的可能是指当前存在的先进技术或技术知识的储备必须具有实现的可能性。与此同时，创新者的思想还必须基于当前社会与经济环境的正确分析，从中认识到现有的需求和潜在的需求是有很大差别的，后者需要经过诱发才能产生。

2. 思想形成阶段

在这个思想形成过程中，所认识到的需求与技术上的可能性，在一个设计思想中融为一体，这是一个把两方面因素联系起来的创造活动。如果单纯考虑技术上的先进性，那么其成果可能是社会需要的，也可能是社会不需要的；同样，单纯性考虑需求而不考虑技术上的先进性和可能性，其产品可能受到社会和用户欢迎，也可能出现相反情况。因此，必须将两者结合起来。

3. 问题求解阶段

在思想形成、设计概念产生后，企业提出需要解决的问题，投入人力、物力、财力，寻求解决办法，这就进入了问题求解阶段。在有些情况下，解决问题所需的信息已经具备，技术条件也已成熟，问题容易得到解决。但有些情况恰好相反，于是要求进行大量的研究和发展。在研究和发展过程中，往往出现不少预计不到的问题，于是要不断地寻求新的解决方法或采用折中的解决方法，并且在很多情况下会遇到一时克服不了的困难，工作不得不因此而中断或终止。

4．成功解决阶段

如果问题得到了成功解决，可能得到属于创新性质的专利。另一种情况是采用别人的发明或已存在的技术来解决存在的问题，那么这种技术创新就属于应用已有创新的性质，即模仿或仿造。

5．开发生产阶段

虽然在解决问题的阶段验证了设计思想，或是对原有目标进行了某些修改，但仍然存在许多未解决的问题与缺点，特别是进行批量生产所必须解决的问题。于是，便需要在这个阶段中把创新活动引向解决生产工艺、批量生产、降低成本、满足市场需要等方向。问题求解阶段和开发生产阶段是研究与发展管理所要研究的重点。

6．应用扩散阶段

在这个阶段，新技术、新产品首次得到应用，并向市场扩散。并不是所有新产品都能在这个阶段中得到成功，往往只有不到半数的新产品能畅销并顺利地收回用在技术创新上的投资。在这个阶段中，大量资金耗费在制造前的准备、市场的开拓和分配渠道上。这些费用往往大大超过解决阶段所花费的费用。与产生新思想、新概念的早期阶段相比，这个阶段的不确定性已大大降低，由于投资而引起的风险则大幅度增加。

二、技术引进

（一）技术引进的概念

技术引进是关于制造产品、应用生产方法或提供服务的系统知识的引进，不包括货物的单纯买卖或租赁。这个定义首先明确了技术引进的是技术软件，即专利、专有技术的使用权的转让，或以咨询、培训技术人员等技术协助的方式传授技术的知识；其次，该定义把技术引进和一般的商品贸易区别开来，单纯的机器设备等货物买卖或租赁属于商品贸易的范围，不是技术引进。技术引进不仅仅是技术的简单移植，还包括技术落户后在新的环境中被吸收和掌握。

（二）技术引进对企业发展的意义

（1）技术引进为企业进步赢得了时间，提高了起点。一项重大的科研成果从酝酿、研究、试制到生产，一般需要10年左右的时间，而引进技术只需要2~3年或更短的时间即可投产。如地处云南的玉溪卷烟厂通过大规模、高起点、成套引进当时最先进的卷烟生产设备，使劳动生产率、产品质量都达到国内先进水平，成为亚洲最大的卷烟企业。可见技术引进可以大大缩短技术开发时间，使企业少走弯路，为企业赶超世界先进水平创造时机和条件。

（2）技术引进可使企业大大节省科研试制费用，提高经济效益。研制、开发一种新技术通常要投入大量的人、财、物。相反，当某项新技术开发成功后，要吸收、掌握这项新技术所需的成本则相应要低很多。如第二次世界大战后，日本在 1950—1979 年引进国外 2800 多项先进技术，共支出 77 亿美元，引进项目仅占这些材料投入的 1/30，日本在战后 15 年有 75%左右的工业产值增长来自技术引进，其经济效益是引进费用的 10 倍。

（3）技术引进可以改善企业的技术经济结构，填补技术空白。在当前社会生产体系日趋国际化，科技市场发展十分迅速的环境下，没有哪个企业能够拥有发展自己经济所需要的全部先进技术，任何企业都有自己的技术空白，通过技术引进，可以取长补短。特别是在加入 WTO 后，我国企业更需要通过技术交流和技术引进来获取经济发展需要的各种技术资源以填补空白。我国正处在产品结构调整时期，需要引进关键技术与设备，以达到改进现有企业，加速企业技术的目的。

（三）技术引进的形式

1．许可证贸易

许可证贸易是技术引进中最主要、最基本的一种形式，这种方式是指技术输出方向技术引进方授予某种权利，允许按许可方拥有的技术实施、制造、销售该技术下的产品，并由被许可方支付一定数额的报酬。"许可证"实际是一个合同，一个对买卖双方都有约束力的契约。和一般商品不一样，许可合同是一个长期的合同，许多国家对其期限都有规定，一般有效期为 5~15 年，我国规定许可合同一般为 10 年，经批准还可延长。许可合同是一种内容比较复杂的合同，条款多，涉及面广，有些是特有技术性很强的条款。许可合同也是一种具有很强法律性的合同，合同本身要符合法律规定，只有这样，它才能受到有关法律的承认和保护。

2．技术咨询服务

技术咨询服务是指委托方和服务方之间鉴定的技术咨询服务合同。由服务方利用自己的技术技能和经验来解答另一方的技术难题，并为另一方提供某种技术服务。技术咨询服务的范围广泛，从项目的可行性研究、技术方案的设计和审核、指标任务的拟订、生产工艺或产品的改进、设备的购买到工程项目的监督指导或质量监督等。

3．技术协助

在技术转让过程中，供方承担传授技术的义务。供方必须把自己所掌握的技术知识和经验传授给对方，若有些技术知识和经验难以用书面表达出来，则必须通过示范等方式来传授，使受方能够真正掌握该项技术，并生产出合格的产品。因此，技术协助是技术转让中不可缺少的环节，它可以包括在技术转让合同中，也可以作为特定的项目签订单项合同。

4．工程承包

工程承包的交易标的不是制造技术，而是设备，特别是成套的设备。其内容包括工程设计、技术设备器材、厂房建筑等项目，有时还包括生产管理、产品销售、培训人员等项目，这些综合起来被称为"工程"。工程承包中由卖方全部完整出售给买方，习惯称为"交钥匙"工程，即成套设备输出商根据协议负责设计、安装，直接建成全部工程后再完整移交给引进方，如果引进方自行负责的原料、能源、运输等相应的配套工作也已完成，就可以立即开工生产，所以称为"交钥匙"。

5. 合作生产

合作生产是两个或两个以上的国家的企业签署协议，合作生产与销售某大型设备及产品。这种合作一般是技术较强的一方向对方提供专利、商标，或提供图纸、资料与技术，并派专家组指导技术较弱方生产该产品的某一部件。技术弱方随着合作的发展，可以不断增加自己所生产的部分。合作双方将各自生产的部件运到指定国家组装并销售。合作过程实际上就是转让技术过程，双方各自核算，自负盈亏，技术强方提供的专利、图纸、专家等都要由技术引进方付汇购买，产品销售后双方按比例分成。例如上海飞机制造厂与美国道尔公司合作生产麦道飞机，就是这种引进方式成功的典型。

6. 国际合作经营与合资经营

合作经营，一般由国外经营者向东道国提供资金、技术和设备，东道国的合作者提供土地、厂房以及劳务等，共同建立经营企业；也可以由各方派人共同经营，利润按合同规定比例分享。合同期满后，合作企业一般归东道国所有。合资经营，是指不同国家间的公司企业或其他经营组织共同投资兴办企业，各方除了以现金投资外，还可以采取其他形式投资。东道国特别是发展中国家，一般以厂房、土地使用权、原材料作价入股；外国投资者一般以技术（专利、专有技术、商标、机器设备）作价入股。以技术作价入股时，主要采取两种形式：一是将技术按许可交易方式转让合资企业；二是将技术作为股本投资，使其在股本总额中占一定比例，同其他股本一样分享利润。

7. 特许经营

特许经营是指一家取得成功经验的企业将商标、商品名称、服务标志、专利、专有技术以及经营管理方法或经验的使用权转让给另一家企业的一种技术转让方式。后者由于获得了使用权，必须向前者支付一定金额的特许费用作为报酬，双方签订特许经营长期合同。这种方式多运用于商业、服务业和工业。

（四）技术引进的程序

1. 技术引进前的准备

引进项目的准备工作是一项跨学科的工作，需要由一个工程技术人员、经济管理人员、财务人员等组成的班子来进行，它是在调查研究的基础上选择引进方案，并对这些方案进行分析、预测、比较和综合平衡，从而确定引进项目的技术内容、规模及引进的方式等。我国规定，所有技术引进项目都要编制项目建议书，进行可行性研究，只有在项目可行性研究报告经过有关领导机构的审查批准以后，才能据以对外签约，以避免或减少决策的失误，真正达到引进先进、适用的技术，提高我国的技术水平的目的。技术交易前的准备主要包括以下三个阶段：

（1）项目选择阶段，又称机会研究阶段。

（2）初步可行性研究，编制项目建议书阶段。

（3）正式可行性研究，编制可行性研究报告阶段。

当然，对不同的项目，由于技术转让对象不同，引进方式不同，因此并不是每一个项目的前期准备都包含这三个阶段。另外，每一个阶段的工作重点也不同。

2．评估与决策

项目的可行性研究完成后，就应该进行项目的评估和决策。项目的财务效益是反映项目本身有无足够的盈利；项目的经济效益是反映项目对经济整体的影响和贡献；项目的社会效益则是反映项目对社会整体的影响和贡献。决策人可以根据对项目的财务效益、经济效益和社会效益的综合评估做出自己选择方案的决策。

3．技术引进合同的谈判、订立及履行

（1）谈判前的准备。要想保证谈判的质量，在谈判开始前，必须做好如下谈判的准备工作：① 组织准备。技术贸易牵涉的内容很多，涉及经济、技术、商务、法律等多学科的专业知识，为了搞好谈判工作，必须建立一个强有力的谈判班子。具体来说，一般应包括项目主持人、项目技术负责人、项目经济负责人、法律专家、翻译等方面的人员。② 谈判的计划与方案准备。谈判计划就是对谈判的总体设想、谈判策略、谈判步骤、谈判内容的主次和先后顺序、所要达到的最高和最低限度目标以及对大体时间加以安排。谈判方案是谈判计划的进一步具体化，它比较详细地拟定出谈判的方针和策略，对关键问题进行分类和排队，安排好问题的先后顺序，以及各个问题应掌握的分寸和尺度，具体包括商务谈判方案和技术谈判方案。

（2）技术谈判。在对技术输出方调查了解基础上，可以邀请有意转让技术的外商到工厂参观，或是派人到外商工厂进行进一步考察，相互交流转让技术的内容和要求。技术谈判的主要内容是：落实拟引进技术的范围，提供技术的方式和途径，技术的内容、性能、参数、考核技术的时间、次数和标准，技术有效性的保证，提供技术资料和设备的清单、份数、交付时间和方式，技术服务和人员培训的安排、设备的安装、调试和验收、产品的检验方法等。

（3）对外询价。询价时技术引进方要向所选国外公司或企业提出所需技术条件、商务条件等交易的询问，要求国外公司或企业据此提出愿意转让的条件、方式、价格等的一种初始交易行为。由于国际技术贸易的特殊性，询价不能采用口头形式，必须采取正式、完整的书面形式，即"询价书"。

（4）报价。外商在接到询价书后，一般要向引进方正式提出报价，报价书上详细规定技术贸易的内容、条件、价格、双方的权利义务及报价有效期，表示有效签约合同的意愿。报价是一种法律行动，在报价有效期内，提出报价的外商要受报价内容的约束。

（5）比价。比价是指引进方收到国外企业的报价以后，将其中的技术条件和商务条件与本身掌握的资料进行比较，以确定报价的合理程度、条件优劣、价格高低的一种平衡选择过程。比价工作是在引进方内部进行的。在这项工作中，应紧紧围绕引进技术的总目标，采取科学、实事求是的方法，切忌主观片面和个人好恶，否则比价就毫无实际价值。

第四节 技术咨询与技术服务

一、技术咨询

（一）技术咨询的含义及类型

1. 技术咨询的含义

技术咨询是指受托方应委托方的要求，针对解决重大技术课题或特定的技术项目，运用所掌握的理论知识、实践知识和信息，通过调查研究，运用科学方法和先进手段，进行分析、评价、预测，为委托方提供建议或者几种可供选择的方案。技术咨询课题或项目一般包括技术决策咨询、科技与经济、重大技术工程项目、专题技术调查、专题技术项目的可行性论证、软科学研究课题、促进科技进步和管理现代化、提高经济效益和社会效益的课题等。咨询方是一个独立的法人单位或个人，他所提供的服务范围很广，小到只负责某个单项专题的调查研究和提供某个具体的技术方案，大到可以承担整个大型工程项目的技术指导。

2. 技术咨询的类型

（1）项目设计。咨询公司应委托方的要求对某一工程项目进行设计，设计的最终成果必须保证双方签订合同的规定，达到合同中约定的技术指标和经济指标。否则受托的咨询公司要承担相应的违约责任，造成损失的还要承担赔偿责任。委托方在签订合同时要向咨询公司提供该工程项目的相关技术资料。

（2）可行性研究。即对某种特定的经济技术项目的先进性和合理性进行综合分析和研究。它通过分析、判断某一事物在自然环境或社会政治、经济、技术环境等发生变化的情况下可能出现的后果，再应用科学方法找出定量和定性相结合的可行方案，并从中寻求最佳方案。可行性研究一般分为机会研究、初步可行性研究和技术经济可行性研究三个阶段。

（3）技术评估。即根据一定的价值标准，以预测的方法分析某一技术的发明或革新对于自然环境和社会政治、经济、技术环境的影响，以及该技术实施后可能带来的社会经济效益等。通过对技术实施的可能性结果进行分析，可以为企业和政府制定关于技术发展方面的决策提供依据。

（二）技术咨询合同当事人双方的权利义务

技术咨询是通过委托方与受托方订立技术咨询合同来完成咨询活动的。作为技术合同的双方当事人，其在合同中的权利义务是不同的。

技术咨询合同的委托人应当按照约定阐明咨询问题，提供技术背景资料及有关技术资料、数据，接受受托人的工作成果并支付报酬；技术咨询合同的委托人未按照约定提供必要的资料和数据，影响工作进度和质量，不接受或逾期接受工作成果的，支付的报酬不得追回，未支付的报酬应当支付。

技术咨询合同的受托人发现委托人提供的资料、数据等有明显错误或者缺陷，未在合理期限内通知委托人的，视为其对委托人提供的技术资料、数据等予以认可；技术咨询合同的受托人应当按照约定的期限完成咨询报告或者解答问题，最终形成的报告应当达到约定的要求；技术咨询合同的受托人未按期提供咨询报告或者提出的咨询报告不符合约定的，应当承担减收或者免收报酬等违约责任。

技术咨询合同的委托人按照受托人符合约定要求的咨询报告和意见作出的决策所造成的损失，由委托人承担，但当事人另有约定的除外。

二、技术服务

（一）技术服务的含义及类型

1. 技术服务的含义

技术服务，是指受托方应委托方的请求，运用所掌握的专业技术知识和经验，就解决特定技术课题为委托方所提供的知识性服务。所谓"特定技术课题"，是指有关改进产品的结构、改良工艺流程、提高产品质量、降低产品生产成本、节约原材料和能源消耗、生产安全操作、污染治理等特定的技术问题。

2. 技术服务的类型

（1）技术辅助服务，是指受托方派遣合格的技术人员为委托方解决特定的技术难题。技术辅助涉及的范围很广，主要包括设备和材料的测试、设计服务、文字服务、事务性服务、计算机服务和信息服务。

（2）技术培训服务，是指受托方按委托方的要求为委托方指定的人员进行特定技术服务和技能培训所提供的服务。

（3）技术中介服务，是指受托方为促成委托方与第三方签订技术许可使用、技术协作开发等合同，居间介绍、传递信息、居中斡旋，促成双方订立合同，并以自己的技术知识为双方履行义务提供后续服务。

（二）技术服务合同当事人双方的权利义务

技术服务合同的委托人应当按照约定提供工作条件，完成配合事项，接受工作成果并支付报酬；技术服务合同的委托人不履行合同义务或履行合同义务不符合约定的，影响工作进度和质量，不接受或者逾期接受工作成果的，支付的报酬不得追回，未支付的报酬应当支付。

技术服务合同的受托人发现委托人提供的资料、数据、样品、材料、场地等工作条件不符合约定，未在合理期限内通知委托人的，视为其对委托人提供的工作条件予以认可；技术服务合同的受托人应当按照约定的期限完成服务项目，解决技术问题，保证工作质量，并传授解决技术问题的知识；技术服务合同的受托人未按照合同约定完成服务工作的，应当承担免收报酬等违约责任。

三、技术咨询与技术服务的比较

（一）技术咨询与技术服务的相同点

1. 技术咨询和技术服务都是为重大或疑难技术课题提供解决方案的服务

技术咨询与技术服务是针对特定技术项目或课题所提供的技术性服务，而且该课题或项目中往往存在有待解决的重大或疑难问题，否则不会需要专业咨询和服务机构的帮助。

2. 技术咨询与技术服务所运用的知识大多是公共知识

技术咨询与技术服务所运用的知识不要求新颖，也不要求是保密的知识，只要求是现有的、成熟的、适用的，甚至是经验等一般的知识，只要能解决约定的技术项目和技术课题就足以满足要求。

3. 技术咨询与技术服务都是由独立的专业机构提供的

技术咨询与技术服务的价值就在于它的科学性和可靠性，而科学性和可靠性源于从事技术咨询与技术服务的机构与人员的独立性。无论是技术咨询还是技术服务，都是由专业组织受委托向其客户提供的服务。与内部人员或关联机构提供的技术咨询服务相比较，专业组织、服务机构和人员更能保持客观中立的态度，排除外界干扰，找到正确、可靠的技术解决方案。因此，可以说，技术咨询与技术服务机构的独立性是咨询服务产业的生命。

4. 技术咨询与技术服务同时具有提供劳务和转让技术成果的双重性质

一方面，技术咨询与技术服务合同的客体都是特殊的劳务行为，即通过受托方的努力完成委托方交给的技术咨询或服务工作，为委托方解决特定的技术问题；另一方面，技术咨询与技术服务工作完成后，受托方要将工作成果的咨询报告、技术方案等转移给委托方，是一种智力成果的转让。

（二）技术咨询与技术服务的区别

1. 技术咨询与技术服务适用的范围不同

技术服务适用于单项具体技术课题，如产品质量控制、产品设计、材料鉴定、工程计算等。技术咨询主要适用于工程项目的新建、改建、扩建和技术改造等大中型项目或重大技术课题。

2. 技术咨询与技术服务的责任不同

技术咨询机构仅负责项目的评估、论证、预测、建议等，按约定时间提供符合咨询合同要求的咨询报告，并不负责咨询报告的实施。实施责任在委托方，委托方有权选择是否采用咨询机构提出的方案。如果委托方按照符合约定要求的咨询报告实施，结果不甚理想甚至造成损失的，咨询机构不承担责任。

与技术咨询不同，技术服务机构不仅需要提出技术问题的解决方案，而且必须负责方案的实施，使委托方的技术问题得到圆满解决。如果技术方案实施结果未达到规定的技术指标，或者给委托方造成经济损失，技术服务机构应承担赔偿责任。

3. 技术咨询与技术服务使用的知识范围不同

技术咨询需要理论知识、专业实践知识和技术前沿信息，在科学分析基础上提出有创见性的建议，这些建议在经济上要合理，技术上要先进，生产上要可行，且具有可操作性。技术服务需要使用专业技术知识和经验，即解决实际问题的知识。这些知识不一定要有创造性，只要使特定的技术问题得以解决即可。

4. 技术咨询与技术服务的成果形式不同

技术咨询是为委托方提供特定技术项目预测、评估、论证意见，其成果形式是书面咨询报告、建议书。技术服务是以专业技术知识解决特定技术问题，并实现委托方所期望的结果，最终使技术课题得以圆满解决。

5. 技术咨询与技术服务的时间不同

技术咨询业务一般是在某一项目建成之前，而技术服务一般是在某一项目建成之后。

第五节　知识产权的保护

一、知识产权的概念与特征

（一）知识产权的概念

知识产权（Intellectual Property）是指"对科学、技术、文化、艺术等领域从事智力活动创造的精神财富所享有的权利"。该概念最早由法国学者卡普佐夫于 17 世纪 50 年代在其著作中提出，后来由比利时法学家皮卡第继承和发展。关于知识产权的范围，学术界和立法实践历来有不同的理解。根据我国《民法通则》规定，知识产权主要包括著作权、专利权、商标权、发现权、发明权和其他科技成果权。作为 WTO 规则重要组成部分的《与贸易有关的知识产权协议》对知识产权的范围作了明确的规定，其界定为：著作权及相关权利（邻接权）；商标权；地理标志权；工业品外观设计权；专利权；集成电路布图设计权；未公开信息的保护权（商业秘密）。

由于我国已经于 1980 年加入世界知识产权组织，因此，理论上认为，我国认可该组织确定的知识产权的范围。同时，又由于我国已经于 2001 年加入 WTO，这表明我国也认可 WTO 规则对知识产权范围的界定。

（二）知识产权的特征

（1）知识产权的无形性。知识产权的客体是智力成果或具有财产价值的标记，是一种没有形体的财富。知识产权客体的非物质性是知识产权的本质属性。

（2）知识产权的法定性。知识产权的范围由法律规定，必须通过法律加以确认。

(3)知识产权的专有性。也称排他性,知识产权为权利人所独占并受到法律的严格保护,没有法律规定或未经权利人许可,任何人不得使用权利人的知识产权。同时,同一知识产权,不允许有两个或两个以上的主体同时对同一属性的知识产品享有权利。

(4)知识产权的地域性。知识产权作为专有权利,在空间效力上受地域限制。按照一国法律获得承认和保护的知识产权,只能在该国发生法律效力。

(5)知识产权的时间性。知识产权作为一种民事权利,只有在法律规定的期限内才受到保护,超过法律规定的有效期,这一权利就自行消灭,其客体就会成为整个社会的共同财富,为全人类所共同使用。

二、知识产权范围及我国法律的保护

(一)著作权及其法律保护

1. 著作权的概念及特征

(1)著作权的概念

著作权也称版权,是指作者及其他著作权人对其创作的文学、艺术和科学作品依法享有的权利。

(2)著作权的特征

著作权属于民事权利,是知识产权的重要组成部分。除了具有知识产权所具有的共性,即专有性、地域性、时间性等特征外,还具有以下两个特征:一是著作权因作品的创作完成而自动产生,不必履行任何形式的登记或注册手续,也不论其是否发表;二是著作权突出对人身权的保护,著作权中作者的发表权、署名权、修改权、保护作品完整权等人身权利,永远归作者所有,不能转让,也不受著作权保护期限的限制。

2. 著作权的主体与客体

(1)著作权的主体

著作权的主体又称著作权人,是指依法对文学、艺术和科学作品享有著作权的人。根据《中华人民共和国著作权法》(以下简称《著作权法》)的规定,著作权人包括作者以及其他依法享有著作权的公民、法人或其他组织。

(2)著作权的客体

著作权的客体即著作权的保护对象——作品。著作权法所称的作品,是指文学、艺术和科学领域内,具有独创性并能以某种有形形式复制的智力创作成果。根据《著作权法》的规定,著作权法保护的作品主要包括文学、音乐、戏剧、曲艺、舞蹈、杂技、美术、建筑设计图、摄影、电影、电视、工程设计图、产品设计图、地图、示意图、计算机软件,以及法律、法规规定的其他作品。

3. 著作权的内容及保护

(1)著作权的内容

著作权的内容是指著作权人享有的权利和承担的义务。根据《著作权法》的规定,著作权包括著作人身权和著作财产权两个方面。

著作人身权又称精神权利,是指作者基于作品的创作而依法享有的以精神利益为内容的权利,包括发表权、署名权、修改权和保护作品完整权。

著作财产权,是著作权人通过各种方式利用其作品以及基于作品而依法享有的以获得财产利益为内容的权利,包括复制权、发行权、出租权、展览权、发表权、放映权、广播权、信息网络传播权、摄制权、改编权、翻译权、汇编权、许可他人使用并获得报酬的权利、转让权以及由著作权人享有的其他权利。

(2) 著作权的保护

① 著作权的保护期限。著作权的保护期限是指著作权人依法取得的著作权的有效期,在保护期内,著作权人的著作权受法律保护;超过保护期,该作品即进入公有领域,作者或其他著作权人不再享有专有使用权。根据《著作权法》的规定,著作权的保护期限具体规定为:作者的署名权、修改权、保护作品完整权的保护期限不受限制;公民的作品,其发表权、著作权中的财产权的保护期为作者终生及其死亡后 50 年,截止于作者死亡后第 50 年的 12 月 31 日;如果是合作作品,截止于最后死亡的作者死亡后第 50 年的 12 月 31 日;法人或其他组织的作品、著作权由法人或其他组织享有的职务作品,其发表权、著作权中的财产权的保护期为 50 年,截止于作品首次发表后第 50 年的 12 月 31 日,但作品自创作完成后 50 年未发表的,不再受著作权的保护;摄影作品、电影作品和以类似摄制电影的方法创作的作品,其发表权、著作权中的财产权的保护期为 50 年,截止于作品首次发表后第 50 年的 12 月 31 日,但作品自创作完成后 50 年未发表的,不再受著作权的保护。

② 著作权的许可使用。著作权的许可使用是指著作权人许可作品使用人在一定期间、一定范围内以一定方式使用其作品的行为。根据《著作权法》的规定,使用他人作品应当同著作权人订立许可使用合同。

③ 著作权的转让。著作权的转让是指著作权人将其作品著作权中的财产权全部或部分转让他人的行为。根据《著作权法》的规定,转让著作权中的财产权,应当订立书面合同。

4. 邻接权与计算机软件著作权

(1) 邻接权。邻接权也称与著作权有关的权利,是指作品的传播者所享有的权利。邻接权的主体是作品的传播者,权利的内容主要是作品传播者对其传播劳动及传播作品的过程中投入资金的回报所享有的权利,对象是作品的传播行为。邻接权主要包括出版者对其出版的图书和报刊享有的权利;表演者对其表演所享有的权利;录音录像制作者对其制作的录音录像作品享有的权利;广播电台、电视台对其制作的广播、电视节目享有的权利。

图书出版者对其出版的图书的版式设计享有专有使用权,该权利的保护期为 10 年,截止于使用该版式设计的图书首次出版后第 10 年的 12 月 31 日;报刊出版者对其出版的报刊的版式设计享有专有使用权,该权利的保护期为 10 年,截止于使用该版式设计的期刊首次出版后第 10 年的 12 月 31 日;录音录像制作者的邻接权保护期为 50 年,截止于该制品首次制作完成后第 50 年的 12 月 31 日;广播电台、电视台享有的邻接权的保护期为

50 年，截止于该广播、电视首次播放第 50 年的 12 月 31 日。

（2）计算机软件著作权。计算机软件著作权是指计算机程序及有关文档的开发人，就其开发的软件，不论是否发表，依法享有的著作权。计算机软件著作权人享有的权利包括发表权、署名权、修改权、复制权、发行权、出租权、信息网络传播权、翻译权以及应当由软件著作权人享有的其他权利。软件著作权自软件开发完成之日起产生。

自然人的软件著作权，保护期为自然人终生及其死亡后 50 年，截止于作者死亡后第 50 年的 12 月 31 日；如果软件是合作开发的，截止于最后死亡的作者死亡后第 50 年的 12 月 31 日；法人或其他组织的软件著作权，保护期为 50 年，截止于软件首次发表后第 50 年的 12 月 31 日，但软件自开发完成后 50 年未发表的，不再受著作权的保护。

（二）专利权及其法律保护

1. 专利权的概念及特征

（1）专利权的概念

专利权是指专利权人在法定期限内对其发明创造成果享有的专有权利。它是国家专利行政部门授予发明人或申请人生产经营其发明创造并禁止他人生产经营其发明创造的某种特权，是对发明创造的独占排他权。

（2）专利权的特征

专利权作为知识产权的一种，具有财产权的属性，同时又具有地域性、时间性特征。

2. 专利权的主体与客体

专利权的主体是指具体参加特定的专利权法律关系并享有专利权的人。根据我国《专利法》的规定，专利权人包括发明人或设计人、职务发明创造的单位、外国人和外国企业或者外国其他组织。

专利权的客体也称专利法保护的对象，是指获得专利法保护的发明创造。根据我国《专利法》的规定，专利权的客体包括发明、实用新型和外观设计。

3. 授予专利权的条件

（1）授予专利权发明和实用新型应当符合的条件：① 新颖性，是指在申请日以前没有同样的发明或实用新型在国内外出版物上公开发表过、在国内公开使用过或者以其他方式为公众所知，也没有同样的发明或者实用新型由他人向国务院专利行政部门提出过申请并且记载在申请日以后公布的专利申请文件中。② 创造性，是指同申请日以前已有的技术相比，该发明有突出的实质性特点和显著的进步，该实用新型有实质性特点和进步。③ 实用性，是指该发明或实用新型能够制造或者使用，并且能够产生积极的效果。

（2）授予专利权的外观设计应当符合的条件：《专利法》规定，授予专利权的外观设计，应当同申请日以前在国内外出版物上公开发表过、在国内公开使用过的外观设计不相同或不相近似，并不得与他人在先取得的合法权利相冲突。

4. 专利权的保护

（1）专利权的保护期限：根据我国《专利法》的规定，发明专利权的保护期为 20 年，实用新型及外观设计专利权的保护期为10年，均自申请日起计算。

（2）专利权的保护范围：根据我国《专利法》的规定，发明或实用新型专利权的保护范围以其权利要求的内容为准，说明书及附图可以用于解释权利要求。外观设计专利权保护范围以表示在图片或者照片中的该外观设计专利产品为准。

（三）商标权及其法律保护

1．商标权的概念及特征

商标是指由文字、图形、字母、数字、三维标志和颜色组合，以及上述要素组合，使用于一定的商品或服务项目，用以区别商标使用者与同类商品经营者或同类服务业经营者的显著标记。商标分为注册商标和普通商标。由于我国商标权取得实行注册原则，因此，只有注册商标所有人才对其商标拥有独占、排他的权利，即商标权。从权利特征上看，商标权与一般知识产权一样，具有无形性、法定性、专有性、时间性和地域性。

2．商标权的主体与客体

（1）商标权的主体

商标权的主体是指通过法定程序，在自己生产、制造、加工、拣选、经销的商品或者提供的服务上享有商标专用权的人。根据我国《中华人民共和国商标法》（以下简称《商标法》）的规定，商标权的主体范围包括自然人、法人或其他组织。

（2）商标权的客体

商标权的客体是指经商标局核准注册的商标，即注册商标。申请注册的商标，应当具备显著性、可视性要求。

3．商标权的保护

根据我国《商标法》的规定，注册商标专用权，以核准注册的商标和核定使用的商品为限。商标因注册而取得专用权，从而得到法律保护，未注册的商标一般情况下是不受法律保护的。在核定使用的商品或者服务上使用注册商标是法律保护的基本条件，他人未经许可不得在相同或者类似商品或服务上使用相同或近似的商标。注册商标的有效期为10年，可以无限续展。注册商标超过有效期没有续展的，不再受法律保护。

4．商标权的使用许可和转让

（1）商标权的使用许可

商标权的使用许可是指注册商标所有人通过签订商标使用许可合同，许可他人使用其注册商标，并收取一定的许可使用费。商标权的使用许可包括独占使用许可、排他使用许可和普通使用许可。

① 独占使用许可，是指商标注册人在约定的期间、地域和以约定的方式，将该注册商标权仅许可一个被许可人使用，商标注册人依约定不得使用该注册商标。

② 排他使用许可，是指商标注册人在约定的期间、地域和以约定的方式，将该注册商标权仅许可一个被许可人使用，商标注册人依约定使用该注册商标但不得另行许可他人使用该注册商标。

③ 普通使用许可，是指商标注册人在约定的期间、地域和以约定的方式，许可他人使用其注册商标，并可自行使用该注册商标和许可他人使用其注册商标。

（2）商标权的转让

商标权的转让，是指注册商标所有人依法将因注册商标产生的商标权转让给他人的行为。注册商标转让后，原注册商标所有人不再享有该注册商标的专用权，受让人成为该注册商标的所有人，享有商标专用权。

根据我国《商标法》的规定，转让注册商标的，转让人和受让人应当签订转让合同，并共同向商标局提出申请，经商标局核准后，发给受让人相应证明，并予以公告。受让人自公告之日起享有商标专用权。

三、与知识产权保护有关的国际公约

由于知识产权具有地域性，世界各国通过国内立法和司法实践来实现对知识产权的保护。但由于各国的法律只能在其主权范围内具有效力，致使产品的全球性传播可能使得有关权利在其他国家或者地区无法获得保护，给国际间经济、文化和技术的交流带来阻碍。特别是随着科技的不断发展，作品传播的手段越来越先进，未经知识产权人许可而复制、分发作品副本的行为越来越难以追踪。因此，各国往往通过双边或者多边知识产权保护协定来加强对知识产权的国际保护。

知识产权国际保护的重要途径是签订多边条约。如 1883 年 3 月，法国、比利时等 11 个国家在巴黎共同签署了《保护工业产权的巴黎公约》，并据此成立了保护工业产权联盟。此后，国际社会又签订了包括《世界版权公约》，保护表演者、录音制品制作者和广播组织的《伯尔尼公约》和 TRIPS 等在内的多边协定。

（一）保护工业产权的巴黎公约

1. 《保护工业产权的巴黎公约》的产生

《保护工业产权的巴黎公约》（Paris Convention for the Protection of Industrial Property，以下简称《巴黎公约》），在知识产权保护方面具有重要意义，是签订最早、成员数量最多的工业产权保护公约。《巴黎公约》于 1883 年 3 月 20 日在巴黎签订，1884 年 7 月 6 日生效。原缔约国有 11 个国家，到 2007 年 12 月，公约已有包括中国在内的 172 个签约国。《巴黎公约》对专利、商标等工业产权保护对象从实体法和程序法等多方面规定了法律保护的基本原则和最低标准，开创了专利法国际协调的先河。

2. 《巴黎公约》的基本原则

《巴黎公约》保护的对象是专利、实用新型、外观设计、商标、服务标志、厂商名称、货源标记、原产地名称及制止不正当竞争。其确立的基本原则如下。

（1）国民待遇原则

在工业产权保护方面，公约各成员国必须在法律上给予公约其他成员国相同于其该国国民的待遇；即使是非成员国国民，只要他在公约某一成员国内有住所，或有真实有效的工商营业所，亦应给予相同于该国国民的待遇。

（2）优先权原则

《巴黎公约》规定凡在一个缔约国申请注册的商标，可以享受自初次申请之日起为期6个月的优先权，即在这6个月的优先权期限内，如申请人再向其他成员国提出同样的申请，其后来申请的日期可视同首次申请的日期。优先权的作用在于保护首次申请人，使他在向其他成员国提出同样的注册申请时，不致由于两次申请日期的差异而被第三者钻空子抢先申请注册。发明、实用新型和工业品外观设计的专利申请人从首次向成员国之一提出申请之日起，可以在一定期限内（发明和实用新型为12个月，工业品外观设计为6个月）以同一发明向其他成员国提出申请，而以第一次申请的日期为以后提出申请的日期。其条件是，申请人必须在成员国之一完成了第一次合格的申请，而且第一次申请的内容与日后向其他成员国所提出的专利申请的内容必须完全相同。

（3）独立性原则

申请和注册商标的条件，由每个成员国的该国法律决定，各自独立。对成员国国民所提出的商标注册申请，不能以申请人未在其该国申请、注册或续展为由而加以拒绝或使其注册失效。在一个成员国正式注册的商标与在其他成员国——包括申请人所在国——注册的商标无关。这就是说，商标在一成员国取得注册之后，就独立于原商标，即使原注册国已将该商标予以撤销，或因其未办理续展手续而无效，但都不影响它在其他成员国所受到的保护。同一发明在不同国家所获得的专利权彼此无关，即各成员国独立地按该国的法律规定给予或拒绝、或撤销、或终止某项发明专利权，不受其他成员国对该专利权处理的影响。这就是说，已经在一成员国取得专利权的发明，在另一成员国不一定能获得；反之，在一成员国遭到拒绝的专利申请，在另一成员国则不一定遭到拒绝。

（4）强制许可专利原则

《公约》规定：各成员国可以采取立法措施，规定在一定条件下可以核准强制许可，以防止专利权人可能对专利权的滥用。某一项专利自申请日起的四年期间，或者自批准专利日起三年期内（两者以期限较长者为准），专利权人未予实施或未充分实施，有关成员国有权采取立法措施，核准强制许可证，允许第三者实施此项专利。如在第一次核准强制许可特许满二年后，仍不能防止赋予专利权而产生的流弊，可以提出撤销专利的程序。《公约》还规定强制许可，不得专有，不得转让；但如果连同使用这种许可的那部分企业或牌号一起转让，则是允许的。

（5）商标的使用

《公约》规定，某一成员国已经注册的商标必须加以使用，只有经过一定的合理期限，而且当事人不能提出其不使用的正当理由时，才可撤销其注册。凡是已在某成员国注册的商标，在一成员国注册时，对于商标的附属部分图样加以变更，而未变更原商标重要部分，不影响商标显著特征时，不得拒绝注册。如果某一商标为几个工商业公司共有，不影响它在其他成员国申请注册和取得法律保护,但是这一共同使用的商标以不欺骗公众和不造成违反公共利益为前提。

(6) 驰名商标的保护

无论驰名商标本身是否取得商标注册,公约各成员国都应禁止他人使用相同或类似于驰名商标的商标,拒绝注册与驰名商标相同或类似的商标。对于以欺骗手段取得注册的人,驰名商标的所有人的请求期限不受限制。

(7) 商标权的转让

如果其成员国的法律规定,商标权的转让应与其营业一并转让方为有效,则只需转让该国的营业就足以认可其有效,不必将所有国内外营业全部转让。但这种转让应以不会引起公众对贴有该商标的商品来源、性质或重要品质发生误解为条件。

(8) 展览产品的临时保护

公约成员国应按其该国法律对在公约各成员国领域内举办的官方或经官方认可的国际展览会上展出的产品所包含的专利和展出产品的商标提供临时法律保护。

3. 《巴黎公约》的主要内容

(1) 专利、商标的独立保护。

(2) 专利的强制许可。

(3) 商标的使用。

(4) 驰名商标的保护。

(5) 商标权的转让。

(6) 商标禁用标记。

(7) 其他内容。

(二) 与贸易有关的知识产权协定

1. TRIPS 的产生与宗旨

随着经济与科技的迅猛发展,知识产权在国际贸易中的地位越来越重要,这对知识产权的国际保护提出了更高的要求。虽然 1947 年订立的关贸总协定也涉及了知识产权问题,但并没有明确规则。期间经过很长一段时间的谈判,直到 1990 年乌拉圭回合的布鲁塞尔部长级会议,才决定将知识产权纳入关贸总协定。

TRIPS 的宗旨可以概括为,促进对知识产权在国际范围内更充分、有效的保护,确保知识产权的实施及程序不对合法贸易构成壁垒。

2. TRIPS 的基本原则

TRIPS 的基本原则是国民待遇原则和最惠国待遇原则。

(1) 国民待遇原则

TRIPS 第 3 条"国民待遇"第 1 款规定:"每一成员向其他成员的国民就知识产权的保护提供的待遇不得低于其给予本国国民的待遇"。

TRIPS 第 1 条第 3 款专门对该协议有关"国民"(nationals) 的特指含义加以注释。该注释指出:"本协议中所称'国民'一词,在世界贸易组织成员是一个单独关税区的情况下,应被认为系指在那里有住所或有实际和有效的工业或商业营业所的人、自然人或法人"。

(2) 最惠国待遇原则,

TRIPS 第 4 条规定:"任何一成员就知识产权要以保护提供给另一成员国民的利益、优惠、特权或豁免应当立即、无条件地给予所有其他成员的国民"。这种最惠国待遇是无条件的、多边的、永久性的。但是,TRIPS 的最惠国待遇只适用于知识产权的保护方面。

(3) 透明度原则

TRIPS 第 63 条关于透明度的要求总体上与 GATT 的透明度原则一致,除了公开法律、法规、司法决定、行政决定以及国际协定和向知识产权理事会报告外,任何成员认为其他成员的司法或行政行为影响了其应当享有的权利,均有权要求相关成员对之作出详细说明。值得指出的是,TRIPS 还就各成员执行协议下的义务规定了相当具体的程序和标准。

(4) 权利用尽原则

TRIPS 第 6 条规定:"在根据本协议进行争端解决时,符合第 3 条和第 4 条规定的前提下,不得借助本协议的任何条款去涉及知识产权用尽问题"。即发生与本协议有关的争端的时候,协议的任何规定不能用来解决权利用尽问题。换言之,TRIPS 把权利是否用尽的问题留给各国国内法做规定,TRIPS 不做统一规定。这对我国是有利的,因为我国只能根据国家经济发展状况来决定是给予全球性的还是地域性的权利用尽,以解决平行进口是否合法的问题。

(5) 公共利益原则

这是协议第 8 条专门提出的原则。即在不违反协议义务的前提下,各成员"可采取必要措施保护公共健康和营养、促进对其社会经济和技术发展至关重要部门的公共利益",并于必要时"采取适当措施防止知识产权所有人滥用知识产权或不正当地限制贸易或影响国际技术转让的做法"。这条规定实际上涉及到了公众健康权问题。

3. TRIPS 的保护范围

(1) 商标权利。
(2) 地理标志。
(3) 工业品外观设计。
(4) 专利。
(5) 集成电路布图设计。
(6) 版权与邻接权。

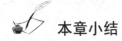

本章小结

1. 技术是指人类在认识自然、改造自然的反复实践中所积累起来的有关生产劳动的各种经验和知识,也泛指其他操作方面的技能、技巧。广义上讲,技术是人类为实现社会需要而创造和发展起来的手段、方法和技能的综合。特点：(1)目的性；(2)社会性；(3)多元性；(4)复杂性；(5)依赖性；(6)多样性；(7)规模性；(8)无形性；(9)系统性；(10)可实施性；(11)可传授性；(12)商业性。技术管理是指公共机关和企业部门，运用各种管理手段，有效管理各项技术，进而探究各种技术对社会经济体系的影响，创造组织强大生命力的管理活动的过程。

2．技术开发是指当事人之间通过协议约定，对新技术、新产品、新工艺或者新材料及其系统所进行的研究开发工作。技术转让是指自然人、法人及其他组织之间转移技术的行为和活动。技术转让可以分为三类：(1)专利转让；(2)专有转让；(3)计算机软件。技术转让的内容：(1)专利权转让；(2)专利申请权转让；(3)专利实施许可。技术转让合同的主体、类型、基本要求、一般结构、当事人的权利和义务。

3．技术创新有广义及狭义之分：从广义来说，技术创新是指科学技术上的新发现、新发明化为社会生产的全过程活动；从狭义来说，技术创新是对企业中首次应用或出现的新技术所开展的一系列活动，如产品的开发、新工艺的应用、新市场的开拓等。技术创新的对象：(1)产品创新；(2)设备和工具的创新；(3)生产工艺和操作技术的创新；(4)能源和原材料的创新；(5)改善生产环境及劳动保护。

4．技术引进时关于制造产品、应用生产方法或提供服务的系统知识的引进。引进形式：(1)许可证贸易；(2)技术咨询服务；(3)技术协助；(4)工程承包；(5)合作生产；(6)国际合作经营与合资经营；(7)特许经营。

5．技术咨询是指受托方应委托方的要求，针对解决重大技术课题或特定的技术项目运用所掌握的理论知识、实践知识和信息，通过调查研究，运用科学方法和先进手段，进行分析、评价、预测，为委托方提供建议或者几种可供选择的方案。技术咨询的类型：(1)项目设计；(2)可行性研究；(3)技术评估。技术服务是指受托方的请求，运用所掌握的专业技术知识和经验，就解决特定技术课题为委托方所提供的知识性服务。技术服务类型：(1)技术辅助服务；(2)技术培训服务；(3)技术中介服务。

6．知识产权是指"对科学、技术、文化、艺术等领域从事智力活动创造的精神财富所享有的权利"。知识产权的特征：(1)无形性；(2)法定性；(3)专有性；(4)地域性；(5)时间性。

思考题

1．何谓技术开发？技术开发合同当事人的权利义务是什么？
2．何谓技术转让？技术转让合同当事人的权利义务是什么？
3．何谓技术创新？技术创新包括哪些内容？
4．何谓技术引进？技术引进有哪些形式？
5．何谓专利权？授予专利权的条件是什么？怎样才能获得专利保护？

案例分析

目前位居全球十大汽车零件制造商的 Valeo，产品范围从离合器系统到车窗雨刷一应俱全。他们在1999年中期开始关注并相信网络工具对公司经营方面的作用，进行了网络配置，并取得了初步效果，特

第十章 技术管理

别是一个称为"e–procurement@supplier-integration",也称"e@si"计划的方案。最特别的是 Valeo 的经营文化也由此开始出现改变,网络的使用在公司内部引起了部门之间的良性竞争。例如该公司目前有 20 条生产线,当其中一条取得技术上的进步时,所有的相关资料马上可以通过网络流传到各部门。

据该公司的研究分析发现,在一个产品结构复杂的公司组织中,网络确实有着非常大的应用潜力。例如该公司生产的零件范围非常广泛,从后车灯等单一零件,到后车厢这种需要结合多种零件(车灯、电子设备、雨刷和安全系统)的组合式大型零件。不论哪种零件,他们都必须与客户(汽车制造商)密切合作,而且零件愈复杂,合作的要求愈大,该公司对汽车制造过程初期的涉入也就愈深,而且对汽车的制造经常具有决定性的影响。因此他们必须清楚汽车的所有细节,才能精确地提供所需的零件。精确性的要求往往超乎人们的想象,而要达到这种精度,该公司就必须持续与汽车制造商交换信息,而这种工作通过网络进行是非常简单的。

与客户通过网络沟通的需求由此愈来愈强,这不仅因为汽车制造商有把成本转移到零件制造商的趋势,而汽车零件厂要想成为大车厂的策略伙伴,只能追随这种趋势。使用网络的另一个好处是,公司可以更有效地应用研发资金。

Valeo 公司在全球设有 180 个生产部门,并有 100 个以上的业务分部。整个分布是非常传统的中心化布局——由一个总部来支持各个独立的部门。但先前各部门间的沟通效率很低,各分部间的主管并没有互相沟通配合的整体运营观念。

这种状态自该公司的网络配置完成后就有了大幅度的改变。其中最大的成就是用 7 个新的主要"领域"来取代旧的部门布局,而 7 个领域的划分是以汽车结构为依据的,包括"内部空调""电子能源控制""汽车安全系统"等。通过整合旧的部门分配,新的领域划分具有促进团队合作的效果,同时这种划分对客户来说更有吸引力,因为他们可以非常容易地找到特定的部门。

案例来源:http://wenku.baidu.com/view/730a1ca60029bd64783e2cd9.html

问题:

1. 新的技术"e@si"是否为企业带来新的生机及新的管理理论?
2. Valeo 公司实施"e@si"计划后,对公司的组织结构产生了怎样的影响?
3. 实施"e@si"计划,导致了 vales 公司与客户之间怎样的一种关系?
4. 为什么说 Valeo 公司的生计缘于网络?基于"e@si"计划对管理的影响,Valeo 公司应该如何推进其下一步的"e@si"计划?

营销管理篇

Enterprise Management

- 第十一章　品牌管理
- 第十二章　客户关系管理

第十一章 品牌管理

学习目标

学习本章后,你应该能够:
1. 了解品牌的不同类型;品牌营销体系的构成;品牌资产评估的意义和方法。
2. 理解品牌与产品的区别;品牌对消费者、生产者和竞争者的不同意义;品牌资产的实质和特征;品牌经营管理的核心思想。
3. 掌握品牌的概念和特征;品牌资产的要素构成;品牌经营的目标和决策;品牌管理方法与技术。

消费者在选购商品时,都会选择自己所喜欢的品牌商品,特别是名牌商品。因为名牌商品意味着高品质、高信誉,可以使自己放心满意,可以给自己带来更大的使用价值。作为企业,打造名牌产品,是提高市场竞争力,提高市场占有率,争取更多的顾客,特别是忠实顾客的有效途径之一。加强品牌管理,不仅要竭力打造名牌产品,提高自己品牌的知名度和美誉度,更要维护好名牌的信誉,绝不能砸了自己的品牌。

第一节 品牌的意义

一、品牌的性质

(一)品牌的含义

美国市场营销协会对品牌的定义是:品牌是一种名称、术语、标记、符号或设计,或是它们的组合运用,其目的是借以辨认某个销售者,或某群销售者的产品或服务,并使之与竞争对手的产品和服务区别开来。

这些创造品牌的名称、术语、标记、符号或设计,或它们的组合,称为品牌元素。

品牌是个复杂的信息表示。一个品牌不单单是一种名称、术语、标记、符号或设计,或它们的组合运用,更重要的是品牌所传递的价值、文化和个性信息,它们奠定了品牌的基础。

(二)品牌与产品的区别

产品与品牌的一个重要区别是,产品是带有功能性目的的物品;而品牌除此之外,还能提供别的东西。所有的品牌都是产品,但是并非所有的产品都是品牌。品牌与产品的区

别体现在以下几个方面。

（1）品牌与产品名称是两个完全不同的概念。产品名称主要体现的是辨别功能，将一产品与另一产品区别开来；而品牌则传递更丰富的内容，价值、个性与文化都能通过品牌来表现。产品可以有品牌，也可以无品牌。无品牌商品以其价格低廉也能赢得一部分顾客，但如今企业越来越重视品牌创造，一件产品可以被竞争者模仿，但品牌独一无二；产品很快会过时落伍，而成功的品牌能经久不衰；一种品牌可以只用于一种产品，也可以用于多种产品，使品牌延伸。

（2）产品是具体的存在；而品牌存在于消费者的心中，品牌是消费者心中被唤起的某种情感、感受、偏好、信赖的总和。同样功能的产品被冠以不同的品牌后，在消费者心中会产生截然不同的看法，从而导致产品大相径庭的市场占有率。

（3）产品最终由生产部门生产出来；而品牌形成于整个企业的营销系统。品牌是根据产品而设计出来的，营销组合的每一个环节都需传达品牌的相同信息，才能使消费者形成对品牌的认同。营销传播与品牌的关系更加密切，名牌产品的广告投入要大大高于一般品牌。

（4）产品重在质量与服务；而品牌贵在传播。品牌的"质量"在于传播，品牌的传播包括品牌与消费者沟通的所有环节与活动，如产品的设计、包装、促销、广告等。传播的效用有两点：一是形成和加强消费者对品牌的认知；二是传播费用转化为品牌资产的一部分。

（三）品牌的特征

（1）品牌具有一定的个性。品牌无一不是文化的象征。在创造品牌的过程中，一定要注意品牌个性的塑造，赋予品牌一定的文化内涵，以满足广大消费者对品牌文化品位的需求。

（2）品牌具有排他专有性。品牌排他专有性是指品牌一经企业注册，成为注册商标就受到商标法的保护，其他企业不得再用。

（3）品牌是以消费者为中心的。品牌是一个以消费者为中心的概念，没有消费者，就没有品牌。品牌的价值体现在品牌与消费者的关系之中，品牌具有一定的知名度和美誉度是因为它能够给消费者带来利益，创造价值。而且品牌的知名度和美誉度本身就是与消费者相联系，建立在消费者理解基础上的概念，市场才是品牌的试金石，只有消费者和用户才是评判品牌优劣的权威。

（4）品牌是企业竞争的一种重要工具。品牌可以向消费者传递信息，提供价值，它在企业的营销过程中占有举足轻重的地位。品牌使消费者与产品之间产生联系，消费者以品牌为准。

（四）品牌的类型

（1）品牌按照使用主体不同可分为制造商品牌和中间商品牌。制造商品牌是由制造商对其产品自命的品牌。但一些大型的零售商和批发商也开发出他们自己的品牌，称为中间商品牌、渠道品牌或私人品牌。

（2）品牌按其辐射区域可分为区域品牌、国内品牌、国际品牌。另外，商标与品牌是经常被混淆的两个概念。商标与品牌既有联系又有区别，其联系主要表现为：它们都是无形资产，都具有一定专有性，其目的都是为了区别于竞争者，有助于消费者识别。商标一般都要注册（我国也有未注册商标），它是受法律保护的一个品牌或品牌的一部分，其专有权可以转让和买卖。品牌主要表明产品的生产和销售单位；而商标则是区别不同产品的标记。一个企业的品牌和商标可以是相同的，也可以不相同。品牌比商标有更广的内涵，品牌代表一定的文化，有一定个性；而商标则是一个标记。

二、品牌的意义

（一）品牌对消费者的意义

（1）有助于消费者识别产品的来源或产品制造厂家，从而有利于消费者权益的保护。同一品牌商品表明应该达到同样的质量水平和指标，这样也维护了消费者利益。从实质上说，品牌是厂家或商家给予消费者的一种承诺。

（2）有助于消费者规避购买风险，降低消费者购买成本，从而更有利于消费者选购商品。消费者规避购买风险的方法主要有两种：一是从众；二是品牌忠诚。由于消费者经过学习形成经验对品牌积累了一定知识，他们很容易辨别哪类品牌适合自己。对品牌的了解也可以减少搜索购买信息的成本。品牌是一个整体概念，它代表着产品的品质、特色、服务，在消费者心中成为产品的标志，这就缩短了消费者识别产品的过程和购买的时间。

（3）有利于消费者形成品牌偏好。消费者一旦形成品牌偏好，可减少消费者消费失调行为，再继续购买该品牌时，就会认为他们购买了同类较好的商品，从而获得一种满足。再者，他们已经了解了购买该品牌所能带来的好处或利益，也乐意继续购买，而且认为购买是值得的。另外，品牌是有个性的，当这种个性与消费者相对一致时消费者会购买该品牌，并且认为该品牌成为他们形象的一种象征性标志，可以获得消费同种产品的消费者群体的认同，或产生对自己喜爱的产品或公司的特殊感情。而通过品牌来传递某种信息，也会使消费者获得一种满足。

（二）品牌对生产者的意义

（1）有助于产品的销售和占领市场。品牌一旦形成一定的知名度和美誉度后，企业就可利用品牌优势扩大市场，促成消费者品牌忠诚。品牌忠诚使销售者在竞争中得到某些保护，并使企业在制订市场营销计划时具有较大控制能力。

（2）有助于稳定产品的价格，减少价格弹性，增强对动态市场的适应性，减少未来的经营风险。由于品牌具有排他性，在市场激烈竞争的条件下有利于形成其他企业的进入障碍。

（3）有助于市场细分，进而进行市场定位。品牌有自己独特的风格，企业可以在不同的细分市场推出不同的品牌以适应消费者个性差异，更好地满足消费者。

（4）有助于新产品开发，节约新产品投入市场成本。一个新产品进入市场时，其风险和投入成本都相当大，但是企业可以成功地进行品牌延伸，借助已成功或成名品牌的知名度和美誉度，扩大企业的产品组合或延伸产品线，推出新产品。采用品牌延伸，可节省新产品广告费，而在正常情况下使消费者熟悉一个新品牌的名称的花费是相当大的。

（5）有助于企业抵御竞争者的攻击，保持竞争优势。新产品一进入市场，如果畅销，很容易被竞争者模仿，但品牌是企业特有的一种资产，它可通过注册得到法律保护。品牌忠诚是竞争者无法通过模仿达到的。当市场趋向成熟，市场份额相对稳定时，品牌忠诚是抵御同行竞争者攻击的最有力的竞争的武器。品牌忠诚也为其他企业进入构筑壁垒。

（6）有助于塑造企业形象，宣扬企业文化。

另外，企业可以进行品牌许可或特许经营，直接利用品牌创利，品牌还能够改善企业在产销关系中的谈判地位，对创新也有促进作用。

（三）品牌对竞争者的意义

（1）竞争者可以推出相对应的品牌进行反击。某个品牌一旦有一定知名度和美誉度后，会对竞争者形成一种威胁，但竞争者可以推出相对应的品牌进行反击。

（2）竞争者可以针对品牌系列中的弱势产品进行反击。企业利用成功名牌进行产品线延伸或品牌延伸，竞争者可利用对手产品之间的关联度不大，对其相对弱势的产品推出自己比较占优势的产品，从而建立自己品牌的知名度。

（3）竞争者可以针对那些采取多品牌策略企业中的弱势品牌进行反击，这样竞争者可以利用自身资源重点推出某一品牌与企业弱势品牌抗衡，这样就很有可能使竞争者获得品牌竞争优势，扩大其市场份额。竞争者还可以针对对手企业品牌个性推出风格完全不同的个性品牌，以吸引其余消费者。

三、品牌营销的体系

1. 品牌体系

建立品牌体系已经成为当今社会的基本共识，品牌经济、品牌社会等理念、意识已日渐深入人心。虽说关于品牌的认识不尽统一，品牌的标准也难以规范，以产品品牌而言，有的重销量，有的重质量，有的重传播，并各有其说，但这并不影响人们对于品牌本身的重视和追逐。因为品牌就是形象，品牌力就是形象力，而形象力才是构成有效市场的最基本的前提和保障。于是，不但物质产品要讲究品牌，精神产品也要讲究品牌。公司、团体、城市、景观，甚至是楼堂馆所、服务方式以及个人的言行举止、职业风范等也都要讲究品牌。

2. 传播体系

这既是品牌化的媒介和手段，又是形象产业化、形象经济的独立支撑点。传播通常只是信息的传递和沟通,而在信息时代,传播本身就是生产力。企业创造财富,传媒也创造财富,而且有可能演变为创造财富的先驱和主流。互联网的成功,与其说是技术的成功,不如说是传媒的成功。

3. 概念体系

概念不是品牌,尽管可能是品牌的雏形。概念也未必传播,但如果不传播,概念将失去应有的意义。概念是想法的包装,是形象的使者,是信息社会特殊的市场和商品。有产品没有概念,产品可能始终成不了商品;有概念没有产品,概念本身照样可以成为商品。

第二节 品牌资产的构成

一、品牌资产要素

品牌资产是一个系统概念,它由一系列因素构成(见图 11-1)。品牌名称和品牌标识物是品牌资产载体,品牌知名度、品牌美誉度、品质认知、品牌联想、品牌忠诚度和附着在品牌上的其他资产是品牌资产的有机构成,为消费者和企业提供附加利益是品牌资产的实质内容。

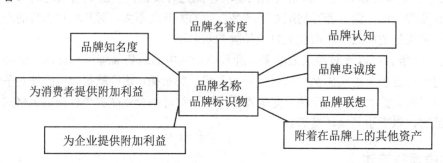

图 11-1 品牌资产系统

(一)品牌知名度

品牌的知名度,是指某品牌为公众知晓、了解的程度,它表明品牌为多少或多大比例的消费者所知晓,反映的是顾客关系的广度。品牌知名度是评价品牌社会影响的标志。品牌知名度的大小是相对而言的,名牌就是相对高知名度的品牌。

品牌知名度的范围很大,包含一个连续的变化过程。一般将知名度分为以下四个层次,从底层往上发展,实现难度逐渐加大。

(1)无知名度,是指消费者对品牌没有任何印象,原因可能是消费者从未接触过该品牌,或者是该品牌没有任何特色,根本无法引起消费者的兴趣,十分容易被消费者遗忘。

(2)提示知名度,是指消费者在经过提示或某种暗示后,可想起某一品牌,能够说出自己曾经听说过的品牌名字。

（3）未提示知名度，是指消费者在不需要任何提示的情况下能够想起来某种品牌，即能正确区别先前所见到的品牌。对某类产品来说，具有未提示知名度的往往不是一个品牌，而是一串品牌。例如，对彩电品牌，你可能说出长虹、海尔、康佳、TCL、松下、飞利浦等很多品牌，虽然单个品牌没有被第一个想到，但说明消费者对这些品牌形成了较深的印象，消费者在选购产品时会在这些品牌中进行比较。

（4）第一提及知名度，是指消费者在没有任何提示下，所想到或说出的某类产品的第一个品牌。例如，有些消费者说到家电便想到"海尔"，说到碳酸饮料，"可口可乐"是其首选。第一提及的品牌在消费者的心中形成了强有力的偏好，是他们购买该类产品的首选品牌。

（二）品牌美誉度

品牌的美誉度是指某种品牌获得公众信任、支持和赞许的程度。那么品牌美誉度就是一个质的指标，它反映某种品牌社会影响的好坏。

品牌美誉度的资产作用体现在"口碑效应"上，即通过人们的口头称赞，一传十，十传百，引发源源不断的销售。一些调查报告显示由口传信息所引起的购买次数 3 倍于广告所引起的购买次数；品牌的美誉度越高，"品牌效应"就越明显，品牌的资产价值也就越高。

考察品牌美誉度也应将其分为公众美誉度、社会美誉度和行业美誉度三方面进行研究。

（三）品质认知

从狭义上理解，产品品质是指产品的适应性，即产品为达到使用目的应具备的性质。从广义上理解，产品品质是指产品的使用价值及其属性能满足社会需要的程度。企业、经销商和最终用户各自对产品品质的评价标准是存在差异的，原因在于评价者在判断产品品质优劣时，不仅渗入了自身的利益，而且渗入了个性、心理、环境等方面的因素。从这一角度看，相对于消费者群体，产品品质是一个主观的概念。但是消费者作为一个整体，特别是存在同质性的消费者群体，对产品品质的判断会呈现某种共同的图景，潜藏在共同图景下的则是消费者所采取的共同或相似的品质评价标准。

品质认知是指消费者对产品或服务的适用性和功能特性的主观理解或整体反应，是消费者对产品客观品质的主观认识，它以客观品质为基础，但又不等同于产品的客观品质。不同产品的客观品质可能完全相同，但消费者对不同产品的品质认知却相差甚远。许多商品在标上名牌商标后，身价倍增。显然，消费者形成品牌偏好和品牌忠诚度的重要影响因素不是产品的客观品质，而是产品的认知品质。

产品品质是品牌资产的重要来源，或者说是维系、发展长期顾客关系的一个重要方面。品质认知的资产价值体现在以下五个方面。

（1）提供购买理由。消费者选择产品的基本理由是注重产品的使用价值，而产品使用价值的大小是以产品品质来体现的。因为产品品质的高低将直接影响消费者从产品消费中所获得的利益，产品品质为消费者提供了一种重要的购买理由。

（2）有利于产品定位。品质是创造差异化的基础，也就成为产品和品牌定位的基本途径。在选择具有竞争力的定位时，必须确定诉求点乃是消费者所真正需要的特点，而这些特点也通常是那些品质上的特点。

（3）产生溢价。高品质的产品为企业提供了索取溢价的选择权，企业可采取高于同类产品价格的高价位策略，使企业获得更多的利益。

（4）增加谈判力。具有高品质产品的企业在与代理商、分销商、零售商等成员谈判时拥有优势。由于经销商的形象直接受其提供的产品或服务的影响，因此，经销商高品质的产品对经销商自身形象起着举足轻重的作用。

（5）提高品牌延伸力。品质是品牌延伸的重要基础之一。只有拥有高品质印象的品牌在品牌延伸力上才可能产生较大的辐射力。品牌延伸的根本在于品质延伸，消费者对延伸品牌产生认同的主要原因是：消费者认为采用延伸品牌的产品与原品牌的产品具有同样的品质。

（四）品牌联想

联想是一种重要的心理想象和心理活动。事物之间的不同联想反映在人脑中，就会形成心理现象的联系，品牌联想就是消费者想到某一品牌时能记起的与品牌相连的信息。品牌联想（或品牌联系）大致可分为三种层次：品牌属性联想、品牌利益联想、品牌态度。

（1）品牌属性联想。品牌属性联想是指对于产品或服务特色的联想，如消费者所认为产品和服务是什么。根据与产品或服务的关联程度，可把属性分为与产品有关的属性和与产品无关的属性。与产品有关的属性联想是指产品的物理组成或服务要求，它决定着产品性能的本质和等级。成分和特色都较少的产品种类，如面包；成分多但特色较少的产品类型，如药品；成分和特色都多的产品类，如电脑。品牌属性联想有以下几个方面：① 产品价格联想。大多数产品消费者往往把产品的质量与价格联系起来，他们往往根据价格判断质量。② 品牌使用者和使用状况联想。消费者通过亲身体会或同其他该品牌使用者接触，或者通过从媒体来了解品牌使用者和使用状况。③ 品牌情感和品牌知识。消费者对某一品牌可能有一种特定的主观感受，或者喜欢、厌恶，或是信任、怀疑，品牌能引起人们的喜欢则很容易引起消费者的共鸣，产生品牌忠诚。与产品无关的属性并不直接影响产品性能，但它可能影响购买或消费过程，如产品的颜色、包装、产品的制造厂家或国家、产品出售场所。

（2）品牌利益联想。品牌利益联想是指消费者感觉、认为某一品牌或服务属性能给他带来的价值和意义。品牌利益联想又可分为产品功能利益联想、产品象征性的利益联想和经验利益联想。产品功能利益联想是指产品或服务内在固有的可以提供给消费者的利益，这种利益一般与"产品相关属性"匹配，它是消费者购买该产品最基本的动机。产品象征性的利益联想是指产品或服务能提供给消费者的相对外在的利益，它一般与"产品无关属性"匹配，这种象征性的利益满足消费者的社交需要、自尊需要等一些比较高层次需要。经验利益联想是指消费者消费产品或服务后的感受，它既与"产品相关属性"相配，又与"产品无关属性"相配,这些利益能使消费者获得感观愉悦或者某种刺激。

(3)品牌态度。品牌态度是最高层次、最抽象的品牌联想,品牌态度是指消费者对品牌的总体评价,品牌态度直接影响消费者品牌的选择,它通常建立在品牌属性和品牌利益上。

积极的品牌联想意味着品牌被消费者接受、认知,进而可形成品牌偏好和品牌忠诚。品牌联想的价值包括如下几个方面:品牌联想有助于品牌认知,扩大品牌知名度,产生差异化。有区别的联想为竞争者制造了一道无法逾越的障碍,为消费者提供购买理由。无论是品牌属性联想还是品牌利益联想和消费者对品牌的态度,都直接与消费者利益有关,从而能提供一个特别的理由促使消费者购买或使用这一品牌。

(五)品牌忠诚度

消费者在一段时间甚至很长时间内重复选择某一品牌,并形成重复购买的倾向,被称为品牌忠诚。品牌忠诚度是顾客对品牌感情的量度,反映出一个顾客转向另一个品牌的可能程度,是企业重要的竞争优势。

由品牌忠诚度可以把消费者分为以下几个层级。

(1)无忠诚度者,是指那些从不专注于一个品牌的购买者,他们对品牌不敏感,基本上是随机性购买。

(2)习惯购买者,是指那些对产品满意或起码没有表示不满的买主。他们习惯性地购买某些品牌。

(3)满意购买者,通常对产品感到满意,当他们打算购买另一个新品牌时,会考虑品牌转换成本。

(4)情感购买者,是属于真正喜欢某一品牌的那类消费者,他们对所喜欢的品牌十分推崇,购买这类品牌会带给他们情感上的满足。

(5)忠诚购买者,一旦认可了某种品牌,便会持续、重复地购买特定品牌,并引以为自豪,还会积极向其他人推荐这些品牌,对其他同类品牌则无以顾及。

品牌忠诚度是一项战略性资产,如果对它进行恰当的经营开发,那么它就会给企业创造多项价值。消费者对某品牌的忠诚度,可用下列标准进行测量:(1)顾客重复购买次数;(2)顾客购买挑选时间;(3)顾客对价格的敏感程度;(4)顾客对竞争产品的态度;(5)顾客对产品质量的承受能力。

(六)附着在品牌上的其他资产

与品牌资产相关的还有一些专门的特殊财产,如专利、专有技术、分销系统等。这些专门财产如果很容易转移到其他产品或品牌上去,则它们对增加品牌资产所作的贡献就很小;反之,则成为品牌资产的有机构成。例如,"可口可乐"的配方一百多年来一直被当作商业秘密,秘而不宣,也不申请专利。这个秘方对"可口可乐"的个性和形象产生积极的影响,所以它的价值就自然地融入"可口可乐"品牌之中。

（七）为消费者提供附加利益

品牌资产为消费者提供的利益体现在它不仅有助于消费者解释、处理和储存大量与该品牌和该产品相关的信息，而且会大大增加消费者购买和使用该产品的信心。更为重要的是，消费者对某一品牌的品质感知以及由这一品牌所产生的联想、想象都可能极大地提高消费者在产品使用中的满意感。例如，同一消费者在戴着"劳力士"牌手表与戴着"罗西尼"牌手表时，有着截然不同的感觉。

（八）为企业提供附加利益

品牌资产能给企业带来的利益是多方面的。由于消费者对品牌的熟知与好感，企业的营销活动会更有效；企业在与零售商和供应商的交往中可能处于更为有利的地位；借助品牌的影响，可以更加有效和成功地推出新产品并进入新的市场；在定价上取得更多的主动权，比竞争对手获得更高的边际利润等。总之，有影响力或资产价值大的品牌能使企业减少由于市场变化引起的不稳定性和风险性，增加产品未来的获利能力。

二、品牌资产的实质和特征

（一）品牌资产的实质

无论是提高产品质量，还是提供产品附加利益，企业最终是服务于消费者满意这一终极目的。因此，从这一意义上说，消费者满意较产品质量或产品附加利益具有更大的包容性和更为深邃的内涵，消费者满意是品牌资产的基础。

从市场营销的角度来看，消费者满意就是：企业所提供的产品或服务用于满足用户或顾客的需要与欲望，这种需要和欲望的满足程度就叫消费者满意或消费者不满意。

消费者满意贯穿在整个购买过程中。消费者购买产品，不仅要求产品能够满足其需要，而且要求在使用和消费过程中达到其预期的功效，在购买、选择和信息搜集过程中，同样要求获得愉快的体验。只有这样，才能形成整体满足感。

品牌资产与消费者满意是相互影响、相互促进、相互依存的。消费者满意是品牌资产发展的基础和前提，品牌资产的进一步发展又增进消费者对产品的满意感受。发展品牌资产的实质，就是建立企业或产品同顾客之间的关系。企业与顾客存在多种关系，如利益关系或者交易关系、人际关系、信息关系和法律关系。在这些关系中，最重要的是交换关系。发展顾客关系需要很大的投入，而这种关系一旦建立起来，就能保证企业在未来获得一定的回报。正确认识顾客关系，才能做到让消费者满意。虽然买卖双方都有发展长期交换关系的需要，但能否建立、维持并不断融洽这种关系，主要还取决于能否提供使消费者满意的产品和服务。做到这一点，需要企业正确认识这种长期顾客关系，有了认识才有行动。

企业对交换对象要有广义的理解。企业所提供的或消费者希望从交换中获得的并不仅仅是通常意义上的实体物品，而应包括内容更为广泛的其他资源，如服务、信息、尊重、地位等。建立与顾客的长期交换关系，全方位使消费者满意，不能只单纯地关注商品的使用价值而忽视对消费者的情感服务与情感投资。

企业要认识到，消费者满意可以促进和融洽企业与顾客之间的相互信任关系。一个满意的顾客会将其好的购买体验转告另外的人。保持、巩固与顾客的长期关系，其前提依然是消费者满意。消费者满意取决于消费者对交换的期望，对交换结果与期望是否一致的比较，以及对交换本身是否公平的衡量等因素。这些因素同样影响长期顾客关系的维系与发展。

消费者的需要在变化，期望在提高，竞争品牌的品质在改进，所有这些对企业驾驭顾客关系都提出新的挑战。以顾客满意作为衡量其工作的标尺，那么，顾客在获得满意感之后，必然对企业及其品牌产生信赖，从而增强未来与企业进行交换的机会。

（二）品牌资产的特征

（1）无形性。品牌资产是一种无形资产，它不同于厂房设备等有形资产，无法凭眼看、手摸，凭人们的感官直接感受到。品牌资产的这一特性增加了人们对它予以直观把握的难度，特别是准确评估其价值的难度。而品牌资产权一般是经由品牌使用人申请品牌注册，由注册机关按法定程序确立其所有权。

（2）构成与估价上的特殊性与复杂性。品牌资产反映的是一种顾客关系，而顾客关系的深度和广度是通过品牌的知名度、品牌的美誉度、品牌的忠诚度、品牌的品质形象等多方面的内容予以反映的，所以品牌资产在构成上是非常特殊的。

品牌资产的价值最终要通过品牌未来获利能力或获利性反映出来。这种获利性既取决于品牌的市场地位或品牌在消费者中的影响力、品牌投资强度、品牌利用方式与策略，又受到许多外部因素的影响，如市场容量、产品所处行业及其结构、市场竞争的激烈程度等，这些因素均可能影响品牌投资与利用的效果，并对品牌资产大小和增减变化产生冲击。所以，合理评估品牌资产价值并不是一件容易的事情。

（3）形成上的长期性与累积性。无论是品牌知名度的提高、品牌品质形象的改善，还是品牌忠诚度的增强，均不是一朝一夕完成的。如果从顾客关系的角度考察，品牌资产的发展更是一个不断演进的过程。品牌从无名到有名，从不为消费者所了解到逐步被消费者所熟悉并对其产生好感与偏好，期间无不伴随着企业的不断努力与长期投入。所以说，品牌资产是企业长期投入人、财、物的沉淀与结晶。

（4）投资与利用的交错性。有形资产的投资与利用往往是泾渭分明的。而品牌资产的投资与利用通常是相互交错在一起，无法截然分开。广告投资可以视为品牌投资，这种投资部分转化为品牌资产，部分促进产品的当前销售；当前销售的增加既和当前的广告投入有关，又和品牌资产的过去存量有关。广告促进产品当前销售的过程，同时又应视为对品牌资产利用的过程。品牌投资会增加品牌资产存量，品牌利用可能会减少品牌资产存量，但如果管理得当，品牌资产不但不会因利用而减少，反而有可能获得增加。

（5）品牌资产价值的波动性。品牌的资产价值并不是一成不变的，它会随着市场竞争格局的变化、消费者品牌兴趣的转移而波动。

三、品牌资产的评估

（一）品牌资产评估的意义

1. 品牌资产评估是品牌资产管理的基础

品牌资产管理的目的是为了更为有效地发展和利用品牌资产，使品牌资产在企业发展中发挥更大的作用。为达到此目的，企业需要将品牌资产管理纳入其整体营销活动中，综合考虑品牌资产的投资、利用与管理等活动，以及它们与企业其他活动的配合、协调和相互影响。

品牌资产的投资代表了一种长期利益，它的利用则更多地体现了企业短期利益的需要。每一个企业都需要在长期与短期之间作出权衡、取舍，这种取舍只有建立在数量化的基础上，才更符合企业的整体利益。

2. 品牌资产评估有助于更全面地反映企业的经营业绩

品牌资产既是过去经营成果的沉淀，又联系着未来，它的价值在于能够为企业创造未来收益。品牌资产评估是把品牌资产的价值增减纳入会计核算，能更加全面、真实地反映企业的经营业绩。

（二）品牌资产的评估方法

品牌资产评估有两大类方法：第一类是使用客观财务数据的会计方法，其结果体现品牌的交易价值；第二类是基于消费者调查的市场基础评价法，其结果体现品牌的内在价值。

1. 会计方法

（1）历史成本法。历史成本法是依据品牌资产的购置或开发的全部原始价值估价。最直接的做法是计算对该品牌的投资，包括设计、创意、广告、促销、研究、开发、分销等。历史成本的方法存在的最大的问题是：它无法反映现在的价值，因为它未曾将过去的投资质量和成效考虑进去。

（2）重置成本法。它是从重新建立某一特定品牌影响所需费用来估算该成名品牌资产量大小。

（3）股票价格法。该方法以公司的股票价格为基础，将有形资产与无形资产分离，然后在此基础上再将品牌资产从公司的无形资产总值中分解出来。

（4）未来收益法。即根据品牌的未来获利能力评价品牌价值大小。测算品牌未来获利能力时，一般以产品或品牌现在或过去一段时间的利润分析作为起点，即根据品牌过去的获利能力和未来几年内市场的可能变化，对产品未来销售与利润作出预测。在此基础上得出的预测利润是品牌资产与企业有形资产共同作用的结果。有形资产所创造的利润可以根据有形资产总量和平均商业贷款利率推算。用前述预测利润减有形资产所创利润，余下部分为品牌资产所创造的利润，该利润除以行业平均利润率，则可获得品牌资产总值。

2. 市场基础评价法

（1）溢价法。这是通过观察消费者由于使用某一品牌而愿意额外支付多少货币来确定品牌价值大小的一种资产评估方法。用溢价法评定品牌价值，首先要确定品牌的溢出价格，即比较不使用品牌或比较使用竞争品牌的情况，得出消费者为选择该品牌愿意支付的额外货币。

（2）消费者偏好法。消费者偏好法是通过市场调查，了解在使用某一特定品牌与不使用品牌的情况下，消费者对产品态度或购买意向是否存在差别，然后将这种差别与产品的市场额联系起来以评估品牌价值的方法。采用这种方法可以确定某一年度或某一时期由品牌所创造的利润，再用该利润除以该时期行业平均投资利润率，即可获得品牌资产总价值。

第三节　品牌经营的策略选择

一、品牌经营的目标

（一）建立品牌知名度

建立或提高品牌知名度的基本要点是建立品牌认知和加强品牌记忆。品牌认知是指消费者通过各种渠道获取有关品牌的各种信息，从而对品牌有一定的了解，或称消费者识别某种品牌的能力。品牌记忆是指消费者在不需要任何提示的情况下能够想起来某种品牌的能力，即能正确区别先前所见或听到的品牌。促使消费者主动去识别品牌和记住品牌的关键在于品牌的有效传播，营销传播的方式多种多样，包括广告、公关等，企业应根据具体情况加以选择。

其中，进行有效的广告传播是一般要采用的手段。广告在品牌传播中起着极为重要的作用。进行品牌知名度的广告传播应做到以下几点：（1）标新立异的广告创意。（2）采用口号。广告口号的特点是加强消费者对广告的记忆。（3）恰到好处的标识。广告标识是一个以视觉为中心的品牌识别系统，通过符号、图案等展示的标识更容易使消费者识别和记忆。（4）持续重复。建立记忆的基本技术是重复。

在进行广告传播的同时，更要注重消费者的口传效应，在品牌知名度的扩大和保持中，消费者的口传效应起着巨大的作用。

（二）建立品质认知

消费者对品牌的品质认知是建立在产品客观品质基础上的主观认识。

（1）高品质的产品和服务。保证产品的高品质是消费者建立品牌认知的客观基础。

（2）展示品质认知。产品的内在品质必须通过外在的展示才能得到消费者的认可。消费者对品质的判断往往借助于产品或服务本身传出的信号特征。

（3）利用价格暗示。在营销活动中，价格是产品品质的一种重要暗示。

（三）建立品牌联想

促使消费者产生品牌联想的因素很多，品牌的名称、产品的性能、包装、价格、销售渠道、广告、促销、产品的服务、企业形象等都能使消费者产生相应的品牌联想。

（1）选择联想的关键因素。虽然与品牌相关的因素都可产生品牌联想，但企业却无法面面俱到，这时营销经理应选择影响消费者购买的关键因素，建立起消费者对这些关键因素的美好联想。

（2）选择品牌联想的传播方式。

（3）选择品牌联想的传播工具。包装、广告、促销、公共关系等是品牌联想传播的核心工具。

（四）建立品牌忠诚

提高顾客品牌忠诚的方法，就是设法加强他们与品牌之间的关系，高知名度、受肯定的品质、强有力的品牌设计及丰富的品牌联想都能协助达到这个目标。

（1）建立常客奖励计划。对经常购买本企业品牌的顾客给予相应的让利，是留住忠诚顾客最直接而有效的办法，它能使消费者感觉到自己的忠诚得到了企业的认可和回报。

（2）建立会员制度。采用会员制的促销方法，能不断加强品牌与忠诚顾客的关系。

（3）数据库营销。建立顾客资料库，将辅助营销计划的更好实施。企业可通过顾客资料的信息，不断保持与顾客的沟通。

二、品牌决策

品牌决策过程如图 11-2 所示。

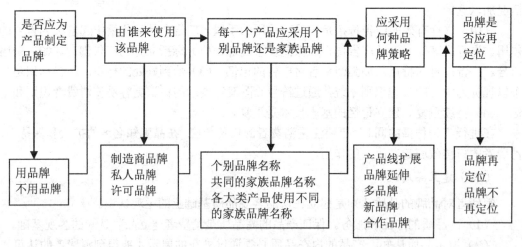

图 11-2　品牌决策

（一）品牌化决策

企业决定是否给产品起名字、设计标志的活动是企业的品牌化决策。使用品牌对企业有如下好处：有利于订单处理和对产品的跟踪；保护产品的某些独特特征不被竞争者模仿；为吸引忠诚顾客提供了机会；有助于市场细分；有助于树立产品和企业形象。

一般来说，对于那些在加工过程中没有形成一定特色的产品，由于产品同质性很高，消费者在购买时不会过多地注意品牌。对于那些消费者只看重产品的式样和价格而忽视品牌的产品，品牌化的意义也就很小。如果企业一旦决定建立新的品牌，那不仅仅只是设计一个图案或取一个名称，而必须通过各种手段来使消费者达到品牌识别的层次，否则这个品牌的存在也是没有意义的。

（二）品牌使用者决策

企业决定使用本企业（制造商）的品牌，还是使用经销商的品牌，或两种品牌同时兼用，叫做品牌使用者决策。

一般情况下，品牌是制造商的产品标记，制造商决定产品的设计、质量、特色等。享有盛誉的制造商还将其商标租借给其他中小制造商，收取一定的特许使用费。

在现代市场经济条件下，制造商品牌和经销商品牌之间经常展开激烈的竞争，也就是所谓品牌战。一般来说，制造商品牌和经销商品牌之间的竞争，本质上是制造商与经销商之间实力的较量。在制造商具有良好的市场声誉、拥有较大市场份额的条件下，应多使用制造商品牌，无力经营自己品牌的经销商只能接受制造商品牌。相反，当经销商品牌在某一市场领域中拥有良好的品牌信誉及庞大的、完善的销售体系时，利用经销商品牌也是有利的。因此进行品牌使用者决策时，要结合具体情况，充分考虑制造商与经销商的实力对比，以求客观地作出决策。

（三）品牌名称决策

企业决定所有的产品使用一个或几个品牌，还是不同产品分别使用不同的品牌，这就是品牌名称决策。大致有以下三种决策模式。

（1）个别品牌名称。即企业决定每个产品使用不同的品牌。采用个别品牌名称，为每个产品寻求不同的市场定位，有利于增加销售额和对抗竞争对手，还可以分散风险，使企业的整个声誉不致因某种产品表现不佳而受到影响。

（2）对所有产品使用共同的家族品牌名称。即企业的所有产品都使用同一种品牌。对于那些享有高声誉的著名企业，全部产品都采用统一品牌名称策略可以充分利用其名牌效应，使企业所有产品畅销。同时企业宣传介绍新产品的费用开支也相对较低，有利于新产品进入市场。

（3）各大类产品使用不同的家族品牌名称。企业使用这种策略，一般是为了区分不同大类的产品，一个产品大类下的产品再使用共同的家族品牌，以便在不同大类产品间进行区分。

（四）品牌策略决策

1. 产品线扩展策略

即企业现有的产品线使用同一品牌，当增加该产品线的产品时，仍使用原有的品牌。这种新产品往往是对现有产品的局部改进，如增加新的功能、包装、式样和风格等。

企业进行产品线延伸的动机是多方面的。如可以充分利用过剩的生产能力；满足新的消费者的需要；率先成为产品线完全的公司以填补市场的空隙；与竞争者推出相关的产品竞争或为了更多的货架位置。实行产品线延伸是企业较为普遍的做法，随着市场环境和消费者需求的变化，企业有必要不断调整产品的结构，推陈出新，以保持一种动态的适应。

产品线扩展的利益有：扩展产品的存活率高于新产品，而通常新产品失败率居高不下；满足不同细分市场的需求；完整的产品线可以防御竞争者的冲击。产品线扩展可能的不利有：可能使品牌名称丧失它特定的意义，随着产品线的不断加长，由于淡化品牌原有的个性和形象，从而增加消费者认识和选择的难度；有时因为原来的品牌过于强大，致使产品线扩展造成混乱，加上销售数量不足，难以冲抵它们的开发和促销成本；如果消费者未能在心目中区别出各种产品时，会造成一种产品线中新老产品自相残杀的局面。这些不利的结果是品牌开发过度造成的。

2. 多品牌策略

在相同产品类别中引进多个品牌的策略称为多品牌策略。一个企业建立产品组合，实施多品牌策略，往往也是基于分散风险的考虑，并且这种品牌组合的各个品牌形象相互之间是既有差别又有联系的。

多个品牌使企业有机会最大限度地覆盖市场，多品牌提供了一种灵活性，有助于限制竞争者的扩展机会，使得竞争者感到在每一个细分市场的现有品牌都是进入的障碍。

多品牌策略虽然有着很多优越性，但同时也存在诸多局限性。随着新品牌的引入，其净市场贡献率将成一种边际递减的趋势。随着企业在同一产品市场上品牌的增多，名品牌之间不可避免地会侵蚀对方的市场。在市场规模难以骤然扩张时，很难想象新品牌所吸引的消费者全部都是竞争对手的顾客，或是从未使用过该产品的人，特别是当产品差异化较小，或是同一产品线上不同品牌定位差别显著时，这种品牌间相互蚕食的现象尤为显著。

品牌推广成本较大，企业实施多品牌策略，就意味着不能将有限的资源分配给获利能力强的少数品牌，各个品牌需要一个长期、巨额的宣传预算，对有些企业来说，这是可望而不可即的。

3. 新品牌策略

为新产品设计新品牌的策略称为新品牌策略。

4. 合作品牌策略

合作品牌（也称为双重品牌）是两个或多重的品牌在一个产品上联合使用。每个品牌都期望另一个品牌能强化整体的形象或购买意愿。合作品牌的形式有两种：一种是中间产品合作品牌；另一种是合资合作品牌，往往是以技术联盟的形式。

（五）品牌再定位决策

也许一种品牌在市场上最初的定位是适宜的、成功的，但是到后来企业可能不得不对之重新定位。原因是多方面的，如竞争者可能继企业品牌之后推出他的品牌，并削减企业的市场份额；顾客偏好也会转移，使对企业品牌的需求减少；或者公司决定进入新的细分市场。

在作出品牌再定位的决策时，首先，应考虑将品牌转移到另一个细分市场所需要的成本，包括产品品质改变费、包装费和广告费。一般来说，再定位的跨度越大，所需成本就越高。其次，要考虑品牌定位于新位置后可能产生的收益。

三、品牌经营管理的核心思想

没有消费者，就没有品牌，品牌的价值体现在品牌与消费者的关系之中。品牌之所以能够存在，是因为它可以为消费者创造价值、带来利益。企业创建品牌，必须重视消费者，强化二者之间的关系。成功的品牌总是牢牢地把握住消费者，引导他们由对品牌完全缺乏认知到开始购买，再促使他们攀上忠诚的阶梯，并对品牌完全支持。建立并强化品牌与消费者的关系，培养忠诚顾客，已成为提高品牌价值的关键所在。强化品牌与消费者的关系可以从理念、策略、实践三方面入手。

（一）从理念上强化品牌与消费者的关系

品牌与消费者的关系是一个从无到有、从疏远到亲密的过程。随着时间的推移，消费者经历对品牌毫无印象—开始注意—产生兴趣—唤起欲望—采取行动—重复购买六个依次推进的阶段，最后成为品牌的忠诚顾客。但是，对某一特定品牌而言，并非所有的消费者都会走完全部过程而攀上忠诚的阶梯。使顾客持续购买的关键在于使品牌感转化为高度满意，这种满意度使消费者对品牌产生感情，从而密切二者的关系。

因此，从理念上强化品牌与消费者的关系，就是要树立"顾客满意"的观念，重视真正的顾客价值。一些企业在创名牌的活动中往往忽视了这一点，他们进行大投入、大产出、大宣传，不断地掀起"广告大战""品牌大战"，却没有真正追求消费者的满意。参战企业容易在无休止的争斗中迷失方向，忘记品牌的根本立足点。

顾客满意包括两个方面的含义：一是全方位的满意，即消费者在与品牌接触的每个层面感到完全的满意，企业要使"顾客满意"的观念深入到每个员工的心里，融入企业的日常活动之中；二是全过程的满意，即企业必须从顾客第一次接触品牌到为他们提供生活过程的服务。

（二）从策略上强化品牌与消费者的关系

在一个市场动荡、消费需求多变的营销环境中，品牌与消费者关系的维系变得越来越困难，那种企图单靠广告的"狂轰滥炸"来获得消费者的短期行为已显然行不通。企业必须以长远的眼光来看待品牌与消费者的关系,使二者充分沟通。下面的两个策略尤为重要。

(1)信息为导向的个别化营销。现代消费者的生活正向着个性化和多样化发展。一方面,人们带着强烈的自我意识,在日常生活的各个领域中生活着。人们试图通过自我显示来向他人展示自己在某一方面的魅力,希望通过品牌消费表现自己独特的个性和品味。另一方面,消费者行为也向着多样化发展,生活成为一个剧场,人们存在着一种想要借助于"演出"体验另一种生活的愿望。

强化品牌与消费者的关系,必须了解消费者的需求及其变化,在建立顾客数据的基础上,进行个性化营销。企业应视顾客资料为公司的重要资产,试着向任何接触于顾客的人搜集有关顾客的各种资料。最后,运用这些详细资料,瞄准特定的顾客群,使个别消费者完全而持续地满意。

(2)以数据库为基础的个别化营销,能够为品牌带来其他方式所不能提供的利益。正如管理大师彼得·德鲁克在回答什么是他心目中最完美的广告时所说:"那种会使消费者说,这个广告是针对我而且只为我而制作了的。"如果消费者认为一个品牌是针对自己而且只为自己而做的,他与品牌的关系便牢不可破。

(三)从实践上强化品牌与消费者的关系

要强化品牌与消费者的关系,企业应当在以消费者为中心,使顾客满意的经营哲学指导下,将个性化营销与整合沟通策略应用于实践。在实际工作中,应当特别注意以下几点。

(1)保持对消费者的追踪,随时发现品牌与消费者关系出现的问题,以便及时予以解决。这包括消费者对品牌的认知、态度及使用状况。

(2)建立顾客的信息反馈系统,不断了解消费者需求偏好的变化以及对品牌的意见,以便为消费者提供个性化的服务。

互联网的发展为品牌与消费者沟通提供了更为便利的沟通方式。互联网不仅可以展示商品,发布企业信息,还可以连接资料库,提供有关的信息查询,与顾客进行一对一的沟通。

(3)执行策略的长期性。品牌与消费者的关系是长期累积的结果,并非一日之功。使消费者对品牌形成深刻印象,必须经过长期一致的营销活动。要赢得消费者对品牌的信任和满意,必须作长期的努力。

第四节 品牌管理方法与技术

一、品牌定位

品牌定位是指建立一个与目标市场有关的品牌形象的过程与结果。品牌定位决定品牌特性和品牌发展动力。品牌定位的意义有四点:帮助消费者进行品牌识别;明确目标消费者;积极传播品牌形象;创造品牌的差异化优势。

品牌定位的核心是选择目标市场和具体定位。品牌定位的最终目的是获取差异性竞争优势，在消费者心中树立起独一无二的品牌形象。为实现这一目的，品牌的具体定位要经历三个阶段：明确潜在的竞争优势；选择某些竞争优势；有效地向市场传达品牌的定位。一个企业可通过集中若干竞争优势将自己品牌与竞争者的品牌区分开来，同时要采取具体步骤建立自己品牌的竞争优势，并进行广告宣传。

品牌定位要求实际行动，而不是空谈。品牌定位是通过积极的传播而形成的。企业可以选择不同的定位策略，明确定位，结合品牌的包装、销售渠道、促销、公关等向市场传达定位概念。具体定位的策略包括以下几种。

（1）属性定位策略。即根据产品的某项特色来定位。

（2）利益定位策略。即根据产品带给消费者的某项特殊利益定位。

（3）使用定位策略。即根据产品的某项使用功能定位。

（4）使用者定位策略。即是把产品和特定用户群连起来的定位策略。

（5）质量价格组合定位。即按照产品的质量差别确定相应的不同的产品价格。

（6）生活方式定位。这是将品牌人格化，把品牌当作一个人，赋予其与目标消费群十分相似的个性。

二、品牌命名

一个好的品牌名称是品牌被消费者认知、接受、满意乃至忠诚的前提，品牌的名称在很大程度上影响品牌联想，并对产品的销售产生直接的影响。品牌名称作为品牌的核心要素甚至会直接导致一个品牌的兴衰。因此企业在一开始就要确定一个有利于传达品牌定位方向，且利于传播的名称。

1. 品牌命名的原则

（1）易读、易记原则。要想使品牌被消费者记住，首要的一点是：品牌名称应让消费者易读、易记。品牌名称只有易读、易记，才能高效地发挥它的识别功能和传播功能。这就要求营销经理在为品牌取名时做到以下几点：① 简洁。名字单纯、简洁明快，易于传播。② 独特。名称应具备独特的个性，避免与其他品牌名称混淆。③ 新颖。这是指名称要有新鲜感，赶时代潮流，创造新概念。④ 响亮。这是指品牌名称要易于上口，难发音或音韵不好的字，都不宜作名称。

（2）暗示产品属性原则。品牌名称还可以暗示产品某种性能和用途。

（3）启发品牌联想原则。正如人的名字普遍带有某种寓意一样，品牌名称也应包含与产品或企业相关的寓意，让消费者能从中得到有关企业或产品愉快的联想，进而产生对品牌的认知或偏好。

（4）与标志物相配原则。品牌标志物是指品牌中无法用语言表达但可被识别的部分，当品牌名称与标志相得益彰、相映生辉时，品牌的整体效果会更加突出。

（5）适应市场环境原则。不同国家或地区消费者因民族文化、宗教信仰、风俗习惯、语言文字等的差异，使得消费者对同一品牌名称的认知和联想是截然不同的。在为产品命名时，要把眼光放远一点，给产品起一个走遍世界都叫得响的名字，这样才有利于品牌的传播。

（6）受法律保护原则。品牌名称受到法律保护是品牌被保护的根本，在为产品命名时应遵循相关的法律条款。

2．品牌命名的策略

（1）目标市场策略。该策略以目标消费者为焦点，根据目标消费者的特征进行命名，品牌名称要么暗示目标消费者的年龄、性别、身份、地位等特征，要么迎合目标消费者的心理、文化或品位特征。

（2）产品定位策略。该策略以产品特征为焦点，让品牌名称暗示产品的特征、利益、使用场合、档次（价格）和其所属类别。

（3）创始人或名人名字策略。该策略是以生产者为焦点，直接用创始人的名字命名，最早的品牌大多采用此策略。

（4）综合运用策略。该策略是指企业在为品牌命名时，将目标消费者特征、产品特征、企业形象等综合进行考虑。

（5）当地化与全球化的选择策略。经济全球化导致全球营销时代的来临。品牌命名必须考虑全球通用的策略。一个完善的品牌名称应当易于为世界上尽可能多的人发音、拼写、认知和记忆，在任何语言中都没有贬义，这样才有利于品牌名称在全球市场上的传播。

3．品牌标志设计

品牌标志是指品牌中可以被识别，但不能用语言表达的部分，也可以说它是品牌图形记号。品牌标志与品牌名称都是构成完整的品牌概念的基本要素。品牌标志自身能够创造品牌认知、品牌偏好，进而影响品牌体现的质量与顾客的品牌忠诚度。

品牌标志是一种"视觉语言"，它通过一定的图案、颜色来向消费者传输某种信息，以达到识别品牌、促进销售的目的。因此，在品牌标志设计中，除了最基本的平面设计和创意要求外，还必须考虑营销因素和消费者的认知、情感心理，这些方面构成了品牌标志设计的五大原则，如表11-1所示。

表11-1 品牌标志设计的五大原则

营销原则	创意原则	设计原则	认知原则	情感原则
1．体现产品特征和品质 2．准确传递产品信息 3．体现品牌价值和理念 4．成为企业的象征 5．体现企业实力	1．醒目直观 2．新颖独特 3．视觉冲击力强 4．具备法律上的显著性 5．适合各种媒体 6．趋向国际化	1．色彩搭配协调 2．线条搭配协调 3．布局合理 4．对比鲜明 5．平衡对称 6．清晰与简化 7．隐喻象征恰当	1．通俗易懂 2．吸引公众注意 3．印象深刻 4．容易记忆 5．符合文化背景与接受心理 6．与时代要求一致	1．现代气息 2．容易接受 3．感染力强 4．美的享受 5．丰富联想 6．令人喜爱

三、品牌延伸

品牌延伸是指一个现有的品牌名称使用到一个新类别的产品上，品牌延伸策略是将现有成功的品牌用于新产品或修正过的产品上的一种策略。这里必须指出，品牌延伸并非只借用表面上的品牌名称，而是对整个品牌资产的策略性使用，即把现有的品牌名称使用到相同类别的新产品上，以推出新口味、新色彩、新配方、新包装等的产品。

1. 品牌延伸的表现

品牌延伸的提出是市场经济发展的必然，它主要表现在以下几个方面。

（1）品牌成为市场竞争的焦点。品牌资源的独占性使得品牌成为厂商之间竞争力较量的一个重要筹码。使用新品牌或延伸旧品牌成了企业推出新产品时必须面对的品牌决策。

（2）产品寿命周期缩短使品牌延伸重要性增强。全球信息化时代的到来，使得技术寿命周期缩短，产品的开发、上市节奏加快。品牌延伸较好地缓解了这一矛盾。

（3）品牌延伸是实现品牌无形资产转移、发展的有效途径。品牌作为无形资产是企业的战略性资源，如何充分发挥企业的品牌资源潜能并延续其生命周期便成为企业的一项重大的战略决策。

（4）品牌延伸可以加快新产品的定位，保证新产品投资决策的快捷准确。

（5）品牌延伸有助于减少新产品的市场风险，降低新产品的市场导入费用。

（6）有助于强化品牌效应，增加品牌这一无形资产的经济价值。

（7）能够增强核心品牌的形象，提高整体品牌组合的投资效益。

如果品牌延伸策略运用不当，会造成以下几个方面的影响。

（1）损害原有品牌形象。当某一类产品在市场上取得领导地位后，这一品牌就成为强势品牌，如果延伸品牌产品在定位上或营销努力方面与原有强势品牌存在较大差距，则较低的定位弱势的营销努力会使消费者联想原有品牌产品也可跟延伸产品一样，这样就损害了原有品牌形象。

（2）有悖消费心理。一个品牌取得成功的过程，就是消费者对企业所塑造的这一品牌的特定功用、质量等特性产生的心理定位的过程。企业把强势品牌延伸到和在市场不相容或者毫不相干的产品上时，就有悖消费者的心理定位。

（3）株连效应。将强势品牌冠于别的产品上，如果不同产品在质量、档次上相差悬殊，这就对原强势品牌产品产生冲击，不仅损害了延伸品牌产品，还会株连原强势品牌。

（4）淡化品牌特性。当一个品牌在市场上取得成功后，在消费者心目中就有了特殊的形象定位，消费者的注意力也集中到该产品的功用、质量等特性上。如果企业用同一品牌推出功用、质量相差无几的同类产品，使消费者晕头转向，该品牌特性就会被淡化。

2. 品牌延伸的原则

（1）有共同的主要成分。核心品牌与延伸品牌在产品构成上应当有共同的成分，即有相关性,让消费者容易理解为何两种产品共同存在于同一品牌的识别之下,不至于牵强附会。延伸的主要目的是将新产品与名牌的良好印象连接起来,共同的成分也就强调了这一连接点,延伸就容易成功。若两者的共同成分太少了,延伸就失去效果,同时也将给核心产品的品牌带来负面影响。

(2)有相同的服务系统。品牌延伸就是能找到核心品牌产品与延伸产品联系的地方,联系部分越多就越容易成功。相同服务系统中的品牌的延伸容易让人接受,相差甚远的服务系统也靠这方面来牵连,就显得不伦不类。总的关键就是要找出在服务系统中消费者最赞赏的某一环节,而这一环节又是延伸产品服务系统中最重要的环节。

(3)技术上密切相关。核心品牌与延伸品牌的产品在技术上的相关度是影响延伸成败的重要因素,新产品与核心品牌产品技术相近,使人容易产生信任感,若相差悬殊,延伸就失效。

(4)相似的使用者。使用者在同一消费层面和背景下,品牌延伸也易于成功。

(5)回避已高度定位的品牌。若某品牌已成为这个产品的代名词,消费者对其已确立了固定的联想就不应冠之他物。某品牌高度定位后,在人们心目中以一个完整的形象存在,是容不得一点节外生枝的。

(6)质量档次相当。质量是名牌的生命,是其存在和发展的基础。

3.品牌延伸途径

(1)在产业上延伸。从产业相关性分析,可向上、向下或同时向上向下延伸。平行延伸一般应具有相同(或相近)的目标市场和销售渠道、相同的储运方式、相近的形象特征。这样一方面有利于新产品的营销,另一方面有利于品牌巩固形象。

(2)在档次上延伸。① 向上延伸,即在产品线上增加高档次产品生产线,使商品进入高档市场。② 向下延伸,即在产品线中增加较低档的产品。利用高档名牌产品的声誉,吸引购买力水平较低的顾客慕名购买这一品牌中的低档廉价产品。如果原品牌是知名度很高的名牌,这种延伸极易损害名牌的信誉,风险很大。③ 双向延伸,即原定于中档产品市场的企业掌握了市场优势以后,决定向产品线的上下两个方向延伸,一方面增加高档产品,另一方面增加低档产品,扩大市场阵容。

(3)其他相关延伸。也叫扩散法延伸。这对于刚成长起来的名牌非常有意义。这有两层含义:一是单一品牌可以扩散延伸到多种产品上去,成为品牌系列;二是一国一地的品牌可扩散到世界,成为国际品牌。

4.品牌延伸的程序

延伸品牌的过程是一个系统过程,主要包括三个步骤:确定品牌联想、识别相关产品、选择候选品牌名称。

(1)确定品牌联想。发展延伸品牌的第一步就是确定由核心品牌所产生的品牌联想。确定品牌联想的方法主要有两种:① 名称联系法。即选定一组消费者,向他们询问,当下列品牌被提到时,在他们的脑海中首先想到的是什么。② 使用印象法。即选定一组消费者,请他们使用某一品牌产品,随后询问该产品留给他们的印象,判断他们对品牌联系的力度。如果联想特别强,该联想就能为品牌延伸提供杠杆效用,品牌经营者就可将此作为品牌延伸的支撑点。

(2) 识别相关产品。在确定了核心品牌强有力的品牌联想之后,下一步就是识别哪些产品与这些品牌联想有密切的关系。

(3) 选择候选品牌名称。在确定了延伸产品之后,紧接着要为其选择相关的品牌名称。选择延伸品牌名称时,要从两点出发:① 延伸品牌名称要使消费者心理上感到可接受。如果核心品牌准备通过转移一种质量感受或消费者的一种强有力的品牌联想来帮助延伸,那么延伸品牌名称就比较容易使消费者感到愉快。② 延伸品牌时应当为延伸产品提供一些优势。这些优势主要来自于消费者对延伸品牌名称的感觉。

四、品牌更新

1. 品牌更新的意义

品牌更新是指随着企业经营环境的变化和消费者需求的变化,品牌的内涵和表现形式也要不断变化发展,以适应社会经济发展的需要。品牌更新是社会经济发展的必然,只要社会经济环境在发展变化,人们需求特征在趋向多样化,社会时尚在变,就不会存在一劳永逸的品牌,只有不断设计出符合时代需求的品牌,品牌才有生命力。品牌创新是品牌自我发展的必然要求,是克服品牌老化的唯一途径。由于内部和外部原因,企业品牌在市场竞争中的知名度、美誉度以及销量、市场占有率降低等品牌失落的现象称为品牌老化。现代社会,技术进步越来越快,一些行业内产品生命周期也越来越短,同时,社会消费意识、消费观念的变化频率也逐渐加快,这都会影响到产品的市场寿命。

2. 品牌更新策略

(1) 形象更新。形象更新,就是品牌不断创新形象,适应消费者心理的变化,从而在消费者心目中形成新的印象的过程。消费观念变化导致企业积极调整品牌战略,塑造新形象。如随着人们环保意识的增强,消费者已开始把无公害消费作为选择商品、选择不同品牌的标准,企业这时即可采用避实击虚的方法,重新塑造产品形象,避免涉及环保内容或采用迎头而上的策略,更新品牌形象为环保形象。同时,企业要开发新市场,就需要为新市场而塑造新形象。

(2) 定位的修正。从企业的角度看,不存在一劳永逸的品牌,从时代发展的角度看,要求品牌的内涵和形式不断变化。品牌从某种意义上就是从商业、经济和社会文化的角度对这种变化的认识和把握。所以,企业在建立品牌之后,会因竞争形势而修正自己的目标市场,有时也会因时代特征、社会文化的变化而引起修正定位。

(3) 产品更新换代。科学技术作为第一生产力和第一竞争要素,也是品牌竞争的实力基础。企业的品牌要想在竞争中处于不败之地，就必须保持技术创新，不断地进行产品的更新换代。

（4）管理创新。管理创新是企业生存与发展的灵魂，企业与品牌是紧密结合在一起的，企业的兴盛发展必将推动品牌的成长与成熟。品牌的维系从根本上说是企业管理的一项重要内容。管理创新是指从企业生存的核心内容来指导品牌的维系与培养，它含有多项内容，如与品牌有关的观念创新、技术创新、制度创新、管理过程创新等。特别是观念创新和制度创新，在这二者之中，观念创新是源泉，制度创新是保证。时代处于不断发展之中，新形势下企业生存环境会发生很多变化，而企业能否在新环境中生存下去，就在于自己能否适应新的环境。企业自身必须能处于不断创新的运动中，才能永葆品牌青春不老。

五、品牌保护

1. 品牌的法律保护

品牌作为企业的一项无形资产，需要持之以恒的呵护。在激烈的竞争中要使品牌产生的利益得到界定，就必须有规则和制度。品牌的法律保护是品牌保护的重要手段之一。品牌法律保护的主要内容是品牌的注册，即成为受法律保护的商标（详见第十章知识产权中的商标保护内容）。

2. 品牌的自我保护

（1）珍惜商标权。商标具有时间性，即商标权仅在法律规定的期限内有效，受到法律保护，如果超出有效期限，就不再受法律保护。

（2）谨防假冒。企业创出名牌后，还要防止各种假冒产品混淆视听，必须坚决制止各式各样的侵权行为。要定期查阅商标公告，及时提出异议，运用高科技防伪手段，提高自身防伪能力，注重向消费者宣传识别真伪的知识。

（3）严守机密。一般来说，企业保护自己商业机密的方法有三种：一是申请专利；二是严守商业秘密；三是谢绝技术性参观。

3. 品牌的经营保护

企业要始终树立以消费者满意为中心的经营理念，保持品牌的高品质，不断评估产品的品质，使产品品质符合顾客的实际需求；同时加强技术革新，保持品牌的竞争力；保持广告传播的连续性，广告是品牌的武器，不断将品牌信息传递给消费者才能保持品牌在消费者心目中的印象；维持标准定价，要消费者不计价格、无条件地忠实品牌是不可能的，一旦品牌的价格超过同类产品的平均范围，消费者就会敏感；避免恶性竞争，切忌恶性价格战。降价是一种促销手段，可以增加企业的销售额。但恶性价格战会破坏消费者已建立起的品牌忠诚，不利于维护良好的品牌形象；切忌相互攻击诋毁。品牌经营者在市场竞争中，不应该攻击竞争品牌，更不能对其进行诋毁，否则将招惹来凶猛的反击，有时还会引起法律纠纷，最终的结果是失去消费者的信任和好感。

本章小结

1．品牌是一种名称、术语、标记、符号或设计，或是它们的组合运用，其目的是借以辨认某个销售者，或某群销售者的产品或服务，并使之与竞争对手的产品和服务区别开来。品牌的特征包括：品牌具有一定的个性、品牌具有排他专有性、品牌是以消费者为中心的、品牌是企业竞争的一种重要工具。品牌对消费者、生产者和竞争者具有不同的意义。

2．品牌资产由一系列因素构成。品牌名称和品牌标识物是品牌资产载体，品牌知名度、品牌美誉度、品质认知、品牌联想、品牌忠诚度和附着在品牌上的其他资产是品牌资产的有机构成。消费者满意是品牌形成上的长期性与累积性资产的基础。品牌资产的特征包括无形性、构成与估价上的特殊性与复杂性、形成上的长期性与累积性、投资与利用的交错性、品牌资产价值的波动性。

3．品牌经营的目标包括建立品牌知名度、建立品质认知、建立品牌联想、建立品牌忠诚。品牌决策包括品牌化决策、品牌使用者决策、品牌名称决策、品牌策略决策和品牌再定位决策。品牌经营管理的核心思想为消费者创造价值、带来利益。

4．常见的品牌管理方法与技术包括品牌定位、品牌命名、品牌延伸、品牌更新和品牌保护。

思考题

1．品牌的含义与特征是什么？
2．品牌资产包括哪些要素？
3．品牌资产的实质和特征是什么？
4．品牌经营的目标是什么？
5．如何进行品牌保护？

案例分析

全球第二大广告传播集团 WPP 旗下的华通明略最新发布了《2012 年 Brand Z 全球最具价值品牌报告》。报告显示，奢侈品巨头路易威登以 259 亿美元的品牌价值连续第七年获得奢侈品门类第一名。排在第二位的是爱马仕，它的品牌价值是 192 亿美元。劳力士则居第三，它的品牌价值是 71.7 亿美元。

1854 年，路易·威登先生革命性地设计了第一个 Louis Vuitton 平顶皮衣箱，并于巴黎开了第一间 LV 店铺，创造了 LV 图案的第一代，从此后，大写字母组合 LV 的图案就一直是 LV 皮具的象征符号，至今历久不衰。但就像今天一样，LV 的设计很快便被抄袭，此后，平顶方型衣箱随之成为潮流。从早期的 LV 衣箱到如今每年巴黎 T 台上的不断变幻的 LV 时装秀，LV（路易威登）一直屹立于国际时尚行业顶端地位，其真正原因在于 LV 有着自己特殊的品牌 "DNA"。

首先，LV（路易威登）高度尊重和珍视自己的品牌。品牌不仅以其创人 LouisVuitton（路易·威登）的名字命名，也继承了他追求品质、精益求精的态度。从 LV（路易·威登）的第二代传人乔治·威登开始，LV 的后继者都不断地为品牌增加新的内涵。LV 第二代族人为品牌添加了国际视野和触觉。第三代卡斯顿·威登又为 LV 带来了热爱艺术、注重创意和创新的特色。至今，已有 6 代 LV（路易·威登）家族的后人为 LV 品牌工作过。同时，不仅是 LV 家族的后人，连每一位进入到 LV 家族的设计师和其他工作人员也都必须了解 LV（路易威登）的品牌历史，并在工作和品牌运作中将这种独特的 LV 文化发扬光大。

LV（路易威登）的另一个成功秘诀就是力求为尊贵的顾客营造一种"家庭"的感觉。你能想象 LV（路易威登）可以为客户提供永久的保养服务吗？LV（路易威登）品牌的产品可以由祖母传给妈妈，妈妈再传给女儿，可以代代相传，无论什么时候你把 LV 的产品拿来修理养护，LV 专卖店都是责无旁贷地尽心尽力予以帮助。让一家三代能持续地拥有一个品牌的产品，这对于一个品牌生命力的延续意义非常重大。

路易威登的防水、耐火传说，真实程度难以追究，但它不用皮革或其他普通皮料，而是采用一种油画用、名为 Canvas 的帆布物料，外加一层防水的 PVC（PVC 其实是一种乙烯基的聚合物质，其材料是一种非结晶性材料。PVC 材料在实际使用中经常加入稳定剂、润滑剂、辅助加工剂、色料、抗冲击剂及其他添加剂。具有不易燃性、高强度、耐气候变化性以及优良的几何稳定性）的确让它的皮包历久弥新，不易磨损。除了"耐用"之外，有一百五十年历史的路易威登，一开始就专攻皇室及贵族市场，也是令这个名牌屹立不倒的原因。

1888 年，路易威登以方形图案代替原有的米、棕色条纹，并且加上注册商标，不过仿冒品依旧充斥于世；因此在 1896 年又以路易威登字母、四瓣花形、正负钻石设计出新的图案，这就是闻名的 Monogram 由来。Monogram 这个图案，其实深受 19 世纪时所流行的东方艺术，以及兼有装饰和实用效果的 Nabis 画派所影响。四瓣花形和正负钻石皆是两者的精髓融合。这个经典花纹沿用百余年，几乎是所有路易威登爱好者的第一件入门货品花纹系列。

路易威登 MH 集团（Louis Vuitton 与 Moet Hennesy 合并而成）在制作一个路易威登皮夹，就必须要经过 1000 道手续；其公事包在设计之初，都会在实验室进行连续两周不断开关都不会变形的考验测试，严格的品质考验，为的就是让消费者买得放心。几乎用过路易威登皮件的消费者都知道，路易威登皮件用个十几年，都还是可以完好如初，而皮色也会因为长期与肌肤的碰触，久而久之，变成自然且典雅的颜色。甚至有传闻，"泰坦尼克号"（Titanic）沉没海底数年后，一件从海底打捞上岸的路易威登硬型皮箱，竟然没有渗进半滴海水；还有传言，某人家中失火，衣物大多付之一炬，唯独一只 Monogram Glace 包包，外表被烟火熏黑变形了，内里物品却完整无缺。虽然这些传闻都有点夸张、不可思议，但也证明世人对路易威登品质的信任，有着不可动摇的地位。

案例来源：http://www.usashopcn.com/News/Details/73622

问题：
1. 路易威登品牌营销成功的因素有哪些？国内企业的品牌管理与其有相似之处吗？
2. 搜集三个品牌价值超过 50 亿美元的企业品牌故事，比较分析他们的共性和各自的特色。

第十二章 客户关系管理

 学习目标

学习本章后,你应该能够:
1. 了解客户关系管理的核心问题;客户关系管理对于企业营销变革的意义;客户关系管理运营系统的构成;客户关系管理的技术支持与应用;客户关系管理实施包括哪些主要活动内容。
2. 理解客户关系以及客户关系价值的基本含义;客户关系管理给企业带来哪些变革;CRM基本技术类型。
3. 掌握客户关系管理的概念与内涵;客户关系管理的功能;客户关系管理活动的基本内容;CRM解决方案有哪些核心功能模块。

当今世界,全球经济一体化、市场竞争的加剧和信息技术的发展,使得企业不得不改变原有的管理运行机制,竞相采用新的手段来保持或赢得竞争优势。企业要想在瞬息万变的市场中立于不败之地,必须依托现代化的管理思想和管理手段。客户关系管理(Customer Relationship Management,CRM)就是在近年迅速兴起并为众多企业所认同和使用的一种现代企业管理方法。它使企业的管理活动实现了从"以产品为中心"向"以客户为中心"转变,更加突出强调长期的合作关系而不是短期的交易行为。

第一节 客户关系管理的核心思想

一、客户关系的理解

要理解客户关系内涵应该首先把握关系的本质。大多数人都认为关系的基础是信任,当然,在积极且双方都"满意"的关系中,信任非常关键。但是关系的本质并不一定基于双方共同获益,有时考虑得简单化一些,可以认为关系的本质只是过去交互的简单记忆。例如,当企业与客户完成了某次独立的、双向的交互,客户一般是基于过去的交互完成相关交易的。那么企业应该如何定义关系质量呢?当然这个问题不是很容易回答,但它非常重要。

当企业与客户产生关系时,如果客户每次与企业产生关系时都感觉是重新开始,那么他将会感到非常失望。如果这样,客户感觉与企业之间似乎从没有什么关系,或者根本就没有什么关系,因此往往感觉与这种企业产生关系是浪费时间,最终将不会与该企业产生关系。最后的结果是,该客户会将其不好的体验广而告之,让更多的人知道。

对于企业来说，道理也是一样。无论是销售给合作伙伴还是进行直销，客户会把销售代表作为公司的代表，虽然是同销售代表产生关系，但客户往往会认为是同整个企业产生关系。

这说明了客户关系管理一个十分重要的特征，即构建一致的客户体验。企业与客户的关系应该被看作是正在进行的永远没有结束的谈话。无论客户是与企业中的相关员工产生关系，例如客户服务代表、销售人员，还是通过电话销售、直接营销信件或企业网站与企业产生关系，客户都希望能享受到一致的体验。企业如果无法做到这一点，将使自己在竞争中很被动。

因此，企业应该构建统一的基础结构，与客户交互的历史记录应该被储存起来，成为共同的数据源。数据应该涉及客户销售、支持、营销、后端办公等，这样企业员工可共享客户的相关信息，从而对客户运用合适的解决方案。无论客户是使用无线、Web、远程，还是在办公室中，都应该能及时获取相应信息。

（一）客户生命周期

客户的生命周期就是客户与企业维持关系的整个过程，从客户成为企业的潜在客户开始，客户的生命周期就开始了，客户服务的目的就是要使这个生命周期不断延续下去，让这个客户成为忠实的客户。

客户生命周期呈现以下特点。

1. 潜在客户

最初，当一个客户在询问企业的业务时，他就表现出对该业务的兴趣，在以询问为特征的前提下，他就成为了该企业业务的潜在客户。在这个阶段，客户最需要的就是建立对企业业务或产品的信心，他对业务或产品的信任程度或认可度，决定了他升级的可能——可能由此上升为新客户，也可能就此丧失信心，从而让企业失去这个客户。

2. 新客户

当这个客户对企业业务有所了解，或者在别人的推荐和介绍之下，使用或者购买某一企业的某个产品或是服务时，他就由潜在客户上升为新客户。在这个阶段，客户还是处于初级，需要逐步培养对该企业业务和产品的信心和信任感，同时，也为他继续使用该企业业务奠定基础。对新客户的呵护和培养，是让新用户继续消费产品从而延续客户生命周期的前提。

3. 老客户

在这个阶段，用户对企业培养起了基本的信任感，使用该企业的业务也持续了一段时间，从而成为该企业业务的老用户。这时候，用户的满意度、忠诚度和信用度是企业关心的焦点，这意味着能否将此老用户发展成为忠诚客户，能否让他在有或者还没有使用新业务的需求之下，对新的业务感兴趣，从而扩展客户的盈利性。

4. 新业务的新客户

这里所指的新业务的新客户，是由原来的老用户发展而来的，即原有的老客户由于建立起对该企业业务的信任感,进而进一步使用了该企业的新业务,这时的使用是建立在一种相互信任之上的,不同于一个纯粹新客户对新业务的接受。在这种情况下,客户的生命周期就进入了循环阶段,客户的潜力也被发挥得淋漓尽致,延长了客户的使用周期,从而保持了客户,节约了成本。

客户与企业互动的时候,会先经历几个明确的阶段,然后才真正对企业有价值。而每个企业的目标必须是将客户快速地推往下阶段,一直到最后的阶段为止。

从客户关系管理的各个阶段出发,可以看到客户生命周期发展历程:客户使用该企业所提供的产品和服务,并且替该企业创造出营业收入;接着,企业花钱去取得与保有客户。从客户关系里这两种价值的差异可以导引出"客户终生价值"的概念。

客户终生价值是多年以上的时间段衡量出来的结果,因此需要大量的历史资料。企业必须使用这个价值的一部分来取得一个客户,在计算终生价值之后,企业愿意投资其中的40%取得一个新的客户。不同种类的客户有不同的价值,这种价值不同于销售的价值,或是仅有一次交易的利润。

衡量客户价值的基本方程式为

客户终生价值=(企业收益-客户取得成本-客户保有成本)÷客户数

这些参数的意义如下。

(1)客户取得成本。客户取得成本等于"一家公司花在广告与其他营销促销上的总成本"除以"通过这样的花费所取得的新客户人数"。

(2)客户保有成本。一旦客户做了第一次的购买,企业就必须花钱来保有这个客户。

(3)企业收益。企业从与客户交易中所得到的利益可能是有形或是无形的。有形的利益是由将产品与服务销售给客户所产生的,也就是实际销售的货币价值。无形的利益包括在实际交易之外与客户互动所带来的好处,其中,像客户针对产品与服务所提出的响应(企业可以运用这些响应来改善其产品与服务)或客户将产品与服务推荐给亲朋好友等好处更是难以直接量化衡量的。

(二)客户关系的层次及其选择

1. 客户关系的四个维度

客户关系是建立在以契约、互惠、感同、信任为基础的四要素上,基于这四个维度,客户关系管理才能称为真正全面的关系营销。

(1)强有力的契约关系是维持与发展双方关系的纽带,双方都要有既得利益与支持。

(2)企业要有调整另一方需求的能力,建立理解与情感。

(3)关系双方要有为对方着想的感同认知。

(4)双方要对对方保持足够的信任。

2. 客户关系层次

企业与客户的关系可以分为以下五种不同的层次。

(1)基本关系。这种关系是指企业销售人员在产品销售后不再与客户接触。

(2) 被动关系。企业的销售人员在销售产品的同时，还鼓励消费者在购买产品后，如果发现产品有问题应及时向企业反映。

(3) 负责式关系。企业的销售人员在产品售后不久，就应通过各种方式了解产品是否能达到消费者的预期，并且收集顾客有关改进产品的建议，以及对产品的特殊要求，并把得到的信息及时反馈给企业，以便不断地改进产品。

(4) 主动式关系。企业的销售人员经常与客户沟通，不时地打电话与消费者联系，向他们提出改进产品使用的建议，或者提出有关新产品的信息，促进新产品的销售。

(5) 伙伴式关系。企业与客户持续的合作，使客户能更有效地使用其资金或帮助客户更好地使用产品，并按客户的要求设计新的产品。

3. 关系层次的选择

企业因产品和市场等不同，可以分别与客户建立不同水平的营销关系。如对一些技术含量较高的产品，企业应能与客户保持负责式以上的关系。在网络时代，一个不负责任的企业很快会名声扫地，由于信息传播的广泛性和迅速性，企业营销的任何瑕疵都有可能给企业带来灾难性的打击。高技术产品在其市场投放初期，由于技术上的不确定性，面临着客户反馈信息、不断改进产品性能的任务，因而建立与客户密切的联系，倾听客户的心声，加强双方的交流便显得尤为重要。另外，高技术产品的复杂性往往需要企业提供更多更好的售后服务，这也要求企业在产品售出后与客户保持接触。

（三）客户关系价值的衡量

客户关系的价值可以用公式表示为

$$V=(PB+RB)/(PS+RS)$$

其中，PB 是指可见利益，为商品效用、售后服务、提供保险、质量保证及技术支持等；RB 表示顾客的关系利益，包括企业和产品给顾客带来的诸如安全、信用、可靠等方面的利益；PS 是指顾客的可见费用，包括购买价格、咨询费、运输费、安装费、修理费及维护费等；RS 表示关系费用，如延迟交货造成的成本增加的损失、办理发票、提货耽搁造成时间的损失（时间费用），担忧商家信用是否可靠、能否履行承诺、质量是否有保证引起的心理上的损失（心理费用）。

基于此种思想，拓展的营销组合模式就提了出来，即在传统的 4P 营销基础上加入了人员、程序和客户服务三个要素。这三个要素增加的意义就在于能给顾客增加不可见的关系价值（RB），减少不可见的关系成本（RS）。之所以将客户服务作为单独的一个要素置于营销组合的重要位置，就在于所有的营销手段都围绕着客户服务战略运行。现在的客户比以前任何时候的客户都更挑剔，而且企业也希望能在客户服务上独树一帜，赢得别具一格的竞争优势。将员工纳入营销组合中作为一个要素予以考虑，其根本一点就在于认识到了员工既影响营销工作本身，又影响公司与客户的接触交往，并且在这两个方面发挥着不同的作用。根据与顾客的关系接触亲疏，员工可分为四类：与客户直接接触者、间接干涉者、施加影响者和隔离无关者。虽然这四类员工与客户的关系亲疏不同，但他们同样在向顾客传递价值时起到关键作用。

程序在营销组合中也发挥着独有的作用，所有的工作都是一个程序，程序管理涉及活动步骤、任务安排、运行机制、行动事项及活动规划等。正是通过一系列的程序，产品和服务才到达客户的手中。程序管理还涉及客户对企业营销活动的参与和员工对制度规定的相机变通处理等方面的政策。

根据销售潜力进行细分依据的是客户的购买历史。实践表明，在市场细分中通过利用客户购买历史的数据库，掌握客户购买历史，就能够预测出未来趋势，从而自然地把每位客户看成是公司的"资产"。客户购买历史对制订促销计划也非常重要。

客户关系像其他资产一样也会贬值，像其他资产会随时间而流失一样，客户流失也是正常现象。影响客户维系、客户流失的因素包括：客户对现有服务感到厌倦，对服务不满意，或在别处找到更低价格的产品。如果企业掌握了客户的购买历史，就可以对客户流失作出预测。

二、客户关系管理的内涵

关于客户关系管理（CRM）的定义，有以下几种常见的不同的表述。

第一种表述：为企业提供全方位的管理视角，赋予企业更完善的客户交流能力，最大化客户的收益率。

第二种表述：CRM 的焦点是自动化并改善与销售、客户服务和支持等领域的客户关系有关的商业流程。CRM 既是一套原则制度，也是一套软件和技术。它的目标是缩减销售周期和销售成本、增加收入、寻找扩展业务所需的新的市场和渠道，以及提高客户的价值、满意度、盈利性和忠实度。CRM 应用软件将最佳的实践具体化，并使用了先进的技术来协助各企业实现这些目标。CRM 在整个客户生命期中都以客户为中心，这意味着 CRM 应用软件将客户当作企业运作的核心。CRM 应用软件简化协调了各类业务功能（如销售、市场营销、服务和支持）的过程，并将其注意力集中于满足客户的需要上。CRM 应用还将多种与客户交流的渠道，如面对面、电话接洽以及 Web 访问协调为一体，这样，企业就可以按客户的喜好使用适当的渠道与之进行交流。

IBM 所理解的客户关系管理包括企业识别、挑选、获取、发展和保持客户的整个商业过程。IBM 把客户关系管理分为三类：关系管理、流程管理和接触管理。

概括来说，客户关系管理（CRM）是指企业通过管理客户信息资源，提供客户满意的产品和服务，与客户建立起长期、稳定、相互信任、互惠互利的密切关系的动态过程和营销策略。CRM 作为一种新的经营管理哲学，可以从不同角度、不同层次对其内涵深入理解。

（一）客户关系管理是一种营销管理理念

CRM 的核心思想是将企业的客户（包括最终客户、分销商和合作伙伴）作为最重要的企业资源,通过完善的客户服务和深入的客户分析来满足客户的需求,保证实现客户的终生价值。

信息时代是一个变革和创新的时代,比竞争对手领先一步,就可能意味着成功。因此仅凭传统的管理思想已经不够了。互联网带来的不仅是一种手段,它触发了企业组织结构、工作流程的重组以及整个社会管理思想的变革。客户关系管理首先是对传统营销管理理念的一种更新,在引入客户关系管理的理念和技术时,不可避免地要对企业原来的管理方式进行改变,创新的思想将有利于企业员工接受变革。

(二)客户关系管理又是一种旨在改善企业与客户之间关系的新型营销管理机制

CRM 实施于企业的销售、物流、服务、信息分析与技术支持等与客户相关的活动领域。一方面,通过向企业的销售人员、市场和客户服务的专业人员提供全面、个性化的客户资料,并强化其跟踪服务、信息分析的能力,使他们能够协同建立和维护一系列与客户和生意伙伴之间卓有成效的"一对一关系",从而使企业得以提供更快捷和周到的优质服务,提高客户满意度,吸引和保持更多的客户;另一方面,则通过信息共享和优化业务流程来有效地降低企业经营成本。

(三)客户关系管理也是一种营销管理技术

CRM 将最佳的商业实践与数据挖掘、数据仓库、一对一营销、销售自动化以及其他信息技术紧密结合在一起,为企业的销售、客户服务和决策支持等领域提供了一个业务自动化的解决方案,使企业有了一个基于信息技术的面对客户的前沿,从而顺利实现由传统营销模式到以电子商务为基础的现代营销模式的转化。

(四)客户关系管理并非等同于单纯的信息技术或管理技术,它更是一种企业市场营销战略

CRM 的目的是使企业根据客户细分进行业务流程重组和资源配置,强化使客户满意的行为并连接客户与供应商之间的过程,从而优化企业的核心竞争力,提高利润并改善客户的满意程度。

综上所述,我们认为:客户关系管理是一套先进的管理思想及技术手段,它通过将人力资源、业务流程与专业技术进行有效的整合,最终为企业中涉及客户或消费者的各个领域提供了完美的集成,使得企业可以更低的成本、更高的效率满足客户的需求,并与客户建立起基于学习型关系基础上的"一对一营销"模式,从而让企业最大程度地提高客户满意及忠诚度,挽回失去的客户,保留现有的客户,不断发展新的客户,发掘并牢牢地把握住能给企业带来最大价值的客户群。

三、客户关系管理的核心问题

(一)客户关怀是客户关系管理的基点

最初,客户关怀发展的领域是服务领域。由于服务的无形特点,注重客户关怀可以明

显地增强服务的效果,为企业带来更多的利益,于是客户关怀不断地向实体产品销售领域扩展。当前,客户关怀的发展都同质量的提高和改进紧密地联系在一起,贯穿始终。客户关怀包括如下几个方面:客户服务(包括向客户提供产品信息和服务建议等)、产品质量(应符合有关标准、适合客户使用、保证安全可靠)、服务质量(指与企业接触的过程中客户的体验)、售后服务(包括售后的查询和投诉,以及维护和修理)。

客户关怀活动包含在客户购买前、购买中、购买后的客户体验的全部过程中。购买前的客户关怀为公司与客户之间关系的建立打开了一扇大门,为鼓励和促进客户购买产品或服务作了前奏。购买期间的客户关怀则与公司提供的产品或服务紧紧地联系在一起。包括订单的处理以及各种有关的细节,都要与客户的期望相吻合,满足客户的需求。购买后的客户关怀活动则集中于高效地跟进和圆满完成产品维护和修理服务的相关步骤中。售后的跟进和提供有效的关怀,其目的是使客户能够重复购买公司的产品或服务。

客户关怀的目的是增强客户满意度与忠诚度。在所有营销变量中,客户关怀的注意力要放在交易的不同阶段上,营造出友好、激励、高效的氛围。对客户关怀中意义最大的四个实际营销变量是:产品和服务(这是客户关怀的核心)、沟通方式、销售激励和公共关系。

(二)强化重点客户管理

对于任何企业,客户都是企业赖以生存和发展的最宝贵资源,维护并提高客户忠诚度已是现代企业的经营目标之一。但是,客户关系管理也要遵循被经济学广泛承认且应用的80/20定律。

具体操作上,企业首先要对所有客户的购买资格进行确认,即从以往的业务分析出客户对企业的贡献,并排出先后名次,具体操作方法如下。

第一步,排列活跃客户清单。可根据企业的内部情况设定活跃客户标准,然后从活跃清单找出顶尖的20%。以某一零售企业为例,进行排名的标准可按以下标准为衡量依据。

(1)客户最近交易日期。
(2)年最大的购买量。
(3)对哪一种可消费产品购买量最频繁。
(4)年最大的购买金额。

第一项为基本标准,后三项为参照标准。根据不同企业的不同业务需要,可在第一项的基础上再从后三项中选一项或更多项进行综合排定。一般综合几项标准的排定更为科学。例如,筛选年购买金额最大的20%的客户从表面上是直接得到了最大的客户,但这其中难免会有意外销售误差,如某公司因临时或其他原因产生大量购买,而并非长期性购买行为,如果把此类客户作为重点客户来继续投入很大的人力和物力则是得不偿失的;再如,某公司虽然年购买量和购买金额都非最高,但它对公司某项产品的购买力很强,这意味着对于80%的此项产品该客户就绝对属于20%客户的范畴之内。所以在排定客户名次时,一定要考虑多方面因素,综合考虑,并做到具体问题具体分析。

第二步，排出大的活跃客户资格名单后，可在其中进行再次排名，即进一步筛选其中的20%。筛选标准同样是多样的。因为是再次筛选，所以可针对不同类型的产品来做具体的排名，排名的意义在于分析出对企业最有价值的客户。

四、客户关系管理对营销管理的意义

（一）客户关系管理是营销战略成功的关键环节

现在的客户，包括个人和团体客户，都要求企业更多地尊重他们，在服务的及时性、质量等方面都提出了高要求。企业的竞争优势很大程度上将取决于对其客户的了解程度以及对客户需求的反应能力。因此，企业应通过加强企业与客户间的互动过程，改变管理方式和业务流程，减少销售环节，降低销售成本，争取和保留客户间的互动过程，提高客户价值，达到实现最终效益提高的目标。

（二）客户关系管理要充分发挥网络的作用

企业有许多同客户沟通的方法，如面对面的接触、电话、电子邮件、互联网、通过合作伙伴进行的间接联系等，而现在，发挥着最重要作用的交流工具是网络。网络不仅改进了信息的提交方式、加快了信息的提交速度，而且还简化了企业的客户服务过程，使企业向客户提交与处理客户服务的过程变得更加方便快捷。

（三）客户关系管理对提供个性化服务尤其重要

个性化的客户关系管理系统不仅可使企业更好地挽留现存的客户，而且还可使企业寻找回已经失去的客户。凭借客户关系管理系统的智能客户管理，可以为客户提供想要的个性化的服务，从而提高客户满意度和忠诚度，形成企业忠实和稳定的客户群。客户的保持周期越长久，企业的相对投资回报就越高，从而给企业带来的利润就会越大。

（四）客户关系管理不仅是一种管理概念和商业战略，而且是一套管理软件和技术，它实施于企业市场营销、销售、服务与技术支持等与客户有关的领域

通过吸收新客户、留住老客户、更好地理解客户，以及增强客户满意度等措施来提高企业的收入和利润，并树立企业形象。

（五）企业实施客户关系管理的目的，就是通过一系列的技术手段了解客户目前的需求和潜在客户的需求

企业牢牢抓住这两点，就能够适时地为客户提供产品和服务。客户关系管理不是一个空洞目标，它是由一系列技术手段作为支持的可实现的营销目标。

五、客户关系管理给企业带来的变革

（一）对顾客认识的革命

在以产品为中心的商业模式向以客户为中心的商业模式转变的情况下，众多的企业开

始将客户视为其重要的资产,不断地采取多种方式对企业的客户实施关怀,以提高客户对本企业的满意度和忠诚度。现在,世界上越来越多的企业在提出并实践这样的理念,例如,"想客户之所想""客户就是上帝""客户的利益至高无上""客户永远是对的"等。

(二)营销管理方面的创新

实施 CRM 后,企业能够就指定的消费群体进行一对一的营销,用户变为是主动的,而且成本低,效果好。互联网在客户与企业之间开辟了更有效的沟通渠道,构建了交互式的沟通方式。借助这一方式,企业可以通过 IP 地址随时、准确地知晓每一位客户的居住区域及其各种有关信息。运用数据库管理等信息系统和信息技术,企业不仅能够及时、迅速、大量地收集客户信息,并及时传递给客户服务中心加以处理,而且可以实现对客户信息的更好保护和利用。

(三)竞争方式的变化

CRM 大大减少了企业运作的成本,这是信息技术应用所拥有的最重要的优势。在这一基础的支持下,CRM 系统不仅是企业的主动选择,同时也成为广大在线客户的一种必然要求。因此,在充分沟通的基础上,相互了解对方的价值追求和利益所在,以寻求双方最佳的合作方式,无论对企业或客户都有着极大的吸引力。

(四)企业组织方式的变化

在信息技术背景下,客户关系管理将真正成为企业全员的根本任务。企业的整个供应链和价值链都将围绕客户这一中心展开一切活动。网络技术为企业开展电子商务、实现内部各部门以及企业与供应链各成员的有效信息沟通提供了充分的技术支持,而这又为客户关系管理的全面实施准备了至关重要的技术基础。

(五)生产组织方式的变化

随着社会进步,现代社会越来越注重对个性的尊重,注重更高层次的服务质量,批量生产的产品显得单调、重复和呆板。在这种生产模式下用户不得不将自己的需求限定在有限选择上。随着网络的发展和电子商务的展开,以"量身定制"为主要特征的批量定制得到迅速发展,而客户关系管理系统正是专门为此服务的技术系统。

第二节 客户关系管理的功能与内容

一、客户关系管理系统的功能

客户关系管理包括企业识别、挑选、获取、发展和保持客户的整个价值管理过程。客户关系管理的功能主要有以下三个。

（一）收集整合信息，为每一个客户建立一套个性化档案

对于市场变化、客户销售收入、顾客的人口统计学资料和生活方式的数据，企业必须将这些众多的、分散在企业内外的关于客户的数据集成起来，以便在企业内部建立起一个完整的反映顾客背景的资料档案，并能随时向企业及其员工提供关于客户的总体的、统一的看法。

（二）找出真正的盈利客户，挖掘客户的潜在价值

按照 80/20 定律，20%部分的客户是企业最忠实的客户，他们会经常性地重复购买企业的产品，同时他们还会愿意接受企业提供的其他的产品和服务，而对其他竞争对手的促销活动不屑一顾。这部分的客户最应该得到企业更多的关怀，但是大多数企业不知道哪些客户有价值，哪些没有。他们也不知道哪些客户可能会离开，以及哪些客户会对企业的某一计划和产品有什么反应。CRM 所要做的事情就是根据对客户的成本—利润分析，来找出这一部分重点客户，同时通过分析客户的行为、要求、需要、购买倾向，以及客户与企业的整体关系等，帮助企业随时了解客户，准确、快速地作出决策。

（三）为客户提供高效的、互动的、个性化的服务

客户相关数据的集成，以及客户数据的分析和挖掘，只是使企业有效地管理客户关系。以销售为例，当老客户去企业办理业务时，销售人员打开数据库，就能查到该客户以前与公司每一笔业务往来的交易记录：什么时候买过什么产品、配置如何、数量多少，一目了然，这样销售人员就能马上响应客户的服务要求。不仅如此，营销人员不管是老职员还是新职员应该都能够称呼客户的名字，按照老客户的喜欢方式为他提供服务。比响应服务更主动的方式是销售人员经常与客户保持沟通联络，主动询问客户的使用感受，有什么新问题、新要求。在企业推出新的服务项目时，能够及时地通知老客户。甚至连提醒客户的孩子什么时候过生日这样的事情也会被企业考虑。一个成功实施了 CRM 战略的企业，有时连客户自己都会对销售人员对其需求了解之全面而感到惊讶。这样，企业销售业务的处理效率上去了，服务价值也就随之产生了。客户感到了企业对他的尊重和关怀，对企业就会更加信任。企业将来拓展了产品线或服务范围，客户还会到这个企业来。

二、客户关系管理的基本内容

一般而言，客户关系管理可分成三大阶段，即获取新客户、提升现存关系、保留客户关系。在这三大阶段中，客户关系管理活动包括以下基本内容。

（一）客户分析

客户分析旨在让营销人员可以完整、方便地了解客户的概括信息，通过分析与查询，掌握特定细分市场的客户行为、购买模式、属性以及人口统计资料等信息，为营销活动的展开提供方向性的指导。

客户分析主要分析谁是企业的顾客，顾客的基本类型，个人购买者、中间商和制造商客户的不同需求特征和购买行为，并在此基础上分析顾客差异对企业利润的影响等问题。

此外，营销人员可以通过客户行为分析功能追踪营销活动的执行过程，从而了解这类活动的内容和随之传达的信息对客户所造成的实际影响。一个良好的 CRM 软件应该有能力让营销人员通过轻松的鼠标点击即可锁定特定客户群，建立新的细分市场。

客户分析首先要做好客户信息的收集，即建立客户主文件。客户主文件一般包括以下内容。

1．客户原始记录

客户原始记录即有关客户的基础性资料，它往往也是企业获得的第一手资料，具体包括客户代码、名称、地址、邮编、联系人、电话号码、银行账号、报价记录、优惠条件、付款信用记录、付款条款、发票寄往地、企业对口销售人员码、佣金码、客户类型等。

2．统计分析资料

主要是通过顾客调查分析或向信息咨询业购买第二手资料。包括顾客对企业的态度和评价、履行合同情况与存在问题、摩擦、信用情况、与其他竞争者交易情况、需求特征和潜力等。

3．企业投入记录

企业与顾客进行联系的时间、地点、方式（如访问、打电话）和费用开支、给予哪些优惠（价格、购物券等）、提供产品和服务的记录、合作与支持行动（如共同开发研制为顾客产品配套的零部件、联合广告等）、为争取和保持每个客户所做的其他努力和费用。

以上所列三个方面是客户档案的一般性内容。同时应注意到，无论是企业自己收集资料还是向咨询业购买资料，都需要一定费用，各企业收集信息的能力也是不同的。所以，客户档案应设置哪些内容，不仅取决于客户管理的对象和目的，而且也受到企业的费用开支和收集信息能力的限制。各企业应根据自身管理决策的需要、顾客的特征和收集信息的能力，选择确定不同的客户档案内容，以保证档案的经济性、实用性。

（二）客户建模

客户建模（Modeling）功能主要依据客户的历史资料和交易模式等影响未来购买倾向的信息来构造预测模型。例如，根据客户的促销活动回应率、利润贡献度、流失可能性和风险值等信息，为每一位客户赋予适当的评分。从技术方面看，客户建模主要是通过信息分析或者数据挖掘等方法获得。客户建模的结果可以构成一个完备的规则库。例如，银行客户如果有大笔存款进入账户，则应考虑向其推荐股票或者基金等收益更高的投资项目。

客户建模功能可以使企业充分利用 CRM 的知识处理能力，帮助企业建立成熟有效的统计模型，准确识别和预测有价值的客户沟通机会。一旦这种模型得以建立，企业就可以对每一个客户进行价值评估并在适当的时机以适当的方式与这个客户进行沟通，从而创造更多的盈利机会。

客户建模是企业了解客户的需求分析手段。通过建立一种以实时的客户信息进行商业活动的方式,将客户信息和服务融入到企业的运行中去,从而有效可行地在企业内部传递客户信息,尤其是在销售部门和生产部门之间,企业常会发现不同的客户群存在不同的服务要求。如大公司允许较长的供货提前期,而小型企业则要求在一两天内供货。根据客户需求,企业可能这样设计其后勤网络:建立大型分销中心和产品快速供应中心。Web 技术的应用将对客户的支持扩展为远程和自动的服务,销售、订单处理和管理的集成使客户服务和销售结合在一起,建立起一种既能提高服务水平又降低成本的方法。

(三)客户沟通

客户沟通是一种双向的信息交流,其主要功能是实现双方的互相联系、互相影响。从实质上说,客户管理过程就是与客户交流信息的过程,实现有效的信息交流是建立和保持企业与客户良好关系的途径。

客户分析的结果可以与客户建模形成的一系列适用规则相联系。当这个客户的某个行为触发了某个规则,企业就会得到提示,启动相应的沟通活动。客户沟通功能可以集成来自企业各个层次的各种信息,包括客户分析和客户建模的结果,针对不同部门的不同产品,帮助企业规划和实施高度整合的营销活动。

客户沟通的另一大特色是帮助企业进行基于事件(Event-Based)的营销。根据客户与企业之间发生的貌似偶然的交互活动,企业可以迅速发现客户的潜在需求并做出适当的反应。客户沟通功能支持营销人员设计和实施潜在客户营销、单一步骤营销、多步骤营销和周期性营销等四种不同类型的营销活动。

通过沟通可以传播企业对顾客的承诺。承诺的目的在于明确企业提供什么样的产品和服务。在购买任何产品和服务时,顾客总会面临各种各样的风险,包括经济利益、产品功能和质量以及社会和心理方面的风险等,因此要求企业作出某种承诺,以尽可能降低顾客的购物风险,获得最佳的购买效果。企业对顾客承诺的宗旨是使顾客满意。

(四)个性化

个性化功能帮助企业根据不同客户的不同消费模型建立相应的沟通方式和促销内容,以非常低的成本实现真正的一对一营销。

个性化的目的是以良好的关系留住客户。为建立与保持客户的长期稳定关系,首先需要良好的基础,即取得顾客的信任;同时要区别不同类型的客户关系及其特征,并经常进行客户关系情况分析,评价关系的质量,采取有效措施,还可以通过建立顾客组织等途径,保持企业与客户的长期友好关系。

例如,营销人员可以用鼠标点击方式建立和编辑个性化的电子邮件模板,以纯文本、HTML 或其他适当的格式向客户发送促销信息。更重要的是,营销人员可以利用复杂的获利能力评估、规则、条件与公式为不同的客户创建更具亲和力的沟通方式。

(五)优化

每个营销人员每天应当处理多少个目标客户?每隔多长时间应该对客户进行一次例

行联络？各类营销方式对各类客户的有效程度如何？对于这些问题，CRM 的优化功能都可以提供答案，帮助企业建立最优的处理模式。优化功能还可以基于消息的优先级别和采取行动所需资源的就绪状况来指导和帮助营销人员提高工作效率。

（六）接触管理

接触管理功能可以帮助企业有效地实现客户联络并记录客户对促销活动的反应态度，将客户所发生的交易与互动事件转化为有意义、高获利的营销商机。例如，当接触管理模块检测到重大事件时，即刻启动特别设计的营销活动计划，针对该事件所涉及的客户提供适用的产品或者服务，这种功能又被称为实时事件注入。

接触管理还在于有效管理客户反馈。客户反馈对于衡量企业承诺目标实现的程度、及时发现在为顾客服务过程中的问题等方面具有重要作用。投诉是客户反馈的主要途径，正确处理客户的意见和投诉，对于消除顾客不满、维护客户利益、赢得顾客信任都是十分重要的。

（七）客户价值衡量

客户是企业重要的资产。客户资产的定义是：所有用户未来为企业带来的收入之和，减去产品和服务的成本、营销成本，加上满意的顾客因向其他潜在客户推荐而带来的利润。

所有的公司都知道失去一个客户是一种损失。如何量化客户对企业的价值？失去一个客户，企业损失多少钱？降低 5%客户流失率会为企业带来多少的利润增长？如何权衡"投资于新业务"和"投资于留住客户"之间的关系。目前，会计系统无法计算一个忠实客户的价值，财务系统也忽略了客户在与公司保持业务关系期间所能产生的现金流。但是，如果能得到满意的服务，顾客会在与公司保持业务关系的几年里，一年比一年多地为公司贡献利润。

第三节　客户关系管理系统的运营

一、在线销售自动化

销售职能对任何企业都至关重要。如果企业利用互联网开展业务，销售人员就会面临巨大的挑战，如产品和服务的深度差异化、产品客户服务质量的提高、运行成本的降低等。企业还得充分利用信息在客户和公司间的流动，以便消除订单错误和由此造成的重复劳动，提高生产力，降低订单履行成本。

（一）销售自动化

销售自动化主要完成两个任务：一是为现场销售人员提供支持；二是将销售信息与其他经营信息加以集成，提高整个公司的经营效率，并与其他重要功能协调。

在支持现场销售人员方面，销售自动化对不同的销售人员有不同的意义。对有些人来说,销售自动化主要用来收集客户信息,保存客户来访、来电和来信的记录等。对另外一些人来说,销售自动化则意味着机会管理。机会管理系统包括三部分:首先,是用来储存客户信息的数据库应用程序;其次,可以利用它来检索营销文档和其他需告知销售人员或客户的信息;最后,还包括销售和营销模型,可以用来解释现场数据,预测未来销售的情况等。

采用销售自动化有很多原因,最主要的是有助于降低销售成本。有些企业为了降低销售成本,设立了"虚拟办公室",以减少办公和销售支持方面的开支;有些企业通过自动化解决企业与客户间的分隔。销售自动化就是要通过收集潜在销售线索信息,并把有价值的线索传递给销售人员,从而达到提高销售的目的。

销售自动化系统包括客户管理、直销、远程营销、直接邮寄、发放宣传品、广告、服务、经销商和分销商管理等。这些系统要素都有助于销售效率的提高。

在一个完全集成的销售自动化系统中,不论是总部人员还是现场销售人员,都是根据分布式数据库中关于现有客户和潜在客户的信息开展工作的。利用这个系统,营销管理人员可获得所需的信息,并在此基础上将各个营销计划组合起来,而且可以跟踪销售线索;而管理层则可以直接了解销售活动的进行情况,并利用数据库作出战略决策。

这种销售自动系统包括以下几个方面。

1. 为销售人员提供管理工具

可生成销售的计划与支出报告、输入订单、检查库存和订单履行情况、管理分销商、跟踪销售线索、管理客户等。另外,现场销售人员可以用笔记本电脑获取有关产品规格的信息、发出产品样品和更新销售预测。

2. 在线远程营销

主要活动包括选择有价值的潜在客户、管理激发需求活动、处理客户反应、提供宣传品、跟踪促销活动的效果等,这些活动都要跟踪有价值的销售线索并转给销售人员,以便他们能够迅速采取行动。

3. 邮寄

合并、清理和保存邮寄名册,跟踪和转发销售线索;定制信件、信封、标签;确定要邮寄的宣传品清单;管理宣传品库存。

4. 销售管理

提供自动化销售管理报告(销售预测、销售活动的效果、对比预测与实际销售情况等);设计和管理销售区域;分析不同地域、产品、客户、价格和渠道的销售计划。

5. 销售人员报酬管理

营销管理人员往往不了解销售人员的生产能力,无法根据员工业绩给予恰当的激励。如果企业的销售人员遍布各地,这个问题就更难解决了。

(二)销售管理

营销管理人员只在办公室里通过登录局域网系统进行管理是一种落后的工作方式,现在往往要求他们能够随时到达销售现场,而销售自动化的发展趋势就是要满足那些异地或流动销售人员的需要。

为了解决这个问题,很多公司为销售人员配备了笔记本计算机。例如,美国施乐公司就实施了名为"虚拟办公室"的计划,销售人员配备了笔记本电脑并接受了必要的培训后,就可以在现场开展销售活动,这个计划的目的是让销售人员有更多的时间去联系客户,从而更好地了解客户,满足客户需求。

流动销售人员还需要与企业内部系统集成,以访问定价、促销、产品现货、生产安排、出口法规、物流等方面的信息。许多公司为了同客户联系而建立了专门的网站,以期通过紧密结合互联网与现有的销售进程而提高效率。例如,在企业的网站收集到销售线索后,可自动存储并通过电子邮件的方式发送给适当的销售人员。同时,用电子邮件自动通知潜在客户,确认公司已经收到了他们的请求。这种系统包括服务器模块和客户机模块,客户机模块安装在销售人员的笔记本电脑上执行客户机程序,自动将信息装入数据库。由于互联网和联系管理软件的紧密集成,可以自动地迅速分配销售线索,节省大量的资源和时间。同时,还缩短了销售周期,减少了数据重复输入,从而提高投资回报率。

在营销管理中应用内部网有利于提高客户联系的效率。内部网可将来自外部网站上销售线索的评价过程自动化,增加了客户沟通工作的价值。如果综合使用内部网和其他应用软件,还可把"交互式论坛"集成到系统中去,为企业的营销过程提供资料的输入。例如,远程营销系统可根据潜在客户的优先顺序安排电话访问并拨号,还可通过销售计划督促销售人员的工作,并自动更新客户文件。

具体来讲,内部网在目标营销中的作用过程如下:潜在客户通过外部网站输入他关心的信息,这条销售线索就会自动分配给某个适当的销售人员,分配结果和工作任务也会立即发送给他。当销售人员可以面对这条销售线索时,相关的所有信息都已经收集完备,包括客户姓名、地址、单位、所在行业和资料来源,甚至还包括他们的兴趣爱好。这样就能够提高销售人员的工作效率,缩短销售周期。

对于有多种销售渠道的公司而言,正确使用分布式数据库有助于记录和协调各种营销活动。数据库中通常包括以下内容。

(1)所有的客户联系情况,包括邮寄地址、电话、直接推销等。

(2)所有销售工作的进展情况。

(3)所有销售线索的来源。

(4)所有内部管理人员认为有价值的销售线索,作出评价的人以及所有转发给分销商的销售线索。

(5)所有已经决定购买的客户。

(6)他们购买的时间和商品。

(7)任何有助于达成交易措施,如给客户的优惠或给销售人员的激励。

这个系统所具有的信息协调功能可以避免各自为政的单位用各不相同的优惠条件对

同样的客户群进行推销。营销数据库中的信息有别于有关生产或产品的数据。营销数据库以客户为中心，不是以产品（产品的单位成本、生产量、销售量和运输量等）为中心。数据库采集的是关于客户及其需求的信息，例如，潜在客户是谁？他们的兴趣爱好是什么？还需要做哪些后续工作？管理人员可以通过它跟踪销售活动，并衡量和评价直接营销的人员，为他们提供信息，从而提高通过邮件、电话或面访等方式与客户联系的质量。系统在对客户的请求或查询作出反应的同时，还能更新客户信息，并连带推销其他产品。

采用内部网的目的就是要确保企业能为连接用户和流动用户提供最新信息。最重要的是，它能够让销售人员自行定制使用企业销售数据，有重要的新信息时能够及时得到通知。而智能管理程序可用来发现和传送关于竞争者、客户或销售代表所关心的其他重要信息。

建立集成的营销数据库将给企业带来巨大的收益。营销数据库按时间顺序记录了所有的营销活动，包括能产生销售线索的广告、能跟踪这条销售线索价值的邮件地址与电话以及达成的第一笔交易。营销管理人员可以利用集成销售数据库将营销活动和市场效果紧密联系起来。

使用内部网的目标在于通过使定价和促销活动的顺利实施来减少营销惰性。当营销管理者逐渐习惯于这些系统时，他们会发现系统的新用途，如可以分析当前客户和潜在客户的消费习惯并建立反应模型等；客户历史也能使管理者根据客户价值很好地制定和实施客户管理政策；内部网可以将订货、运送、付款以及生成销售线索、售前准备、达成交易、分销和售后服务支持中发生的实际成本联系起来，帮助企业分析和调整营销组合。

管理者必须制定适当的政策来协调资源的使用，实现资源的最优配置。他们必须明白，使用技术的目的是为了实现公司的长远目标，而不是为了达到销售部门自己的目标。优化营销资源配置听起来很简单，但调查表明实际并不容易，有时销售人员会习惯性地忽略掉数以百计的销售线索，甚至不认真评价它们，这实际上浪费了生成每条销售线索所耗费的资源，包括广告、贸易展览会、公共关系等方面的支出。

实现销售自动化带来的效率提高和改进营销管理带来的效率提高是相互促进的。自动化有助于更完整地收集客户信息，使决策更加明智，使营销活动更有针对性。由于利用数据库可以分析大量市场营销活动的随机内容，因此信息系统代替人工作业完成了很多例行的销售支持工作，从而减少了非销售时间。

二、在线客户服务和支持

企业最有价值的资产是客户，企业必须以客户为中心，有效的客户管理是赢得竞争优势的关键。尽管很多企业已经加大了在线客户服务系统、销售系统和人员上的投入，可是还没能实现客户资产价值的最大化。

在线时代的到来从根本上改变了客户服务和支持的方式，改变了企业与客户、供应商和合作伙伴之间交流的方式。许多公司已开始利用网站和电子邮件系统回答一些常识问题，如告诉客户商品的修理步骤。有些技术公司在电子公告牌上附上了软件升级程序供客户下载。互联网可以提高公司的反应速度。企业可以利用网站扩展服务，可以快速、互动、实时地向客户提供更多的信息。在客户方面，网站的作用很像自动取款机，用户能随时得到服务，他们可以自己安排浏览时间，按自己的兴趣浏览，了解能在何时、何地买到产品或者零配件等。实际上，互联网为企业重新定义了同客户建立联系的机会。借助于互联网的强大功能，企业向客户展示新产品，收集客户的想法，与客户进行对话。多媒体能力使客户能够看见、掌握产品的运转情况。客户还可在网上直接试用产品，并为企业提供信息反馈。企业则积极倾听客户的反馈，及时作出响应。这样企业就可以与客户建立和培养良好的关系，赢得忠诚客户。

（一）信息系统的作用

企业要实现一流的客户服务会使信息系统部门遇到前所未有的压力。它不仅要能够加快系统的运行速度，提高运行效率，还要节约成本，并为其他部门的工作提供及时的支持，反而没有时间去设计和开发自己的软件解决方案。信息系统部门需要强大的核心应用程序，这些应用程序要求成本低、效果好，易于操作，便于维护和修改。

企业在寻找这类软件时会遇到这样的问题：尽管某些应用程序功能齐全，但往往不易使用或者不易定制，而且还必须与企业的其他业务进行集成。这就非常复杂而且耗时，有时不得不让自己去适应软件，而无法让软件来适应自己的业务。

客户服务的效果取决于应用软件能否提供企业期望的所有优势。对于需要定制应用程序的信息系统工作人员来说，基于软件的开发是一种很有效的技术。利用预先开发好的业务构件，开发人员可以迅速简便地开发出可应用的程序。他们不需要太长的培训期，就能定制应用程序，提供真正有用的解决方案，同时减少了成本和时间，降低了风险。

（二）技术对在线客户服务的作用

提出服务请求的方式有很多，如发出电子邮件、填写网页上的表格或打电话。请求可能来自企业内部，如某个客户对产品有疑问，但不论是发出请求的人来自内部还是外部，支持人员只有一个目标——尽可能地使客户满意。

要想做到以客户为中心，企业就必须改变开发和配置内部系统的方式。目前，很多公司都实现了信息管理的自动化，但顾客提出的请求往往得不到回答，营销管理人员则不得不从各个孤立的信息"孤岛"上收集客户信息。为了提供优质的客户服务，真正做到以客户为中心，企业就不能不为实现销售、物流、客户服务和质量保证等部门的自动化，而将各自完全不同的系统分别进行自动化。企业应当在深思熟虑后实现一个成熟的信息系统战略，把客户当成资产来对待，给每位同客户直接联系的支持人员提供所需要的信息。

以前，客户服务部门被当作是一个成本中心。但现在消费者的要求越来越高，传统的客户服务已无法满足他们的要求。企业为了确保对客户的疑问或投诉作出快速反应，投入的人力和财力也越来越多。实际上很多公司都已经把客户服务看成是在线服务中创造和维持利润的主要资源。

（三）在线客户服务的业务要求

客户是上帝，因此企业都在想方设法取悦客户，甚至超出他们的期望值，这不仅要求企业提供优质的服务，也要求企业为销售部门收集信息，预测客户的进一步需求。

为了提高快速反应能力，加强竞争优势，公司需要强有力的客户服务战略提供服务和各种技术资源，迅速、有效地管理大量事务，最终达到客户满意。设计良好的客户服务系统还有助于客户忠诚度的提高。对有些公司而言，客户联系管理得好，还会给企业带来长期收益。售后的客户交互不是对业务的干扰，而是一次与客户联系的宝贵机会，因为它能够提供这样的机会：连带销售其他产品，从而加强与客户的关系；推销新的产品和服务；做好事前准备，改进客户服务；收集反馈信息，改善现有产品，收集有助于新产品开发的信息。

（四）客户反馈

客户忠诚是企业在每一次客户的联系中逐渐培养起来的。在与客户的联系中，公司必须让客户感到企业对他们很重要。企业愿意并且有能力收集反馈，这对任何企业都是有利的，对生产复杂产品的企业而言尤其如此。有些行业竞争非常激烈，当产品线和价格发生变化时，整个行业也会发生巨大的变动，因此这种行业中的企业必须能为客户迅速提供服务，因为客户的离弃对这类企业的打击将会很大。

客户服务部门能提供宝贵的信息资源。只要有良好的激励机制，客户就会愿意提供关于自己的信息，如收入多少、文化程度怎样、某种产品的使用量、需要哪种产品等。同样，企业也会愿意提供自己的信息，如经营情况如何、合作伙伴是谁、自己的产品及满意度、产品质量和业绩的信息，这有利于企业重新评价自己的业务流程，进行更好的控制，事先采取有效行动，对趋势和市场机会进行预测并充分加以利用。

（五）连带推销和扩大推销

连带推销是指企业对现有客户推销其他产品，而扩大推销则指向客户推销整个产品线。连带推销在客户关系管理中越来越重要。实践反复证明，企业可以应用专家系统、连带推销等手段来提高电话中心的效率。

（六）从事后反应转变为事前服务

准确识别和事前预测可以大大提高决策的质量和降低运营成本。客户管理软件系统，如客户数据库等的有效运用可提供充分的事前服务，改变传统管理事后反应的被动局面。

（七）现场维修管理

现场维修服务系统可以帮助企业生成一份工作通知单，将它分配给适当的技术人员或服务人员，请求零配件，跟踪结算信息，安排这些活动的时间，并进行协调。这个系统还要做到以下几个方面。

（1）明确要执行的任务、需要的物资和技术，事前对不同的任务作出评估和计划。

（2）管理工作通知单，跟踪提供某种服务的所有准备工作。

（3）用工作流管理软件来分配、安排和调度服务和资源，自动给服务人员发出工作通知。

（4）记录并跟踪服务请求的所有信息，包括时间和费用、物资、任务、必要的技术和配置信息等。

显然，企业很需要这种能够分配、调度资源（包括零配件和原材料）并安排资源使用时间的软件解决方案。所以，基于内部网的现场维修软件应该采取一种面向任务的方法来管理整个过程。

（八）服务台管理

为企业内部的用户提供服务也是必要的。目前，技术发展日新月异，对内部服务台的需求也迅速增加。这是因为技术更新越来越快，服务台技术人员正在努力满足各种各样的系统所提出的支持要求。同时，客户机/服务器系统、图形用户界面、桌面软件及计算机网络的出现也进一步增加了服务请求的复杂性和数量。公司内的计算机应用正在不断扩大。许多公司正准备实现销售部门的自动化，而这个部门可能以前根本没有计算机应用。传统的服务台只能供少数懂得系统知识的用户使用，而且他们也只能向系统提出相对简单的要求，能访问到的应用也很有限。

于是，服务台接到的电话越来越多，而处理这些电话的人却在减少。这种状况促使很多企业开发或购买内部网软件工具，使服务台支持功能自动化。这种软件应具备的主要特性包括易于访问到客户数据、资产和存货的跟踪、解决问题的方法、报告的生成等。其中，问题的解决方法有助于系统提供一致的解决方案，现在已经成为许多服务自动化系统的重要组成部分。良好的报告生成能力对于任何客户支持系统都是很重要的。管理者需要了解每天接进的电话数目、问题解决的速度和每个电话的性质，此外，还需要决定哪些信息能有助于员工管理。

目前这类系统通常很小，创建或检索问题解决方案数据库的能力也极为有限。这些系统还不能满足对最终用户远程访问、多厂商支持和访问内外部数据库的需要。这些系统也不够灵活，难以适应不断变化的系统要求和业务要求。

（九）客户信息管理

客户服务代表在每次与客户的联系中都需要取悦客户，以建立和培养客户关系。因此，客户服务代表必须能够及时访问到有用、准确的信息，全面了解客户与公司的关系。这些信息往往要具体到该客户服务代表的专业上，例如，当客户打电话给产品支持部门，提出一个具体的技术问题时，客户服务代表就必须得到这个产品各方面的信息。

有时，客户服务部门掌握的信息不足以满足客户的要求，或者客户的要求超出了客户服务代表所熟悉的领域，这样客户服务代表就无法满足客户的要求。为了改善与客户的关系，客户服务代表必须能够访问到企业客户关系管理系统，了解服务台、客户响应和服务跟踪等信息。广义的客户响应和服务跟踪系统有许多功能，如电话呼叫管理和合同管理、服务跟踪、开具发票和存货控制等。

1. 提供有效服务的信息要求

每个客户打电话时都希望获得快速、准确的答复，因此客户服务代表需要了解客户的偏好和过去的历史，使他们的反馈得到及时的响应，并体现在未来对产品的改进上。为了提高反应能力，客户服务需要做到以下几点。

（1）收集和记录关于产品的信息，如产品特点、是否有现货、存在的问题、产品的升级、安装历史、保修条款和服务合同等。

（2）具备转发和跟踪复杂查询的能力，使每位客户得到正确的答复。

（3）收集和记录同用户使用经历有关的信息。这些信息可以帮助其他部门制订更好的决策，如研究开发决策和营销决策等。

2. 访问服务信息

通过跟踪安装历史、保修条款、服务合同等问题，公司可以更准确地估计提供服务所需的劳动力成本和零部件成本。有了成本和服务收入的有关信息，公司在制订服务定价和服务合同决策时就有据可依。有些客户服务部门已不再是一个成本中心，而是在创造实际利润。这是因为服务方面的信息不仅能帮助公司对服务进行更好的管理，还能使公司根据客户反馈的信息改进现有产品，开发新产品，从而提高了利润。

3. 信息流管理

为了便于使用，客户信息要用不同的报表格式传送到不同地点，而技术平台可能也是不同的。例如，把产品设计问题告诉研发部门就非常重要，但他们的位置则可能离总部很远，而且需要的不是客户对部件的称呼，而是具体的零件号。

工作流管理工具能够支持信息的传播。工作流是指为完成某个目标所采取的一系列步骤。这些步骤可由人执行，也可以由程序执行。工作流管理系统能给工作人员适时提供适当的工作物件和数据，对工作流起到推动和监控的作用。工作流管理的其他功能还有：确定谁在做什么；过程运行周期；过程成本；必要的表格和信息；同一过程内各工作流之间的关系等。在客户服务中，工作流管理包括为提高客户满意度提供支持，为回答客户询问的员工提供及时准确的信息（如准确的交货时间）及为使各地员工都能访问各个业务系统中的全部信息而提供的其他知识。

4. 记录客户反馈

因为客户服务部门与客户联系的时间一般不长，所以认真提问就很关键。利用能提出适当的问题并能收集和处理客户反馈的系统，企业才能有效地培养客户忠诚度。企业不同部门对反馈信息有不同的要求，如财会部门要用某种模式展示信息，而营销部门要用完全不同的方式展示。为使客户反馈信息发挥最大的作用，就应按照最终用户的要求进行定制。

随着企业业务要求的不断变化和技术日新月异的发展，很多新的问题也逐渐显露了出来。有竞争力的公司都明白变化是随时都在发生的，激烈的竞争要求反馈机制不断适应外部环境。因此，用于收集、分析和定制信息报表的措施应当能迅速简便地适应环境变化，这样才能满足企业的要求。

三、技术支持和应用

在传统上，营销管理者用产品、价格、促销、渠道这四个营销组合要素来制定营销战略。制定战略时，企业最关注的是具体的产品及其相关度量指标（如市场份额、产品业绩和市场渗透率）。现在，由于产品和服务的定制程度越来越高、分销渠道和沟通渠道越来越多以及定价方法的多样化，营销过程变得越来越复杂，越来越难管理。而为了制订有效决策，还必须收集和分析大量详细的实时数据，这些数量巨大的数据也要求用新方法建立信息系统。

传统营销管理模式在这种信息密集型环境下不适用了，旧的度量指标也不足以衡量多类产品、多个分销渠道和不断变化的定价方案下的营销活动。为了使公司能够进行资源的动态优化配置，基于信息的新度量指标系统应运而生。这种情况引发了以下新问题。

（1）技术如何帮助企业营销管理以应付全球竞争、满足不断提高的客户期望和占领不断出现的新市场？

（2）什么样的技术结构、工具和应用程序最适于实现由技术支持的营销活动？

（3）信息会如何影响营销战略和决策过程？

（4）信息系统建设耗时长，而且风险很大，成本高昂。那么如何通过使用技术来帮助公司以低成本进入新市场？

（5）公司能够利用哪些低成本、高效率的战略开展有效的营销活动？

上述问题的答案来自先进营销组织的实践，可见公司越来越重视技术在制定营销战略中的作用。

（一）营销决策支持系统

激烈的市场竞争迫使企业加快决策速度。由于产品创新和营销战略系统很快会被他人模仿，因此对变化的市场迅速做出反应已成为决定企业能否生存和获利的决定性因素。因此，营销经理必须得到及时、准确、有用的信息，并且这些信息决不能过于笼统。

1. 数据挖掘和决策支持

数据挖掘和决策支持是一种支持营销决策的方法。成功的数据挖掘为技术人员提供了有利的数据访问和操作方式，使他们可以创造性地使用数据。这与关系数据库、联机事务处（OLTP）等业务系统完全不同，这些业务系统适用于对任务进行重复的更新，数据挖掘则意味着数据仓库中的数据将表现出明显不同于传统业务系统的特征。第一，数据的组织是面向主题的，即按管理者查看数据的不同方式来组织数据，而不是按某个职能、过程或应用来组织数据。第二，由于数据来自许多不同的来源，编码是不一致的，所以，在数据传输到数据仓库中时，必须通过一致的命名协议对数据加以集成。第三，数据是随时间变化的，即需要不断收集和组织数据，对数据进行比较、从中发现趋势和作出预测。第四，数据又是相对不变的。一旦将数据存入数据仓库中，它就不能再更新或改变，只能再次载入或访问数据。

2. 基于内部网的决策支持技术结构

内部网体系结构将所有数据库和数据进行加总和聚合的工具连接起来。数据汇总可以大大提高访问数据的速度，它将其他数据源的数据加到原有数据上，这样营销人员就可迅速地对情况有一个概要的了解，然后可针对某一主题对数据进行细化展示，直到进入到必要的细节水平为止。企业需要迅速收集市场情报并进行深入的分析，以便更快地将产品引入市场并赢得竞争优势。在销售人员、部门、分公司和总部之间建立连接，可以让销售人员访问到更多的市场情报和竞争信息，从而能够更好地为客户服务并提高服务质量。

数据仓库的技术结构包括三个部分：信息的获取和储存、数据的转换和集成、数据的可视化和展示。数据的转换可提高数据仓库的效率，它要求数据库更为灵活，具有动态的特点，即可以支持管理者的数据请示。数据目录是关于数据的数据，这类目录的完全集成也是技术结构的组成部分之一，它定义数据库存的结构、数据来源、数据的含义和使用方式，然后为应用程序提供信息，以选择和使用只对某个任务有用的信息。出于业务需要而进行的数据可视化是数据挖掘的另一个主要组成部分，因为管理人员总是希望能够从新的角度看待和分析数据。

管理人员要借助网络发出查询请求，并通过 PC 机访问查询结果。数据仓库可对经过多层加总和聚集的数据进行深入的细化展示。例如，用户要查询上季度的销售数据，会得到按产品、地区和销售代表划分的产品销售信息。这些报表可用图形来显示，同时可显示一些概要信息，如突出显示经营中的问题及对经营数据进行讨论的文本。这样，由于中层和基层经理都能访问到原来只有上级主管使用的信息，这就使他们能够更好地与高级管理层进行合作。

（二）营销决策应用系统

营销决策应用系统可分为六类：订单的规划、预测和履行；客户资源管理；产品大类趋势分析；渠道管理；交叉销售；向上销售。

1. 订单的规划、预测和履行

订单处理和履行过程的目的是处理客户订单的输入和履行；通过自动化的定价和存货分配，缩短订单履行周期，减少延期交货，为生产预测和财务预测提供信息；打印客户订单收讫文件和运输文件等。这一过程所耗费的成本有时会超过总销售成本。

客户订单处理的目的在于了解需求，例如客户需要什么、何时需要、需要送到哪里等。这是供应链管理的基本要求，是厂商管理库存（VMI）、有效客户反应（ECR）和快速反应（QR）等许多供应链管理活动的第一步。

不论是什么行业，通过了解客户的订货情况来了解整个行业的需求变化都是非常重要的。在了解需求变化的基础上，通过改善存货的性质状况，同时通过存货控制降低存货成本，就可使企业能有效地满足客户需求。当发生意外事件时，企业可迅速有效地作出反应。订单规划、预测和履行过程通常是由营销信息系统发起的，如零售商店里的 POS 系统。

2．客户资源管理

管理人员可利用技术对趋势进行全面分析，了解产品在哪些地方销售不畅，确定应该把资源配置到什么地方。例如，企业是应该将资源集中用在发现更多的销售线索上，还是集中在改进报价过程上，还是应当加强对销售人员的管理培训？这时，企业应通过收集信息了解影响消费者决策的不同因素，并利用这些信息制定更有效的营销策略。

3．产品大类趋势分析

企业希望了解哪一大类的产品能带来最大的利润。例如，零售商只知道某件商品卖得怎样，但并不了解这类产品整体的销售如何。零售商可利用数据采掘技术，了解各个产品大类的确切销售速度。

产品大类趋势分析也有助于制定销售额和利润构成规划。有时企业并不是很了解销售额的构成，如这些销售额是来自于原价销售、促销价销售还是清仓处理？这样，企业就很难判断什么样的销售形式组合最有利于提高销售额和利润。有了数据采掘技术，企业就可以调整存货和组合计划，充分发掘销售和利润的潜力。

趋势分析的关键要素之一就是实时收集销售数据，因此条码扫描非常重要。近年来，许多零售商都已经应用了条码扫描仪，并将收款机系统（POS）和存货系统连接了起来。这样就大大加快了数据获取的速度，而系统所提供的销售信息也能转化成更好的商品采购信息。这些数据也可与供应商共享，使供应商能尽早知道销售情况，从而大大缩短响应时间，改善了对促销活动的管理。

4．渠道管理

技术的支持使企业能够直接选择某一部分客户作为自己的目标客户，修正分销渠道，并对需求变化作出有效的反应。同时，企业还要认识到营销组合决策对供应链其他环节造成的影响。例如，生产日用品的生产商如果要进行季末促销活动，就会抬高供应链其他成员的成本。要为客户提供更高的价值，每个企业制定的营销战略都必须有助于降低整个供应链的系统成本，或增强整个供应链的差异程度。渠道管理的目的就是迅速向合作伙伴传递有关经营情况变化的信息。

渠道管理也促进了销售、配送和生产的一体化。很多零售商已经构建自动补货系统，它会根据预测销售需求自动发出订单，这样，基本商品线就不会出现缺货现象，从而改进了零售商对基本商品线的存货管理。这一系统会按单品分析每个店铺的销售历史，同时考虑该地区的销售曲线和企业即将举办的促销活动，根据现有库存和订货情况估计出销售水平，自动生成订单，并将订单以电子方式传送给厂商。供应商反过来向店铺发出提前运输通知或电子装箱单，零售商再将此单证输入系统中。要运输的货物准备好后，供应商要在每个箱子上贴上一个条码，产品到库后扫描条码，对照订单以确认是否为所订货物，并更新现有库存文件。

5. 交叉销售（Cross-Selling）

交叉销售是指向一位客户销售多种相关的服务或产品。这一位客户必须是能够追踪并了解的客户，而这里的相关因素可以有多种参数，例如品牌相关、服务提供商相关等。这是一种发现客户多种需求，并满足其多种需求的一对一营销方式。如果了解某个客户的消费属性和兴趣爱好，企业就可以有更多的客观参考因素来判断，通过数据库来对这些参考因素进行存储和分类，从而成功地实现销售目标。

交叉销售是建立在双赢原则基础之上的，也就是说，对企业和客户都有好处的，客户因得到更多、更好符合他需求的服务而获益，企业也因销售增长而获益。

交叉销售在银行业和保险业的营销中也发挥了明显的作用，因为这些行业中的产品具有特殊性，消费者在购买这种服务的同时必须向企业提交有关的资料，所以他们的数据是主营业务的天然副产品。这些数据如果只是占据数据库，那真是天大的浪费，如果将数据充分利用起来，至少可以做如下工作：实行本企业的客户服务；用来进行本企业的调研；向其他企业提供有关的名单租赁服务；进行本企业的新业务拓展和客户关系维护。

在其他行业和销售领域，交叉销售同样可以适用，而且现在有了 CRM 数据库的支持，其精确性更高，而且实现手段更加多样化。

传统营销中要实现交叉销售的目标，往往采用家族品牌、延伸品牌等策略，但那样的效果还不是很直接，而且是要靠拉动消费者。由于每个渠道端点的客户具有分散性，要实现对客户的有效沟通，必须采用独特的媒体，而不是大众媒体。在传统的营销方法中，针对这种策略所采用的是直邮，而在互联网上更多采用的是电子邮件和定向广告。

基于 CRM 数据库，交叉营销可以实现跨行业的销售。数据的来源行业与目标受众必须有一定的关联度，这样才能使一定的沟通信息发挥作用。例如，一家家具公司，从房地产商那里获得购房者的数据，可以通过这些数据向这些客户提供有关的促销信息，并从中获得相当数量的客户。而这种关联可以应用数据挖掘的办法来实现。

对原有客户销售的挖掘在很多情况下与对潜在客户的挖掘是类似的。交叉销售的好处在于：对于原有客户，企业可以比较容易得到关于这个客户的比较丰富的信息，大量的数据对于数据挖掘的准确性来说是有很大帮助的。在大多数情况下，交叉销售与初次销售不同，在企业所掌握的客户信息，尤其是以前购买行为的信息中，可能正包含着决定这个客户的下一个购买行为的关键性甚至是决定性因素。这个时候数据挖掘的作用就会体现出来，它可以帮助企业寻找到这些影响他购买行为的因素。

6. 向上销售（Up Selling）

对向上销售更好的理解可能应该是追加销售。向上销售是指向客户销售某一特定产品或服务的升级品、附加品，或者其他用以加强其原有功能或用途的产品或服务。这里的特定产品或者服务必须具有可延展性，追加的销售标的与原产品或者服务相关甚至相同，有补充、加强或者升级的作用。

向上销售基于客户终生价值理念，进一步挖掘每一位客户的价值。从长远看，一个客户的价值是他终生购买量的折现价值，企业要留住客户，并不断实现他们的产品购买。大多数消费品都面临一个问题，就是客户在多品牌选择面前，往往会有一种品牌转换的习惯。所以要实现向上销售必须保证沟通，并不断建立品牌转换壁垒，使客户不愿意或者不能转换购买选择。

企业的产品策略会根据客户需求而不断升级，这些产品与原来的产品有很大的相关度，企业也可以运用向上销售策略向客户销售这些升级或者附加产品。

交叉销售和向上销售是一对一营销的两项重要的功能，两者分别用来开发新客户和保留老客户，如果企业在数据库完善的情况下实施了这两项措施，就可以知道客户购买了多少种产品，购买了多少次产品。

这两种策略各自可以应用于多种不同的行业，例如家电业、银行服务业、旅游酒店业等。应用行业虽然可以不同，但这两种销售策略都是向特定的客户销售更多的产品和服务，其共同前提是企业知道客户是谁，他购买了什么产品或者服务，他有哪些具体的消费属性。

第四节 客户关系管理系统的技术组成

一、CRM 技术类型

CRM 技术类型主要有三种：运营型、分析型及协作型。技术体系结构主要集中在运营型和分析型。运营型 CRM 是面向客户的 CRM 应用——主要是销售自动化、企业营销自动化、前端办公套件等。分析型 CRM 主要包括数据处理，并将其以某种形式表现出来。协作型 CRM 可以跨越客户"接触点"（包括各种客户与其交流沟通的方式，例如电子邮件、电话、传真、网站页面等），同时也包括伙伴关系管理（PRM）应用。

（一）运营型 CRM

运营型 CRM 有点类似 ERP 的部分功能。典型的功能和用途包括客户服务、订购管理、发票/账单、销售及营销的自动化及管理等。运营型 CRM 可用于整合企业资源管理（ERP）应用的财务及人力资源，利用这种整合，端到端职能，从线索管理到订购跟踪都可以被实施。运营型 CRM 主要包括客户呼叫中心。

（二）分析型 CRM

分析型 CRM 可对客户数据进行捕捉、存储、提取、处理、解释、产生相应报告。可以从多个源头捕捉客户数据，并将其存储到客户数据库中，然后使用上百种算法在需要时分析/解释数据。分析型 CRM 的价值并不仅仅表现在算法和存储上，更重要的是能够使用相应数据来为客户提供个性化服务。

（三）协作型 CRM

与上述两种类型的 CRM 功能有些重叠，协作型 CRM 是沟通交流的中心，它通过协作网络为客户及供应商提供相应路径。它可能意味着门户、伙伴关系管理应用（PRM）或客户交互中心（CIC）。它也可能意味着交流渠道，例如 Web 或电子邮件、语音应用。它还可能意味着渠道策略。也就是说，它可能是任何 CRM 职能，它为客户和渠道本身之间提供交互点。

二、CRM 技术结构

（一）CRM 引擎

CRM 引擎主要指客户数据仓库。数据中心或数据仓库是关于客户的所有数据被获取或存储的地方，主要包括一些基本数据，例如姓名、地址、电话号码及生日日期。也可能包含一些更为复杂的信息，引擎的目的是收集所有相关客户的信息，为企业各部门创建统一的客户观点。

（二）前台办公解决方案

客户数据仓库（CDW）的顶层拥有统一的应用，可能是销售自动化、营销自动化，也可能是服务和支持及客户交互应用。对信息进行分析、报告和简捷快速的访问是前台办公解决方案的特点。尤其在客户/服务器环境中，它们为员工提供所需要的信息，可能是销售机会或客户的抱怨，然后显示客户下一步将要采取的行动。

前台办公更多的具体应用为为客户提供自助服务。解决方案通过非常复杂的分析算法来判断客户偏好。解决方案本身具有个性化、自动化等特点，同时也为客户提供相关的自助服务。

（三）CRM 的企业应用集成（EAI）

这是位于 CRM 后端办公和前端办公之间的部分，也是位于新安装的 CRM 系统与企业传统系统之间的部分。它们允许 CRM 到 CRM 之间的沟通交流。

（四）CRM 后端办公套件

CRM 后端办公应用侧重于分析应用。之所以是后端，是因为它们位于场景的后面，并对客户和员工是透明的，同时提供各种个性化的应用，包括各种统计、区域财务分析报告。

三、CRM 技术系统组成

目前，CRM 系统已成为管理软件厂商共同追逐的热点之一，以 Oracle、IBM、Microsoft 为代表的一批 IT 公司正大举开拓 CRM 产品市场。2004 年，全球 CRM 产品市场的销售额已达到 670 亿美元。

简单地说，CRM 产品是能同时实现企业与客户互动的前端及后端分析的完整功能的产品群组：在前端，CRM 产品提供了统一联络中心的功能。随着多媒体客户呼叫中心的出现，客户通过使用 Web、电话、在线聊天系统或视频会议系统来与呼叫中心实时进行交互式的交流。在后端，CRM 产品提供客户消费行为追踪，以及专用于客户服务及客户营销的资料分析等功能，让企业能够实现一对一营销的目标。

一般 CRM 软件或解决方案有如下核心功能模块。

（一）客户呼叫中心（Call Center）

据调查，在线购物中，消费者在选定好商品并放入购物车以后，最后放弃完成交易（Submit）的比例高达 70%。即使是相当重视客户关系管理的亚马逊书店也承认，其消费者在网页上放弃完成交易的比例高于 60%。原因何在？据分析认为，当企业越处于产业价值链末端，越接近消费者的时候，企业和客户之间越需要互动的沟通，人的因素占销售的比重也就越重，客户越是期望企业能提供人性化的关怀，如深入谈问题、提建议、传递互动价值及情感部分。现在，客户对于单纯在网页上进行交易，发生疑问的时候网站连基本的问题都无法回答的情形大为不满，除了浪费时间的等待，还有毫不相关的垃圾信息的充斥，这往往令客户的第一次购物成为最后一次。这说明，对于客户来说，他需要企业为其提供一个响应中心，不管是通过电话的方式，或是传真、电子邮件，甚至网络聊天室、网络电话及视讯电话的方式，客户希望在遇到困难时能与企业进行许多网页上所无法提供的互动式的接触。诚然，网上自助服务可以提高业务处理效率，节约服务成本，但关键时刻，人与人的互动才更能让客户信任且满意。

可见，客户呼叫中心是设置电子商务系统的重点，网站应只是呼叫中心的支援性工具，两者共同构成企业对于客户的联系窗口。客户呼叫中心的含义包括以下几个方面。

1. 它是企业对客户的单一联系窗口

如果没有呼叫中心，客户的不同性质的问题必须直接寻求企业中不同部门人员的协助，当企业任由客户打电话到内部单位来联系时，常常就会干扰到内部人员的作业，并且可能造成内部人员忙于日常的工作，而给予客户不友善的态度或不一致的答案，这种情形是失去客户最快的原因。呼叫中心能提供客户一个明确且单一的对话窗口，解决客户寻求协助的困扰并避免干扰内部作业。

2. 它是企业能让客户感受到附加价值的中心

进入竞争激烈的电子商务时代中，企业应更专注于为客户创造附加价值。通过呼叫中心能给客户提供产品之外更多的附加价值，例如个人化咨询服务，24 小时电话服务，这些附加价值有助于协助客户解决问题，增加客户满意度。

3. 它是企业收集市场情报和客户资料的情报中心

企业通过呼叫中心来接近市场，可以收集客户的抱怨与建议，作为改善产品及服务品质的重要依据；可以收集客户的基本资料、偏好与关心的议题，为分析消费倾向建立客户资料库；还可以通过呼叫中心了解市场的动向，以便企业提前通过协调后台活动来调整活动规模。例如，若通过收集分析客户来信来电，发现某种产品的市场反应比预期热烈的话，企业便要考虑是否能处理更多的订单，并可提前准备。

4. 它是维护客户忠诚度的中心

客户的忠诚度往往和售后服务成正比,而呼叫中心担负着维护客户忠诚度的重大责任。例如,快速回应客户抱怨、协助解决客户的困扰,并让客户感受到贴心的服务。除此之外,还可向客户推荐其他适用的产品,满足客户的其他需求。这些服务都可为企业增加销售额,因为忠诚的客户可以买得更多,或愿意购买更高价的产品,并且忠诚的客户也可能会免费为公司宣传,或推荐他的朋友、家人来购买或了解产品,从而为企业又增加更多的新客户。一个成功的呼叫中心将不再是企业原来的成本中心,而变成了利润中心。

5. 它是企业流程再造(BPR)的先导

对许多产业而言,设置呼叫中心之后往往会为企业带来内部流程重整的契机。因为诸多客户的需求及抱怨往往并非呼叫中心能单独解决的,而是需要后台的整合。换言之,只有呼叫中心与其他部门合作,才能准确快速地满足客户的需求。正因为如此,企业呼叫中心的设置常常促使企业思考流程重整的议题:在以呼叫中心为前台(Front-end)的角色之下,后台应如何来支援以改善呼叫流程,追踪问题解决的进度以答复客户。所以,有人又称客户呼叫中心为企业流程再造中的流程总管。

(二)Internet 客户呼叫中心(Internet Call Center)

客户呼叫中心最初大多通过电话为客户提供全天候的自助性增值服务,包括客户查询、订单管理和投诉管理。电信业的高速增长为建立推广电话呼叫中心提供了保障。但是,企业构建电话呼叫中心一般要花费巨额费用,并不是所有企业都能承受的。

Internet 呼叫中心是电话网技术与互联网技术相结合的产物。Internet 呼叫中心的建立,旨在帮助企业把客户服务搬上互联网,充分发挥互联网具有的互动和低成本的优势,轻松解决企业的客户服务管理。客户在上网浏览的同时,可以实时地同客户代表进行语音或文字的交流。一般来说,基于 Internet 的呼叫中心可以向客户提供以下几种联系方式。

1. 电子邮件

客户可以选择以发送电子邮件的方式与呼叫中心进行联系。发送电子邮件的方式又分为两种:用户既可以通过公网的邮件系统发送邮件给呼叫中心,也可以通过上网留言给呼叫中心。发送的电子邮件将通过智能路由选择功能分配到最适合的客户服务代表处进行处理。Internet 呼叫中心为客户服务代表处理电子邮件提供了强大的功能支持,包括主题词匹配、文字内容关键字识别、自动回复、标准回复资料库、智能回复建议、弹出屏幕、优先级选择设置(当有电话进入时,可以暂时中断对电子邮件的处理,先处理语音呼叫)、电子邮件转移处理、自动拼写错误检查、质量控制等功能。

2. 网络聊天室(BBS)

客户可以选择与客户服务代表通过企业开设的网络聊天室进行文字形式的交谈,俗称"手谈"。对于未配备多媒体电脑的客户,与客户服务代表进行实时的文字交谈是代替语音交谈的一种简便方法。企业网站开设的这种在线 BBS,使客户不仅可以通过网络寻求来自企业客户服务代表的帮助,还可以寻求来自其他有相同问题的客户的帮助,这也正是目前很多企业设立网上 BBS 的原因所在。

3. 客户服务代表回复(Call Back)

客户可以选择要求呼叫中心的客户服务代表立即或在约定时间主动打电话回复客户。即客户可以在选择该项联系方式后,输入自己的联系电话号码,确定希望对方回复的时间。这样,到指定时间时,呼叫中心将主动拨打客户指定的电话号码,解答客户的问题。

4. 互联网电话(Voice over IP,VoIP)

客户可以选择使用 VoIP 功能,通过自己的计算机拨打互联网电话,连接呼叫中心。客户的互联网电话呼叫经过呼叫中心的智能路由选择后,将被转接到最适合的客户服务代表处。互联网电话要求用户端有 Netmeeting 或相类似的软件,该软件可完成从用户模拟话音到数字 IP 包的转换。

5. 网页同步(Web Collaboration)

客户在通过"客户服务代表回复""互联网电话""文字交谈"等方式与客户服务代表进行实时交流时,还可以由客户服务代表引导客户对网页进行浏览,找到他所需要的信息。网页同步功能可以大大提高客户服务的效率和质量。

6. 视讯电话

如果客户要求通过呼叫中心不仅能实现文字交谈、语音交谈,还要同时看到客户服务代表的图像,那么可以使用视讯电话服务。

最通常的做法是在企业的聊天服务器端安装电视会议等多媒体软件,然后在客户服务代表端的 PC 机上安装摄像头、麦克风以及 NetMeeting 软件等。摄像头会实时拍下客户服务代表的影像,并传递到客户的浏览器上,这样客户就可以实时看到客户服务代表,并可以与客户服务代表面对面地交谈。显然,视讯电话对于企业增加与客户的互动,提高客户服务的质量具有重要作用。

现在,国外的客户呼叫中心技术已达到很高的水平,并呈现日新月异的变化。国内信息技术公司也推出了智能客户服务系统——ICS 系统,旨在帮助企业把客户服务搬上互联网,利用互联网的优势轻松解决企业的客户服务管理。应用 ICS 系统,客户通过网络提交查询要求,ICS 系统在数据库内搜索信息并记录问题,客户通过客户界面得到搜寻结果后,可以选择满意或不满意,若客户对结果满意,则传给客户并录入数据库。由于 ICS 系统具备独特的智能查询接口,因此,能够对客户以自然语言提出的问题进行语义分析,通过信息匹配技术实现精确的信息推荐功能,准确、及时地为客户提供所需答案。同时,企业系统管理员可远程管理企业标准数据库,可利用企业查询平台查询数据库统计结果,对客户的需求方向进行定量分析。有了 ICS 智能客户服务系统,企业只要投入建立电话呼叫中心十分之一的费用,就可以为客户提供快速并准确的技术支持、对客户的投诉作出快速反应、为客户提供完备的产品查询。业务代表以前需要花费大量人力、财力去采集的市场调查报告,现在只需要 ICS 智能客户服务系统自动搜集整理客户的需求与意向,就可以为企业提供准确的市场调查报告。

（三）客户数据仓库

客户数据可能存在于订单处理、客户支持、营销、销售、查询系统等各个环节或部门，存储这些数据的系统是专门为特定业务设计的，并拥有关于客户的部分信息。另外，企业在建立客户数据库存时，有时还要录入企业外的数据，如人口统计数据、客户信用信息等，以使得企业对客户的看法更加完整。数据仓库是数据的中心仓库，客户数据仓库的价值所在实际上也是客户关系管理的价值所在，那就是把分散在企业内外的关于客户的数据集成起来，以便能向企业及其员工便利、迅速、准确地提供关于客户总体的、统一的看法。

1. 客户数据的集成

客户数据的集成是指对来自不同信息源的客户数据进行匹配、合并。

由于企业内外不同部门大多是从自身业务特点和业务需要出发来设计数据库结构，并从不同的侧重点来组织和存储数据，所以，这就造成了对不同信息源中存储的同一客户的记录进行匹配的困难。为解决这个问题，常用模糊匹配的算法和方法寻找相同的记录，进行客户匹配。即用来自不同信息源的客户信息所共同具有的客户信息片断来进行客户匹配，如姓名和地址、电话号码、信用卡号码、出生日期等。在对客户记录进行匹配时，如果对客户记录两两匹配，随着数据量的增多，计算量将大大增加。例如，当有 5 万条记录需要两两匹配时，记录比较的次数为 1 249 975 000。为了减少记录匹配的工作量，可以先对客户进行聚类将其分成许多部分，只有分在相同部分的客户记录才可以相互匹配，这样，运算量将大大减少。

通过聚类和匹配，如果发现了匹配的记录，需要对这些记录进行合并。在对记录进行合并时，很多时候客户信息片断是重复的、一致的，这种情况较容易处理，只需将这些信息片断抽取出来，重新格式化，并存入数据仓库。但有时客户信息片断互相矛盾，这时需要为信息的合并建立一些规则。例如，根据信息源的权威程度来决定数据的取舍；根据数据的产生和获得日期来决定数据的取舍；根据数据的重复率来决定数据的取舍等。一般来说，信息来源的权威性越高，信息的准确性越高；越接近当前日期的信息片断，其准确性可能越高；重复率越高的信息片断可能越准确一些，如果三个信息源中有两个信息源记载的顾客电话号码是相同的，那么重复的电话号码可能是正确的。

客户记录的匹配和合并的完整性和准确性非常重要。一方面如果没有对相同的客户进行匹配，企业会把一个客户当作两个甚至更多的客户对待，企业的客户数量就被夸大了。另一方面，如果把本不应合并的记录合并了，这时对客户的看法也是歪曲的。这些不完整、不准确和不可靠的匹配都会导致不准确的分析结果和决策，导致企业费用的增加和利润的减少。例如，对客户的信用等级有错误的认识就会导致投资风险；对某个客户的价值没有充分的认识可能导致失去顾客；错误的记录可能会导致营销资源的浪费等。

2. 客户数据仓库的维护

与其他类型的数据仓库的维护相比，客户数据仓库的维护更具有挑战性。因为它是逐渐更新的，而不是一次性完全更新。

对于传统的数据仓库来说，在既定的时间点，新的销售数据会被加入到销售数据库中，在此过程中，不需要把新数据与已有数据进行匹配，不会对已有的数据进行修改。客户数据仓库的更新则是在保留已有数据的基础上，每次更新时都加入新的数据。具体来说，客户数据仓库的更新首先需要识别新数据是关于新客户还是关于数据仓库中已有客户的新数据，如果是关于新客户的数据，那么就要给这个新客户分配一个独立的标识，然后在数据仓库中插入一行；如果是关于已有客户的数据，那么就要对这些客户记录的相关信息片断进行更新。客户数据仓库这种定期的匹配和更新称为同步化，同步化能有效地把最新数据和已有数据进行整合。

3．建设和维护数据仓库的两种工具

（1）转换工具。转换工具的主要功能是数据抽取、转换和数据载入。数据转换工具从各种不同的数据源中复制数据，按预先设计的客户数据仓库的格式转换数据，并将转换后的数据载入客户数据仓库中。

（2）清理工具。大多数的清理工具是为了邮件营销或直接营销的目的而设计的。在邮件营销中，所处理的最重要的数据是客户的姓名和地址，所以，大多数的清理工具是用来对客户数据中的姓名和地址进行处理和匹配的。对邮件营销来说，客户姓名和地址合并的意义是去掉重复记录，找出完整的客户姓名和地址来发邮件。具体来说，清理工具对姓名和地址的清理过程是：

首先，对来自各个信息源的同一个客户的姓名和地址信息进行解析，把它们分成更小的信息片断，如把姓名分成姓和名，把地址分成路名、路号、单位名称等。其次，对姓名和地址进行标准化，如修正姓名和地址的各个信息片断。再次，增加新的数据片断，如人的性别、国家号码。最后，合并数据，并对数据重新格式化，载入数据仓库。

这种对姓名和地址的解析和清理大大提高了客户数据匹配和修复的准确性。使得客户数据的遗漏和错误匹配的情况大大减少，从而能保证客户数据仓库的质量。

（四）客户关系智能

企业决策者和业务人员常常发现自己被淹没在数据海洋里，很难从巨大的数据仓库中迅速提取所需的信息，从而延缓了决策时间。所以，对于企业的决策者来说，能否灵活快速地从数据仓库获得经过筛选的决策所需的信息，将直接影响企业的决策速度和决策质量。

客户关系智能正是在这种背景下产生的。客户关系智能（Customer Relationship Intelligence，CRI）是一个由 IBM 公司提出的概念，重点在于发现哪些客户是企业的"金牌客户"，最能让企业赚钱；它也能分析客户行为与企业盈利之间的关系，帮助决策者作出明智和及时的商业决定，并迅速采取行动。一个具有优秀的客户关系智能的客户数据库应该是具有以下功能的数据库系统。

1. 动态的、集成的客户数据管理和查询系统

所谓动态,是指客户数据能够实时地提供客户的基本资料和历史交易行为等信息,并在客户每次交易完成后自动补充新的信息。这里的集成,指的是客户数据库与企业其他数据资源的集成,如财务、订货、采购和库存等数据库。这一集成可使企业能够运用更全面的数据,执行跨系统的智能化分析工作。

2. 客户关系等级管理规则系统

实施忠诚客户管理的企业需要制定一套合理的建立和保持客户关系的等级管理规则。简单地说,企业要像建立员工的提升计划一样,建立一套把新客户提升为老客户的计划和方法。例如,为了吸引客户回顾,可以订立一个规则,只要客户1年内光顾3次以上,第4次就可以享受比正常价低10%的优惠,第10次可以享受低15%的优惠。结果,90%的客户成为回头客。显然,这种等级管理规则建立了一套吸引客户多次消费和提高购买量的计划。它不仅是给予客户享受特殊待遇和服务的依据,也有效地吸引客户为获得较高级别的待遇和服务而反复购买。

3. 忠诚客户识别系统

及时识别忠诚客户是十分重要的。在每次客户交易时,给予老客户区别于一般客户的服务,会使老客户保持满意,加强他们的忠诚度。客户数据库的一个重要作用是在客户发生交易行为时,能及时地识别客户的特殊身份,从而给予相应的产品和服务。以实施了里程积累计划的航空公司为例,基于数据库的识别系统在旅客购票时会及时检查客户已经积累的里程,从而根据客户的级别主动地给予客户等级提升,或给予免费机票等忠诚客户应该享受的服务。

4. 客户流失警示系统

企业通过对客户历史交易行为观察和分析,赋予客户数据库警示客户异常购买行为的功能。如当一位常客的购买周期或购买量出现显著变化时,便是潜在的客户流失迹象。客户数据通过自动监视客户的交易资料,对客户的潜在流失迹象作出警示。例如,特惠润滑油公司的客户数据库存在客户超过113天(这个数字已经过该公司多次验证,是客户平均的换油时间)没有再次使用他们的产品或服务,便会自动打出一份提醒通知。

5. 客户购买行为参考系统

企业运用客户数据,可以使企业在为客户提供产品和服务的时候,了解客户的偏好和习惯,从而提供更具针对性的个性化服务。例如,企业根据客户当前选择的产品和购买历史,预测他们的消费喜好,并向客户推荐他可能感兴趣的产品。这种个性化的服务对培养客户忠诚度无疑是非常有益的。

由此可见,在实现客户关系智能的过程中,需要对客户数据库中的大量业务数据进行抽取、转换、分析和其他模型化处理,从中提取辅助商业决策的关键性数据。这种重要的商业信息处理技术就是"数据挖掘"(Data Mining)技术。

数据挖掘是从大型数据库或者数据仓库中发现并提取所需信息或知识的过程,目的是

帮助分析人员寻找各种数据之间的关联，寻找其中的规律性，从而提供有效的决策支持。

数据挖掘技术在企业市场营销中得到了比较普遍的应用，特别是为分析客户的在线消费行为提供了有力工具。数据挖掘技术以市场细分原理为基础，其基本假定是"消费者过去的行为是其今后消费倾向的最好说明"。数据挖掘技术通过收集、加工和处理涉及消费者消费行为的大量信息，确定特定消费群体或个体的兴趣、消费习惯、消费倾向和消费需求，进而推断出相应消费群体或个体下一步的消费行为，然后以此为基础，对所识别出来的消费群体进行特定内容的定向营销。与传统的不区分消费者对象特征的大规模营销手段相比，数据挖掘技术大大节省了营销成本，提高了营销效果，从而为企业带来更多的利润。

6．实现交叉销售

交叉销售是目前在网站上应用得十分广泛的一种营销策略，该策略一般应用于两种情况：一是企业在产品页面上将具有销售关联性的产品放在邻近的位置，这样顾客可以在选取了自己预先打算购买的商品并将其放入购物车后，又会对出现在该商品邻近位置的关联产品也产生消费兴趣；二是当顾客检视自己的购物车内容时，购物车页面上不仅显示出该顾客的订购信息，同时还向顾客推荐他们可能感兴趣购买的物品。例如，当某个顾客订购了一本《红楼梦》，网站不仅显示出该条订购信息，而且还会列出购买了这本《红楼梦》的其他消费者所买的其他书。显然，这两种情况下的交叉销售策略都会有效地提高网站的销售量。

交叉销售策略的成功取决于网站能否准确预测顾客的消费习惯和消费偏好，这就需要用数据挖掘技术对顾客的消费历史进行数据挖掘，从中发现顾客的消费规律。

目前很多 IT 厂商推出的电子商务解决方案中都提供了实现这种智能化交叉销售策略的组件，例如，Microsoft 的 Site Server 3.0 Commerce Edition 带的一个"预测器对象"（Predictor Object）就可以完成这种功能。具体来说，它是根据网站上其他消费者的购买历史以及当前消费者感兴趣的产品列表来做预测的。其预测步骤如下。

（1）创建一个数据库表，用来存储消费者信息及其在站点上的购买历史。站点购买历史指的是站点上已经发生过的所有购买行为的信息集合，它将作为预测器组件的知识库。消费者每次在站点上购买商品后，系统都要将此次的消费信息添加到前面已创建起来的站点购买历史数据表中。

（2）创建一个当前消费者感兴趣的产品列表。该列表通常包括当前消费者正在浏览的产品以及已经放入消费者购物篮中的产品。

（3）进行预测。用预测器对象中的工具可以实现消费者消费喜好的预测。预测的参数有四个：当前消费者的兴趣列表；推荐产品的最大数目；推荐产品的流行度过滤（值在 0～1 之间，如果产品不流行，根本不必推荐给消费者）；要求与当前消费者购买兴趣相似的其他消费者数目的最小值。

第五节　客户关系管理的实施

一、确立合理的项目实施目标

CRM 系统的实施必须要有明确的远景规划和近期实现目标。管理者制订规划与目标时，既要考虑企业内部的现状和实际管理水平，也要看到外部市场对企业的要求与挑战。在确立目标的过程中，企业必须清楚建立 CRM 系统的初衷是什么，是由于市场上的竞争对手采用了有效的 CRM 管理手段，还是为了加强客户服务的力量？这些问题都将是企业在建立 CRM 项目前必须明确给出答案的问题。只有明确实施 CRM 系统的初始原因，才能给出适合企业自身的 CRM 远景规划和近期实现目标。

有了明确的规划和目标，接下来需要考虑这一目标是否符合企业的长远发展计划，是否已得到企业内部各层人员的认同。如果这一目标与企业的长远发展计划之间存在差距，这样的差距会带来什么样的影响？这种影响是否是企业能够接受和承受的？最为重要的是，企业各层人员要能够认同这个长远规划和目标，并为这一目标做好相应的准备。

作为 CRM 项目的负责人，必须将已经形成并得到企业内部一致认同的、明确的远景规划和近期实现目标落实成文字，明确业务目标、实现周期和预期收益等内容。这一份文件将是整个项目实施过程中最有价值的文件之一，它既是项目启动前企业对 CRM 项目共同认识的文字体现，也是实施进程中的目标和方向，同时也是在项目实施完成后评估项目成功的重要衡量标准。

CRM 实施目标体现在以下几个方面。

（一）通过提供更快速和周到的服务帮助企业吸引和保持更多的客户

CRM 不仅是一套管理软件，还是一种全新的营销管理概念。利用 CRM 系统，企业能够从与客户的接触中了解他们的姓名、年龄、家庭状况、工作性质、收入水平、通讯地址、个人喜好及购买习惯等信息，并在此基础上进行"一对一"的个性化服务。通过搜集、追踪和分析每一个客户的信息，知道他们需要什么，为他们量身定做产品，并把客户想要的产品和服务送到他们手中。这就是随着市场不断细分而最终出现的大规模定制的市场营销原则的精髓。即根据不同的客户建立不同的联系，并根据其特点和需求提供不同的服务，从而真正做到"以客户为中心"，赢得客户的"忠诚"。

（二）通过对业务流程的全面管理降低企业的成本

CRM 对客户信息的管理和挖掘，不仅有助于现有产品的销售，而且提供了对历史信息的回溯及对未来趋势的预测，能够很好地实现企业与客户之间的互动。企业能够依据不同客户过去的购买行为，分析他们的不同偏好，预测他们未来的购买意向，据此分别对他们实施不同的营销活动，避免大规模广告的高额投入，从而使企业的营销成本降到最低，而营销的成功率达到最高。

(三) 通过呼叫中心能够实现故障申报、业务受理、用户投诉等服务的完全自动化

用户只需拨打一个统一的电话号码即能得到"直通车"式的服务,一改以往拨打多个电话,问题仍得不到解决的局面。呼叫中心将每一事件从申报、受理、调度、处理的每一个环节完全控制在事先编排好的计算机逻辑中,并通过计算机进行跟踪、控制。一方面避免了人为因素,提高了服务质量;另一方面明确了每个相关部门、每个员工的职责,将工作纳入了一个统一的管理轨道。呼叫中心的每一个用户应答电话均通过同程录音方式详细地记录在系统中,做到有据可查,分清责任。

二、企业决策层的理解与支持

CRM 对于企业的市场营销活动是至关重要的,有了 CRM,企业可以大规模、全方位收集、分析客户信息,这些信息能够为市场营销提供越来越丰富的数据资源;通过 CRM 的调查、测试结果,能够使企业对新商品、新广告策略、新兴市场等有准确的定位,从而在正确的时间、以正确的价格、向正确的客户销售正确的商品;CRM 还帮助企业提高服务水平,提供自动、完善的服务。

CRM 在实施过程中需要说服营销、服务人员改变工作习惯,真正使用这个系统,这可能会招致营销人员的抵制,而且要说服营销人员把个人掌握的信息拿出来让大家共享也不会很轻松。CRM 会使销售队伍的管理流程发生变化,必须很好地平衡营销人员的工作时间,因为动态信息的搜集、整理一定要销售人员亲自完成。CRM 可以提高销售命中率,使整个公司销售形成团队,协同工作,所以必须让销售人员真正感到这样做对销售的促进,并且主动地参与。

一套软件系统的成功实施往往伴随着从根本上改革企业的管理方式和业务流程,关键在于企业决策者是否能从观念上接受新的管理思想和概念。从这个意义上讲,CRM 不仅给企业带来了新的管理系统,更带来了互联网时代企业发展的新思想,使企业跨入一个崭新的营销时代。

企业决策层对 CRM 项目实施的支持、理解与承诺是项目成功的关键因素之一。缺乏企业决策层的支持与承诺会对项目实施带来很大的负面影响,甚至可以使项目在未启动时就已经举步维艰了。要得到企业决策层的支持与承诺,首先要求企业决策层必须对项目有相当的参与程度,进而能够对项目实施有一定理解。CRM 系统实施所影响到的部门的高层领导应成为项目的发起人或参与人,CRM 系统的实现目标、业务范围等信息应当经由他们传递给相关部门和人员。因此,企业决策层也要充分认识 CRM 在实施中的阻力。

三、让业务来驱动 CRM 项目的实施

CRM 系统是为了建立一套以客户为中心的销售服务体系而存在的,因此 CRM 系统的

实施应当是以业务过程来驱动的。信息技术为CRM系统的实现提供了技术可能性，但CRM真正的驱动力应来源于业务本身。CRM项目的实施必须要把握软件提供的先进技术与企业目前的运作流程间的平衡点，以项目实施的目标来考虑当前阶段的实施方向。同时，也要注意到，任何一套CRM系统在对企业进行实施时都要做一定程度上的配置修改与调整，不应为了单纯适应软件限制而全盘放弃企业有特点、有优势的流程处理。

四、有效地控制变更

项目实施不可避免地会使业务流程发生变化，同时也会影响到人员岗位和职责的变化，甚至会影响部分组织结构的调整。如何将这些变化带来的消极影响降到最低，如何使企业内所有相关部门和人员认同并接受这一变化，是项目负责人将面临的严重挑战。新系统的实施还需要考虑对业务用户的各种培训，以及为配合新流程的相应外部管理制定的新规定等内容，这些内容都可以列入变更管理的范围。

五、项目实施组织结构的建立

项目组成员应由企业内部成员和外部的实施伙伴共同组成。内部人员主要是企业高层领导、相关实施部门的业务骨干和技术人员。实施CRM项目应出市场营销经理负责主持，业务骨干的挑选要十分谨慎，他们应当真正熟悉企业目前的运作，并对流程具备一定的发言权和权威性，必须全职、全程地参与项目工作。

保证项目组成员的稳定性也是项目成功的关键因素之一。在项目实施的初期，人员的调整带来的影响较小，随着项目实施进程的推进，人员的变动对项目带来的不利影响会越发突出。最常见的问题是离开的人员曾经参与系统的各类培训，对系统的实现功能十分了解，且参与了新系统的流程定义过程，了解流程定义的原因和理由，了解新流程与现有流程的不同之处和改变原因。而新加入项目组的成员不但要花很长的一段时间熟悉系统，同时对新系统流程定义的前因后果也缺乏深入理解，由此可能会带来项目实施的拖延和企业内其他人员对项目实现结果和目标的怀疑。

六、解决方案供应商及实施伙伴的选择

CRM的软件系统有不少，各自存在着不同程度的差异。很多企业在选型过程中难以作出最后的抉择。针对上述情况，在此有以下几点建议。

（1）对软件的选择要依据企业对CRM系统的远景规划和近期实施目标来进行。选择最贴近企业需求的产品。

（2）CRM系统的最终拥有者是业务部门，因此选型工作必须有业务部门的紧密配合，而不能简单地将工作分配给技术部门或信息管理部门完成。

（3）在选择软件供应商时，应注意其产品的开放性、技术支持能力和可持续发展性。对外部实施伙伴的选择也是十分重要的。首先，所选的外部实施方应当在 CRM 领域内有成功实施的经验，且对企业所在的行业有一定的背景认识；其次，企业应在实施前对所需要的外部人员的能力、时间阶段要求等内容进行详细描述，并与外部实施伙伴达成协议，以保证所提供的实施人员的稳定性。

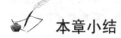

本章小结

1．客户关系是建立在以契约、互惠、感同、信任为基础的四要素上。企业与客户的关系可以分为五种不同的层次：基本关系、被动关系、负责式关系、主动式关系和伙伴式关系。客户关系的价值可以用公式表示为：$V=(PB+RB)/(PS+RS)$。

2．客户关系管理（CRM）是指企业通过管理客户信息资源，提供客户满意的产品和服务，与客户建立起长期、稳定、相互信任、互惠互利的密切关系的动态过程和营销策略。CRM 可以从不同角度、不同层次对其内涵深入理解：客户关系管理是一种营销管理理念；客户关系管理是一种旨在改善企业与客户之间关系的新型营销管理机制；客户关系管理也是一种营销管理技术；客户关系管理是一种企业市场营销战略。

3．客户关系管理给企业带来的变革包括：对顾客认识的革命、营销管理方面的创新、竞争方式的变化、企业组织方式的变化、生产组织方式的变化。

4．客户关系管理包括企业识别、挑选、获取、发展和保持客户的整个价值管理过程。客户关系管理的功能主要有三个：（1）收集整合信息，为每一个客户建立一套个性化档案；（2）找出真正的盈利客户，挖掘客户的潜在价值；（3）为客户提供高效的、互动的、个性化的服务。客户关系管理可分成三大阶段，即获取新客户、提升现存关系、保留客户关系。客户关系管理活动的基本内容包括：（1）客户分析；（2）客户建模；（3）客户沟通；（4）个性化；（5）优化；（6）接触管理；（7）客户价值衡量。

5．客户关系管理系统的运营包括在线销售自动化、在线客户服务和支持、技术支持和应用三个部分。CRM 技术类型主要有三种：运营型、分析型及协作型。一般 CRM 软件或解决方案有如下核心功能模块：（1）客户呼叫中心；（2）Internet 客户呼叫中心；（3）客户数据仓库；（4）客户关系智能。

6．客户关系管理的实施包括：（1）确立合理的项目实施目标；（2）企业决策层的理解与支持；（3）业务驱动；（4）有效地控制变更；（5）项目实施组织结构的建立；（6）解决方案供应商及实施伙伴的选择。

思考题

1．怎样正确理解客户关系？

2．客户关系管理的核心是什么？

3．客户关系管理的功能和内容是什么？

4．如何进行客户的信息管理？

5．CRM 实施目标体现在哪几个方面？

案例分析

为了实现全面的批发业务客户管理，招商银行正式启动 CRM 项目，其目标是：为客户经理提供能够满足他们业务开展需求的工具；通过 CRM 项目将优秀客户经理和团队的经验固化下来从而优化业务流程；构建一个信息共享平台，减少信息沟通的成本；系统的推行不仅是工具的运用，同时是营销方法和流程的变革。

针对批发业务的 CRM 系统，特别是营销流程，对于国内外银行而言可以算是新鲜事物，没有什么先例可遁，因此必须采用创新的思路来实现。招商银行决定采用自行设计、开发，合作伙伴提供业务咨询并辅助实施的策略来建设全新的 CRM 系统。这主要考虑到以下三个方面的因素。

（1）招商银行希望保留核心的开发、设计技术等。一方面，招商银行本身的 IT 能力比较强，已经自行开发了很多系统，具备自行开发的能力。另一方面，自行开发便于银行将 CRM 系统与其他系统整合，形成一个完整的企业 IT 架构。

（2）目前成熟的 CRM 系统多是针对零售业务的，即使采用成熟的 CRM 产品，招商银行还是需要做很多二次开发工作。批发业务和零售业务的客户关系管理很不一样，零售业务强调的是服务便利性和以客户为中心，而批发业务要求更高，特别是随着批发业务种类的不断丰富，客户希望银行能够提供综合的服务。这对银行的销售模式提出了新的要求，要求不是单一客户经理，而是一个专业的团队来为客户服务。

（3）在系统上线之后，招商银行要根据优化的管理流程来优化系统，还可能会增加一些新的功能，他们希望自身拥有对系统持续改进的能力。鉴于合作伙伴在系统实施中所担当的重要角色，招商银行对合作伙伴提出了很高的要求：合作伙伴要对 CRM 具有前瞻性的视角，要充分了解国内外银行业管理现状，有营销管理方法和流程设计的经验，同时还要有强大的系统实现能力。经过严格的招投标，招商银行最终选择了 IBM 作为其 CRM 建设的合作伙伴。

在 IBM 的帮助下，招商银行初步把 CRM 项目分成两期来进行。一期项目主要是搭建提高客户经理服务能力的 CRM 工具系统，同时进行新的销售方法和流程的设计。

根据招商银行批发业务的特点，IBM 帮助招商银行设计了"点金五式"流程，其中包括目标与计划管理、商机管理、客户信息管理、营销推进管理和业务管理。与此同时，招商银行搭建了 CRM 平台的框架，上线了客户信息管理、客户管理、活动管理、产品与知识库管理、业绩管理、权限管理和报表管理等七大功能。

2009 年 9 月，招商银行在一期项目的基础上，启动了二期项目，目标在于为实施新的销售流程和方法提供工具，以提高客户满意度、产品交叉销售率和销售成功率。具体功能包括优化大客户销售计划和商机管理（包括销售线索管理、商机管理），并增加了客户营销团队申请、过程管理、客户反馈三个功能。

CRM 项目是招商银行非常重要的项目，得到了银行高管层的高度重视。此项目的高效快速实施充分体现出招商银行过硬的执行力。作为项目负责人，雷财华更是投入了大量的精力。据了解，在流程设计阶段，雷财华把 50%的精力都放在 CRM 项目中，与 IBM 的专家共同探讨业务流程等问题。

对招商银行来说，CRM 项目不仅仅是信息化项目，而且是管理项目。但是从表面上来看，系统上线

第十二章　客户关系管理

后,客户经理增加了不少的工作量,如要填写很多的信息。为此,招商银行专门做了大范围的培训,为员工解答工作量增加的原因,以及如何让系统更好地为业务所用。

招商银行批发业务 CRM 项目的建设,基本没走什么弯路。之所以没走弯路,主要有三方面原因:其一,招商银行和 IBM 之间沟通比较顺畅、配合比较默契;其二,IBM 拥有丰富的行业经验,能够很好地把握招商银行的需求;其三,一开始就有良好的规划,从全局出发进行项目实施过程,如在一期项目中就考虑到了二期该怎么做。

从 IBM 的角度说,IBM 积极与客户协作,为客户提供持续的业务洞察、先进的调研方法和技术,帮助他们在瞬息万变的商业环境中获得竞争优势。从整合方法、业务设计到执行,IBM 帮助客户化战略为行动。凭借其在 17 个行业中的专业知识和在 170 多个国家开展业务的全球能力,IBM 能够帮助客户预测变革并抓住市场机遇实现盈利。

案例来源:http://www.ithov.com/server/105239.shtml

问题:

1．在招商银行与 IBM 的合作中,双方各自具备哪些方面的基础和能力?IBM 是如何成就强大的 CRM 管理咨询能力的?

2．对比案例和教材的内容,说明本案例体现了哪些 CRM 管理原理和技术。

参 考 文 献

1. 黄渝祥. 企业管理概论[M]. 第2版. 北京：高等教育出版社，2000.
2. 滕佳东. 管理信息系统[M]. 大连：东北财经大学出版社，2002.
3. 张群. 生产管理[M]. 北京：高等教育出版社，2006.
4. 黄梯云. 管理信息系统[M]. 第3版. 北京：高等教育出版社，2005.
5. 臧有良，暴丽艳. 管理学原理[M]. 北京：清华大学出版社，2007.
6. 张宽海. 管理信息系统概论[M]. 北京：高等教育出版社，2002.
7. 丁仁忠，严寿鏊. 现代企业管理基础[M]. 上海：立信会计出版社，2000.
8. 陈戈止，王道清. 管理信息系统[M]. 成都：西南财经大学出版社，2004.
9. 黄国庆. 管理学教程[M]. 上海：立信会计出版社，2004.
10. 张靖. 管理信息系统[M]. 北京：高等教育出版社，2001.
11. 廖三余. 人力资源管理[M]. 北京：清华大学出版社，2006.
12. 定雄武. 企业文化[M]. 北京：北京理工大学出版社，2006.
13. 李贵强. 员工薪酬福利管理[M]. 北京：电子工业出版社，2008.
14. 黄顺春，廖作鸿. 现代企业管理教程[M]. 第2版. 上海：上海财经大学出版社，2007.
15. 王关义，刘益. 现代企业管理[M]. 第2版. 北京：清华大学出版社，2007.
16. 中华人民共和国公司法. 2006年修订版.
17. 中华人民共和国合伙企业法. 2007年修订版.
18. 王卓. 企业管理概论[M]. 长春：吉林人民出版社，2002.
19. （美）邓·皮伯斯，马沙·容格斯. 客户关系管理[M]. 郑先柄，邓运盛，译. 北京：中国金融出版社，2006.
20. 易明，邓卫华. 客户关系管理[M]. 武汉：华中师范大学出版社，2008.
21. 汤兵勇，王素芬. 客户关系管理[M]. 北京：高等教育出版社，2003.
22. 黄静主. 品牌管理[M]. 武汉：武汉大学出版社，2005.
23. 万后芬. 品牌管理[M]. 北京：清华大学出版社，2006.
24. 余序江，许志义，陈泽义. 技术管理与技术预测[M]. 北京：清华大学出版社，2008.
25. 陈文安，穆庆贵，胡焕绩. 新编企业管理[M]. 第6版. 上海：立信会计出版社，2008.
26. 邸彦彪. 现代企业管理理论与应用[M]. 北京：北京大学出版社，中国林业出版社，2008.

27. 姜真．现代企业管理[M]．北京：清华大学出版社，2007.
28. 蒋晓凤．成本、费用核算技能与案例[M]．北京：中国财政经济出版社，2003.
29. 吴雪林．目标成本管理[M]．北京：经济科学出版社，2006.
30. 刘兴倍．企业管理基础[M]．北京：清华大学出版社，2006.
31. 王晓辉．现代企业管理[M]．北京：北京工业大学出版社，2006.
32. 赵有生．现代企业管理[M]．第2版．北京：清华大学出版社，2006.
33. 刘宁杰．企业管理[M]．大连：东北财经大学出版社，2005.
34. 杜德伟，李叔宁．现代企业管理学[M]．长春：吉林科学技术出版社，2006.
35. 陈文安，穆庆贵．新编企业管理[M]．第4版．上海：立信会计出版社，2002.